أدب الرّحلات الأندلسيّة والمغربيّة
حتى نهاية القرن التاسع الهجري

الطبعة الأولى

المملكة الأردنية الهاشمية
رقم الإيداع لدى دائرة المكتبة الوطنية
(٢٠٠٧/٦/١٧٥٢)

٩١٠,٤
الشوابكة، نوال عبد الرحمن
أدب الرحلات الأندلسية والمغربية حتى القرن التاسع الهجري/ نوال عبد الرحمن محمد الشوابكة. - عمان: وزارة الثقافة، ٢٠٠٧.
(٣٣٥) ص.
ر. أ. : (١٧٤٠/ ٦/ ٢٠٠٧).
الواصفات: أدب الرحلات// الرحلات// التاريخ الإسلامي// السفر// الرحالة/

❖ أعدت دائرة المكتبة الوطنية بيانات الفهرسة والتصنيف الأولية

دار المأمون للنشر والتوزيع
العبدلي - عمارة جوهرة القدس
تلفاكس: ٤٦٤٥٧٥٧
ص.ب: ٩٢٧٨٠٢ عمان ١١١٩٠ الأردن
E-mail: daralmamoun@maktoob.com

أدب الرّحلات الأندلسيّة والمغربيّة حتى نهاية القرن التاسع الهجري

د. نوال عبد الرحمن الشوابكة

دار المأمون للنشر والتوزيع

طبع بدعم من وزارة الثقافة

الاراء الواردة في هذا الكتاب
لا تعبر عن رأي الجهة الداعمة

بسم الله الرحمن الرحيم

تقديـم

أمضى الأندلسيون نحو ثمانية قرون بين عدوّين: عدو ن أمامهم يتمثل بأوروبا، وعدو من خلفهم يتمثل بالبحر، وهما أوّل عدوّين واجها طارق بن زياد وهو يعبر إلى الأندلس وأمام هذا الانقطاع وراء البحار والأخطار المتتابعة التي كانت تهدّد الوجود الإسلاميّ في الأندلس ظلّت الروح الأندلسية تتوقُ إلى الشرق الإسلامي وإلى مهد الإسلام في مكّة المكرّمة والمدينة المنوّرة كي تستمدّ من هناك روح العبر والصمود، وكان حُلُم أيّ أندلسي، عالماً كان أو غير عالم، لا يتعدّى أداء الرحلة إلى الشرق، وزيارة قبر الرسول الكريم عليه صلوات الله وسلامه، وأداء فريضة الحجّ، ولقاء العلماء في حواضر العالم الإسلاميّ كلّه والاقتباس من حلمهم ومعارفهم، والتطواف بمنازل الأجداد.. فكان ذلك كلُّه أهم عاملٍ من عوامل كثرة الرحلات الأندلسية حتى بلغ تعدادها المئات من خلال ما نقلته لنا المصادر الأندلسية، وكان بعضُ الرحّالة يكتفي بالزيارة وأخذ العلم، وكان بعضهم يضيفُ إلى ذلك تدوين ما شاهده وما أخذه من أقطاب العلم في المشرق والمغرب. وقد خلّف الأندلسيون لذلك عشرات كتب الرحلات ما زالت بعضُها حبيس الخزائن وفقد كثير منها ووصلنا بعضُها مثل رحلة ابن جبير ورحلة ابن بطّوطة ورحلة ابن رشيد ورحلة القلصادي وغيرها كثير.

وعندما تصدّت الباحثة النشيطة نوال الشوابكة لاستقصاء هذه الرحلات ودراستها فإنّها تكون بذلك قد وقعت على موضوعٍ مهمّ جدير بالدراسة والبحث، لما تحمله هذه الرحلاتُ من قيمة علميّة ومعرفيّة جمّة، إذ تمثل هذه الرحلات جزءاً مهماً من التاريخ الاجتماعي للشعوب العربية والإسلامية وغيرها خلال مراحل تاريخية مختلفة، كما أنها تمثل وسيلة من وسائل التواصل الثقافي والفكري والتبادل العلمي المعرفي بين الشعوب، وقد أدّى الرحّالة دور السفراء والممثلين لبلدانهم ومجتمعاتهم في البلدان التي زاروها أو نزاورها. كما أنّ هذه الرحلات تعكس مجالات اهتمام الأندلسيين وقراءاتهم الحضارية لما كانت تقع عليه عيونهم خلال هذه الرحلات.

والذي يطالع هذا الكتاب فإنه يقف على الجهد الذي بذلته الدكتورة الشوابكة في استقساء الرحلات الأندلسية من مصادرها المختلفة، والوقت الذي استغرقته في قراءة هذه الرحلات وتفحّصها ونقدها وبيان قيمتها وموضوعاتها وغرائب أخبارها، فضلاً عن اللغة السليمة الناصة والرصينة التي استخدمتها في إعداد هذا الكتاب، كما بدت الباحثة في هذا الكتاب نقادة اجتماعية بالإضافة إلى نقدها الأدبي لنصوص الرحلات التي درستها، وكانت في نقدها الاجتماعي تملك عيناً فاحصة دقيقة الملاحظة، وبرزت شخصيتها واضحة في ما كانت تضيفه على قراءتها من أحكام وتعليقات علميّة.

لقد كان هذا الكتاب في أصله رسالة دكتوراة أعدّتها المؤلفة، وقد سعدت بالإشراف على تلك الرسالة لما وجدته لدى الباحثة من تعاونٍ واستجابةٍ وسرعة فهم واستيعاب حرصٍ على أن تكون رسالتها متميّزة ونافعة.

وفي الختام أدعو لمؤلّفة هذا الكتاب بالتوفيق الدائم والنجاح الموصول في أبحاثها ودراساتها المقبلة، و الله وليّ التوفيق.

أ.د. صلاح جرّار

المحتويات

أدب الرّحلات الأندلسيّة والمغربيّة
حتى نهاية القرن التّاسع الهجريّ

تقوم هذه الدّراسة على تتبّع الرّحلات الأندلسيّة والمغربيّة حتى نهاية القرن التاسع الهجري، وتتبع السياقات المعرفية والثقافية التي تضمنتها الرّحلات، كما تعنى بإبراز دور الرّحلات في التفاعل الثقافي، وعلاقتها بالأشكال الأدبيّة الأخرى، وتحديد سماتها الفنيّة في ضوء ما يعزّزها. وجاءت الدراسة في **تمهيد وأربعة فصول**:

عرض **التمهيد** لتعريف الرحلة ونشأتها ودوافعها وأهميتها، ثم أشهر الرحالة ورحلاتهم، وإبراز الدور الذي قامت به في الحضارة العربية.

وتناول **الفصل الأول**، السياقات المعرفية والثقافية، والاجتماعية والدينية التي تضمنتها الرحلات، كما أبرز صورة المرأة وصورة الآخر في مختلف المجتمعات التي زارها الرحالة.

أمّا **الفصل الثاني**، فقد تناول الرحلات والتفاعل الثقافي وبيّن عوامل ذلك التفاعل، وصور التبادل والترابط بين مختلف العناصر والطوائف.

وعرض **الفصل الثالث**، لعلاقة الرحلة بأنماط كتابة السّيرة الذاتيّة: اليوميات، والمذكرات، والاعترافات.

وأُفرد **الفصل الرابع**، لدراسة البناء الفنيّ، والأساليب التي استخدمها الرحالة في وصف مشاهداتهم، والتعبير عن مشاعرهم، ودراسة البناء القصصيّ ـ لبعض تلك الرحلات.

وقد توصّلت الدّراسة إلى نتائج من أهمها، ما يلي:

- كان خروج الرحالة الأندلسيين والمغاربة أساساً للحج، وزيارة الأماكن المقدسة، وطلب العلم، فاشتهروا وذاع صيتهم بما حققوا من علم، وما قاموا به من رحلات، فتأهلوا لشغل المناصب العلمية والدينية، وتصدروا عند عودتهم إلى موطنهم للتدريس وتولّي القضاء أو الكتابة لدى بعض أمراء الأندلس أو المغرب.

- رصدت الرحلات تنوّع المعالم الحضاريّة في مختلف الجوانب الحياتية في البلدان التي قصدها الرحالة، وعكست صورة واضحة عن أحوال الشعوب: مأكلهم وشربهم، ولباسهم، وخصائصهم النفسية والبدنية، والعادات والتقاليد، وصادراتهم، ووارداتهم، وفنونهم المعمارية، ولعل ما نقله الرحالة من أخبار ومشاهدات وأوصاف، مهّد لنشوء علوم تبحث في الدّراسات الاجتماعيّة.

- مثلت بعض الرحلات سرداً، ذا طابعٍ أدبي؛ مثل رحلات السفارات، أو اليوميات، أو المذكرات، أو السّير الذاتيّة، حيث التقت هذه الأشكال عند وصف السفر، والارتحال من موضع إلى آخر، وما تقع عليه أبصار الرحالة من مشاهدات، وما نقلوه من أخبار وحكايات تحمل جذوراً قصصّية.

- الكشف عن الانتماء إلى ثقافة الذات، والفهم لثقافة الآخر، والانفتاح عليه.

- دور الرحلات في التفاعل الثقافي، والتبادل والتداخل والترابط بين كل العناصر البشريّة والثقافيّة في البلدان التي زارها الرحالة، وتبيُّن مدى تفاعل الرحالة مع غيرهم في المجالس العلميّة والمناظرات، والمعارضات الأدبيّة.

مقدمة

عرف الإنسان الرحلة منذ ولادته، وكان في ارتحال دائم حسب الظروف ومتطلبات الحياة والتشكيل الاجتماعي، واتسعت الرحلات على مر الزمان، فكان للعرب قبل الإسلام رحلتا الشتاء والصيف ، وأما بعد الإسلام فقد انفتحوا على العالم برحلاتهم وتنقلاتهم وفتوحاتهم حتى غدت الرحلة مظهراً من مظاهر الحركة العلمية والثقافية في مختلف عصور التاريخ الإسلامي، فقدّم الرّحّالة مساهمات واضحة في التراث العلمي والثقافي الإسلامي، حيث رصدوا أحوال الناس، ووصفوا بعين بصيرة ما يزورون من بلدان، ومن هنا كانت الخصوصيّة التي تتجسد في التواصل بين شرق العالم الإسلامي وغربه، مما يضفي عليه سمة الشمول، فقد نقل الرّحّالة جوانب مضيئة تتصف بالدقة أحياناً عن بلدان المشرق والمغرب، لا سيما أنّ الأندلسيّين كانوا أكثر شغفاً بالرّحلة من غيرهم، الأمر الذي أتاح لهم أن يسجلوا انطباعاتهم، ويصفوا مشاهداتهم وينقلوها بصورة حيّة للناس.

إنّ الرّحلات الأندلسيّة والمغربيّة كثيرة، غير أنّ ما وصلنا منها قليل، إذا ما قيس بالإشارات الواردة في المصادر التي رصدت عظم الدور الذي قام به الرّحّالة الأندلسيون والمغاربة، خدمة للعلم، وتعريفاً بالملامح الإنسانيّة والثقافيّة والاجتماعيّة والجغرافيّة للأماكن التي حلّوا بها، فالرحلة تعكس النهضة والحضارة العربية، وهي إلى جانب ذلك تقدّم لنا صورة للآخر، لتثير فينا الشعور بالمنافسة والرغبة بالتفوق.

وعُدت الرّحلات لهذا كلّه مادة خصبة للدراسة، فما أنجزه الرحالة والجغرافيون الأندلسيون والمغاربة جدير بأن يلقى الاهتمام، ويعاد البحث فيه، فعلى الرغم من الدراسات العديدة للرحلة، فإنّ هذه الجهود ما تزال بسيطة ومحدودة، فيما يخص الرحلة باعتبارها فناً أدبياً يحوي في أعماقه جذور البنية السرديّة القصصيّة في أدبنا العربي، ومحاور الالتقاء الثقافي التي تشكّل واقعاً للرحلة الأندلسية والمغربية للتوجّه إلى الشرق، هذا

بالإضافة إلى العلاقة بين الرحلة والسيرة الذاتية، كما نجدها عند ابن خلدون في "التعريف". ومن الرّحلات، أيضاً، على سبيل المثال: رحلة ابن جبير، وهي مكتوبة بشكل مذكرات يومية، فقد كان ابن جبير يسجل تاريخ دخوله أيّة مدينة وتاريخ خروجه منها باليوم والشهر، وعلى الرغم من أنّ هذه الرحلة يغلب عليها الطابع الوصفيّ الجغرافي، فإنّها قد كُتبت بأسلوب أدبي رشيق ينمّ عن موهبة ابن جبير الأدبيّة.

ومنها أيضاً، رحلة ابن بطوطة التي تبرز تفاعله مع الأحداث، فضلاً عن الفائدة العلميّة التي تزود القارئ بمعلومات عن طبيعة البلاد التي زارها وأحوالها وطبائع وعادات أهلها. لقد كان ابن بطوطة مدفوعاً بحبّ السفر والترحال، حيث قضى سنين طويلة من عمره متجولاً بين مدن العالم متحملاً في سبيل ذلك ألواناً من المشقة والصعاب.

ولأهمية الدّور الذي قام به الرّحالة، جاءت هذه الدراسة محاولة لاستيفاء بعض جوانب النقص في الدراسات السابقة، إذ لا توجد دراسة سابقة تصدت لأدب الرحلات بشكل تفصيليّ، أو دراسة جامعة تكشف للقارئ والباحث عن السمات الفنية لها، ولأهم موضوعاتها، وأهميتها الأدبيّة والعلميّة، فالدراسات التراثية السابقة كانت جزئية، أفاضت في الحديث عن جانب وأوجزته عن آخر، متناثرة في طيات تلك الكتب، مثل "نفح الطيب من غصن الأندلس الرطيـب"، للمقّري، و "الإحاطة في أخبار غرناطة" للسان الدين بن الخطيب، و "المُغرب في حُلى المغرب" لابن سعيد المغربي، وغيرها.

أمّا الدراسات الحديثة، فهي دراسات عامة، اهتمت بالرحلة، إلا أنّها لا تمثل أكثر من محاولات محدودة، ومنها كتاب "أدب الرحلة في التراث العربي" لفؤاد قنديل، وفيه أبواب كثيرة، تحدّث فيها عن تقاليد السفر وآداب الرحلة، وأفرد أبواباً خاصة بالرّحّالة العـرب، ورحلاتهم وفق الترتيب الزمني، وهو مع ذلك لم يقدم حديثاً مستفيضاً بـل أوجز. ومنها أيضاً "الرحلات المغربيّة والأندلسيّة" لعواطف نواب، تحدثت فيه عن أنواع الـرحلات، والخصائص العامة والخاصة للرحلات المغربيّة والأندلسيّة، وترجمت لمجموعة من الرحالة الأندلسيين والمغاربة، إلا أنّها أولت اهتماماً كبيراً للمضمون المتعلق بالحجاز.

وهناك دراسة لعلي محسن مال الله بعنوان "أدب الرحلات عند العرب في المشرق، نشأته وتطوره حتى نهاية القرن الثامن الهجري"، ناقش فيها موضوعات الرحلات، والتعريف بأصحابها، وأفرد فصلاً لدراسة الأسلوب واللغة، إلا أنّها دراسة سريعة لم يتتبع فيها الباحث أدب الرحلات بالتفصيل، فجاءت إشارات عامة بحاجة إلى استقصاء وبحث يُتم ما يعتور هذا النوع الأدبي من نقص في الدراسة.

ومن الدراسات الحديثة العامة التي تضمنت إشارات تؤيد اعتبار الرّحلة فنّاً أدبيّاً قصصيّاً، كتاب "الرحلات" للدكتور شوقي ضيف ومجموعة من الأدباء، وكتاب حسين فهيم "أدب الرحلات".

ويمكن القول، إنّ إفادتي من الدراسات السابقة، تركّزت في الاطلاع على نشأة الرحلة، وأنواعها، وموضوعاتها بشكل عام، إذ إنّها لا تقدم صورة كاملة لهذا الأدب، ولأنّ ما قدّمه الرّحّالة في الأندلس والمغرب جدير بالاهتمام، بحيث يلقي الضوء على غايات الرحلات، ويكشف عن أبعادها المختلفة وسياقاتها الفكرية والحضارية، ودورها في التفاعل الثقافي، وسماتها الفنية، وعلاقتها بالتقنيات الفنية الحديثة للعمل القصصي، جاءت هذه الدراسة للإحاطة بمختلف الجوانب التي تميط اللثام عن الرحلات، من حيث هي فنّ أدبي له سماته وأساليبه، التي تشير إلى أساليب أدب الرحلات وسمات العصر والمجتمعات، وعقدت العزم على أن أحاول لمّ شتات هذا البناء ودراسته دراسة تبرز الطاقة الأدبية والقصصية والإبداعية، وتتبع المساحات الواسعة للعديد من القضايا اللغوية والنقدية، التي يمتلكها هذا الفنّ.

ولعلّ من الصعوبات التي واجهت الدراسة، ندرة الدراسات التي ترى في الرحلات أدباً وفنّاً قصصّياً، كما شكّلت بعض الرحلات التي حُققت حديثاً صعوبة أعاقت مسار رحلتي قليلاً؛ لعدم توافرها في أثناء مدة الدراسة، إلى أن تمكنت من الحصول على بعضها أخيراً، ومنها رحلة أبي عصيدة البجائي "رسالة الغريب إلى الحبيب"، تحقيق أبي القاسم سعد الله، أما رحلة عبد الله بن الصباح الأندلسي الموسومة بعنوان: "مِنْشاب الأخبار وتذكرة الأخيار"، فلم أستطع الوصول إليها، ولم أقف إلا على دراسة بسيطة نُشرت في

مجلة "دراسات أندلسية" للدكتور جمعة شيخة، الذي أبلغني من خلال الاتصال الشخصيّ به، أنّ رحلة ابن الصبّاح مخطوطة كبيرة الحجم، موجودة في دار الكتب الوطنية بتونس، ولم يتم تحقيقها حتى الآن.

وقد بذلت جهدي في سبيل تجاوز تلك الصعوبات، بالدرس والاستنتاج بما توافر لي من مصادر عربية في التاريخ والأدب والتراجم واللغة، ومراجع حديثة، إضافة إلى نصوص الرحلات نفسها، وكلّي أمل أن تسهم هذه الدراسة في إغناء المكتبة العربية، وتوسيع معرفة القرّاء بأدب الرحلات الأندلسية والمغربية.

أمّا المنهج الذي اتبعته الدراسة، فقد كان ينبع من طبيعة مادة البحث، حيث اعتمدت منهج تضافر المعارف، فالدراسة معنية بالكشف عن نشاط الرحلة ودوافعها خلال مدة زمنية محددة، والمنهج التاريخي ضرورة لا غنى عنها عند تتبع هذا الجانب.

أمّا المنهج التحليلي الوصفي، فقد استخدم لرصد الظواهر المختلفة في الرحلات وتفسيرها وتحليلها، لإدراك عناصر العمل الأدبي والقصصي.

وقد جاءت الدراسة في **تمهيد وأربعة فصول** :

ففي **التمهيد**، تناولت التعريف بالرحلة ونشأتها، ودوافعها وأهميتها، ثم أهم الرحالة ورحلاتهم، وإبراز الدور الذي قامت به في التعريف بالحضارة العربية.

أمّا **الفصل الأول**، فقد عرضت فيه للسياقات الثقافية والمعرفية، والاجتماعية، والدينية، وصورة المرأة، والآخر كما ظهرت في الرحلات.

وفي **الفصل الثاني**، بحثت أبعاد التفاعل الثقافي، ودور الرحلات في إبراز هذه الأبعاد وأثرها في مختلف السياقات الثقافية والمعرفية والاجتماعية والدينية.

وخصصت **الفصل الثالث**، لدراسة علاقة الرحلة بالسيرة الذاتيّة، والمذكرات واليوميات، والكشف عن نقاط التلاقي والاختلاف بين هذه الأنواع الأدبية.

وتناول **الفصل الرابع**، دراسة جماليات التشكيل الفنيّ لأدب الرحلات، في محاولة لإثبات العلاقة بين الرحلة والقصة.

وفي نهاية رحلتي هذه ، فإنّ كلّ ما توصل إليه البحث، لا أدّعي بلوغه درجة الكمال وخلوه من العلل، بل هو عمل قابل للزيادة والنقص في ضوء ما يستجد من آراء وأفكار وما يُكتشف من مخطوطات وآثار، شأنه شأن أي عمل دراسي آخر، فإن أصبت القصد من هذه الدراسة، فبفضل **الله أوّلاً** وفضل **أستاذي الدكتور صلاح جرار ثانياً** الذي أشرف عليها، وبذل لي من وقته وجهده، وسدد خطاي على الدرب الصحيح، فلم ألق عصا التسيار، وما حططت الرحل، وإن زلّت قدمي فعذري أنّني ما زلت طالبة علم، و الله من وراء القصد، إياه أسأل الهدى والتوفيق، وصلّى الله على سيدنا محمد وعلى آله وصحبه أجمعين.

تمهيد

كانت الرّحلة مجالاً رحباً، ينطوي على علاقات إنسانيّة، ضاربة في جذور التّاريخ السّحيق لهذا الكون، منذ المحاولات الأولى للكائن البشريّ في السّيطرة على الطبيعة، وهي محاولات نرى فيها صوراً صادقة لحياة الإنسان القديم، وصفحات مـن جهـاده، إذ ينفض عنه ثياب الدّعة ويرتدي ثوب الارتحال والتّجوال، ليمخر عباب البحار، ويتجشّم أعظم المشــاق، ويسبر أخبار العرب والعجم، ويجمع التليد والطريف ممّا يقع عليه بصره من مشاهدات، ويسجّل تراث أمّة تشيّد به صرح الحضارة.

ومن خلال الرّحلة، نرى العالم، والعديد من مظاهر الحضارة الإنسانيّة، ونسافر مع الرّحّالة، فالإنسان رحّال بطبيعته، تـوّاق أبـداً إلى المعرفة وارتيـاد المجهـول، وحبّ الاكتشاف، فالرّحلة هدف يتمناه العقل وتسـعى إليه الـرّوح، ولكن ليس مَنْ رأى وأخذت الأسفار من عمره، كمن قرأ أو سمع فقط.

والرّحلة بعد كلّ هذا فيها من المعلومات ما ينتفع بها كلّ باحث، وهي منابع غنيّة بمختلف مظاهر حياة المجتمعات البشريّة بما فيها مـن صور وأخبار ومغامرات، ومعارف وعلـوم، إنّها خزائن تحفل بالمـادة الثّريّـة، لا في مجال الجغرافيا أو التّاريخ وحسب، بل تُلمّ بالحضارة وتمثّل تجربة تعكس صورة الإنسان عبر العصور.

أ. بواعث الرحلة:

عرف العرب الرّحلات منذ أزمنة قديمة تعود إلى ما قبل الإسلام حيث كانت حياتهم تقوم على الحلّ والتّرحال، إذ لا يكاد يستقر بهم المقام في منطقة حتى يرحلوا عنها إلى أخرى بحثاً عن الكلأ والماء، وقد أشار القرآن الكريم إلى رحلتي قريش التجاريتين في الشّتاء والصّيف إلى الشّام واليمن ﴿ لِإِيلَافِ قُرَيْشٍ (١) إِيلَافِهِمْ رِحْلَةَ الشِّتَاءِ وَالصَّيْفِ (٢)

فَلْيَعْبُدُوا رَبَّ هَذَا الْبَيْتِ (٣) الَّذِي أَطْعَمَهُمْ مِنْ جُوعٍ وَآمَنَهُمْ مِنْ خَوْفٍ (٤) ﴾[١] فضلاً عن الحركة الدائبة للرعي والصّيد "فقد مارس الإنسان الصّيد والطّرد منذ دهور سحيقة باحثاً عن قوته، أو مدافعاً عن نفسه، أو ناشداً الرّياضة والمتعة"[٢]. "فطبيعة المجتمع البدويّ القائمة على النّقلة والرّعي وحماية مواطن الغيث، وما يتّصل بذلك من حروب تقطّع وشائج الدّم والحلف والحبّ، جعلت من الجاهليّ إنساناً عالقاً بالأرض في شؤون حياته جميعاً - بما في ذلك الدّين - فكانت شؤونه الاقتصاديّة صورة عن علاقته بالأرض أو نتيجة لها، وكانت علاقاته الاجتماعيّة - بدورها - مرهونة بشؤونه الاقتصاديّة، وبوحي منها ربّما رحل وانتجع"[٣].

وإلى جانب ذلك أصبحت الرّحلة عنصراً أساسياً من عناصر القصيدة الجاهليّة[٤]. "وتُحدثنا كتب الشّعر الجاهليّ، وتراجم الشّعراء عن رحلات بعض الشّعراء داخل الجزيرة العربيّة أو خارجها، إلا أنّها لم تدوّن على نحو أدب الرّحلة كما نعرفه، وإنّما وصلتنا ضمن مضامين الشّعر الجاهليّ، أو ضمن تراجم بعض الشّعراء"[٥].

وفي العديد من النّصوص الجّاهلية نجد ذكراً للدّوالّ المعبّرة عن الرّحلة، يقول الأعشى[٦]:

---

(١) سورة قريش: آية ١ -٤.

(٢) الصالحي، عبّاس مصطفى، (١٩٧٤). الصيد والطرد في الشعر العربيّ حتى نهاية القرن الثاني الهجري، بيروت: المؤسسة الجامعية للدراسات والنشر، ص١٤.

(٣) رومية، وهب، (١٩٧٩). الرحلة في القصيدة الجاهلية، ط٢، بيروت: مؤسسة الرسالة، ص ١٩.

(٤) انظر رأي ابن قتيبة، عبد اللـه بن مسلم، (ت ٢٧٦هـ). في بنية القصيدة الجاهلية: الشعر والشعراء، مطبعة بريل، طبع في مدينة ليدن، ١٩٠٢، ص ١٤-١٦.

(٥) صحراوي، عبد السلام، (١٩٨٧). أمين الريحاني، الأديب الرّحالة، رسالة ماجستير، غير منشورة، جامعة دمشق، دمشق، ص ٢٧٧.

(٦) انظر ترجمته في، ديوان الأعشى، دار صادر، بيروت، لبنان، ص ٥-٦، والأصبهاني، أبو الفرج، (ت ٣٥٦هـ). الأغاني، دار الفكر، مج٣، ج٨، ص٧٤-٨٤.

كَأنّي وَرَحْلِيْ والفِتَانَ[(١)] وَنُمْـرُقي[(٢)] عَلَى ظَهْرِ طَاوٍ[(٣)] أَسْفَع[(٤)] الخَدّ أَخْثَمَا[(٥)][(٦)]

ويقول النّابغة الذبيانيّ[(٧)]:

كَأنّي شَدَدتُ الرَّحْلَ يَوْمَ تَشَـذَّرَتْ[(٨)] عَلى قارحٍ[(٩)] ممّا تَضَمَّنَ عَاقِــلُ[(١٠)][(١١)]

وتكـثر مثـل هـذه الإشـارات في النّصـوص الجاهليّـة الدّالـة عـلى حضـور الرّحلـة ومستلزماتها وأدواتها ومحيطها، وليس هذا مجال التّعرّض لها.

---

(١) الفتان: غشاء يكون للرحل من أدم، ابن منظور، جمال الدين محمد بن مكرم، (ت ٧١١هـ). لسان العرب، دار صادر، بيروت: ٣٢١/١٣.

(٢) نمرقي: الوسادة، المصدر نفسه: ٣٦١/١٠.

(٣) طاوٍ: يقصد الثور الوحشي، ديوان الأعشى، ص ١٨٧.

(٤) أسفع: الثور الوحشي الذي في خديه سواد يضرب إلى الحمرة قليلاً. انظر، ابن منظور، لسان العرب: ١٥٧/٨.

(٥) أختما: أنف عريض الأرنبة، وقيل الخثم غليظ الأنف كلّه، وقيل قصر في أنف الثور. انظر، المصدر نفسه: ١٦٥/١٢.

(٦) ديوان الأعشى، ص ١٨٧.

(٧) انظر ترجمته، ديوان النابغة، جمعه وشرحه، ابن عاشور، الشيخ محمد الطاهر، الشركة التونسية للتوزيع، والشركة الوطنية للنشر، الجزائر، ١٩٧٦، ص ١١-٢٣، والأصبهاني، الأغاني: ١٦٢/٩، والبغداديّ، عبد القادر بن عمر، (ت ١٠٩٣هـ). خزانة الأدب ولُبّ لُباب لسان العرب، عني بنشره المطبعة السلفية ومكتبتها، وإدارة الطباعة المنيرية، القاهرة، ١٩٢٨: ١١٦/٢.

(٨) تشذّرت: التشذّر: النشاط والسرعة في الأمر، وتشذّرت الناقة إذا رأت رعياً يسرّها فحركت برأسها مرحاً وفرحاً. انظر، ابن منظور، لسان العرب: ٣٩٩/٤.

(٩) قارح: الفرس إذا تمّ حملها، أو الناقة أول ما تحمل. انظر، المصدر نفسه: ٥٥٩/٢. وفي ديوان النابغة: القارح هو: حمار وحش في قوة سنة، ص ١٨٥.

(١٠) عاقل: اسم جبل يكثر فيه حمر الوحش. انظر، ابن منظور، لسان العرب: ٤٦٥/١١.

(١١) ديوان النابغة، ص ١٨٥.

ولمّا جاء الإسلام، وتوهّج نور الدّعوة الإسلاميّة، أخذ المسلون يجوبون البلاد، وانداحوا في أرجائها وميادينها، جهاداً في سبيل الله وإعلاء لكلمته، ففاق العرب الأمم التي سبقتهم فيما خلّفوه من آثار في ميدان الرّحلات، وساعدهم على ذلك اتّساع رقعة الدّولة الإسلاميّة، فلقد كانت رحلة العرب المسلمين في فتوحاتهم الكبرى، من الرّحلات الهامة التي امتدت لتشمل أصقاعاً واسعة من الأرض، ليكون بعد ذلك هذا الاتّساع في حدود العالم الإسلاميّ والثّقافة العربيّة الإسلاميّة من أكبر الدّواعي إلى إمتلاء نفوس المسلمين على اختلاف طبقاتهم بحبّ الأسفار إلى الأمصار وامتداد أنظارهم إلى الآفاق البعيدة، والتوغّل فيها، وشقّ قلب الصحراء، الأمر الذي يؤكد الخبرة البريّة والبحريّة والجغرافيّة للعرب وغيرهم من الشّعوب المجاورة التي أسلمت، إذ تتطلب إدارة شؤون البلدان والمناطق المفتوحة معرفة تامة لأحوالها المختلفة، وبالتّالي، فقد كان دور المؤرّخين والكتّاب وصف تلك المناطق والبلدان ووضع المعاجم الخاصّة بها.

وقد أذكى القرآن الكريم العزائم في مواطن مختلفة؛ ليحملها على اقتحام القفار والبحار، والتوغّل في الصّحراء والارتحال، والاستطلاع للعجائب، وكشف الجديد.

يقول الله عزّ وجلّ داعياً إلى السّير والضّرب في جوانب الأرض: ﴿ هُوَ الَّذِي جَعَلَ لَكُمُ الْأَرْضَ ذَلُولًا فَامْشُوا فِي مَنَاكِبِهَا وَكُلُوا مِن رِّزْقِهِ وَإِلَيْهِ النُّشُورُ ﴾[(١)]. وقال تعالى: ﴿ قُلْ سِيرُوا فِي الْأَرْضِ ثُمَّ انظُرُوا كَيْفَ كَانَ عَاقِبَةُ الْمُكَذِّبِينَ ﴾[(٢)]. وقال الله تعالى أيضاً: ﴿ وَلَهُ الْجَوَارِ الْمُنشَآتُ فِي الْبَحْرِ كَالْأَعْلَامِ ﴾[(٣)]. وقد نشأت الحاجة كذلك إلى تدوين السّنة الشّريفة، والرّحلة من أجلها.

وهكذا، فإنّ أغراض الرّحلات تختلف باختلاف الأغراض الإنسانيّة، التي زادت بعد مجيء الإسلام الذي وسّع بدوره آفاق الرّحلة العربيّة، وعدّد دوافعها، وبهذا بلغت

---

(١) سورة الملك: الآية ١٥.

(٢) سورة الروم: الآية ٤٢.

(٣) سورة الرحمن: الآية ٢٤.

الرّحلات ذروتها وارتفع شأنها وقيمتها، خاصّة خلال فترة الفتوحات الإسلاميّة وما تلاها من عصر الاستقرار والمعرفة والحضارة، مروراً بمراحل الخضوع والاستسلام لمحتلّ قويّ، وحقب مليئة بالقلق السياسيّ وبنشاط علميّ وأدبيّ على الصّعيد الثقافيّ.

وقد كثرت الرّحلات الأندلسيّة والمغربيّة إلى المشرق، إذ يرى نقولا زيادة أنّ "رحلة المغاربة إلى المشرق كانت على وجه العموم أكثر من رحلة المشارقة إلى الغرب، فمركز الحجّ في المشرق ومدن العلم الأولى فيه، فكان من الطبيعيّ أن يزور المغاربة الشّرق أكثر من زيارة المشارقة لبلادهم"[1]. ولم تكن الرّحلات مقتصرة على جانب واحد أو طريق واحد، وإنّما كانت تتمّ بين المدن الأندلسيّة نفسها المعروفة بالنشاط العلميّ والحركة الثقافيّة الواسعة مثل قرطبة، وإشبيليّة، وبلنسية، وخارج الأندلس والمغرب.

ويمكن أن توجز[2] أسباب رحلة المغاربة والأندلسيّين في العوامل التّالية:

أولاً: الضرورة:

عرف الإنسان الرّحلة منذ أن عرف الحياة على الأرض، وحملته اليابسة، وارتبط بها وأحبّها لما وفرته له من أمن واستقرار، إلا أنّه قد يتعرّض لعارض يدفعه لهجر وطنه فيغادره؛ بحثاً عن الكلأ والماء، وهرباً من مصيبة كظلم حاكم أو أمير، أو يأساً من المجتمع، وما قد حلّ به من حروب ونزعات محليّة، وظروف اجتماعيّة قاسية، وويلات ونكبات.

(١) زيادة، نقولا، (١٩٦٢). الجغرافية والرحلات عند العرب، بيروت: مكتبة المدرسة، ودار الكتاب اللبناني، ص ١٦٧.

(٢) انظر، تقسيم الرحلات عند، المكناسي، محمد بن عثمان، الأكسير في فكاك الأسير، حقّقه وعلّق عليه، محمد الفاسي، منشورات المركز الجامعي للبحث العلمي، الرباط، ١٩٦٥، المقدمة، ص، خ، د، ذ، ر. وانظر في تفصيل أسباب الرحلات عموماً، نصار، حسين، (١٩٩١). أدب الرحلة، ط١، الشركة المصرية العالمية للنشر - لونجمان: مكتبة لبنان، ص٤-٤٩، حيث يورد أسباباً عديدة، دينية، واقتصادية، واجتماعية، وعلمية، ... إلخ.

فالغرض أو الدافع لرحلة أبي بكر بن العربي[١]، يبدو واضحاً، من خلال مواضع متفرّقة وردت في نصّ الرّحلة في "قانون التّأويل"، "فدعت الضّرورة إلى الرّحلة، فخرجنا

(١) هو أبو بكر محمد بن عبد الله بن العربي المعافري (٤٦٨-٥٤٣هـ / ١٠٧٦-١١٤٨م)، ولد بإشبيلية،ولكن لم يلبث أن غادرها إلى المشرق بصحبة والده بعد زوال دولة آل عباد، تفقّه على يد الغزالي، ولقي أبا بكر الطرطوشي في بيت المقدس، وتلقى العلم عليه، وبرع في الفقه والحديث والأدب، وقد سجّل أبو بكر بن العربي أحداث رحلته في كتاب مفقود "ترتيب الرحلة للترغيب في الملة"، وقد وردت الإشارة إلى هذا الكتاب في كلام لابن العربي في نفح الطيب عند الحديث عن المائدة في القدس، حيث يقول: "وقد شرحت أمرها في كتاب "ترتيب الرحلة" بأكثر من هذا". غير أنّ هذه الرحلة لم تصلنا، إنّما وصلتنا بعض المقتطفات منها في كتابيه "أحكام القرآن" و "قانون التأويل"، وهناك دراسة للدكتور عباس، إحسان، (١٩٨٦). عنوانها "رحلة أبي بكر بن العربي كما صوّرها قانون التأويل"، مجلة الأبحاث، الجامعة الأمريكية، بيروت، السنة ٢١، العدد (١-٤)، ص٦١-٩٢. وانظر ترجمة ابن العربي: ابن خلكان، أبو العباس شمس الدين أحمد بن محمد، (ت ٦٨١هـ). وفيات الأعيان وأنباء أبناء الزمان، تحقيق إحسان عباس، دار صادر، بيروت، ١٩٧٢: ٢٩٦/٤-٢٩٧، وابن بشكوال، أبو القاسم خلف بن عبد الملك، (ت ٥٧٨هـ). الصلة، تحقيق إبراهيم الأبياري، دار الكتاب المصري، القاهرة، ودار الكتاب اللبناني، بيروت، ١٩٨٩: ٥٩٠/٢، وابن عماد الحنبليّ، أبو الفلاح عبد الحي، (ت ١٠٨٩هـ). شذرات الذهب في أخبار مَنْ ذهب، ط١، تحقيق مصطفى عبد القادرعطا، بيروت، دار الكتب العلمية، ١٩٩٨: ٣٠٨/٤-٣٠٩، وابن خاقان، الفتح بن محمد بن عبيد الله القيسي الإشبيلي، (ت ٥٢٩هـ). مطمح الأنفس ومسرح التّأنس في ملح أهل الأندلس، ط١، تحقيق محمد علي شوابكة، دار عمّار، مؤسسة الرسالة، بيروت، ١٩٨٣، ص ٢٩٧، والمقّري، شهاب الدين أحمد بن محمد التلمساني، (ت ١٠٤١هـ). أزهار الرياض في أخبار عياض، صندوق إحياء التراث الإسلامي، الرباط، ١٩٧٨: ٨٦/٣-٩٥، و المقّري عن بعض المصادر في كتابه نفح الطّيب من غصن الأندلس الرطيب، ط١، تحقيق إحسان عباس، دار صادر، بيروت، ١٩٦٨: ٢٥/٢-٤٣، وابن سعيد، أبو الحسن علي بن موسى، (ت ٦٨٥هـ). المُغرب في حُلى المَغرب، ط٣، تحقيق شوقي ضيف، دار المعارف، مصر، القاهرة، ١٩٥٣-١٩٥٥: ٢٤٩/٢، وكراتشكوفسكي، أغناطيوس يوليانوفتس، (١٩٨٧). تاريخ الأدب الجغرافي العربي، نقله عن الروسيّة، صلاح الدين عثمان هاشم، ط٢، بيروت، لبنان: دار الغرب الإسلاميّ، ص ٣٣١-٣٣٢.

والأعداء يشمتون بنا"[١]، "فخرجنا مكرمين أو قل مكرهين"[٢]. "وكلّ هذه العبارات تشير إلى أنّ الرّحلة كانت وسيلة للنجاة، عندما تغيّرت الأحوال في الأندلس بزوال الدّولة العباديّة"[٣].

ويبدو جليّاً أنّ أبا بكر بن العربي، من خلال رحلته "ترتيب الرّحلة" التي لم يعثر عليها حتى الآن، قد وضع حجر الأساس لأدب الرّحلات[٤]، حيث استطاع أن يرسم مراحل تطور العقليّة الأندلسيّة شكلاً وروحاً على صفحات أسفار عظيمة، نصيبنا منها الآن النّزر اليسير والإشارات الواردة في كتب التّراجم، وقد صوّر مشاهداته في البلاد التي زارها، وذكر من لقيهم من العلماء والفقهاء والمحدّثين في مصر والشّام وبيت المقدس، فعكس لنا صورة الحركة العلميّة في تلك البلاد.

وقد نقل حسين مؤنس خطبة أو رسالة لابن العربي من مخطوط صوّره محمود علي مكي من مكتبة القرويّين في فاس، يقول فيها ابن العربي: "ولمّا سبق خير القضاء برحلتي إلى تلك المشاهد الكريمة وحلولي في تلك المقامات العظيمة، دخلتها والعمر في عنفوانه، والغصن مائس بأفنانه والكتاب محتوم ....، وافتقرت من كلّ فنّ فقرة حسبما فسّرته وأوضحته وشرحته وبيّنته، وقرّرته ونزّلته في كتاب "ترتيب الرّحلة للتّرغيب في الملّة" وذكرت فيه لقاء الأعيان لنا، وسير الفضلاء معنا ولحظهم لجانبنا بناظر التّعظيم، ومقابلتهم... وأتبعناهم جملاً من طرائفهم..."[٥].

_____

(١) ابن العربي، قانون التأويل، ط٢، تحقيق محمد السليماني، دار الغرب الإسلامي، بيروت، لبنان، ١٩٩٠، ص ٧٥.

(٢) المصدر نفسه، ص ٧٧.

(٣) عبّاس، إحسان، رحلة أبي بكر بن العربي كما صوّرها قانون التأويل، مجلة الأبحاث، السنة ٢١، العدد ١-٤، ص٦٠-٦١.

(٤) انظر، كراتشكوفسكي، تاريخ الأدب الجغرافي العربي، ص ٣٣١.

(٥) مؤنس، حسين، (١٩٦٧). تاريخ الجغرافية والجغرافيين في الأندلس، ط١، مدريد: معهد الدراسات الإسلامية، ص ٤٠٦-٤٠٧.

وقد عانى بعض الأدباء الأندلسيّين كغيرهم من ظروف أحاطت بهم، وأرغمتهم على مغادرة البلاد مكرهين، وهم يحملون وطنهم في قلوبهم، حيث لا يغرب عن البال ما للظروف السياسيّة الداخليّة والخارجيّة من أثر في إقامة شخصيّات مغربيّة وأندلسيّة في المشرق، بل وحتى البلاد المسيحيّة عبر العصور، فهذه الانقلابات والدسائس والحروب والمؤامرات داخل الأسرة الواحدة، وبين أسرة حاكمة وأخرى تتطلع إلى الحكم، دفعتهم إلى الخروج من الدّيار، فالمؤامرات والسعايات التي دبرها أعداء لسان الدّين بن الخطيب[١] آتت أكلها، حين نجحوا في الإيقاع بينه وبين مليكه الغنيّ بالله[٢]، بعد ما كان بينهما من ودّ وصداقة، وبذلك لم يعد البقاء في غرناطة آمناً وسط هذا الجوّ المشحون بالتّحامل والكره، ولذا يتوجّه ابن الخطيب إلى المغرب.

---

(١) هو محمد بن عبد الله بن سعيد بن علي بن أحمد التلمساني، يكنى أبا عبد الله، ولسان الدين، والطائر الصيت، ولد في لوشة قرب غرناطة ٧١٣هـ وتوفي في أوائل ٧٧٦هـ/١٣١٣-١٣٧٤م)، أسند إليه الخليفة الغني بالله الكتابة والوزارة وسمّاه ذا الوزارتين، انظر ترجمته: ابن خلدون، عبد الرحمن بن محمد بن خلدون الحضرمي، (ت ٨٠٨هـ). تاريخ ابن خلدون، العبر وديوان المبتدأ والخبر في أيام العرب والعجم والبربر ومن عاصرهم من ذوي السلطان الأكبر، ط١، جديدة منقحة، تعليق تركي فرحان المصطفى، دار إحياء التراث العربي، بيروت، لبنان، ١٩٩٩: ٣١٩/٧-٣٢٤، وابن الخطيب، الإحاطة في أخبار غرناطة، بدون ط، تحقيق محمد عبد الله عنان، دار المعارف، مصر، ١٩٥٥: ١/مقدمة المحقق، ٤٣٨/٤-٤٥٧، والمقري، أزهار الرياض: ١٨٦/١-٣٢٠، وفي مواطن متفرقة من الأجزاء ٣، ٤، والمقري، نفح الطيب: ٧ أجزاء، وفي صفحات متفرقة. وتاريخ الأدب الجغرافي العربي، ص ٤٦٠، ٤٧٤، ٤٩٣.

(٢) محمد الخامس بن يوسف الأول، ولي الملك بعد أبيه، وكان عفيف النفس. انظر ترجمته، ابن الخطيب، الاحاطة: ١٤/٢ وما بعدها، وتاريخ ابن خلدون: ٣٧٨/٧، والمقري، نفح الطيب: ٣٢١/١، ٤٥٢، ٥٠٧، ٥١٣، والأجزاء ٣، ٤، ٥، ٦، ٧ في صفحات متفرقة، والسلاوي، أحمد بن خالد الناصري، (ت ١٣١٥هـ). الاستقصا لأخبار دول المغرب الأقصى، بدون ط، أشرف على النشر، محمد الحجي، وإبراهيم أبو طالب، وأحمد التوفيق، منشورات وزارة الثقافة والاتصال، المغرب، ٢٠٠١: ١٨٢/٤.

من هنا ندرك أنّ الرّحلة ضروريّة في حياة الأندلسيّ والمغربيّ، فرضتها عليهما مساحة الأندلس الواسعة، وبعدها الشّاسع عن المشرق، وتكالب الأعداء عليها، لاحتلالها، وتبعاً لذلك تعدّدت دواعي الرّحلة وأنواعها، وهذا ما أكّده محمود سالم محمد في قوله: "وكان لحنين المغاربة وتشوّقهم للأمكان المقدّسة، لون خاص نبع من بعد بلادهم عن الحجاز، وما يتجشّمونه في الرّحلة إليها، فكان الوصول إلى الأماكن المقدّسة عندهم غاية الإدراك وأمنية الأماني .."[١].

ولعلّ ما نجده من مشاهد الوداع والموضوعات الوجدانية -فيما يكتبه الأدباء- وثيق الصّلة بالإنسان الأندلسيّ الذي رحل عن وطنه، إذ تتجلّى في رحلاتهم معاني الاغتراب القاسية، واللّحظات الفاصلة بين فرح اللّقاء الطويل لمن تمكّن من العودة، ومرارة الفراق المديد لمن قضى ما تبقّى من حياته حالماً بالإياب.

فقد ارتحل ابن سعيد المغربيّ[٢] طلباً للعلم وللحجّ إلى المشرق، ولكن هيهات أن تنسيه الرّحلة الأندلس وأن يسلوها، فقد قال: "ولمّا قدمت مصر والقاهرة أدركتني فيها

---

(١) محمد، سالم، محمود، (١٩٨٧). المدائح النبوية في نهاية العصر المملوكي، رسالة دكتوراه، غير منشورة، جامعة دمشق، ص ٢١٤.

(٢) أبو الحسن علي بن موسى بن سعيد المغربي (٦١٠هـ-٦٧٣هـ / ١٢١٣-١٢٧٤م) الأديب، والرحالة، الإخباري، العجيب الشأن في التجول في الأقطار، أخذ عن أعلام إشبيلية كأبي علي الشلوبين، وأبي الحسن الدباج، وتواليفه كثيرة، منها: "المرقصات والمطربات" و "المُغرب في حُلى المَغرب" و "المُشرق في حُلى المَشرق". انظر ترجمته، ابن سعيد المغربي، المغرب: ١٧٢/٢-١٧٩، وابن عبد الملك المراكشي، محمد بن عبد الملك الأنصاري الأوسي، (ت ٧٠٣هـ). الذيل والتكملة لكتابي الموصول والصلة، تحقيق إحسان عباس، دار الثقافة، بيروت، ١٩٦٥، السفر الخامس، القسم الأول، ص ٤١١، والكُتبي، محمد بن شاكر بن أحمد، (ب ٧٦٤هـ). فوات الوفيات، حقّقه وضبطه وعلّق عليه محمد محي الدين عبد الحميد، مكتبة السعادة، مصر، ١٩٥١: ١٧٨/٢-١٨١، والسيوطي، جلال الدين عبد الرحمن، (ت ٩١١هـ). بغية الوُعاة في طبقات اللغويّين والنّحاة، ط٢، تحقيق محمد أبو الفضل إبراهيم، دار الفكر، القاهرة، ١٩٧٩: ٢٠٩/٢، والمقري، نفح الطيب: ٢٦٢/٢-٢٩٢، والسلاوي، الاستقصا: ١٦٠/٣، وبالنثيا، آنخل جنثالث، (١٩٥٥). تاريخ الفكر الأندلسي، نقله عن الإسبانية، حسين مؤنس، ط١، القاهرة: مكتبة النهضة المصرية، ص١٣٥-١٣٦.

وحشة، وأثار لي تذكّر ما كنت أعهده بجزيرة الأندلس من المواضع المبهجة، التي قطعت بها العيش غضّاً خصيباً وصحبت بها الزّمان غلاماً ولبست الشباب قشيباً، فقلت[(١)]:

هَذِهِ مِصْرُ فَأَيْنَ المَغْـــرِبُ ؟ مُذْ نأى عنّي دُمُوعي تَسْكُـــبُ

مَع شمسٍ طَلَعَتْ في ناظِــري ثُمّ صارَتْ في فُؤادي تَغْـــرُبُ

هَذِهِ حَالي وأمّا حالتـــي في ذَرَا مِصْرَ ففكر مُتْعَـــبُ

فهو في غربته يحاول رسم صورة لوطنه في مخيّلته ليظلّ قريباً منه.

ويمكن القول إنّ من أهم الأسباب التي أجبرت الأندلسيين على النّزوح عن أرضهم، هي الفتن والحروب الداخليّة والخارجيّة، فقد "أصيب المجتمع بتموجات متحرّكة كانت أحياناً تخلّ من توازنه، وتترك فيه آثاراً نفسية عميقة، وقد بدأ هذا الجلاء الذي يضرب على المستقرين بيد الشّتات في حادثة الفتنة الأمازيغيّة أولاً، وانسياح كثير من أهل قرطبة فراراً بأرواحهم في نواحي الأندلس المختلفة. ثم تزايدت حركة الجلاء إثر سقوط بعض المدن في الحروب الداخليّة، وكان على أشدّ أحواله عندما تسقط مدينة في يد العدو الأجنبيّ"[(٢)].

ثانياً: العامل الدينيّ:

يمثل هذا العامل السّبب الرئيسيّ والأوّل لأغلبيّة المتوجّهين إلى المشرق الإسلاميّ[(٣)]، فهو العامل الذي يقضي بشدّ الرّحال من كلّ حدب وصوب إلى الحجاز والأمكان المقدّسة،

---

(١) المقري، نفح الطيب: ٨٢١/٢-٢٨٣، وبالنثيا، تاريخ الفكر الأندلسي، ص١٣٦-١٣٧.

(٢) عبّاس، إحسان، (١٩٦٢). تاريخ الأدب الأندلسي - عصر الطوائف والمرابطين، ط١، بيروت، لبنان: دار الثقافة، ص ٣٢.

(٣) هناك إشارة لرحلة مخطوطة لعبد المجيد بن علي الزيادي المنالي الفاسي، (ت.١٢٠٩هـ/١٧٩٤م) سماها (بلوغ المرام بالرحلة إلى بيت الله الحرام)، وتوجد منها نسخة في المكتبة العامة بالرباط، رقم ١٨٠٨د. في ١٨٤ ورقة تضمنت قصيدة رائية في ١٢٩ بيتاً جامعة لمراحل الرحلة من مصر إلى مكة مع مناسك الحج عليها شرح اسمه "اتحاف المسكين النّاسك ببيان المراحل والمناسك". انظر، البلوي، خالد بن عيسى، (ت ٧٦٥هـ). تاج المفرق في تحلية علماء المشرق، بدون ط، تحقيق الحسن السائح، مطبعة فضالة المحمدية، المغرب، د.ت: ٧٦/١.

لأداء فريضة الحجّ، الواجبة على المسلم ما لم يعقه عائق من ضعف أو قلّة مال. قال تعالى: ﴿ وَأَذِّنْ فِي النَّاسِ بِالْحَجِّ يَأْتُوكَ رِجَالًا وَعَلَىٰ كُلِّ ضَامِرٍ يَأْتِينَ مِن كُلِّ فَجٍّ عَمِيقٍ ﴾[1].

ويقتضي هذه العامل أيضاً زيارة قبر الرّسول عليه الصّلاة والسّلام، والمزارات الدينيّة الأخرى، كالمسجد الأقصى أولى القبلتين، وثالث الحرمين وقبور الأنبياء والصّحابة والأولياء، في كلّ من بغداد ودمشق والقاهرة وغيرها، ويعدّ هذا العامل من أقوى البواعث على الرّحلة فهو مبعث الحنين في نفوس الأندلسيّين والمغاربة على ارتياد البلد الحرام، فالحجّ من أهم الوشائج التي ربطت بين المشرق والمغرب، وعملت على توحيد الثّقافة في سائر أنحاء البلاد الإسلاميّة، على الرّغم من المسافات الشّاسعة التي تفصلها عن الحجاز، ولم تستطع هذه المسافات أن تحول دون توجّه الأندلسيّين والمغاربة للحجّ وزيارة البقاع المقدّسة، حيث يدفعهم الشّوق إليها، وإلى منبتهم الأصليّ في المشرق، فما أن يصل أحدهم هذه الدّيار حتى يطفح قلبه فرحاً وتفيض مشاعره إكباراً وإجلالاً، كما هو حال ابن جبير[2] حين شارف المدينة المنوّرة التي أضاء نور الإيمان عتمة اللّيل فيها:

---

(١) سورة الحج: الآية ٢٧.

(٢) أبو الحسن محمد بن أحمد بن جبير الكناني البلنسي، (٥٤٠هـ - ٦١٤هـ/ ١١٤٥-١٢١٧م). كان أحد فرسان البلاغة، بارعاً بليغاً، شاعراً مجيداً، قام بثلاث رحلات، وعن سبب رحلته الأولى، فإنّ حاكم غرناطة أبو عثمان سعيد بن عبد المؤمن سمع بابن جبير فأمر أن ينضمّ إلى كتّاب ديوانه، ولما جلس إليه أحبّه وقرّبه، وكان يدعوه إلى مجلس شربه فيأبى أبو الحسن، وفي إحدى المرات، طلب إليه الحاكم أن يشرب معهم، فاعتذر ابن جبير، فأقسم الأمير أن يشرب أبو الحسن سبعة كؤوس، فاضطر ابن جبير أن يشرب على مضض كأساً بعد كأس ... وملأ له الأمير الكأس التي شرب فيها بالدنانير الذهبية، وأفرغها في حجره سبعاً. ومع ذلك ظلّ ابن جبير غاضباً بسبب ما فعله، فقرر أن ينفق هذه الدنانير على رحلة حجّ إلى بيت الله الحرام، فيجعلها كفارة شرابه. أمضى أكثر سنوات حياته متنقلاً في الديار الإسلامية بين مكة وبيت المقدس والقاهرة إلى أن وافته المنية بالإسكندرية. انظر ترجمته، المقري، نفح الطيب: ٣٨١/٢-٣٨٨، والتّجيبي، القاسم بن يوسف، (ت ٧٣٠هـ). مستفاد الرحلة والاغتراب، تحقيق عبد الحفيظ منصور، الدار العربية للكتاب، ليبيا، تونس، ١٩٧٥، ص٢٤٣، وابن سعيد المغربي، المغرب: ٣٨٣/٢، وكراتشكوفسكي، تاريخ الأدب الجغرافي العربي، ص ٣٣٥، الأنصاري، عبد القدوس، (١٩٧٧). مع ابن جبير في رحلته، بدون ط، القاهرة: المطبعة العربيّة الحديثة، ص١٦.

أَقُولُ وآنستُ بالليْلِ نَـــاراً لعَلّ سِرَاجَ الهُدَى قَدْ أَنَـــارا[١]

ويصف ابن جبير رحلته الطويلة الشّاقة إلى هذه الدّيار المباركة:

إليكَ إليكَ نَبيّ الهُـــدَى رَكِبْتُ البِّحارَ وَجُبْتُ القَفَـــارا

وَفارَقْتُ أَهْلي ولا مِنّـــةٌ وَرُبَّ كلامٍ يجرُّ اعْتِـــذارا[٢]

فقد كان أساس خروج ابن جبير ورحلته إلى المشرق، أداء فريضة الحجّ، فحجّ وسمع من بعض علماء الشّام ثم عاد إلى المغرب، وكان له أكثر من رحلة إلى المشرق.

أمّا العبدريّ[٣]، صاحب الرّحلة المغربيّة، -وهي رحلة حجازيّة قيّمة، تتميّز بأنّها تمّت عبر البرّ-، فلم يركب البحر كما فعل غيره من الرّحالة، وهذا يعطينا صورة حيّة عن قوافل الحجّ البريّة، وكيف كانت تسير عبر الطريق والمحطات التي كانت على امتداد الطريق، ويتوقف فيها الرّكب طلباً للرّاحة، أو للتزود بالماء والمؤن، كما وصف البلاد التي

(١) ابن الخطيب، الإحاطة: ٢٣٥/٢.

(٢) المصدر نفسه: ٢٣٦/٢.

(٣) هو أبو عبد الله محمد بن محمد بن علي بن أحمد بن مسعود العبدري، حاد الطبع، وقوي الشخصية، أصله من بلنسية، وكان من سكان حاحة الواقعة على شاطئ المحيط الأطلسي في المغرب الأقصى، وكان خروجه من بلاده سنة ٦٨٨ هـ فمرّ على منطقة سوس قاطعاً الجنوب المغربي من الغرب إلى الشرق إلى تلمسان، وتونس، والقيروان، ثم قابس، وطرابلس، وبرقة والإسكندرية، ثم القاهرة ومنها قصد مكة المكرمة لقضاء فريضة الحجّ، وتوجّه بعد ذلك إلى المدينة المنورة ثم مدينة الخليل وبيت المقدس، ومنها إلى القاهرة، ثم شرع في الرجوع إلى بلاده عن طريق تونس والجزائر، ووصل إلى مدنية تازا في فاس، ثم رحل منها إلى أن وصل إلى مدنية أزمور ثم إلى مدينة أسفي. لا يعرف ميلاده، وتوفي نحو (٧٠٠هـ). وقد نشرت رحلته في المغرب عام ١٩٦٨م بمقدمة لمحمد الفاسي. انظر ترجمته، المقري، نفح الطيب: ٤٨٣/٢، ٥٨٩، والزركلي، خير الدين، الأعلام قاموس تراجم لأشهر الرجال والنساء من العرب والمستعربين والمستشرقين، بدون ط، دار العلم للملايين، بيروت، لبنان، ١٩٨٤: ٣٢/٧، وبالنثيا، تاريخ الفكر الأندلسي، ص٣١٨، وكراتشكوفسكي، تاريخ الأدب الجغرافي العربي، ص ٩٣٧.

مرّ بها موضّحاً الحالة الاجتماعيّة والعلميّة والثقافيّة السائدة في تلك البلدان في القرن السّابع الهجريّ.

ويذكر ابن بطّوطة[١] في فاتحة رحلته سبب خروجه من وطنه إلى المشرق "كان خروجي من طنجة مسقط رأسي في يوم الخميس الثّاني من شهر الله رجب الفرد عام خمسة وعشرين وسبعمائة، معتمداً حجّ بيت الله الحرام وزيارة قبر الرّسول عليه أفضل الصّلاة والسّلام"[٢].

ولعلّ هذا العامل ينطوي على عامل نفسيّ، نلحظه في شدّة تعلّق الأندلسيّين والمغاربة بزيارة الأمكان المقدّسة والمجاورة بها، إلى أن تحضرهم الوفاة، فيدفنون في أرض طيبة بجوار الصّحابة والتّابعين وأرض الأنبياء، فأبو عصيدة البجائيّ[٣] في رحلته المسمّاة

(١) هو أبو عبد الله محمد بن عبد الله بن محمد بن إبراهيم اللواتي الطنجي (٧٠٣هـ - ٧٧٩هـ /١٣٠٤-١٣٧٤م). تنسب أسرته إلى قبيلة "لواتة" وهو رحّالة مؤرخ، ولد ونشأ في طنجة بالمغرب الأقصى، وطاف مختلف البلاد واتصل بكثير من الملوك والأمراء، وعاد إلى المغرب فانقطع إلى السلطان أبي عنان من ملوك بني مرين، فأقام في بلاده. ترجمت رحلته إلى لغات عديدة منها: البرتغالية والفرنسية والإنجليزية، ومات في مراكش. انظر ترجمته، مقدمة ابن خلدون، ١٤٣-١٤٤، والزركلي، الأعلام: ٢٣٥/٦-٢٣٦، وكراتشكوفسكي، تاريخ الأدب الجغرافي العربي، ص ٤٥٦-٤٧٢.

(٢) رحلة ابن بطّوطة المسمّاه "تحفة النظار في غرائب الأمصار وعجائب الأسفار"، تحقيق دوريش الجويدي، المكتبة العصرية، صيدا، بيروت، ٢٠٠٤: ٢٠/١.

(٣) أبو عصيدة، أحمد بن أحمد البجائي المنشأ والدار، الغساني الأصل (ت. ٨٦٥هـ)، عاش في القرن التاسع الهجري في الجزائر وتونس أثناء العهد الحفصي، وكان زاهداً في الدنيا، ولم يعثر على ترجمة له في كتب التراجم سوى النبذة التي ساقها أبوعصيدة نفسه في رسالته إلى صديقه أبي الفضل المشدالي. انظر ترجمته، رسالة الغريب إلى الحبيب، ط١، عرّفها وعلّق عليها، أبو القاسم سعد الله، دار الغرب الإسلامي، بيروت، لبنان، ١٩٩٣، ص ١٨-٢٥.

"رسالة الغريب إلى الحبيب"، "نجده وقد حقّق ما كان يصبو إليه بنزوله بالحجاز، وبالمجاورة في الحرم المدنيّ، وأنّه حقّق الرّاحة النفسيّة واطمئنان البال، وقضى أوقاته في التّدريس"[(١)].

ومن اللاّفت للانتباه أنّ بعض الرّحّالة اتّخذ رحلته الحجازيّة لغاية الوعظ والتّعلّم، فالرّحلات أكثر المدارس تثقيفاً للإنسان وإغناء لفكره، وتأملاته عن نفسه وعن الآخرين، مهما اختلفت دوافعها وتباينت وسائل السّفر وتنوّعت مادتها. فعبد الله بن الصّبّاح الأندلسيّ[(٢)]، يسرد أخبار رحلاته في رحلته المسمّاة "منشاب"[(٣)] للمسلمين الذين بقوا في الأندلس بعد سقوطها في يد النّصارى (الإسبان)، فالتّعريف بأرض

(١) انظر، رسالة الغريب إلى الحبيب، ص ٥-٦، دراسة أبي القاسم سعد الله، (١٩٩٠). "رحلة أبي عصيدة البجائي من بجاية إلى الحجاز"، مجلة العرب، ج(٩،١٠)، ص ٦٢٣-٦٢٧.

(٢) لم يعثر على ترجمة له في كتب التّراجم، ويقول جمعة شيخة في بحث له بعنوان "بعض المظاهر الدينية في رحلة عبد الله بن الصباح الأندلسي": "إنّه لم يجد ذكراً له في كتب التراجم لأنّه لا ينتسب إلى طبقة العلماء أو الفقهاء أو الأدباء، وكلّ ما نعرفه مقتبس من رحلته، فهو من سكان المرية، واستمر في الإقامة بها حتى سقوطها في يد فرديناند الأرغوني سنة ٨٩٥هـ وهو ينتمي إلى قبيلة عربية قحطانية من الجنوب، هي قبيلة الصّبّاحين اليمانية، وهي إحدى القبائل التي دخلت الأندلس عند فتحها في نهاية القرن (ا هـ). انظر، مجلة دراسات أندلسية، العدد (١٢)، ص ٢٥.

(٣) تبيّن لنا من خلال المراسلة مع الكاتب جمعة شيخة أنّ الرحلة مخطوطة موجودة في المكتبة الوطنية بتونس، ولا يتوفر عنها سوى ما ورد في المرجع السابق، حيث يذكر جمعة شيخة أنه قد بدأ في تحقيقها منذ عام ١٩٩٤م، وهي رحلة جعلها ابن الصباح بعنوان "منشاب الأخبار وتذكرة الأخيار". ويقول: "كلمة منشاب من نَشِبَ ينشبُ نشباً ونشبة الشيء في الشيء: أي علق، والصيغة التي جاءت عليه الكلمة صيغة مبالغة "مفعال": لقد قصد المؤلف أن تكون رحلته كالآلة التي يعلق بها كلّ شيء، وبالتالي تلتقط كلّ الأخبار، وقد أملاها من ذاكرته، وهو بين الستين والسبعين من عمره، وقد ضعف بصره، ويرجح أنّه قام بهذه الرحلة في أواخر النصف الأول من القرن التاسع الهجري، وبداية النصف الثاني منه بالاعتماد على الغاية من الرحلة، والاعتماد على بعض أسماء السلاطين الأتراك كمراد الثاني (ت. ٨٥٥هـ / ١٤٥٢م) وأسماء بعض العلماء كبدر الدين البلقيني (ت. ٨٩٠هـ/١٤٨٥م). انظر، المرجع السابق، ص ٣٧. وفي معنى "منشاب" انظر، ابن منظور، لسان العرب: ٧٥٧/١.

الإسلام المترامية الأطراف لتعزيز الرّوح الدينيّة في نفوس المدجّنين بالأندلس، غاية قصد المؤلف بلوغها، لذا فقد عمد صاحب الرّحلة إلى التأكيد على بعض المظاهر الدينيّة، لتمجيد الإسلام وتعزيزه في نفوس أهله من (المدجّنين)[١] باتّباع منهج تلقينيّ تعليميّ، يظهر من خلال كثرة الاستشهاد بالآيات القرآنيّة والسّنّة النّبويّة، والتذكير بواجبات المسلم الدينيّة كالصّلاة والزّكاة والحجّ، وكان ابن الصّبّاح أثناء وصفه لرحلته يتعرض إلى بعض القضايا الدينيّة، ومن هذه القضايا: قضيّة الجهاد والعبادة، أيّهما أفضل ؟ وقضيّة بقاء المسلم تحت حكم النّصارى بالأندلس ....[٢]

وتبدو النزعة التعليميّة في رحلة ابن الصّبّاح من الصّور التي رسمها للأماكن المقدّسة: مكّة المكرّمة، ومسجد الرسول بالمدينة، والمسجد الأقصى ببيت المقدس، وحرم الخليل، ولا تخلو الرّحلة من فوائد كثيرة تتعلّق بالعمران والاقتصاد، وتقدم لنا كذلك صورة عن المستوى الثقافيّ السائد في القرن التّاسع الهجريّ.

ويبرز حضور المكان المقدّس، كذلك، في رحلة محيي الدّين بن عربي[٣]، التي يصف فيها رحلته الوجدانية وخروجه من الأندلس قاصداً بيت المقدس، فيقول: "وقال السّالك:

(١) وهم الأندلسيون الذين عاشوا في ظل الحكم الإسباني بعد سقوط مدنهم، وكذلك الأسرى المسلمين والسبايا الأندلسيات في قصور الملوك والنبلاء الأوروبيين، انظر، ابن الخطيب، الإحاطة: ١٤٠/٢، وأعمال الأعلام في من بويع قبل الاحتلام من ملوك الإسلام، ط٢، تحقيق إ. ليفي. بروفنسال، دار المكشوف، بيروت، ص٢٢١، والمقري، نفح الطيب: ٢٩٠/١-٢٩٨.

(٢) انظر، شيخة، جمعة، "بعض المظاهر الدينية في رحلة عبد الله بن الصّبّاح الأندلسي"، مجلة دراسات، العدد (١٢)، ص ٣٧-٣٩.

(٣) هو محيي الدين بن عربي، محمد بن علي بن عبد الله ولد في مُرسيه سنة ٥٦٠هـ/ ويمتد نسبه إلى قبيلة حاتم الطائي. من مؤلفاته: "الفتوحات المكية" و "فصوص الحكم" وديوان شعره "ترجمان الأشواق". ارتحل إلى المشرق ودخل مصر، وأقام بالحجاز مدة، ودخل بغداد والموصل وبلاد الروم، ومات بدمشق سنة ٦٣٨هـ ولم تقدم الدراسات صورة جلية واضحة شافية عن رحلة ابن عربي، غير أنّ هناك إشارات لابن عربي عنها أثبتها في معراجه الموسوم بـ "كتاب الإسرا إلى مقام الأسرى" ضمن رسائل ابن عربي، وإشارات أخرى له عن رحلته في كتابه "الفتوحات المكية". انظر، ترجمته، ابن الأبار، التكملة، ص ٦٥٢، وشذرات الذهب: ١٩٠/٥-٢٠٢، والمقري، نفح الطيب: ١٦١/٢-١٧٠، وبلاثيوس، آسين، (١٩٧٩). ابن عربي: حياته ومذهبه، ترجمه عن الأسبانية، عبد الرحمن بدوي، الكويت، بيروت: وكالة المطبوعات، ودار القلم، ص ٥.

خرجت من بلاد الأندلس أريد بيت المقدس، وقد اتّخذت الإسلام جواداً، والمجاهدة مهاداً، والتوكّل زاداً ..."[١]، ويشير ابن عربي إلى غايته من رحلته إلى بيت المقدس: "قال السّالك: "وسرت على سواء الطريق، أبحث عن أهل الوجود والتّحقيق، رجاء أن أتبرّز في صدر ذلك الفريق ..."[٢].

والقدس بعد ذلك رمز الارتواء عند ابن عربي، إذ يقول:

فَعايَنْتُ مِنْ عِلْمِ الغُيوبِ عَجائِبا تُصانُ عَنْ التّذْكارِ في رَأْيِ مَنْ وَعَى

ومِنْ قائِمٍ بالحالِ في بيتِ مَقْدِسٍ فَلا نَفْسُهُ تَظْما و لا سِرّه ارْتَوَى [٣]

أمّا مكة المكرّمة، فقد ختم ابن عربي رحلته بها، وكان كتابه الفتوحات المكيّة تتويجاً لرحلته إلى القدس، وتأكيداً على قيامه بتلك الرّحلة، إذ يقول: "فإنّي وصلت أمّ القرى، بعد زيارتي الخليل الذي سنّ القرى"[٤].

ويبدو جليّاً أنّ رحلة ابن عربي لم تكن مجرد رحلة، بل جاءت سياحة صوفيّة ورحلة بحث وكشف عن أهل الوجود والتّحقيق، وهم كبار المتصوّفة الذين أفنوا حياتهم في العرفان[٥]. وكان سفره، سفراً في الحقّ جلّ وعلا، بقوة إلهيّة لا يدركها العقل، وفي ذلك يقول: "وأمّا المسافرون فيه فطائفتان، طائفة سافرت فيه بأفكارها وعقولها، فضلّت عن الطريق .. وهم الفلاسفة، ومن نحا نحوهم، وطائفة سوفر بها فيه وهم الرّسل والأنبياء والمصطفون من الأولياء كالمحققين من رجال الصوفيّة ..."[٦].

---

(١) كتاب الإسرا إلى مقام الأسرى، ضمن رسائل ابن عربي، مطعبة دائرة المعارف العثمانية، حيدر آباد، ج١، ١٩٤٨: ١/ ٣.

(٢) المصدر نفسه: ٣/١.

(٣) المصدر نفسه: ٤٦/١.

(٤) الفتوحات المكيّة، دار الكتب العربية الكبرى، القاهرة: ٤٣/١.

(٥) انظر، بلاثيوس، آسين، ابن عربي حياته ومذهبه، ص ٦٢، ٦٣، ٦٦، ٦٩.

(٦) كتاب الإسفار عن نتائج الأسفار، ضمن رسائل ابن عربي: ٧/٢.

وقد استطاع ابن عربي، من خلال رحلته، أن يقدم خطاباً للمعرفة الصوفيّة، وكثيراً من الجوانب المعرفيّة والدينيّة للمشرق الإسلاميّ، "ونصّاً مفتوحاً لم يغلق"[١].

وكذلك جاءت رحلة أبي مروان اليحانسي[٢]، رحلة بحث وكشف للحقيقة، وقد دوّنها تلميذه الفشتاليّ[٣] الذي رافقه مراحلها، حيث تحدّث عن سلوك شيخه لحياة الزهد والتقشّف، وجوبه أنحاء العالم الإسلاميّ، وتأديته فريضة الحجّ غير مرّة، كما تحدّث عن كرامات ومكاشفات أبي مروان، وآرائه في المشرق الإسلاميّ وملوكه وشيوخه، وعرض كذلك لمجريات الحياة اليوميّة في عصرهما.

ويرى محقق رحلة "تاج المفرق" أنّ الإقبال على الرّحلة الحجازيّة كان قد قلّ في أواخر العصور الوسطى (القرن الثّامن والتّاسع الهجريّين)، بسبب دعوة العلماء إلى الجهاد وإيثاره على الحجّ[٤].

ثالثاً: العامل الثقافيّ (طلب المعرفة):

إنّ أسباب الرّحلة متعدّدة، ولها صلة وثيقة بطابع الحضارة العربيّة الإسلاميّة، التي امتدت سيادتها على دنيا المشارق والمغارب "وطبيعيّ أن تكون الرّحلات والأسفار من أول السّبل لطلب العلم في تلك العصور"[٥]، ويلحظ أيضاً أنّ العامل الثقافيّ مرتبط بالعامل الدينيّ، فالدّين نفسه يدعو إلى العلم والمعرفة، فقد حثّ الرّسول عليه الصّلاة

---

(١) مقابلة، جمال، (١٩٩٦). حادثة الإسراء والمعراج وتجلياتها في النثر العربي، رسالة دكتوراه، غير منشورة، الجامعة الأردنية، عمان، الأردن، ص٤٢.

(٢) هو أبو مروان عبد الملك بن إبراهيم بن بشير القيسي اليحانسي، نسبة إلى بلده يحانس من ولاية المرية بالأندلس، وقيل البجانسي نسبة إلى بجانس، قرية من قرى وادي آشي. انظر، تحفة المغترب ببلاد المغرب، لمن له من الإخوان، في كرامات الشيخ أبي مروان، تحقيق، فرناند ودي لاجرانخا، منشورات المعهد المصري للدراسات الإسلاميّة، مدريد، ١٩٧٤، ص ٦، ٧.

(٣) هو أحمد بن إبراهيم يحيى الأزدي الفشتالي، وقيل القشتالي، نسبة إلى قشتال، التي قد تكون بلدة في ولاية غرناطة، انظر، المصدر نفسه، ص ٦، وانظر، المقري، نفح الطيب: ٦٩٠/٢.

(٤) البلوي، خالد، تاج المفرق، ٥٥/١.

(٥) حسن، زكي محمد، (١٩٤٥). الرّحّالة المسلمون في العصور الوسطى، القاهرة: دار المعارف، ص ٦.

والسّلام على طلب العلم والرّحلة في سبيله، ومن ذلك قوله صلى الله عليه وسلم: «... ومن سلك طريقاً يلتمس فيه علماً سهّل الله به طريقاً إلى الجنّة، وما اجتمع قوم في بيت من بيوت الله يتلون كتاب الله ويتدارسونه بينهم إلا نزلت عليهم السّكينة وغشيتهم الرّحمة وحفّتهم الملائكة، وذكرهم الله فيمن عنده»[(١)].

وموسم الحجّ، وإن كان موسماً دينيّاً، إلا أنّه يُعدّ كذلك ملتقى ثقافيّاً إسلاميّاً يجمع الفئات المثقّفة من العلماء، بل يشمل أيضاً غير المثقفين الذين أتوا لأداء فريضة الحجّ، إذ إنّ حلقات الوعظ والارشاد والحديث، وجلسات العلم والأدب، كانت ولا تزال تعقد في رحاب المسجد الحرام والمسجد النبويّ، ويحضرها كلّ من يرغب في التفقّه في دينه، والأخذ عن الشّيوخ والجلوس إليهم، لما في ذلك من أهميّة كبرى في التعليم الإسلاميّ[(٢)]، فالحجّ جامعة ثقافيّة موسميّة، كما يرى البعض[(٣)]، "وقد كثرت رحلة الأندلسيّين إلى المشرق في طلب العلم، وكان الواحد منهم يشرف بين بني قومه حين يروي عن شيوخ مصر وبغداد وغيرهما من بلدان المشرق"[(٤)].

لذا لم تعد الرحلة العلميّة أمراً منوطاً بالنيّة الدافعة للحجّ وحسب، بل أصبحت هي نفسها ضرورة لازمة[(٥)]، وقد كان الشعب الأندلسيّ والمغربيّ يمتاز بالإقبال على العلم

(١) مسلم، أبو الحسين مسلم بن الحجّاج القشيري، (ت ٢٦١هـ). صحيح مسلم بشرح النووي، بدون ط، دار إحياء التراث العربي، بيروت: ٢١/١٧، وابن ماجة، أبو عبد الله بن يزيد القزويني، (ت ٢٧٣هـ). سنن ابن ماجة، بدون ط، حققه بشار عواد معروف، دار الجيل، بيروت، ١٩٩٨: ٨٢/١، وهو جزء من حديث شريف طويل في أهمية العلم وطلبه.

(٢) انظر، الصادقي، حسن، (١٩٨٩). الوجود المغربي في المشرق من خلال كتب التراجم المشرقية، مجلة المناهل. العدد (٣٨) السنة ١٥، ص٢٩٩.

(٣) غنيمة، محمد عبد الرحيم، (١٩٥٣). تاريخ الجامعات الإسلامية الكبرى، تطوان، معهد مولاي حسن: دار الطباعة المغربية، ص٢١٢.

(٤) عبّاس، إحسان، (١٩٨٥). تاريخ الأدب الأندلسي "عصر سيادة قرطبة"، ط٧، بيروت، لبنان: دار الثقافة: ٣٨/١.

(٥) هناك الكثير من الآيات القرآنية، والأحاديث الشّريفة التي تحثّ على العلم، ولا رغبة بالإكثار من سردها، ففيها الكثير ممّا يغني عن الاستشهاد.

للعلم ذاته، "فقد كان قلب أبي بكر بن العربي معلقاً بشيء آخر يقدّمه على الحجّ، وذلك هو الاستمرار في طلب العلم، ولذلك فإنّه لمّا وجد في أثناء الرّحلة أنّ الحجّ قد يفوّت عليه المضيّ في الطّلب قال لأبيه"[١] "إن كانت لك نيّة في الحجّ فامض لعزمك، فإنّي لست برائم عن هذه البلدة[٢]، حتى أعلم علم من فيها، وأجعل ذلك دستوراً للعلم وسلما إلى مراقيها"[٣]، فالغرض الأصليّ من رحلة ابن العربي، هو تلقي العلم والاتّصال بالشّيوخ، بينما كان غرض والده أداء فريضة الحجّ.

أمّا ابن تومرت[٤]، فقد اشتهر منذ طفولته بميله إلى الدّراسة، وملازمته للمسجد، فشبّ قارئاً محباً للعلم، ولأنّ المشرق محط آمال الراغبين في العلم رحل ابن تومرت إليه طلباً للعلم وأداء فريضة الحجّ.

---

(١) انظر، عباس، إحسان، رحلة أبي بكر بن العربي كما صورها قانون التأويل، مجلة الأبحاث، السنة ٢١، العدد ١-٤، ١٩٦٨، ص٦١.

(٢) يقصد "بيت المقدس".

(٣) ابن عربي، قانون التأويل، ص٩٢.

(٤) هو محمد بن عبد الله بن عبد الرحمن بن هود بن خالد بن تمّام بن عدنان، ويمتد نسبه إلى الحسن بن علي بن أبي طالب، وقيل ولد سنة ٤٨٣هـ/١٠٩٠م أو ٤٧٩هـ/١٠٨٧م، غادر بلاد السوس الأقصى التي نشأ فيها حوالي سنة ٥٠٠هـ/١١٠٦م متوجهاً نحو المشرق طلباً للعلم، وعاد إلى قريته إيجلي التي ولد فيها، وأعلن أنّه المهدي في سنة ٥١٤هـ/١١٢٠م. وأسّس مذهباً جديداً يعتمد خصوصاً على نظرية التوحيد وأطلق على أصحابه اسم الموحدين. توفي سنة ٥٣٤هـ/١١٤٠م، وقيل سنة ٥٢٩هـ/١١٣٥م، انظر، بورويبة، رشيد، (١٩٨٢). ابن تومرت، ترجمة عبد الحميد حاجيات، الجزائر: ديوان المطبوعات الجامعيّة، ص ٢١، وصفحات أخرى متفرقة، وانظر، ابن القطان، أبو الحسن علي، (ت ٦٢٨هـ). نظم الجمان، تحقيق محمود علي مكي، المركز الجامعي للبحث العلمي، جامعة محمد الخامس، الرباط، ص ٣٤، ٣٨، والحلل الموشية، تحقيق سهل زكار وعبد القادر زمامة، دار الرشاد الحديثة، الدار البيضاء، ١٩٧٩، ص ٩٨-١١٧، وابن خلكان، وفيات الأعيان: ٤٥/٥-٥٥.

وكان ابن تومرت أينما حلّ يبادر بالحضور إلى دروس أشهر العلماء والفقهاء، فقد أخذ العلم عن أبي بكر الطرطوشيّ[١] في الإسكندريّة[٢]، وقرأ على يد أبي بكر الشّاشيّ[٣]، وغيرهما، وكان ابن تومرت يأمر بالمعروف وينهى عن المنكر، ويريق الخمر، ويكسر آلات الطرب، في كلّ مدينة يزورها[٤]، وقد ذكر ابن القطان أنّ ابن تومرت حين كان ببجاية "لقي بها الصبيان في زيّ النّساء .. فغيّر المنكر جهده" ثم حضر عيداً، فرأى فيه من اختلاط الرّجال بالنّساء والصّبيان المتزيّنين المتكحّلين ما لا يحلّ، فزجرهم وغيّر ذلك عليهم.."[٥]. وقد دوّن ابن تومرت الكثير من مشاهداته وآرائه في رسائله وكتبه المختلفة[٦].

ونجد بعض الرّحالة المغاربة والأندلسيّين[٧] ينتقلون داخل بلادهم أو ينتهزون فرصة أدائهم فريضة الحجّ، للقاء العلماء والفقهاء، وزيارة المراكز العلميّة، وتسجيل أسماء

---

(١) هو، أبو بكر محمد بن الوليد بن محمد القرشي، الفِهري، المعروف بابن أبي رندقة، انظر، ترجمته، ابن خلكان، وفيات الأعيان: ٢٦٢/٤-٢٦٥.

(٢) الزركشي، أبو عبد الله محمد بن إبراهيم. تاريخ الدولتين الموحدية والحفصية، ط٢، تحقيق محمد ماضور، المكتبة العتيقة، تونس، ١٩٦٦، ص٤.

(٣) هو، أبو بكر محمد بن علي بن إسماعيل الشاشي، الفقيه الشافعيّ، انظر، ترجمته، ابن خلكان، وفيات الأعيان: ٢٠٠/٤/٢٠١.

(٤) انظر، ابن أبي زرع الفاسي، الأنيس المطرب بروض القرطاس في أخبار ملوك المغرب وتاريخ مدينة فاس، دار المنصور للطباعة والوراقة، الرباط، ١٩٧٢، ص ١٢١-١٢٢.

(٥) ابن القطان، نظم الجمان، ص٤١-٤٢.

(٦) من رسائله وكتبه: أعز ما يطلب، ورسالة في العلم، وكتاب تحريم الخمر.

(٧) ومنهم، الرعيني، وهو أبو الحسن علي بن محمد بن علي الرعيني الإشبيلي يعرف بابن الفخّار، ولد في شعبان ٥٩٢هـ تنقل في داخل الأندلس والمغرب، وتوفي سنة ٦٦٦هـ انظر، برنامج شيوخ ابن الفخار الرعيني، تحقيق إبراهيم شبوح، مجلة معهد المخطوطات العربية ، وزارة الثقافة والإرشاد القومي، ١٩٦٢، المجلد ٥، الجزء ١، ص ١٠٣.

وابن جابر الوادي آشي، وهو محمد بن جابر بن محمد بن قاسم بن محمد القيسي الوادي آشي، ولد سنة ٦٧٣هـ وتوفي ٧٥٢هـ انظر ترجمته، ابن حجر العسقلاني، شهاب الدين أبوالفضل أحمد بن علي، (ت ٨٥٢هـ). الدرر الكامنة في أعيان المائة الثامنة، ط١، ضبطه وصحّحه الشيخ عبد الوارث محمد علي، دار الكتب العلمية، بيروت، لبنان، ١٩٩٧: ٢٥١/٣-٢٥٢، وابن الخطيب، الإحاطة: ٤٩٨/٣، والمقري، نفح الطيب: ٦٦٤/٢، ٦٦٦.

مشايخهـم، ومروياتهم، والترجمة لعدد كبير مـنهم، مـمّا أضـفى الصـبغة العلميّة على رحلاتهـم، فغدت كتباً علميّة يغلب عليها الجانب الثقـافيّ أكـثر منهـا رحلـة أدبيّـة. وقد سميت بالبرامج أو الفهارس[١].

وجـاءت رحلة القاسم بن يوسف بن محمد بن عـلي التّجيبـيّ[٢] "مسـتفاد الرّحلـة والاغتراب"، ورحلة ابن رشيد السبتيّ[٣] "ملء العيبة في ما جمع بطول الغيبة في الوجهـة الواجهـة إلى الحـرمين مكّـة وطيبـة" ؛ لتأديـة فريضـة الحـجّ وزيـارة قـبر الرّسـول عليـه السّـــلام، والاتّصال بالشّيوخ والأساتذة، وملاقاة الرّجال والرّواة، وذكر أخبارهم

---

(١) البرنامج يرادف معنى الفهرسة، فهو كتاب يجمع فيه الشيخ أسماء شيوخه وأسانيده من مروياته وقراءته على أشياخه والمصنفات ونحو ذلك، فلفظ برنامـج تستعمله أهل الأندلس كثيراً والبرنامج يرادف الفهرسة والمعجم والثبت والمشيخة، انظر الكـتاني، عبد الحي بن عبد الكبير، فهرس الفهارس ومعجم المعاجم والمشيخات والمسلسلات، ط٢، باعتناء إحسان عباس، دار الغرب الإسلاميّ، ١٩٨٢: ٦٧/١-٧١.

(٢) وقيل هو أبو القاسم (٦٧٠هـ،٦٦٦هـ - ٧٣٠هـ/١٢٧١،١٢٦٧-١٣٢٩م)، وهو من أهل سبتة من بني تجيب الذين استثروا في الأندلس منذ أوائل الفتح الإسلامي، وبدأ رحلته إلى المشرق سنة ٦٩٦هـ، ورحلته "مستفاد الرحلة والاغتراب" ثلاثة مجلدات ضخمة كما أشار صاحب الدرر الكامنة، يتضمن الجزء الأول خروجه من سبتة إلى مصر أو من الأندلس إلى مصر، أما الجزء الثاني الذي حقّقه عبد الحفيظ منصور ونشرته الدار العربية في ليبيا سنة ١٩٧٥م، فقد ابتدأ فيه بذكر مدينة القاهرة، وضمّن بقية أخبار الحجاز وبيت المقدس والشام في الجزء الثالث. رافقه في رحلته الكاتب خلف الغافقي القبتوري الإشبيلي. انظر ترجمته، التجيبي، مستفاد الرحلة، مقدمة المحقق، ص، ب، ج، وابن حجر العسقلاني، الدرر الكامنة: ٣٢٤/٣-٣٢٥، والسلاوي، الاستقصا: ٧٧/٣.

(٣) محمد بن عمر بن محمد بن رشيد الفهري السبتي (٦٥٧هـ - ٧٢١هـ / ١٢٥٩-١٣٢١م)، بدأ رحلته سنة ٦٨٣ هـ، خرج من فاس واتجه شمالاً إلى مدينة سبته وسافر إلى المرية ومنها إلى بجاية ومنها إلى مدن أخرى: الإسكندريّة، والفسطاط والقاهرة، ودمشق، والحجاز والحرمين ..، ورافقه صديقه الأديب، أبو عبد الـلـه محمد بن عبد الرحمن بن الحكيم اللخمي. انظر ترجمته، المقري، نفح الطيب: ٢٢٥/٥، وابن الخطيب، الإحاطة: ٤٤٥/٢ وما بعدها، والسلاوي، الاستقصا: ٧٨/٣، وكراتشكوفسكي، تاريخ الأدب الجغرافي العربي، ص٤١١.

وعلومهم ومؤلّفاتهم، والترّجمة للعلماء المبرزين ممن التقيا بهم في رحلتيهما اللتين كانتا أقرب إلى كتابة الفهارس العلميّة، ومع ذلك فهناك ما يفيدنا عن أحوال الأقطار الإسلاميّة، وأوضاعها العلميّة والأدبيّة والاقتصاديّة والعمرانيّة، وهما في هذا الميدان يتتبعان بعض خطوات الرّحّالة ابن جبير، فالتّجيبي[١] مثلاً، استفاد من رحلة ابن جبير فيما كتبه ابن جبير[٢] عن صحراء عيذاب، وساحل البحر الأحمر والحركة التجاريّة بين قوص وعيذاب.

أمّا خالد بن عيسى البلوي[٣]، فقد كان في شوق دائم إلى لقاء العلماء حيثما حلّ، فيسرع للبحث عنهم، وقد عبّر عن ذلك فيما ذكره عند دخوله قسطنطينة، فقال: "وبادرت

---

(١) التجيبي، مستفاد الرحلة، ص ٢٠٥.

(٢) رحلة ابن جبير، دار صادر، بيروت، ص٤٢.

(٣) هو أبو البقاء، خالد بن عيسى بن أحمد بن إبراهيم بن أبي خالد البلوي القتوري، ولد بقتورية، من قرى المرية بالأندلس (٧١٣هـ / ١٣١٣م) تلقّى العلم بمسقط رأسه، فقرأ القرآن، ثم درس القراءات السبع عن اثني عشر شيخاً، ثم أخذ يجوب عواصم الأندلس بحثاً عن الشيوخ والعلماء، فانتقل بين غرناطة ومالقة، كما ارتحل إلى تلمسان وتونس والإسكندريّة والقاهرة، والقدس، وكان ذلك أثناء توجهه إلى البقاع المقدسة لأداء فريضة الحج، وبعد هذه الرحلة الطويلة عاد إلى قتورية، فأصبح معدوداً من رجال الفكر والفقه والأدب وتولّى القضاء ثم انتقل إلى القضاء ببرشانة، وهناك أتم كتابة رحلته "تاج المفرق في تحلية أهل المشرق". أمّا وفاته فقد جعلها بعضهم سنة (٧٦٥هـ / ١٣٦٤م)، ويعارض حسن السائح محقّق الرحلة هذا الرأي مبيّناً أنّ المؤلف أتمّ كتابة رحلته في اليوم الأخير من شهر ربيع الأول عام ٧٦٧هـ ببرشانة، وإذن فقد عاش بعد هذا التقدير. وقد طبعت الرحلة في الرباط. انظر ترجمته، البلوي، تاج المفرق: ٢٥/١-٦٠، والتنبكتي، أبو العباس، أحمد بن أحمد بن عمر، (ت ١٠٣٦هـ). نيل الابتهاج بتطريز الديباج، فاس (د.ن)، ١٨٩٩، ص ٩٩، وابن الخطيب، الكتيبة الكامنة في من لقيناه بالأندلس من شعراء المائة الثامنة، تحقيق إحسان عباس، دار الثقافة، بيروت، ١٩٦٣، ص ١٣٤-١٣٥، والمقري، نفح الطيب: ٥٣٢/٢-٥٣٤.

إلى لقاء الفضلاء، ومباحثة النّبلاء، أجتلي وأجتني ولا أجتنب وأنا والطّرس في ملأ أنتقي منهم وأنتخب .." [١].

وفي ذلك يقول ابن خلدون[٢]: "إن الرّحلة في طلب العلوم ولقاء المشيخة مزيد كمال في التّعليم، وذلك أنّ البشر يأخذون معارفهم وأخلاقهم وما ينحلون به من المذاهب والفضائل تارة علماً وتعليماً وإلقاء، وتارة محاكاة، وتلقيناً بالمباشرة، إلا أنّ حصول الملكات عن المباشرة والتلقين أشدّ استحكاماً، وأقوى رسوخاً، فعلى قدر كثرة الشّيوخ يكون حصول الملكات ورسوخها. فالرّحلة لا بدّ منها في طلب العلم لاكتساب الفوائد والكمال بلقاء المشايخ ومباشرة الرّجال"[٣].

ومّما كان يشجّع الرّاغب في طلب العلم وتعليمه وتعلّمه ورحلته إلى المشرق، وجود المكان الذي يأوي إليه في المساجد والمدارس والزّوايا، وتوافر مصادر المعيشة وأسبابها "فهذا المشرق بابه مفتوح لذلك، فادخل أيّها المجتهد بسلام، وتغنّم الفراغ والانفراد قبل عَلْق الأهل والأولاد، وتقرع سنّ النّدم على زمن التّضييع، و الله يوفق

(١) البلوي، تاج المفرق: ١٦١/١.

(٢) هو أبو زيد عبد الرحمن بن محمد بن محمد بن الحسن بن جابر بن محمد بن إبراهيم بن عبد الرحمن بن خلدون (٧٣٢هـ-٨٠٨هـ/١٣٣٢-١٤٠٦م). وهو الفقيه، والأديب والفيلسوف المؤرخ والرّحالة المشهور، له إسهامات بارزة في كافة ألوان الفكر والمعرفة، خلف عدة مؤلفات من أهمها: مقدمته، وتاريخه، والتّعريف بابن خلدون ورحلته غرباً وشرقاً وعن مؤلفاته انظر، بدوي، عبد الرحمن، (١٩٦٢). "مؤلفات ابن خلدون"، القاهرة: دار المعارف، انظر ترجمته، رحلة ابن خلدون، "التّعريف" ، ط١، علّق عليها، محمد ابن تاويت الطنجي، وقدّم لها، نوري الجرّاح، دار السويدي للنشر، أبو ظبي، ودار الفارس، عمان، ص ٤٩، ٦٥، ٩٩، وصفحات كثيرة متفرقة، والسخاوي، شمس الدين محمد بن عبد الرحمن. الضوء اللامع لأهل القرن التاسع، بدون ط، مكتبة القدس، القاهرة، ١٣٥٥: ١٤٥/٤، والمقري، نفح الطيب نقلاً عن الإحاطة: ١٨٠/٦-١٩٠، وكراتشكوفسكي، تاريخ الأدب الجغرافي العربي، ص ٤٧٣-٤٧٦.

(٣) مقدمة ابن خلدون: ٥٤١/١.

ويرشد ..."[١]. ووصف ابن بطّوطة حسن معاملة أهل دمشق للغرباء، فقال: ".. وهم يحسنون الظّن بالمغاربة، ويطمئنون إليهم بالأموال والأهلين والأولاد، وكلّ من انقطع بجهة من جهات دمشق، لا بدّ أن يتأتّى له وجه من المعاش من إمامة مسجد، أو قراءة لمدرسة، أو ملازمة مسجد يجيء إليه فيه رزقه، أو قراءة القرآن، أو خدمة مشهد من المشاهد المباركة .."[٢]. ويشيد كذلك بموقف أهل البصرة من الغرباء "وأهل البصرة لهم مكارم أخلاق، وإيناس للغريب وقيام بحقّه.."[٣].

إنّ الرّحلة في طلب العلم تحتلّ أهميّة كبيرة، وتشكّل سمة بارزة في حياة المجتمع الأندلسيّ والمغربيّ، وتؤكد على التّواصل العلميّ والفكريّ والثقافيّ والاجتماعيّ، فالمصادر الأندلسيّة والمغربيّة والمشرقيّة تزخر بأخبار هذه الرّحلات، وأسماء العدد الكبير من الرّاحلين إلى المشرق، يطلبون العلم وجلّ أمنيتهم أن يجلسوا إلى عالم مشرقيّ مشهور يشرفون به بين بني قومهم. وقد لاحظ كراتشكوفسكي، أنّ طلب العلم يطغى على نمط الرّحلة، ابتداء من القرن السّابع الهجريّ، ليتّسع على مرّ العصور[٤].

رابعاً: السّفارة:

إنّ السّفارة نوع من الرّحلات الرّسميّة، يُوكل بها الرّحّالة من قِبَلِ الحكّام، ورسالة يتنافس في أدائها من يكلّفون بها، مهما كلّفهم الأمر من تضحيات، إذ كانت تقترن في نفوسهم برفعة وعلوّ شأن الدّولة الإسلاميّة، فالسّفير عنوان دولته.

وكانت السّفارات لا تنقطع بين الدّول العربيّة وما جاورها من الدّول غير العربيّة، بقصد الصّلح وفكّ الأسرى، أو لتصفية الأجواء السياسيّة، وقد تكون وليدة علاقات دبلوماسيّة أو تقاليد لربط العلاقات السياسيّة، وليس هذا وحسب، بل لعبت

---

(١) رحلة ابن جبير، ص ٢٥٩.

(٢) رحلة ابن بطّوطة: ٩٦/١-٩٧.

(٣) المصدر نفسه: ١٦٩/١-١٧٠.

(٤) كراتشكوفسكي، تاريخ الأدب الجغرافي العربي، ص ٤٠١.

دوراً ملحوظاً في توسيع نطاق المعلومات الجغرافيّة[(١)]. "وقد نشطت حركة السّفراء بين الأندلس ودول أوروبا طوال مدّة الوجود الإسلاميّ في الأندلس، فكان الأندلسيون يتبادلون السّفراء مع القسطنطينية وروما وفرنسا وإنجلترا وألمانيا والنرويج والدانمارك والسويد وقشتالة وغليسية وأراغون والبرتغال وغيرها، وكان كلا الطرفين حريصاً على اختيار سفراء ذوي ثقافة عالية، وحنكة، ودهاء وذكاء، وفطنة، وكان عاملاً مهمّاً من العوامل التي تساعد على إنجاز المساعي التي يقومون بها، إلى جانب التّقارب الثقافيّ بين الطّرفين من خلال إعجاب الملوك بثقافة من يفد إليهم من هؤلاء السّفراء، وخاصّة أنّ بعض هؤلاء السّفراء كان يقيم عدّة أشهر وربّما سنة أو أكثر في بلاط الملك الذي ينتدب إليه"[(٢)].

ولعلّ أكثر هذه السّفارات شهرة وإثارة للجدل، تلك التي قام بها شاعر الأندلس يحيى الغزال[(٣)]، ولقب بالغزال لجماله، فقد كان جميلاً في صباه وسيّما في كهولته، وكان شاعراً متمكّناً ذا مقدرة تعبيريّة أدبيّة عاليّة، اتّصف بـ "حدّة الخاطر، وبديهة الرّأي، وحسن الجـــواب، والنّجدة والإقدام، والدّخول والخروج من كلّ باب"[(٤)].

---

(١) كراتشكوفسكي، تاريخ الأدب الجغرافي العربي، ص ١٥١.

(٢) جرّار، صلاح، (٢٠٠٤). زمان الوصل، ط١، عمان: المؤسسة العربية للدراسات والنشر، دار الفارس للنشر، ص٢٣-٢٤.

(٣) يحيى بن الحكم الجياني البكري (١٥٠هـ وقيل ١٥٦هـ -٢٥٠هـ /٧٦٤، ٧٧٣-٨٦٤م). أصله من جيان، عمّر أربعاً وتسعين سنة، انظر ترجمته، ابن دحية، أبو الخطاب، مجد الدين عمر بن الحسن بن علي، (ت ٦٣٣هـ). المطرب في أشعار أهل المغرب، تحقيق إبراهيم الأبياري، وحامد عبد المجيد، المطبعة الأميريّة، القاهرة، ١٩٥٤، ص١٣٠-١٣٩، والحميديّ، أبو عبد الله محمد بن فتوح، (ت ٤٨٨هـ). جذوة المقتبس في تاريخ علماء الأندلس، ط٣، تحقيق إبراهيم الأبياري، دار الكتاب المصري، القاهرة، ١٩٨٩: ٥٩٧/٢. وابن سعيد المغربي، المغرب: ٥٧/٢، والمقري، نفح الطيب: ٢٥٤/٢-٢٦٢، وكراتشكوفسكي، تاريخ الأدب الجغرافي العربي، ص١٥١..

(٤) ابن دحية، المطرب، ص١٣٩.

وبسب هذه الصّفات التي كان يتحلّى بها أوفده عبد الرحمن الأوسط[١]، في سفارة له إلى إمبراطور القسطنطينيّة وملك النورمان، وقد استطاع الغزال أن يستميل القلوب في بلاط ملك النورمان، حيث ذكر ابن حيّان القرطبيّ أنّ الغزال "حكيم الأندلس وشاعرها وعرّافها"[٢] وقد رفض أن يسجد لملك المجوس [٣] الذي أعجب به وبحكمته، ولمّا سمعت زوجة ملك المجوس بذكر الغزال وظرفه، أرسلت إليه تطلب أن يواجهها، فلمّا قابلته أعجبت به كثيراً، واستطاع بإطرائه لها وإطنابه في وصف جمالها أن يجتلب محبتها، وبلغ من ولعها به أنّها كانت "لا تصبر عنه يوماً حتّى توجه فيه، ويقيم عندها يحدّثها بسير المسلمين وأخبارهم وبلادهم ..."[٤].

واختلفت المصادر القديمة والدّراسات الحديثة، فيما يتعلّق بسفارة الغزال أكانت للقسطنطينيّة، أم إلى بلاد المجوس[٥]، ومنهم من أوردها إلى القسطنطينيّة وبلاد

(١) عبد الرحمن بن الحكم بن هشام بن عبد الرحمن الأموي أبو المطرف، رابع ملوك بني أمية في الأندلس، ولد في طليطلة وبويع بقرطبة سنة ٢٠٦هـ وكان عالي الهمة، له غزوات كثيرة، أديباً ينظم الشعر. انظر ترجمته، تاريخ ابن خلدون: ١٣٢/٤-١٣٥، والضّبّي، أحمد ابن يحي بن أحمد بن عميرة، (ت ٥٩٩هـ). بغية الملتمس في تاريخ رجال أهل الأندلس، ط١، تحقيق إبراهيم الأبياري، دار الكتاب المصري، القاهرة، ١٩٨٩: ٣٥/١، وتاريخ ابن خلدون: ١٣٢/٤-١٣٥، والمقري، نفح الطيب: ٣٤٤/١-٣٥٠.

(٢) ابن دحية، المطرب، حاشية ص ١٢٦، المقري، نفح الطيب نقلاً عن المقتبس: ٢٥٤/٢.

(٣) المجوس: يقصد بهم النورمانديين أو النورمانيين أي أهل الشمال سكان الدنمارك وشبه جزيرة إسكندنياوة، انظر، البكري، عبد الله بن عبد العزيز بن محمد بن أيوب بن عمرو، (٤٣٢هـ-٤٨٧هـ)، جغرافية الأندلس وأوروبا من كتاب المسالك والممالك، تحقيق عبد الرحمن علي الحجي، دار الإرشاد، بيروت، ١٩٦٨، ص١٥٨، حاشية رقم٢.

(٤) ابن دحية، المطرب، ص ١٣٣، ١٤٢، وبالنثيا، تاريخ الفكر الأندلسي، ص٥٦، وحميدة، عبد الرحمن، (١٩٦٩). أعلام الجغرافيين العرب ومقتطفات من آثارهم، دمشق، ص١٣٨.

(٥) الحميدي، جذوة المقتبس: ٥٩٧/٢، والضبي، بغية الملتمس: ٦٧٣/٢، وأعلام الجغرافيين العرب ومقتطفات من آثارهم، ص ١٣٨، الأوسي، حكمة علي (١٩٧١). يحيى بن الحكم الغزال سفير الأندلس وشاعره الواقعي، مجلة المجمع العلمي العراقي، مج٢١، ص ١٩٧-١٩٨.

المجــوس[١]، ومنهم مَن نظر إليها بشك كبير[٢]، في حين أيّدها آخرون[٣]. وسواء أكانت إلى القسطنطينيّة أم إلى بلاد المجوس، فلن يغيّر هذا من الواقع شيئاً فالرّحلة وقعت، ووصلنا نصّ يؤكدها أورده ابن دحية[٤]، والمقّري[٥]، وهو نصّ مختصر بأسلوبهما، بأسلوبهما، لا بأسلوب الغزال باستثناء بعض النّقول الصّغيرة التي سجّل فيها مشاهداته لكلّ ما مرّ به، والواردة في بعض أشعاره[٦].

إنّ ضياع هذه الرّحلة يشكّل خسارة كبيرة للأدب، إذ جعل الغزال نفسه وافتتانه بزوجة الملك، موضوعاً كان يمكن اعتماده لجعل الرّحلة أدباً خالصاً، لكنّها رغم ذلك خطوة في أدب الرّحلة العربيّ.

ومن الرّحلات الأخرى، رحلة إبراهيم بن يعقوب الطرطوشيّ[٧] (٣٤٧هـ)، هو يهوديّ من أهل طرطوشة[٨]، وكان يشتغل بتجارة الرّقيق، وقد جال في جنوب ألمانيا،

---

(١) المقري، نفح الطيب: ٣٤٦/١، ٢٥٧/٢، والحجي، عبد الرحمن علي (١٩٩٤). التاريخ الأندلسي من الفتح الإسلامي حتى سقوط غرناطة، ط٤، دمشق: دار القلم، ، ص ٢٣٣-٢٣٤.

(٢) العبادي، أحمد مختار، (١٩٧١). التاريخ العباسي والأندلسي، بدون ط، بيروت: دار النهضة العربية، ص ٣٥٣-٣٥٤.

(٣) كراتشكوفسكي، تاريخ الأدب الجغرافي العربي، ص ١٥١-١٥٢، ومؤنس، حسين، (١٩٨٠). معالم تاريخ المغرب والأندلس ، القاهرة: دار ومطابع المستقبل، ص٢٩١-٢٩٢.

(٤) ابن دحية، المطرب، ص١٣٠-١٣٦.

(٥) المقري، نفح الطيب: ٢٥٤/٢-٢٥٩.

(٦) انظر، ابن الكتاني، أبو عبد الله محمد، (ت ٤٢٠هـ). التشبيهات من أشعار أهل الأندلس، تحقيق إحسان عباس، دار الثقافة، بيروت، لبنان، ١٩٦٦، ص ١٢١، ١٦٣، ١٨١، ٢٥٢، ٢٥٤، ٢٥٧، ٢٦٦.

(٧) انظر ترجمته، ترصيع الأخبار، وتنويع الآثار والبستان في غرائب البلدان والمسالك إلى جميع الممالك، تحقيق عبد العزيز الأحواني، مطبعة معهد الدراسات الإسلامية، مدريد، ١٩٦٥، ص٣.

(٨) طرطوشة: مدينة بالأندلس، تتصل بكورة بلنسية، وهي شرقي قرطبة، قريبة من البحر، متقنة العمارة، استولى عليها الأسبان سنة ٥٤٣هـ انظر، ياقوت الحموي، معجم البلدان: ٣٠/٤، والحميريّ، أبو عبد الله محمد بن عبد الله بن عبد المنعم، (ت ٩٠٠هـ). صفة جزيرة الأندلس، منتخبة من الروض المعطار، ط٢، تحقيق إ. ليفي بروفنسال، مطبعة لجنة التأليف والترجمة، القاهرة، ١٩٣٧، ص ١٢٤.

وقابل الامبراطور أوتو الأوّل، وحفظ لنا معلومات واسعة عن إمارات (الصّقالبة)[١] في أوروبا الوسطى في ذلك العصر، أمّا وصف رحلته، فلم يبق منه سوى شذرات عُرفت منها الأقسام الخاصّة بألمانيا وبلاد الصّقالبة، وهي التّي حفظها لنا العذريّ[٢] والبكريّ[٣] والبكريّ[٣] الذي اعتمد على جزء كبير منها في كتابه المسالك والممالك، وانتقلت منهما إلى إلى مؤلفين متأخرين مثل، ابن سعيد الغرناطيّ"[٤].

وذكر إبراهيم بن يعقوب الطرطوشيّ لقاءه برسل ملك البلغار، حين وفدوا على هوتـو، ووصفهم فقال مشيراً إلى ما سمّاه بملك البلغاريين: "لم أدخل بلده، ولكنّي رأيت رسلـه..، ولهم معرفـة بالألسن، ويترجمون الإنجيل باللّسان الصّقلبي، وهم نصارى .."[٥].

وقد وُجدت رحلات سفاريّة داخل رحلات خاصّة متعددة الأغراض، فابن بطّوطة بدأ رحلاته بغرض الحجّ، ثم دفعه حبّ السّفر ليستمر في سلسلة رحلاته في مختلف البقاع

---

(١) بلاد الصقالبة: بلاد بين البلغار والقسطنطينيّة. انظر، الحموي، معجم البلدان: ١/٣٦-٣٧، وابن الخطيب، أعمال الأعلام، ص٤٠.

(٢) هو أحمد بن عمر بن أنس الدلائلي، (٣٩٣هـ -٤٧٨هـ /١٠٠٣-١٠٨٥م). وكان تلميذاً لابن حزم، رحل مع والده إلى مكة، وسمع من شيوخها، وعاش فيها تسعة أعوام، انظر ترجمته، ترصيع الأخبار، ص٣، والمقري، نفح الطيب: ٢/٢٣٣ و ٣/٦٧.

(٣) هو عبد الـلـه بن عبد العزيز بن محمد بن أيوب بن عمرو، المشهور بكنيته (أبو عبيد)، (٤٣٢هـ-٤٨٧هـ / ١٠٤٠-١٠٩٤م) ويرجح حسين مؤنس في الفصل الذي خصّصه من كتابه "تاريخ الجغرافية والجغرافيين في الأندلس" أنّه قد تجاوز العشرين عند انتقاله إلى قرطبة ويرجّح أنّه ولد عام ٤٠٥هـ/١٠١٤م تقريباً. ولد بقرطبة وتوفي فيها، عرف باسم القرطبي وقام بمهمة دبلوماسيّة لدى بلاط الأمير الشاعر المعتمد بن عباد بإشبيليـة، وبعد هزيمة المعتمد على أيدي المرابطين رجع البكري إلى قرطبة، وظل يزاول نشاطه الأدبي بها إلى وفاته، انظر ترجمته، ابن سعيد المغربي، المغرب: ١/٢٦٧، والمقري، نفح الطيب: ١/٢٩٢، وكراتشكوفسكي، تاريخ الأدب الجغرافي العربي، ص ٢٩٦-٣٠٢، وبالنثيا، تاريخ الفكر الأندلسي، ص ٣٠٩-٣١١.

(٤) انظر: البكري، جغرافية الأندلس وأوروبا من كتاب المسالك والممالك، ص ٨٠-٨١، ١٠٤-١٠٧، وكراتشكوفسكي، تاريخ الأدب الجغرافي العربي، ص ٢٠٧-٢١٠.

(٥) البكري، جغرافية الأندلس وأوروربا من كتاب المسالك والممالك، ص ١٧٥-١٧٧.

والأصقاع، وعندما أراد سلطان الهند محمد شاه بن تغلق أن يرسل سفارة إلى الصّين، اختار ابن بطّوطة، ليكون سفيره، ويقول ابن بطّوطة في ذلك: "بعث إليّ السّلطان خيلاً مسرجة وجواري وغلماناً وثياباً ونفقةً، فلبست ثيابه وقصدته. ولمّا وصلت إلى السّلطان زاد في إكرامي على ما كنت أعهده، وقال لي: "إنّما بعثت إليك لتتوجّه عني رسولاً إلى ملك الصّين، فإنّي أعلم حبّك في الأسفار والجولان، فجّهزني بما أحتاج له .." "[١].

ومن الرّحالة الأندلسيين والمغاربة أيضاً، لسان الدّين بن الخطيب وعبد الرحمن بن خلدون، وقد نالا قدراً كبيراً عند ملوك الأندلس، حيث اعتمدوا عليهما في السّفارة بينهم وبين ملوك الدّول الأخرى. فقد أرسل الخليفة الغنيّ بالله[٢] ابن الخطيب سفيراً إلى المغرب، يستنجد بأبي عنان المرينيّ[٣]، طالباً منه مدداً لحرب النصارى في الأندلس، فأنشد لسان الدين قصيدته التي مطلعها[٤]:

خَلِيفَةَ اللهِ ساعَدَ القَدَرُ   عُلاكَ ما لاحَ في الدُّجىَ قَمَرُ

فما كان من سلطان المغرب إلا أن قال له: "ما ترجع إليهم إلا بجميع طلباتهم"[٥].

أمّا ابن خلدون، فقد علا صيته في الآفاق، وطفحت بذكره الأوراق، وجاب اسمه البقاع، وطوى البلاد. ويشير ابن خلدون إلى سفارته عن الغنيّ بالله سنة ٧٦٥هـ إلى ملك قشتالة بطْرة بن الهُنْشَه بن أُذْفُونَش قائلاً: "وسفرت عنه سنة خمس وستين إلى الطّاغية ملك قشتالة يؤمئذ، بطرة بن الهُنْشَه بن أُذْفُونَش ، لإتمام عقد الصّلح ما بينه وبين ملوك العُدْوة، بهديّة فاخرة من ثياب الحرير والجياد المقربات بمراكب الذّهب الثقيلة، فلقيتُ الطّاغية

---

(١) رحلة ابن بطوطة: ١٣٥/٢.

(٢) وردت ترجمته، الدراسة هنا، ص ١٠.

(٣) أبو عنان، فارس بن أبي الحسن المريني، (٧٢٩هـ - ٧٥٩هـ/١٣٢٩-١٣٥٨م) كان متميزاً عن إخوته لفضله وعفافه. انظر ترجمته، المقري، نفح الطيب: ٤٥٢/١، ٦٨١، ٧٩/٥، ٩٨، ٩٩، وصفحات متفرقة، و السلاوي، الاستقصا: ١٧٥/٤-١٧٧.

(٤) المقري، نفح الطيب: ٩٨/٥، ٩٩، وبالنثيا، تاريخ الفكر الأندلسي، ص٢٥٣.

(٥) المقري، نفح الطيب: ٩٨/٥، ٩٩.

بإشبيليّـــة، وعاينت آثار سلفي بها وعاملني من الكرامة بما لا مزيد عليه، وأظهر الاغتباط بمكاني، وعلم أوليّة سلفنا بإشبيليّة، وأثنى عليّ عنده طبيبه إبراهيم بن زرزر اليهوديّ، المقدّم في الطّب والنّجامة، وكان لقيني بمجلس السلطان أبي عنان، وقد استدعاه يستطبّه، وهو يومئذ بدار ابن الأحمر بالأندلس، ثم نزع بعد مهلك رضوان القائم بدولتهم، إلى الطاغية، فأقام عنده، ونظمه في أطبائه. فلمّا قدمت أنا عليه، أثنى عليّ عنده، فطلب الطاغية منّي حينئذ المقام عنده، وأن يرد عليّ تراث سلفي بإشبيليّة، وكان بيد زعماء دولته، فتفاديت من ذلك بما قبله. ولم يزل على اغتباطه إلى أن انصرفت عنه، فزوّدني وحمّلني، واختصّني ببغلة فارهة، بمركب ثقيل ولجام ذهبيّين، أهديتهما إلى السلطان فأقطعني قرية إلبيرة من أراضي السقي بمرج غرناطة، وكتب بها منشوراً"[(١)].

خامساً: العامل الاقتصاديّ:

كانت التّجارة منذ قديم الزّمان أمراً يقتضي القيام بالرّحلة والسّفر البعيد والسّعي في سبيل الكسب برّاً وبحراً، فالعالم العربيّ بحكم توسّط موقعه بين قارات العالم القديم، كان مركزاً لالتقاء الطّرق التّجاريّة بين هذه القارات، كما أنّ انفصال الماء وتداخله في اليابسة في المنطقة العربيّة، جعلها تحتلّ موقعاً تجاريّاً هاماً في تطوّر الحضارة العربيّة في العصور الوسطى، وجسراً تعبر منه الثّقافة والفكر وليس فقط لنقل السلع والبضائع.

فمارس العرب التّرحال، وقاموا برحلتيّ الشّتاء والصيف اللتين ورد ذكرهما في القرآن الكريم، وأبحرت سفنهم في مياه المحيطات الكبرى.﴿ رَبُّكُمُ الَّذِي يُزْجِي لَكُمُ الْفُلْكَ فِي الْبَحْرِ لِتَبْتَغُوا مِنْ فَضْلِهِ إِنَّهُ كَانَ بِكُمْ رَحِيمًا ﴾[(٢)].

---

(١) التعريف بابن خلدون ورحلته غرباً وشرقاً، ص ١٢٨.

(٢) سورة الإسراء: الآية ٦٦.

ونجد حديثاً في الرّوض المعطار[1] عن خشخاش بن سعيد بن أسود الذي خاطر مع جماعة من الفتيان، فركبوا البحر، وغابوا فيه مدة ثم عادوا بغنائم واسعة، وأخبار مشهورة. وقد ظهر اسم خشخاش ووالده سعيد بن أسود ضمن قادة الأساطيل التي قابلت النورمانديين، في عهد الأمير محمد بن عبد الرحمن الأوسط في منتصف القرن الثالث الهجريّ. وحديث خشخاش وأصحابه يذكّر بالحديث عن رحلة الفتية المغررين[2] من أهل لشبونة، الذين توغّلوا كذلك في المحيط الأطلسيّ- في منتصف القرن الرابع الهجريّ أيضاً، وكان لرحلتهم أهميّة كبرى، حيث كانت فتحاً أتاح الفرصة ومهّد السّبيل لركوب المحيط الأطلسيّ.

وكانت التّجارة من أهم الأسباب التي أدّت إلى تدوين الرّحلات لمعرفة طرق التّجارة البريّة والبحريّة، ولعلّ أول ما ارتبطت به الرّحلات، علم تقويم البلدان والمسالك والممالك، لوصف الطرق، والمناخ، والعديد من الأمور الأخرى، وذلك لمعرفة الطرق إلى مكة للقيام بفريضة الحجّ، وتسهيل عمليّة التّجارة في مختلف البلدان، والبقاع. وكانت التّجارة في موسم الحجّ ضرورة من ضرورات الحاج والمسافر، إذ لا بد من الحصول على موارد ماليّة لتغطية نفقات الرّحلة، فقد تتجاوز الرّحلة المدّة المحددة لها.

---

(١) انظر، الحميري، الروض المعطار في خبر الأقطار، تحقيق إحسان عباس، دار القلم للطباعة، بيروت، لبنان، ١٩٧٥، ص٢٨، ٥٧، ٥٠٩، وكراتشكوفسكي، تاريخ الأدب الجغرافي العربي، ص ١٥٢.

(٢) انظر، الحميريّ، الروض المعطار، ص ٥٧، ٥٠٩، والإدريسي، أبو عبد الله محمد بن محمد الحسني، (ت ٥٦٠هـ). نزهة المشتاق في اختراق الآفاق، مطبعة بريل، ليدن، ١٩٦٨، ص ١٨٤-١٨٥، وأرسلان ، شكيب، (١٩٣٦). الحلل السندسيّة في الأخبار والآثار الأندلسية، ط١، فاس: المكتبة التجارية الكبرى: ٩٢/١-٩٨، والمسعودي، أبو الحسن علي بن الحسين، (ت ٣٤٦هـ). مروج الذهب ومعادن الجوهر، ط٢، باعتناء الأستاذين باربيه دمينار وباوه دكورتل، مؤسسة مطبوعاتي اسماعيليان، طهران، إيران، ١٩٧٠: ٢٥٨/١-٢٥٩، وكراتشكوفسكي، تاريخ الأدب الجغرافي العربي، ص ١٥٢-١٥٤، وضيف، شوقي، ولجنة من أدباء الأقطار العربية، (١٩٥٦). الرحلات، القاهرة: دار المعارف، ص ٤٢-٤٤.

وتلقي رحلات ابن جبير في القرن السّادس الهجريّ، وابن بطّوطة في القرن الثّامن الهجريّ، وغيرهما، ضوءاً هاماً على النّشاط التجاريّ الإسلاميّ في البحر الأبيض المتوسط، والبحر الأحمر، والمحيط الهنديّ في ذلك الوقت.

فقد قام ابن جبير برحلته من الأندلس إلى مصر على مركب صليبيّ، وفي الوقت الذي كانت فيه بلاد الشام تحت قبضة الصليبيّين، ثم أبحر من عيذاب على البحر الأحمر في مصر إلى جدّة للحجّ. وكان ابن جبير، دقيق الملاحظة فيما احتوته رحلته من مادة غنيّة عن التّجارة، وإجراءات الجمارك والضّرائب، وأحوال البحر، وعن أنواع السّفن وطريقة صيانتها.

وقد أبدى ابن جبير استياءه من الطّريقة التي عوملوا بها من أصحاب الجمارك الذين أنزلوهم من مراكبهم مع أمتعتهم واخضعوهم للتفتيش، "فوقع التّفتيش لجميع الأسباب، ما دقّ منها وما جلّ، واختلط بعضها ببعض، وأدخلت الأيدي إلى أوساطهم بحثاً عمّا عسى أن يكون فيها، ثم استُحلفوا بعد ذلك، هل عندهم غير ما وجدوا لهم أم لا"[1]. ويقول أيضاً "فلمّا كان عشي يوم السبت دخلنا عيذاب، وهي مدينة على ساحل بحر جُدّة غير مسوّرة، أكثر بيوتها الأخصاص، وفيها الآن بناء مُسْتَحْدَث بالجصّ.

وهي من أحفل مراسي الدّنيا بسبب أنّ مراكب الهند واليمن تحطّ فيها وتقلع منها زائداً إلى مراكب الحجّاج الصّادرة والواردة. وهي في صحراء لا نبات فيها ولا يؤكل فيها شيء إلا مَجْلوب، لكن أهلها بسبب الحجّاج تحت مرفق كثير ولا سيّما مع الحاجّ، لأنّ لهم على كلّ حِمل طعام يحملونه ضريبة معلومة خفيفة المؤونة بالإضافة إلى الوظائف المكوسيّة التي كانت قبل اليوم التي ذكرنا رفع صلاح الدين لها"[2].

ويحدثنا ابن بطّوطة عن مركز مهم للجمارك على الحدود بين مصر والشّام بعد العريش، هو مركز قطيا الذي كان يجري فيه مثل هذا التّفتيش، فيقول: "وبها تؤخذ الزّكاة

(١) رحلة ابن جبير، ص ١٣.
(٢) المصدر نفسه، ص ٤٥.

من التّجار، ونفيس أمتعتهم، ويبحث عمّا لديهم أشدُّ البحث، وفيها الدواوين، والعمّال، والكتّاب والشّهود، ومجباها[١] في كلّ يوم ألف دينار من الذّهب، ولا يجوز عليها أحد إلى الشّام إلا ببراءة من مصر، ولا إلى مصر إلا ببراءة من الشّام، احتياطاً على أموال النّاس، وتوقياً من الجواسيس العراقيين. وطريقها في ضمان العرب، قد وكّلوا بحفظه. فإذا كان الليل مسحوا على الرّمل حتى لا يبقى به أثر، ثم يأتي الأمير صباحاً فينظر إلى الرّمل، فإن وجد به أثراً طالب العرب بإحضار مُؤْثره، فيذهبون في طلبه، فلا يفوتهم، فيأتون به الأمير، فيعاقبه بما شاء"[٢].

وقال زكي محمد حسن: ".. والحقّ أنّ ازدهار الحضارة الإسلاميّة، وسيادة المسلمين في البرّ والبحر، وطبيعة الدّين الإسلاميّ، كل ذلك من شأنه أن يشجّع على الأسفار والرّحلات ..."[٣]. فالرّحلات البحريّة كانت سبيل العلماء إلى معرفة الأرض وشعوبها وجغرافيّتها.

لقد عانت الأندلس والمغرب من أزمات الاضطراب والقلق، التي أدّت إلى تأخر التّجارة وضعفها، لذا فإنّه من المؤكّد أنّ قسماً من الرّحّالة خرج مبتغياً سبل العيش في جوّ أكثر استقراراً. ولأنّ الرحلة قد تطول، فيحتاج الرّاحل لمصدر رزق يساعده في متابعة رحلته، فقد كان يبحث دائماً عن تجارة أوعمل يغطي نفقاته، فابن بطّوطة تولّى القضاء مرّة في دهلي "أمّا الوزارة والكتابة فليست شغلي، وأمّا القضاء والمشيخة فشغلي وشغل آبائي"[٤]. وأخرى بجزيرة ذيبة المهل، "ولقيت بها رجلاً اسمه محمد من أهل ظفار الحموض، فأضافني، وقال لي: "إن دخلت جزيرة المهل أمسكك الوزير بها، فإنّهم لا قاضي عندهم"[٥].

---

(١) مجباها: مقدار ما تحصله من ضرائب، ابن منظور، لسان العرب: ١٢٩/١٤.

(٢) رحلة ابن بطوطة، ص٥٢-٥٣.

(٣) حسن، زكي محمد، الرحالة المسلمون في العصور الوسطى، ص ٦.

(٤) رحلة ابن بطوطة: ١١٧/٢.

(٥) المصدر نفسه: ١٨١/٢.

ولعلّ بعض الإشارات الواردة في الرّحلات عن وجود الفنادق بكثرة في البلاد التي يزورها الرّحالة، تدلّ على أنّه قد هيّء سكن للتّجار والحجّاج وأعدّ لنزول المسافرين به، فهذا ابن جبير يصف أحد فنادق مدينة جُدّة، فيقول: "وفيها فنادق مبنيّة بالحجارة والطّين وفي أعلاها بيوت من الأخصاص كالغرف، وبها سطوح يُستراح فيها بالليل من أذى الحرّ"[١].

سادساً: العامل السّياحيّ:

كان هدف بعض الرّحلات البحث عن الحريّة، والتّطلّع إلى ما وراء الحيز المكانيّ، حيث المهم هو السّفر لا البلد الذي نرحل إليه، وحبّ الاطّلاع والرّغبة في اكتشاف المجاهل والأصقاع، والمتعة في الانطلاق من تلك الأصقاع إلى مجاهل أخرى وأصقاع جديدة. والابتعاد عن المألوف إلى الانطلاق إلى الأوسع وكلّ جديد. لذا جاءت بعض الرّحلات لجوب الآفاق والسّعي إلى ارتياد البعيد، وامتطاء أجنحة الرّياح حبّاً في المغامرة والتّرويح عن النّفس، وقد امتدت الرّحلة لتتجاوز ركب الحجّاج أو المهام الرّسميّة، أو طلب العلم، فينتهز الراحل الفرصة مدفوعاً بروح المغامرة والاستكشاف، والشّوق إلى المجهول، ليجول في البلاد التي اتّسعت رقعة الدّولة الإسلاميّة فيها وشاع الأمن في أكثر أنحائها ؛ يريد أن يرى كلّ شيء، ويجرب كلّ شيء، فتسفر نتائج هذه الرّحلات عن زيادة المعرفة التي تحقّقها في سبيل خير الإنسان، فتكون ذات فائدة تتجاوز حدود التّشويق والتّسلية.

وعليه، فقد تجتمع عدّة أسباب لرحلة ما، كرحلة ابن بطّوطة التي كانت حجازيّة، وسياحيّة وسفاريّة، زار خلالها المشرق "وجال البلاد وتوغّل في عراق العجم ثم دخل الهند والسّند والصّين ..."[٢]، " لباعث على النّفس شديد العزائم ..."[٣]، وما ذلك إلا لإيمان الرّحّالة إيماناً عميقاً بالفوائد الثّرّة التي تمنحها الرّحلات للقائمين بها[٤].

---

(١) رحلة ابن جبير، ص ٥٣.

(٢) ابن حجر العسقلاني، الدرر الكامنة: ١٠٠/٤.

(٣) رحلة ابن بطوطة: ٢٠/١.

(٤) انظر في فوائد السفر، الغزالي، أبو حامد محمد بن محمد، (ت ٥٠٥هـ). تهذيب إحياء علوم الدين، تحقيق عبد السلام هارون، مؤسسة الكتب الثقافية، بيروت، ١٩٨٨: ٢٥٠/١.

سابعاً: العامل الشّخصيّ:

ربّما يرتبط هذا العامل بالعامل الـدينيّ، فقـد ازداد تـدفق الرّحّالـة إلى بيـت المقـدس، يعبّرون عن مشاعـر التأييـد لصـلاح الـدين الأيـوبيّ، ويهنئونـه بتحريـر بيـت المقدس من الأمّة الضّالّة، ولعلّ رحلة ابن جبير الثّانية للمشرق أدلّ على ذلك. فقد أجمل سببها لسان الـدّين بـن الخطيب في قولـه: "ولمّـا شـاع الخبر المبهج بفتح بيـت المقدس على يد السلطان الناصر صلاح الدّين يوسف بن أيّوب بـن شـادي، قوي عزمه على عمل الرّحلة الثّانية، فتحرّك إليها من غرناطة يوم الخميس لتسع خلون مـن ربيـع الأوّل من سنة خمس وثمانين وخمسمائة ثم آب إلى غرناطة يـوم الخميس لـثلاث عشرـ خلت من شعبان سبع وثمانين وخمسمائة"[١].

وفي إطار الدّوافع التي دعت إلى القيام بالرّحلة، فإنّ هنـاك عوامـل أخـرى يمكـن إضافتها إليها، وإن كانت لا تقدّم إشارات واضحة ومباشرة، إلا مـن بعـض التلميحـات، فقد تدفع الاضطرابات والفتن والحروب أو الثّراء في بعض المجتمعـات إلى رحيـل البعـض هرباً من كلّ ذلك، وزهداً ومجاورة للأماكن المقدّسة واتّباع طرق التّصوف[٢].

وهكذا عرضت الدّراسة تصنيفاً للدوافع الموجبة والمسببة للرحلة عند العرب والمسلمين الأندلسيين والمغاربة للمشرق وبعض الأقطار الأخرى، إبّان الفترة من منتصف القرن الثّالث الهجريّ حتى نهاية القرن التّاسع الهجريّ. وقد تعددت هذه الدّوافع، وتداخلت لتأتي جملة متكاملة من العوامل، تأتلف ليجتمع بعضها، كاجتماع العامل الدينيّ والثقافيّ، أو الدينيّ والاقتصاديّ، أو الدينيّ والعامل الشخصيّ، وهي إن تعددت، فإنّها لم تخرج في معظمها عن الجمع بين أداء فريضة الحجّ وطلب العلم والمعرفة الدينيّة، فجاءت نسقاً متكاملاً يلتقي مع كلّ النشاطات الإنسانيّة، التي تشكّل الحضارة الإنسانيّة بكلّ أبعادها، ولتساهم في إفراز الرّحلة الأندلسيّة والمغربيّة على مرّ العصور.

---

(١) ابن الخطيب، الإحاطة: ٢٣٢/٢، والأوسي، الذيل والتكملة: ق٢، سفره، ص ٦٠٥ - ٦٠٦.

(٢) كما فعل البجائي، فقد كانت رحلته هروباً وابتعاداً من فوضى السياسة، والمنافسات القبلية واضطراب الأحوال الاجتماعية. انظر، البجائي، رسالة الغريب إلى الحبيب، ص٦.

ب . أهميّة الرّحلة:

إنّ فنّ الرّحلات من ألصق الفنون بحياة الأفراد والأمم، ويقول حسني محمود حسين: "إنّ نمط الرّحلات يتعرّض إلى جميع نواحي الحياة أو يكاد، إذ تتوفّر فيه مادّة وفيرة ممّا يهمّ المؤرخ والجغرافيّ وعلماء الاجتماع والاقتصاد ومؤرّخي الآداب والأديان والأساطير. فالرّحلات منابع ثرّة لمختلف العلوم، وهي بمجموعها سجلّ حقيقيّ لمختلف مظاهر الحياة ومفاهيم أهلها على مرّ العصور"[(١)].

وهكذا كان أدب الرّحلة في الأندلس والمغرب، تصويراً للحضارة، بما تحوي من طريف الأخبار، ونادر الحكايات، وعجائب المخلوقات وعادت الأمم وأخلاقهم، وبما فيها من فوائد تاريخيّة، وجغرافيّة، ونموّ للثروة الأدبيّة، ووصف للحوادث والبلاد والأصقاع، فرحلة ابن بطّوطة أفادت الجغرافية الطبيعيّة والبشريّة والعادات والتقاليد الاجتماعيّة، والمأثورات الشعبيّة، وليس أدلّ على ذلك من قول ابن جزي[(٢)]: "ولا يخفى على ذي عقل أنّ هذا الشيخ هو رحّال العصر ومن قال رحّال هذه الملّة لم يبعد"[(٣)].

والرّحلات تكشف ما لا يكشفه التّاريخ، فالتّاريخ عام يشتمل على تصوير لحياة البلدان الاجتماعيّة والثقافيّة والاقتصاديّة، ونظم الحكم لشعب من الشعوب، وهذا ما حقّقته الرّحلات غير أنّها أعطت كلّ ذلك بعده المناسب، وتطرقت إلى تحليل جوانب لم تتطرق إلى تحليلها الوثائق التاريخيّة، فقامت الرّحلات بوضع كلّ ذلك في دائرة الإشعاع التي توجّه إليها لاستجلاء الواقع، وإخراج التّاريخ عن حدوده الضّيقة.

---

(١) حسين، حسني محمود، أدب الرحلة عند العرب، القاهرة: الهيئة المصرية العامة للكتاب، ص ٥.

(٢) هو محمد بن محمد بن أحمد بن عبد الله بن يحيى بن عبد الرحمن بن يوسف بن جزي الكلبي من أهل غرناطة، وأعيانها يكنى أبا عبد الله، برز في الأدب واضطلع بمعاناة الشعر وإتقان الخط، نشأ بغرناطة، وانتقل إلى المغرب، توفي بفاس في أول سنة ٧٥٨هـ/١٣٥٦م، انظر، ابن الخطيب، الكتيبة الكامنة، ص ٢٢٣، ابن الخطيب، الإحاطة: ١٨٦/٢، ٢٥٦ - ٢٥٧، ٢٦٥. والمقري، أزهار الرياض: ١٨٩/٣، والمقري، نفح الطيب: ١٧٠/٢.

(٣) رحلة ابن بطوطة: ٣١٢/٢.

إنّ أهميّة الرّحلات تكمن في قيمتها العلميّة والفنيّة، فالقيمة العلميّة، تمثّلت بتزويد أهل التّاريخ والجغرافية والآثار والأدب وغيرهم بمعلومات قيّمة عن وصف المدن والطرق والعمران والبلدان، وأخبار النّاس وعاداتهم وتقاليدهم والحوادث الغريبة، بل إنّ الرّحّالة أنفسهم يحصلون على علم وافر وتجارب كثيرة في مختلف الميادين في التربيّة وأساليب التّعليم والتّهذيب، نظراً لما يصادفهم من المصاعب وتعدد من يقابلونه وما يؤكد ذلك أنّ الرّاحل حين يعود إلى الأندلس يعمل في التّدريس وكان يكلّف بالقضاء ومهام أخرى.

أمّا القيمة الفنيّة، فتزود القرّاء بمعلومات، وصور ممتعة، وأخبار تلذ وتمتع، وتستعرض الأحداث بصورة أدبيّة، تتسق مع النّفس البشريّة، فتشكل رافداً ثراً من روافد الفنّ والمتعة الأدبيّة.

يقول خالد بن عيسى البلويّ في الصفحات الأولى من رحلته: "هذا تقييد أطلعه عون من الله وتأييد، قصدت به ضبط موارد الرّحلة الحجازيّة، وذكر معاهد الوجهة المشرقيّة جعلها الله تعالى في ذاته وابتغاء مرضاته بمنّه وكرمه، وألممت مع ذلك بذكر بعض الشّيوخ من العلماء الفضلاء الذين يطؤون ذيول البلاغة، ويجرّون فضول البلاغة، ولهم كلام يتألف منه شعاع الشّرق وتترقرق عليه صفاء العقل وينبث فيه فرند الحكمة، ويعرض على حلى البيان وينقش في فصّ الزّمان .. وألمعت بذكر نبذ من فوائدهم واختيار طرف من أناشيدهم، ومزجتها بماجرت إليه العبارة وحسنت فيه الإشارة من قطع الشّعر المناسبة، قطع النّور المنتظمة من جواهر اللفظ البعيدة الغور القريبة الحفظ..."(١).

(١) البلوي، تاج المفرق: ١/١٤٢-١٤٣.

فتمثّلت قيمة الرّحلة في الجانب التّاريخيّ والجانب الأدبيّ ثم الجانب الجغرافيّ والجانب الوثائقيّ، وهذا ما يجعل الرّحلة جيّدة، فالرّواية الصّادقة والملاحظة الدقيقة والإلتقاء بالعلماء والشّيوخ والأخذ عنهم، له الأثر الكبير في الوثوق بالرّحّالة، حين يتحدث عن مشاهداته. وقد شعر كثير من رجال الفكر والأدب بقيمة ما دوّنه هؤلاء الرّحّالة في كتبهم، فعمدوا إلى إخراجه وتحقيقه، للإستفادة من الماضي وتوظيفه في المجالات العلميّة والأدبيّة والاجتماعيّة واستغلال معطياته لخدمة المستقبل.

ولعلّ أبرز ما يميّز أدب الرّحلات تنوّع الأسلوب من السّرد القصصيّ للمغامرات، والعواطف المحرّكة للبشر- إلى الحوار والوصف الطّريف وغيره، وبما فيه من متعة ذهنيّة، ممّا حدا بالدكتور شوقي ضيف إلى اعتبار أدب الرّحلة عند العرب "خير ردّ" على التّهمة التي طالما اتّهم بها الأدب العربيّ تهمة قصوره في فنّ القصّة"[1].

وانطلاقاً من ذلك كلّه تجيء هذه الدّراسة لتتناول الرّحلات وأساليب الرحالة المتنوعة، وتعمل على بيان الطّاقة القصصيّة للإنسان العربيّ.

وبعد، فإنّ عدد الرّحلات التي استطاعت هذه الدّراسة الوقوف عليها ودراستها، قد بلغت ثلاثين رحلة مثّلت اتّجاهات مختلفة واقعيّة، ووصفيّة، وسرديّة، وغرائبيّة.

وكانت هذه الرّحلات من أهم المصادر التي نقل عنها المؤرّخون والجغرافيّون الكثير من أوصاف البلاد النائية، وخاصّة أنّ بعض الرّحالة ارتحلوا غير مرّة، ممّا أضفى على رحلاتهم الدّقة، والواقعيّة، والصدق، والأمانة فيما نقلوه من مشاهدات وانطباعات.

---

(١) ضيف، شوقي، الرحلات، ص٦.

ج. من أبرز الرحلات[١]:

رحلة العذريّ[٢]، وهي رحلة بعنوان "ترصيع الأخبار وتنويع الآثار والبستان في غرائب البلدان والمسالك إلى جميع الممالك"[٣]. وقد ورد له اسم آخر هو "نظام المرجان في المسالك والممالك"[٤].

ويبدو من نصّ الرّحلة، ميل العذريّ الشّديد إلى تصديق العجائب، حيث أفرد قطعاً لمختلف أنواع العجائب في رحلته، ويرى كراتشكوفسكي أنّ الرّحلة لم تقتصر على الأندلس ومدنها: تدمير وبلنسية، وسرقسطة، وكورة إشبيليّة وغيرها، فالقطع التي نقلها عنها ياقوت مثلاً تمسّ في الواقع مدينة مكّة[٥].

وقد كان العذريّ أستاذاً للبكريّ، لذا فليس من الغريب أن يمثل مصنّفه مصدراً من المصادر الأساسيّة لمصنّفات البكريّ في ميدان الجغرافيا، كما رجع إليه الإدريسيّ أيضاً[٦].

---

(١) وقد ترجم صالح محمد أبو دياك لعدد كبير من الأندلسيين والمغاربة ممّن رحل إلى المشرق في بحث له بعنوان "التبادل الفكري بين المغرب والأندلس وشبه الجزيرة العربية" مجلة الدارة، العدد الثاني، السنة الثالثة عشرة، ١٩٨٧، ص ١٠٣-١٢٤.

(٢) وردت الترجمة، الدراسة هنا، ص٢٥، حاشية رقم ٢.

(٣) هو العنوان الحقيقي للكتاب وأشارت إليه إحدى الأوراق التي تألف منها النصّ والخاصّة بالسفر السابع، وقد حقّق عبد العزيز الأهواني نصوصاً من هذا المخطوط في كتاب حمل العنوان ذاته، وطبع بمعهد الدراسات الإسلامية بمدريد، ١٩٦٥م، ولا توجد إشارة تدل على عدد أجزاء ترصيع الأخبار، وإن كان يرجح أنها بلغت سبعة، فقد انتهى الحديث عن الأندلس في السفر السابع، فهل كان انتهاء السابع بانتهاء الحديث عن الأندلس؟. انظر، ترصيع الأخبار، مقدمة المحقق، ص ج، ط. وانظر، آمنة البدوي في دراسة لها لم تنشر بعد بعنوان "تتبع رحلات الأندلسيين والمغاربة المطبوعة والمخطوطة من القرن الثالث الهجري وحتى القرن التاسع الهجري"،ص ٣-٤.

(٤) انظر، الحموي، معجم البلدان: ٤٦٠/٢، وكراتشكوفسكي، تاريخ الأدب الجغرافي العربي، ص ٢٩٥.

(٥) انظر، ترصيع الأخبار، وتنويع الآثار، ١٩٦٥، معهد الدراسات الإسلاميّة، مدريد، ص ١-٩، وكراتشكوفسكي، تاريخ الأدب الجغرافي العربي، ص ٢٩٥-٢٩٦.

(٦) انظر، كراتشكوفسكي، تاريخ الأدب الجغرافي العربي.

رحلة أبي عبيد البكريّ الأندلسيّ-[(١)]، عاش خلال القرن الخامس الهجريّ، أكبر جغرافيّ عرفته الأندلس، ويبدو في رحلته جغرافياً واقتصادياً خبيراً -رغم أنه لم يترك الأندلس، وكان يتنقل في مدنها فقط-[(٢)]؛ إذ يبدأ بالوصف والحدود والتّاريخ، ثم عادات أهل المكان، وخصائص النّاس وطباعهم، كذلك الموارد والمحاصيل والمعادن والصّناعات...الخ، ويخصّص فصلاً للأنهار: دجلة والفرات، والنّيل، وأنهار الأندلس، ويخصّص فصلاً لموانئ ساحل البحر المتوسط ابتداءً من المغرب حتّى الشّام والأناضول، والأندلس، وهو أثناء ذلك يذكر قيمة كلّ ميناء ويصف المسالك البحريّة إلى جانب البريّة.

وخلّف لنا البكريّ مؤلّفات مهمّة في مجال الجغرافيا "المسالك والممالك"[(٣)] و "معجم ما استعجم"، وقد وصف الإفرنجة والصّقالبة والأسبان والخزر والرّوم ... وغيرهم.

رحلة الإدريسيّ[(٤)]، في القرن السّادس الهجريّ، وقد بدأ الإدريسيّ أسفاره منذ سنّ مبكّرة، فزار أماكن لم تكن مألوفة في ذلك العصر، كما أنّ معرفته الواسعة بالأندلس

---

(١) وردت ترجمته في هذه الدراسة، ص٢٥، حاشية رقم ٣.

(٢) انظر، كراتشكوفسكي، تاريخ الأدب الجغرافي العربي، ص٢٩٦-٢٩٧.

(٣) ذكر كراتشكوفسكي أنّ هذا الكتاب لم يحفظ كاملاً، وكلّ ما تبقى منه هو أوصاف أفريقيا الشماليّة ومصر والعراق، وسكان نواحي بحر قزوين، وبعض أجزاء أسبانيا، ومن أكثر أوصافه تفصيلاً، وصفه لأفريقيا الشماليّة الذي أصبح في متناول اليد بفضل طبعة وترجمة دي سلان. انظر، كراتشكوفسكي، تاريخ الأدب الجغرافي العربي، ص ٢٩٨.

(٤) هو أبو عبد الله محمد بن عبد الله بن إدريس، وينتمي إلى بيت الأدارسة العلويين الذين طلبوا وقتاً ما بأحقيتهم في الخلافة، ولد ٤٩٣هـ/١١٠٠م، تلقى العلم بقرطبة، وتوفي ٥٦٠هـ/١١٦٠ على أرجح الأقوال، انظر ترجمته، الإدريسي، نزهة المشتاق، المغرب العربي، الجزائر، ١٩٨٣، ص ١٣، كراتشكوفسكي، تاريخ الأدب الجغرافي العربي، ص٣٠٤-٣٠٥، وبالنثيا، تاريخ الفكر الأندلسي، ص ٣١٣-٣١٤.

ومرّاكش ليست أمراً غريباً، ويبدو من مواضع مختلفة من كتابه "نزهة المشتاق في إختراق الآفاق"، أنّه زار لشبونة وسواحل فرنسا، وإنجلترا، وإفريقيا الشماليّة وآسيا الصغرى، ثم اتصل الإدريسيّ بروجر الثاني في صقليّة، ثم رجع إلى مسقط رأسه سبتة.

وقد رحل الإدريسيّ لتأدية فريضة الحجّ إلى بيت الله الحرام، فزار مصر- والحجاز ودوّن مشاهداته في رحلته التي حملت عنواناً آخر "كتاب رجّار" أو "الكتاب الرجّاري"[(١)] نسبة إلى راعيه الملك رجّار ملك صقليّة، "الذي وضع تحت إشراف الإدريسيّ- مجموعة من العارفين والمتجوّلين في البلاد النّائية، وأمر أن يفرغ له من الفضّة الخالصة دائرة مفصلة عظيمة الجرم ضخمة الجسم في وزن أربعمائة رطل بالروميّ في كلّ رطل منها مائة درهم واثنا عشر درهماً، ليصنع منها الإدريسيّ كرة ينقش عليها المصوّرون البلدان والأقطار والبحار .. الخ"[(٢)].

فالنّزهة، النّصّ التفسيريّ للخريطة المجسّمة للعالم، وهيئة الأرض، فقد قسّم الإدريسيّ العالم المعمور إلى سبعة أقاليم، ومع هذه الخريطة قدّم الإدريسيّ- إلى روجر الثّاني كتابه "نزهة المشتاق" كمصدر للجغرافية الطبيعيّة والبشريّة، فوصف أحوال البلاد وخلقها وبقاعها، مستعيناً بما أفاده من رحلاته التي قام بها، كما أفاد من المعلومات التي جمعها الرّواد الذين أرسلهم روجر الثاني إلى البلاد النّائية، وبما قيّده من أحاديث الرّحّالة والتّجار والحجّاج[(٣)].

---

(١) كراتشكوفسكي، تاريخ الأدب الجغرافي العربي، ص٣٠٨، وأحمد، رمضان أحمد، (١٩٨٠). الرحلة والرّحالة المسلمون، جدّة: دار البيان العربيّة، ص١٦٢.

(٢) كراتشكوفسكي، تاريخ الأدب الجغرافي العربي، ص٣١٨.

(٣) انظر، صفة المغرب وأرض السودان ومصر والأندلس، ص ١٤، ٢٢، ٥٠، ١٦٤، ١٩٧.

وقد حفظت الخريطة والكتاب في مخطوطات عديدة[١]، ولكنّها ليست كاملة دائماً، إلا أنّها في مجموعها تمكّن من بناء متن الكتاب والخارطة معاً.

رحلة أبي حامد الغرناطيّ[٢]، في القرن السّادس الهجريّ، الذي يمثل إضافة حقيقيّة للجغرافيّين وأدب الرّحلات، يقول جمال حمدان: "ويجوز أن نعدّه سندباد بحر وبر معاً أو

---

(١) يشير كراتشكوفسكي إلى المخطوطتين المعروفتين منذ النصف الأول للقرن التاسع عشر، وهما مخطوطتا باريس وأكسفورد وأنّه قد انضم إليهما أيضاً مخطوطات استنبول، ومخطوطة القاهرة، ويبدو أنّ الأمل في العثور على نسخ من كتاب الإدريسي لا يزال يراود الكثيرين حتى الأونة الأخيرة، فمنذ خمسة أعوام تقريباً تواترت الأنباء بالكشف عن مخطوطة له في شومين ببلغاريا إلا أن تقصّي صحة هذا الزعم لم يتم، والحال نفسها في الزعم القائل بوجود كتاب الإدريسي في إحدى مجموعات المخطوطات بمدينة الموصل وحديثاً نشرت قطع من كتاب الإدريسي: "صفة الهند وما يجاورها من البلاد" ١٩٥٤م، و "صفة المغرب وأرض السودان ومصر والأندلس" ١٩٦٨م، و "القارة الإفريقية وجزيرة الأندلس" ١٩٨٣م و "المغرب العربي من كتاب نزهة المشتاق باللغتين العربية والفرنسية" ١٩٨٣م، وأعادت نشره مكتبة الثقافة الدينية، القاهرة ١٩٩٢م. انظر، مزيداً من الحديث عن هذه المخطوطات، تاريخ الأدب الجغرافي العربي، ص٣٠٩-٣١١. وتاريخ الفكر الأندلسي، ص ٣١٣، وقد تناولت آمنة البدوي ترجمات كتاب الإدريسي بشيء من التفصيل في دراسة لها لم تنشر بعد، وهي بعنوان "تتبع رحلات الأندلسيين والمغاربة المطبوعة والمخطوطة من القرن الثالث الهجري وحتى القرن التاسع الهجري"، الجامعة الأردنية، ص٦-٧.

(٢) هو أبو عبد الله محمد بن عبد الرحيم بن سليمان القيسي، يكنىّ أيضاً أبا محمد وأبا بكر، ولد عام ٤٧٣هـ/١٠٨٠م، رحّالة جواباً، مغامراً، قضى حياته في الرحلات داخل وخارج دار الإسلام، زار صقلية سنة ٥١١هـ ومنها ذهب إلى مصر ثم زار بغداد، وإيران، ووصل إلى ضفاف نهر الفولجا وزار هنغاريا، وهناك كان يمتلك منزلاً، بل إنّ ابنه الأكبر قد تزوج بسيدتين من أهل تلك البلاد، وأقام بها نهائياً، ثم عاد إلى بغداد والموصل، وتوفي بدمشق عام ٥٦٥هـ/١١٧٠م. انظر ترجمته، رحلته المعرب عن بعض عجائب المغرب، مقدمة المحقق، ص١٠، المقري، نفح الطيب: ٢٣٥/٢، كراتشكوفسكي، تاريخ الأدب الجغرافي العربي، ص٣٢٦.

ابن الأندلس، فهو ليس كاتب رحلة، ولا جامع عجائب وغرائب، ولا جغرافياً خالصاً، بالطّبع، بل الثّلاثة معاً"[١].

وقد سجّل أبو حامد الغرناطيّ كلّ مشاهداته وخبراته في كتابين "تحفة الألباب ونخبة الإعجاب"[٢] و "المُعرب عن بعض عجائب المغرب"، حيث اتّجه اتّجاهاً خطيراً، نحو تصوّر العجائب والغرائب بطريقة خرافيّة غير معقولة، غير أنّ بعضها اليوم يُرى معقولاً.

"فالتّحفة" ألّفها صاحبها بعد أن طوّف في أصقاع كثيرة من بلدان المغرب والمشرق ليجمع فيها ما شاهد وسمع من عجائب الدّنيا، فقسّم كتابه إلى أربعة أبواب ذكر في الأوّل منها: "صفة الدّنيا وسكّانها من إنسها وجانها"، وخصّص الباب الثّاني في "صفة عجائب البلدان وغرائب البنيان"، أما الباب الثّالث، فيشمل "صفة البحار وعجائب حيواناتها وما يخرج منها من العنبر والقار وما في جزائرها من أنواع النفظ والنّار"، بينما تحدث في الباب الأخير عن صفات الحفائر والقبور وما تضمّنت من العظام إلى يوم البعث والنّشور".

وقد جاء الكتاب حافلاً بأمثلة العجائب التي جمعها المؤلف ليبرز من خلالها عظمة الخالق، فالأساطير والخرافات تظل أمتع ما يوجد في التّحفة، حيث تأخذ القارئ وتشدّه

---

(١) مقالته "تاريخ الجغرافية والجغرافيين في الأندلس"، تأليف د. حسين مؤنس، مجلة المجلة، العدد ١٤٥، السنة ١٩٦٩، ص ١٧.

(٢) وقد تداول النّسّاخ "التحفة" وتصرفوا بها، فتعدّدت متونها واختلفت نصوصها، فاعتمد بعض الدارسين مطبوعة غبرييل فيران الفرنسية التي نشرها في المجلة الآسيوية سنة ١٩٢٥م وحقّقها إسماعيل العربي، وصدرت عن دار الجيل (بيروت)، ودار الآفاق الجديدة (المغرب). وبعضهم اعتمد مطبوعة المستشرق الأسباني سيزار دوبلر التي نشرها سنة ١٩٥٣م، بعنوان "رحلة أبي حامد إلى بلاد آسية وأوروبة" ولعلّ مطبوعة دوبلر إحدى نسخ التجربة الأولى لتحفة أبي حامد الغرناطي، التي قام فيما بعد بتعديلها وتبويبها، وإضافة موضوعات أخرى إليها، انظر، الغرناطي، أبو حامد محمد، تحفة الألباب ونخبة الإعجاب، ط١، حرّرها، قاسم وهب، دار السويدي للنشر والتوزيع، الإمارات العربية المتحدة، ٢٠٠٣، ص ١٧-١٨.

إليها شداً، فلا يجد مناصاً من متابعة القراءة والاستمتاع بالحكايات التي تنأى عن الواقع اليوميّ، بل إنّ المفارقة الكبرى في تحفة أبي حامد الغزناطيّ، أن يضغط من خلال هذا الجانب على القارئ حتى يلتزم بواقعيّة ما يُروى، فالجانب الأسطوريّ والخرافيّ يطغى على الواقعيّ.

ولعلّ قيمة رحلة الغرناطيّ مرتبطة إلى حدّ كبير بالجانب الأسطوريّ والخرافيّ الذي يأبى الرّحّالة أن ينعته بهاتين الصفتين ؛ إذ يحاول أن يقنع المتقبّل بصحة ما يرويه له، فيذهب إلى أنّ عدم التّصديق لما يرويه يعزى إلى ضعف في نسبة العقل لدى المتقبّل من جهة، وإلى الجهل من ناحية ثانية "لأنّ الذي يعرف الجائز والمستحيل يعلم أنّ كلّ مقدور بالإضافة إلى قدرة الله تعالى قليل، فالعاقل إذا سمع عجباً جائزاً استحسنه ولم يُكذب قائله ولا هجّنه، والجاهل إذا سمع ما لم يشاهد قطع بتكذيب وتزييف ناقله، وذلك لقلّة بضاعة عقله، وضيق باع فضله"[(١)].

لهذا، فإنّ التّحفة تحفة فنيّة أتمّ الرّحّالة تصنيفها في عام ٥٥٧هـ/١١٦٢م بالموصل بتوصية من عالم متصوّف هو الأردبيليّ[(٢)]، وهي تحفة تعود بنا إلى الوراء، لتصوّر خرافات البلاد والشّعوب، ابتداءً من يأجوج ومأجوج إلى أمم السودان وإلى الهند والصّين، وتصوير الحيوانات الأسطوريّة ...إلخ.

ويصل بتلك العجائب إلى علوم الكون، فيصف ظواهر الكون وحركاته، وهو مع ذلك لا تخلو عجائبه من حقائق صحيحة ومعلومات حقيقيّة، جبل النار بصقلية[(٣)]

---

(١) أبو حامد الغرناطي، رحلة التّحفة، ص٢٤.

(٢) هو معين الدين أبي حفص عمر بن خضر الأردبيلي، وهو مؤلف معروف ذكره بركلمان ونسب إليه كتاب "وسيلة المتعبدين، انظر ترجمته، أبو حامد الغرناطي، تحفة الألباب، مقدمة المحقق، ص١٢، ونص الرحلة، ص٢٢، ومؤنس، حسين، تاريخ الجغرافيا والجغرافيين في الأندلس، ص٣٢٣، وكراتشكوفسكي، تاريخ الأدب الجغرافي العربي، ص٣٢٦-٣٢٧.

(٣) أبو حامد الغرناطي، رحلة التّحفة، ص٩٠، ١٥٥.

(بركان أتنا) والبحار الداخليّة التي تتصل بالمحيط الأعظم وتخلو من المدّ والجّزر[١]، وحكايته عن هنغاريا تلقي ضوءاً على أصل المسلمين الهنغار وأوضاعهم. ومعلوماته عن شعوب القوقاز نالت أهمية كبرى[٢]، وكذلك ملاحظاته التي سجلها عن الأقليّات المسلمة من المغاربة أو الخوارزميين، حيث يصف وضعهم السياسيّ، وكيف يتظاهر البعض بالنصرانيّة ويكتم الإسلام .. الخ[٣].

و"المُعرب"[٤]، رحلة تعدّ وثيقة تاريخيّة وجغرافيّة نادرة عن مختلف البلدان التي زارها، حيث يرسم صورة دقيقة للبيئة الطبيعيّة ونمط الحياة في تلك الأصقاع: فيصف قصر النّهار وطول اللّيل في الشّتاء في مناطق جنوب روسيا[٥]، ويذكر أسماء العديد من أصناف الأسماك ؛ كأسماك الخطّاف والرّعّاد، ..إلخ[٦]. وخلال ذلك كلّه يحدد "آخر حدود الإسلام تحت ثلوج العروض الشماليّة المظلمة"[٧].

رحلة بنيامين بن يونة التطيليّ النباريّ الأندلسيّ (ت.٥٦٩هـ) في النّصف الثّاني من القرن السّادس الهجريّ، وهو تاجر أخذ يتجوّل في بلدان المشرق الإسلاميّ وأوروبا

---

(١) المصدر نفسه، ص ٨٣.

(٢) انظر، المصدر نفسه، ص ١٥٣، ١٥٥، وتاريخ الأدب الجغرافي العربي، ص٣٢٦-٣٢٩.

(٣) أبو حامد الغرناطي، رحلة التّحفة، ص ١٣٨.

(٤) ومن التسميات الأخرى "للمعرب": "نخبة الأذهان في عجائب البلدان"، الذي أخذ من مخطوطة أكاديمية التاريخ بمدريد، ولهذه المخطوطة نسخة أخرى في مكتبة جوتا تحت رقم (١٥٣٥)، وقد درسها هارتحويج ديرنبور، وكتب عنها مقالاً وصف فيه المخطوط بأنّه صغير الحجم، عدد أوراقه (١١٤) ورقة. ومنها أيضاً "المغرب من بعض عجائب البلدان". انظر، مؤنس، حسين، تاريخ الجغرافيا والجغرافيين في الأندلس، ص ٣٢٦-٣٢٧.

(٥) الغرناطي، أبو حامد، المُعرب عن بعض عجائب المغرب. تحقيق، إينغرد بيخارانو، المجلس الأعلى للأبحاث العلمية، مدريد، ١٩٦١، ص٢٩-٣٠.

(٦) أبو حامد الغرناطي، المعرب، ص ٧٦-٧٧.

(٧) المصدر نفسه، ص١٤٥-١٤٦.

بدافع الاطّلاع الشّخصيّ على أحوال اليهود، ورحلته مدوّنة بالعبريّة، وترجمها إلى العربيّة عزرا حدّاد ونشرت في بغداد عام ١٩٤٥م.

قام برحلته سنة ٥٦١هـ-٥٦٩هـ/١١٦٥م-١١٧٣م، حيث انطلق من تطيلة ليبدأ بعد ذلك جولته في برّشلونه، وسواحل فرنسا، ثم يتجوّل بعدها في سوريا ولبنان ودجلة والفرات، وبيت المقدس، حيث يصف وضع اليهود تحت الاحتلال الصّليبيّ، ويقدّم معلومات عن اليهود، وعددهم وأحوالهم وأوضاعهم ومراكزهم العلميّة والاجتماعيّة[١]، ثم يتابع رحلته إلى جزيرة العرب، ويروي لنا بعض الأساطير والحكايات التي كان يسمعها أو كانت تروى له. ثم يقصّ أخبار بحار الصين وأهوالها ومهالكها[٢].

رحلة ابن جبير[٣] في أواخر القرن السّادس الهجريّ وأوائل القرن السّابع الهجريّ. وهي رحلة عرضت الدّراسات لقيمتها الجغرافيّة والتّاريخيّة والاجتماعيّة، إذ إنّها كنز حافل بالمعلومات، بل هي خير ما أتى به شاهد عيان ممّن كتبوا عن الحروب الصليبيّة على الاطلاق[٤] ويعدّها كراتشكوفسكي بحقّ "ذروة ما بلغه نمط الرّحلة في الأدب العربيّ"[٥]، فمن الأندلس إلى مصر- صاعداً في النيل إلى عيذاب إلى الحجاز إلى العراق فالشّام، ثم عودة بالبحر عن طريق صقلية، ويقدّم لنا ابن جبير رسالة ثاقبة في الملاحة البحريّة المقارنة بين البحرين المتوسط والأحمر.

ولم يقم ابن جبير برحلة واحدة، بل قام بثلاث رحلات أشهرها الرّحلة المنشورة "تذكرة بالأخبار عن اتفاقات الأسفار"، التي استغرقت ثلاث سنوات (٥٧٨هـ-٥٨١هـ/ ١١٨٣-١١٨٥م). وقد لفتت أنظار الدّارسين، وكثر الأخذ عنها، وعظمت

---

(١) انظر، رحلة بنيامين التطيلي، ترجمة عزرا حداد، بغداد، ١٩٤٥، ص٩٨-١٠٤.

(٢) انظر، المصدر نفسه، مقدمة المترجم، ص٢٧.

(٣) انظر، ترجمته في هذه الدراسة، ص ١٣، حاشية رقم ١.

(٤) انظر، مؤنس، حسين، تاريخ الجغرافية والجغرافيين في الأندلس، ص ٤٥٠.

(٥) كراتشكوفسكي، تاريخ الأدب الجغرافي العربي، ص٣٣٥.

العناية بها، فالمقري نوّه بانتشارها بين القرّاء في عصره، فقال: "له رحلة مشهورة بأيدي الناس"[(١)]، وقال ابن الخطيب: "صنّف الرّحلة المشهورة ... وهو كتاب مؤنس ممتع مثير سواكن الأنفس إلى تلك المعالم"[(٢)]، وفي دراسة موسّعة لحسين مؤنس في الجغرافية والجغرافيين، يقرّر أنّ ابن جبير "بلغ ذروة سامقة في أدب الرّحلات"[(٣)].

لهذا، فقد نالت هذه الرّحلة عناية الدّارسين والباحثين فنشرت عدّة نشرات وترجمت إلى اللّغات العالميّة[(٤)].

أمّا رحلته الثّانيّة فقد استغرقت عامين (٥٨٥هـ-٥٨٧هـ/١١٨٩-١١٩١م) وكانت بعد سماع ابن جبير بفتح صلاح الدين الأيوبيّ لبيت المقدس (٥٨٣هـ/١١٨٧م)، وقام برحلته الثّالثة إلى المشرق وهو شيخ كبير قد أحزنته وفاة زوجته في عام (٦٠١هـ/١٢٠٤م) ولم يرجع إلى الأندلس مرّة أخرى بل أمضى أكثر من عشرة أعوام متنقلاً بين مكّة وبيت المقدس والقاهرة مشتغلاً بالتّدريس والأدب إلى أن وافته المنيّة بالإسكندريّة في عام (٦١٤هـ/١٢١٧م). ورحلته الأولى فقط هي التي وصلت إلينا تفاصيلها في كتاب منفرد، وضعه بعد رجوعه عام (٥٨١هـ/١١٨٥م)[(٥)].

---

(١) المقري، نفح الطيب: ٣٨٦/٢.

(٢) ابن الخطيب، الإحاطة: ٢٣٠/٢-٢٣٩.

(٣) مؤنس، حسين، تاريخ الجغرافية والجغرافيين في الأندلس، ص٥١٩.

(٤) لم يعرف سوى مخطوطة وحيدة لرحلة ابن جبير، وكانت موجودة بليدن ويرجع تاريخها إلى عام ٨٧٥هـ/١٤٧٠م، وأصبحت الرّحلة معروفة لدى النّاس بفضل الطبعة الجزئية لدوزي وأماري فيما يتعلّق بالمادة المختصة بصقلية بالذات. ولم تلبث الرحلة أن أصبحت في متناول الأيدي بفضل الطبعة الكاملة التي نشرها المستشرق البريطاني رايت ١٨٥٢م، وأعيد طبعها في سنة ١٩٠٧م. انظر، رحلة ابن جبير، ص ٦، وكراتشكوفسكي، تاريخ الأدب الجغرافي العربي، ص ٣٣٣-٣٣٤.

(٥) انظر، كراشكوفسكي، تاريخ الأدب الجغرافي العربي، ص٣٣٣.

وقد وُجدت بعض الرّحلات التي لا تخلو من بعض الصّلة بالبكريّ والإدريسيّ وابن جبير ومنها كتاب "الاستبصار في عجائب الأمصار"[١] لرحّالة ومؤلّف مراكشيّ- مجهول، ويبدو من خلال بعض الرّوايات في الرّحلة أنّ هذا الرّحّالة قد عاش في عهد أبي يوسف يعقوب المنصور الموحديّ الذي حكم ابتداء من عام (٥٨٠هـ/١١٨٤م) إلى عام (٥٩٥هـ/١١٩٨م).

ويرجّح كراتشكوفسكي أنّ تاريخ تأليف الكتاب يعود إلى عام (٥٨٧هـ/١١٩١م)، وأنّ الرّحّالة المجهول قد أدّى فريضة الحجّ، فهو يصف الحرمين وصفاً مفصلاً ثم ينتقل إلى الكلام عن مصر ويتحدث عن أهراماتها، ثم ينتقل إلى بلاد المغرب والسودان، ويجهد في تسجيل جميع ما رآه في طريقه وكلّ ما سمعه عن البلاد المحيطة، ويعطي وصفاً دقيقاً لها. كما أضاف أيضاً إلى الكتاب روايات ومعلومات عن مدينة فاس[٢].

رحلة ابن سعيد المغربيّ الأندلسيّ الغرناطيّ[٣]، في القرن السّابع الهجريّ، وقد تنقّل ابن سعيد في تجواله من المغرب في مختلف الأمصار، والتقى بأكابر العلماء، ورأى أفضل

(١) يرى كراتشكوفسكي، أن العلم يدين بمعرفة هذه الرحلة إلى كريمر A.Kremer الذي نشر المتن عام ١٨٥٢م معتمداً على مخطوطة فينا مع عرض مفصل لمضمون الكتاب باللغة الألمانية، ومخطوطة باريس التي استعملها لأول مرة أماري قد ساعدت في تغطية الفجوات التي بمخطوطة فينا، غير أنّها لا هي ولا مخطوطة الجزائر عاونتا على حلّ المشاكل المتعلقة بأصل الكتاب ومضمونه. أمّا ترجمة فانيان، ١٩٠٠، التي اعتمد فيها على المخطوطات الثلاث وزودها بكمية من الشروح والتعليقات فهي تمثّل خطوة في هذا السبيل وإن كانت لا تقدّم لنا الكتاب في صورته الكاملة. انظر، تاريخ الأدب الجغرافي العربي، ص٣٣٥-٣٣٦، ومؤلف مراكشي مجهول من القرن ٦هـ الاستبصار في عجائب الأمصار وصفة مكة والمدينة ومصر وبلاد المغرب، تعليق سعد زغلول عبد الحميد، دار الشؤون الثقافية العامة، آفاق عربية، ١٩٨٥، مقدمة المحقق، وانظر، ابن زرع الفاسي، الأنيس المطرب بروض القرطاس في أخبار ملوك المغرب ومدينة فاس، ص ١٠٥، ١٠٧، ١٨٠، ١٨١، ١٨٦، ١٨٧، ١٨٨، ٢٠٨ وما بعدها.

(٢) انظر، كراتشكوفسكي، تاريخ الأدب الجغرافي العربي، ص٣٣٦.

(٣) وردت ترجمته، ص١١ من الدراسة، حاشية رقم ٢.

الكتب[١]. وعبّر عن حبّه لوطنه بأشعار عاطفيّة عميقة[٢]، ووضع سائر المدن التي زارها في مرتبة دون مرتبة مدن الأندلس "وأنا أقول كلاماً فيه كفاية منذ خرجت من جزيرة الأندلس وطفت برّ العدوة، ورأيت مدنها العظيمة كمراكش وفاس وسلا وسبتة ثم طفت في أفريقيّة وما جاورها من المغرب الأوسط، فرأيت بجاية وتونس، ثم دخلت الدّيار المصريّة، فرأيت الإسكندريّة والقاهرة والفسطاط ثم دخلت الشّام فرأيت دمشق وحلب وما بينهما، لم أر ما يشبه رونق الأندلس في مياهها وأشجارها إلا مدينة فاس بالمغرب الأقصى ومدينة دمشق بالشام وفي حماة مسحة أندلسيّة..."[٣]. وقد دوّن ابن سعيد أخبار ومعالم البلاد التي زارها في بعض مؤلفاته، ومنها "المُغرب في حلى المَغرب"[٤] و "المُشرق في حلى المَشرق"[٥]، ولابن سعيد رحلتان: "عِدة المستنجد وعقلة المستوفز"[٦] و "النفحة المسكيّة في الرّحلة المكيّة"[٧].

---

(١) انظر، المقري، نفح الطيب ملخصاً من الإحاطة: ٢٧٢/٢-٢٧٣.

(٢) انظر، المصدر نفسه: ٢٦٢/٢-٢٧٠.

(٣) المقري، نفح الطيب ملخصاً من الإحاطة: ٢٠٩/١.

(٤) المغرب في قسمه الأندلسي، مطبوع في دار المعارف بمصر، بتحقيق شوقي ضيف، في جزأين كبيرين، أمّا المغرب في قسمه المصري، فقد حقّقه زكي محمد حسن وشوقي ضيف، وسيدة إسماعيل كاشف، وبين أيدينا جزء واحد قامت بطبعه كلية الآداب بجامعة القاهرة، ١٩٥٣م.

(٥) وردت بعض الإشارات إلى وجود نسخة منه بمكتبة أحمد تيمور ولا يعرف سبب منع نشرها. انظر، حسن، محمد عبد الغني، (١٩٦٩). ابن سعيد المغربي، المؤرخ، الرحالة، الأديب، القاهرة: مكتبة الأنجلو المصريّة، ص ١٤٧.

(٦) ذكر المقري هذا الكتاب وقال في وصفه: "ذكر فيه أنّه ارتحل من تونس إلى المشرق رحلته الثانية سنة ٦٦٦هـ وأورد في هذا الكتاب غرائب وبدائع، انظر، نفح الطيب: ٣٦٨/٢، والبغدادي، إسماعيل باشا بن محمد الباباني، (ت ١٣٣٩هـ). إيضاح المكنون في الذيل على كشف الظنون عن أسامي الكتب والفنون، عني بتصحيحه وطبعه محمد شرف الدين، وكالة المعارف الجليلة، استانبول، ١٩٤١: ٩٦/٢.

(٧) ذكره المقري نقلاً عن الإحاطة وقال: "..وحجّ ثم عاد إلى المغرب، وقد صنّف في رحلته مجموعاً سمّاه بالنفحة المسكيّة في الرحلة المكيّة" انظر، نفح الطيب: ٢٧٣/٢، وإيضاح المكنون في الذيل على كشف الظنون: ٦٧١/٢.

رحلة أبي محمد التّجانيّ[(١)]، في القرن الثّامن الهجريّ، وقد خرج من تونس لأداء فريضة الحجّ عام ٧٠٦هـ وتمتاز رحلته بأهميّة كبرى وذلك بتزويدها لنا بمعلومات وافية عن جميع المناطق التي زارها وعن الأصقاع المجاورة لها، وهي تتناول مسائل الجغرافيا، ومسائل التّاريخ الطبيعيّ حيث تعرض لأخبار المدن والقرى والسّكان وعاداتهم كما عرّف التجانيّ بالفقهاء والأدباء الذين لقيهم أثناء تجواله في البلاد التونسيّة وطرابلس، وقد قدّم للرّحلة حسن حسني عبد الوهاب، وطبعت في المطبعة الرسميّة بتونس سنة ١٩٥٨م.

رحلة ابن بطّوطة[(٢)]، في القرن الثّامن الهجريّ، حيث زار معظم البلاد الإسلاميّة في عصره، بل زار بعضها مرتين وثلاثاً، فقد مرّ بمصر والشّام والعراق والجزيرة العربيّة أكثر من مرّة، وقطع الجزيرة العربيّة من الشّمال إلى الجّنوب ومن ناحية الحجاز، ثم عاد فمرّ بجنوبها الشرقيّ عند عُمان، واخترق بلاد عُمان وزار القطيف ثم البصرة ومضى بعد ذلك إلى الأهواز في إيران، ثم زار آسية الصغرى، وتردد في بلاد ما وراء النهر والهند الإسلاميّة، وذهب إلى سومطرة ومنها إلى الصّين ثم عاد إلى الهند، وزار جزيرة سرنديب، أمّا دلهي وقالقوط وبلاد السند فقد أقام فيها سنوات طويلة.

وجاءت رحلته "تحفة النّظّار في غرائب الأمصار وعجائب الأسفار" سجلاً حافلاً عن أوضاع المسلمين، فقد شاهد الكثير وعرف كيف يصور ما شاهده بدقّة وبساطة، فجعلت

(١) قيل (أبو أحمد) و (أبو محمد) عبد الله التجاني التونسي، ولم يثبت اسمه في المصادر بصورة قاطعة، خرج من تونس بصحبة أمير من بني حفص، هو يحيى بن زكريا، وفيما بعد عندما أصبح هذا الأمير حاكماً على تونس صار التجاني من عمّاله المقرّبين إليه كما لم تثبت سنة ميلاده، وتاريخ وفاته (٦٧٠هـ-٦٧٥هـ-٧١٨هـ / ١٢٧٢، ١٢٧٦، -١٣١٨م). انظر ترجمته، في رحلة التجاني، قدّم لها، حسن حسني عبد الوهاب، الدار العربية للكتاب، ليبيا، تونس، ١٩٨١، مقدمة الرحلة، ص٢٠ وما بعدها، والسخاوي، الضوء اللامع: ١٢٦/٢، وتاريخ الأدب الجغرافي العربي، ص٤١١ -٤١٢، و سالم، السيد عبد العزيز، (١٩٨١). التاريخ والمؤرخون العرب، بيروت: دار النهضة العربية، ص ٢٣.

(٢) وردت ترجمته في الدراسة، ص١٤، حاشية رقم ١.

منه الأقدار رحّالة نادراً عند العرب، ذلك لأنّه هدف للرّحلة لذاتها وضرب في مجاهل الأرض استجابة لرغبته الجارفة في التّعرّف على الأقطار والشّعوب، بعد أن كان باعثه الأول على الرّحلة هو إرادة الحجّ. وقد رحل ثلاث رحلات أوّلها سنة ٧٢٥هـ وانتهى منها ٧٥٠هـ وكان له من العمر حين ابتداء الرّحلة اثنان وعشرون عاماً. ورحلته الثانية في مملكة غرناطة بالأندلس، وذلك لئلا يفوته هذا القسم من العالم الإسلامي فقد كان حريصاً على استيعاب البلاد الإسلاميّة بالزّيارة ليتأتّى له أن يقول مفتخراً على السّائح المصريّ الذي لقيه بإحدى المدن "وهو من الصّالحين جال الأرض إلا أنّه لم يدخل الصّين ولا جزيرة سرنديب ولا المغرب ولا الأندلس ولا بلاد السودان، وقد زدت عليه بدخول هذه الأقطار"[(١)]، وليصبح بعد ذلك "مسافر العرب والعجم" كما قال له أحد الشيوخ في بنغالة: "أنت مسافر العرب" فقال له مَنْ حضر مِنْ أصحابه: "والعجم يا سيدنا" فقال: "والعجم فأكرموه"[(٢)].

ثم شرع في رحلته الثّالثة إلى بلاد السودان ٧٥٣هـ وبينما هو في تكدا، وافاه أمر السلطان أبي عنان بالرجوع إلى المغرب فكرّ راجعاً إلى سجلماسة عن طريق توات، وفي نهاية عام ٧٥٤هـ وصل إلى فاس ويكون بهذا قد قضى زهاء ثمانية وعشرين عاماً وتزيد في التنقّل والتّرحال. ويبدو أن السّلطان كان مشتغلاً بتثبيت دعائم ملكه ومحاربة أعدائه، ثم تنبّه لأهميّة ما يقوم به ابن بطّوطة، فنفّذه باستدعاء الرّحالة من بلاد السودان، وأمر الكاتب ابن جزي[(٣)] أنّ يكتب ما يمليه عليه ابن بطّوطة، فقام ابن جزي بما كلّف به من ضمّ أطراف الرّحلة وتصنيفها وتهذيبها وانتهى من ذلك عام ٧٥٧هـ[(٤)]. وقد ترجمت الرّحلة مرات عديدة[(٥)].

---

(١) رحلة ابن بطّوطة: ٢٧٨/١.

(٢) المصدر نفسه: ٢٠٩/٢.

(٣) وردت ترجمته في هذه الدراسة، ص٣٢، حاشية رقم ١.

(٤) رحلة ابن بطوطة: ٣١٢/٢.

(٥) انظر ، كراتشكوفسكي، تاريخ الأدب الجغرافي العربي، ص٤٧٠-٤٧١.

رحلة ابن الحاجّ الغرناطيّ[١]، "فيض العباب وإفاضة قداح الآداب في الحركة السعيدة إلى قسنطينة والزّاب"، في القرن الثّامن الهجريّ، وهي رحلة رسميّة قام بها ابن الحاج مع بطلها ومنفّذها السّلطان أبي عنان المرينيّ. وقد جاءت هذه الرّحلة لأسباب دينيّة وسياسيّة أبرزها توحيد صفوف المسلمين والقضاء على الفتن التي تثيرها الأعراب في النواحي الشرقيّة[٢] لتلك البلاد الخاضعة لسلطان أبي عنان، وجاءت على مرحلتين: الأولى كانت داخل المغرب من فاس إلى سلا والرجوع إليها. والثّانية من فاس إلى قسطنطينة ثم إلى الزّاب ثم الإياب.

وتعدّ رحلة "فيض العباب" مصدراً هاماً من مصادر تاريخ المغرب الأدبيّ والحضاريّ في العصر المرينيّ، وقد ألقت الضوء على جوانب الاستقرار والنضج والازدهار الحضاريّ في مختلف المجالات: السياسيّة والاقتصاديّة والثقافيّة والعمرانيّة والاجتماعيّة، لمرحلة هامّة من مراحل عهد دولة بني مرين.

رحلة لسان الدّين بن الخطيب[٣]، في القرن الثّامن الهجريّ، "خطرة الطّيف في رحلة الشّتاء والصّيف" وهي رحلة رسميّة قام بها سلطان غرناطة أبو الحجاج يوسف الأول[٤]، ومعه وزيره ابن الخطيب، لتفقد أحوال الثغور الشرقيّة لمملكة غرناطة سنة ٧٤٨هـ.

---

(١) هو أبو إسحاق إبراهيم بن عبد الله بن إبراهيم النميري المعروف بابن الحاج الغرناطي، (٧١٢هـ-٧٧٤هـ)، وقال المقري ينقل ملخصاً عن الإحاطة: نشأ على عفاف وطهارة ..، وبلغ الغاية في جودة الخط. ويروي الحديث مع الطهارة والنزاهة، شرّق وحجّ وتطوّف وقيّد واستكثر ودوّن رحلة سفره، وقد بدأت تلك الرحلة سنة (٧٥٨هـ). انظر، ابن الحاج النميري، فيض العباب، دراسة محمد بن شقرون، الرباط، ١٩٨٤، مقدمة المحقق، ص ١٠، والمقري، نفح الطيب: ٧ /١٠٨-١٢٠.

(٢) انظر، ابن الحاج النميري، فيض العباب، المقدمة، ص ٥٢.

(٣) وردت ترجمته في الدراسة، ص١٠، حاشية رقم ٢.

(٤) انظر ترجمته، ابن الخطيب، الإحاطة: ١٤/٢، و المقري، نفح الطيب: ٣٠٣/٤، ٤٢٤، ٤٣٢، ٤١٣/٥، ٤٣٦، وفي صفحات متفرقة من الأجزاء ٦،٧.

وقد دوّن ابن الخطيب ما رأته عيناه، وسمعته أذناه في جميع رحلاته، فأمدّنا بمادّة غنيّة عن حضارة الغرب الإسلاميّ في تلك الفترة، وتمثّلت مشاهداته في أماكن متفرّقة من كتبه، بالإضافة إلى رحلته "خطرة الطّيف":

- مفاخرات مالقة وسلا، وهي مفاضلة بين المدن الأندلسيّة وأختها المغربيّة في مختلف النواحي الاقتصاديّة والاجتماعيّة والجغرافيّة.
- معيار الاختيار في ذكر المعاهد والدّيار، وهي عبارة عن وصف لأهم مدن المغرب مع وصف مدن مملكة غرناطة.
- رحلته التي دوّنها في كتابه "نفاضة الجراب في علالة الاغتراب"، وتجدر الإشارة إلى أنّ ابن الخطيب كان يعتبر هذه الكتاب مذكرات شخصيّة عن فترة من أهم فترات حياته، ولكنّها ناقصة غير كاملة، إذ يبدأ وبدون مقدّمات بالصّعود إلى جبل هَنْتَاتَة[١]، ويصف شيوخ قبيلة هَنْتَاتَة، وحسن استقبالهم له ... الخ[٢].

والمتمعّن في جغرافيّة ابن الخطيب يرى أنّها غير مقصودة لذاتها، فهي تأتي كخط جانبيّ في نشاطاته الأدبيّة والتاريخيّة، ونتيجة لخبراته في الحياة العمليّة، وهي إمّا مقدّمات جغرافيّة تاريخيّة، أو شذرات أدبيّة في رسائله، أو حتى في مقامات فنيّة، وعلى هذا تتضاءل نسبة الجغرافية فيها، وكلّها تدور إمّا حول الأندلس وإمّا حول المغرب[٣].

---

(١) هَنْتَاتَة: جبل في مراكش جنوب الأطلس، وقمته مغطّاة دائماً بالثلوج. انظر، ليون الإفريقي، الحسن بن محمد الوزان الفاسي، (١٩٨٣). وصف إفريقيا، ترجمة عن الفرنسية، محمد حجي، محمد الأخضر، ط٢، دار الغرب الإسلامي: بيروت ١٤٢/١، وانظر، رحلة ابن خلدون، التعريف، ص ٨٣، حاشية رقم ١٤٠، وابن الخطيب، خطرة الطيف، ص١١٣، والحاشية رقم ٤٩١.

(٢) ابن الخطيب، رحلة خطرة الطيف، ص١١٧.

(٢) انظر، نفاضة الجراب في علالة الاغتراب، نشر وتعليق أحمد مختار العبادي، مراجعة عبد العزيز الأهواني، دار الكاتب العربي، القاهرة، ١٩٥٠، ص ٤٦ وما بعدها، ورحلة خطرة الطّيف في رحلة الشتاء والصيف، تحقيق أحمد مختار العبادي، دار السويدي للنشر، أبو ظبي، ودار الفارس للنشر، عمان، ٢٠٠٣، ص ٢٦.

(٣) انظر، حمدان، جمال، "تاريخ الجغرافية والجغرافيين في الأندلس" تأليف د. حسين مؤنس، المجلة، العدد ١٤٥، ص١٩.

غير أنّ الدّقة في الملاحظة، والرّوح الحيويّة النّشطة المتدفقة التي اتّسمت بها أوصاف ابن الخطيب ومشاهداته، تدلّ جميعاً على أنّه رحّالة من الطّراز الأوّل[(١)].

التّعريف بابن خلدون[(٢)] ورحلته غرباً وشرقاً، في القرن الثامن الهجريّ. وابن خلدون غنيّ عن التّعريف، فهو راسخ القدم في دراسة التّاريخ وباعث منهجه العلميّ، وواضع أسس علم الاجتماع، "ويرجع الفضل إليه في وضع كثير من المصطلحات التي جرت على الأقلام والألسن من بعده، مثل العمران البشريّ، والاجتماع الإنسانيّ، ... الخ"[(٣)].

وقد تنقّل ابن خلدون في مختلف أقطار المغرب والأندلس، متّصلاً بملوكها، وراغباً في الحصول على المناصب العليا، فخاض غمار السياسة، وكيد المؤامرات، فتراه تارة وزيراً أو حاجباً، وأخرى وراء قضبان السّجن، إلى أن سئم السياسة، ولجأ إلى بني عريف في قلعة ابن سلامة في جنوب قسنطينة، حيث كتب ابن خلدون مقدّمته المشهورة، وبدأ بعدها بكتابة تاريخه، ثم رحل إلى المشرق سنة ٧٨٤هـ وأقام بالقاهرة يمارس فيها التعليم ويتولّى القضاء. ولم يبرح مصر إلا حاجّاً إلى مكة والحجاز.

أمّا "التّعريف"، فهو قصة حياته إلى قبيل وفاته، ذكر فيه أصله وأحداث أسرته، وأحداثه هو، وثقافته، وأساتذته، وتحدّث عن صلته بالملوك، والأمراء، وتنقّله في القصور، وذكر اعتقاله وتشريده، وذكر رحلته إلى الأندلس واتّصاله بملك غرناطة، ووزيره لسان الدين بن الخطيب وسفارته إلى ملك قشتالة، ثم حديثه عن عودته إلى تونس، ورحيله إلى مصر وحياته فيها.

---

(١) انظر، رحلة خطرة الطّيف، مقدمة المحقق، ص٢٨.

(٢) وردت ترجمته، ص ٢١ من هذه الدراسة، حاشية رقم ٥.

(٣) الحوفي، أحمد، (١٩٧٢). "أدب ابن خلدون". مجلة مجمع اللغة العربية، ج٣٠، ص٥٣.

رحلة القلصادي[١]، في القرن التّاسع الهجري، وقد ابتدأها سنة ٨٤٠هـ ورصد فيها مظاهر الحركة الفكريّة في مملكة غرناطة، وأجزاء من العالم الإسلاميّ، كان قد ارتحل إليها، ومنها تلمسان، وتونس، وطرابلس الغرب، والقاهرة والحرمين الشريفين. وأعطى صورة واضحة عن تلك الحياة الفكريّة والعلميّة والاجتماعيّة، والشّيوخ والعلماء الذين التقى بهم، وترجم لهم وذكر أسماء الكتب والمدارس التي انتشرت في ذلك العصر مـمّا جعل رحلته تحتل مكانة عالية بين الرّحلات.

رحلة أبي عصيدة البجائيّ[٢]، في القرن التّاسع الهجريّ، "رسالة الغريب إلى الحبيب". وقد أرّخها البجائيّ وأرسل بها إلى صديقه المشدالي[٣]، حيث افتتحها بقصيدة أشاد فيها بالمشدالي ومكانته العلميّة، وذكّره بما كان بينهما من ودّ وذكريات أيّام لقائهما في بجاية[٤] والقاهرة والحجاز، ثم تحدّث أبو عصيدة عن رحيله من مصر إلى الحجاز، وعن المراسلات التي كانت بينه وبين المشدالي. كما ذكر أبو عصيدة في رسالته كتابه المفقود، وهو (أنس الغريب) وأشار إلى أنّ جزءاً من هذا الكتاب تضمّن وصف الرّحلة التي قام بها من بجاية وتونس إلى الحجاز عبر مصر وتنتهي الرّسالة بدون تاريخ ما عدا ذكر شهر شوّال.

(١) هو أبو الحسن، علي بن محمد بن محمد القرشي الأندلسي البسطي، ولد في بسطة سنة ٨١٥هـ أو قبلها وتوفي ٨٩١هـ انظر ترجمته، في رحلته، تحقيق محمد أبو الأجفان، الشركة التونسية للتوزيع، تونس، ١٩٧٨، مقدمة المحقق، ص ٧، والتنبكتي، نيل الابتهاج ، ص ٢٠٩، والمقري، نفح الطيب: ٦٩٢/٢، ٤٢٦/٥، ٤٢٨.

(٢) وردت ترجمته، ص ١٤ من هذه الدراسة، حاشية رقم ٣.

(٣) ولد في بجاية (الجزائر)، ٨٢٠هـ ودرس فيها ثم توجّه إلى تلمسان للاستزادة من العلم وقضى بها أربع سنوات ثم رجع إلى بجاية سنة ٨٤٤هـ وزار عنابة وقسنطينة وتونس وبيروت ودمشق وطرابلس الشام وحماة والقدس وأدّى فريضة الحجّ سنة ٨٤٩هـ توفي سنة ٤٦٤هـ انظر، البجائي، رسالة الغريب إلى الحبيب، ص ٣٠-٣٤، والسخاوي، الضوء اللامع: ١٨٠/٩.

(٤) بجاية: مدينة على ساحل البحر بين إفريقية والمغرب، انظر، الحموي، معجم البلدان: ٣٣٩/١.

وقد وقفت الدّراسة أيضاً على بعض الإشارات المتناثرة في بعض كتب المصادر والدّالّة على مجموعة كبيرة من الرّحلات التي ضاعت أخبارها أو لم يروها أصحابها، ومنها ما هو مجهول أو مخطوط محفوظ فوق رفوف المكتبات لم يقم أحد بتحقيقه حتى الآن. ومن تلك الرّحلات:

رحلة صالح بن يزيد الرندي[١]، في القرن السّابع الهجريّ، "روض الأنس ونزهة النّفس" وهي رحلة إلى البلاد الحجازيّة، وقد جاء في مقدمة الرّحلة أنّه طرز هذا الكتاب باسم سلطان غرناطة أبي عبد الله محمد الملقّب بالفقيه ابن محمد ابن الأحمر، ويقع الكتاب في مجلدين، وقد قصد الرنديّ أن يجعله أشبه بالموسوعات فقسّمه إلى عشرين باباً، احتوى كل منها موضوعاً مستقلاً عن الموضوعات الأخرى، وقد تناول موضوع رحلته الحجازيّة في بابين من تلك الأبواب، حيث تناول موضوع الحجاز ضمن الباب الثّاني الذي تكلّم فيه عن الأرض وما يتعلق بها من ذكر الأقاليم والبلاد، فتكلّم في شيء من التفصيل عن مكّة المكرمة ووصف البيت الحرام، كما تناول تاريخ المدينة المنوّرة والحرم النبويّ.

ويذكر أحمد رمضان أنّه لا يوجد من كتاب الرنديّ إلا المجلّد الأوّل وهو بحوزة محمد المنوني، وينتهي عند الباب التّاسع ويقع في مئة وتسع وثلاثين ورقة تحتوي كلّ صفحة ثلاثة وعشرين سطراً، وهي مكتوبة بخط أندلسيّ واضح مليح عتيق، مكتوب بمحلول السواك على ورق قديم والمخطوطة خالية من تاريخ النسخ واسم الناسخ، ويقدر محمد المنوني أن تكون الكتابة قريبة من عصر المؤلف، ويرجّح أن تكون من القرن الثّامن الهجري. وهناك نسخ مصوّرة من المخطوطة بحوزة معهد المخطوطات للجامعة العربيّة، وصورة أخرى بالخزانة العامّة بالرّباط[٢]*=.

---

(١) هو أبو الطيب صالح بن يزيد بن موسى بن شريف الرندي، (ت ٦٨٤هـ/١٢٨٥م). وهو من أوائل الرحالة غير الجغرافيين، وروى عنه جماعة، كان فقيهاً حافظاً، له مقامات بديعة، نشأ في ظلّ دولة بني الأحمر. انظر، الأوسي، الذيل والتكملة، ق٢، ص ١٣٧-١٣٨.

(٢) انظر، أحمد، رمضان، الرحلة والرحالة المسلمون، ص ٣٤٠-٣٤١.

إنّ هـذه الـرّحلات، وتعـدد أسـماء الرّحالـة يؤكـدان الإشـارة إلى كـثرة الـرّحلات في مختلف العصور، وتراميها، وتسجيل أخبار الأمم وأحاديثها، إذ تكاد هذه الـرحلات التـي حضنتها صفحات الكتب، تتحدى الزمان وتقارب الخلود، بفائـدتها التـي لا تقتصر علـى نفر قليل من النّاس، ولا على جيل من الأجيال، فهي منابع لا تنضب، تمدّنا دائماً بمـادة لا غنى عنها للتواصل الإنسانيّ، بل هي سجلّ حضاريّ وثقافيّ.

وقد مثّلت هذه الرّحلات اتجاهات مختلفة بما فيهـا مـن مـادّة وفـيرة تقـترب مـن الموضوعيّة لدى ابـن جبير، إلى حدود تقترب من الخرافة والغرائبيّة كما تجسّـدها رحلـة أبي حامد الغرناطيّ، ورحلة ابن بطّوطة إلى حدّ مـا، ثـم إلى التّرجمـة الذاتيّـة التـي تـبرز بشكل كبيـر عند المؤرخ المشهور: ابن خلدون، فمضمون الرحلة هو الحياة نفسها، بكـلّ جوانبها ومعطياتها.

=* هناك إشارات لرحلات أخرى من القرن الثامن الهجريّ، منها رحلة الأفق المشرق لابن الطيب وقد أوردها أحمد الخوجة محقّق رحلة ابن رشيد: ٣١/٢، ورحلة الرعيني السراج وابن جابر الوادي آشي، وهي رحلات أقرب ما تكون إلى الفهارس أو البرامج منها إلى الرحلات الأدبية وذلك لانصاب اهتمام مؤلفها على الجوانب العلمية فقط، ومن الرحلات التي أشير إليها في القرن التاسع الهجري، رحلة أبي العباس أحمد بن الحسن بن منقذ القسطنطيني (٧٧٠هـ-٨٠٩هـ)، انظر، البلوي، تاج المفرق: ٩٠/١، ورحلة محمد بن سليمان بن داود الجزولي (ت ٨٦٣هـ)، انظر، البلوي، تاج المفرق: ٧٧/١. ورحلة أحمد زروق البرنسي، ت ٨٩٩هـ وقد غلب عليه التصوف فتجرّد وساح وصار له أتباع. انظر، البلوي، تاج المفرق: ٩٠/١، وانظر ترجمته، السخاوي، الضوء اللامع: ٢٢٢/١.

الفصل الأول
السياقات الثقافيّة والمعرفيّة في الرّحلات

أ- السّياق الثّقافيّ

قـام الرّحّالـة بوصـف رحلاتهـم وتجـوالهم ومشـاهداتهم، وتـدوين انطباعـاتهم الشّخصيّة، لذا جاءت رحلاتهم سجلاً وافياً عـن الكثـير مـمّا تحويـه تلـك الـرّحلات مـن جوانب معرفيّة، ومدوّنات تمـتّ إلى الجغرافيـا والتّـاريخ والاقتصـاد والعمـران والأحـوال الاجتماعيّة والدّينيّة والثّقافيّة بأوثق الصّلة، بل تعدّى الرّحّالة ذلك إلى التّفسير والنّقد للكثير من القضايا والمشكلات التـي شـهدتها عصـورهم، وكـانوا في معالجـاتهم يحـاولون الإصلاح حيناً والنّقد حيناً آخر.

وقد جاءت كتب الرّحلات بمادة غنيّة زاخرة بالوصف والأحاديـث والأخبـار، و مـمّا له صلة بالغرائب والعجائب، وبدا طرح الرّحلـة للكثـير مـن القضـايا والسّـياقات وكأنّـه طرح ثقافيّ متبـاين الأصـوات، متعـدّد المسـتويات، ولكنّهـا في إطارهـا العـام، دائـرة مـن التكامل المعرفيّ والثّقافيّ لا تناقض فيها. وإنّ الباحث ليجد صعوبة بالغة في نقـل كـلّ مـا في تلك الرّحلات ؛ لذلك يقتصر البحث على نماذج تبرز جوانب من تلك الـرّحلات، وهـي نماذج تمّ اختيارها لتعكس بوضـوح مظـاهر الحيـاة والسّـكان والـبلاد، ولتؤكـد الوحـدة الإسلاميّة، والروابط القويّة التي اتّصفت بها الشّعوب الإسلاميّة ؛ وإن عرضت لبعض من الأوضـاع السياسـيّة المضـطربة في تلـك البلـدان. فـابن بطّوطـة مـثلاً، [يمثّـل المـواطن الإسـلاميّ الذي طاف أرجاء العالم الإسلاميّ في القرن الثّامن الهجريّ، بـدافع المغـامرة ... وسيبقى دليلاً على وحدة الشعور الإسلاميّ أيامها في أمصـار الإسـلام المتعـددة، وسـيبقى يمثّل نوعيّة فريدة من الرّجال ... فقد قدّم من خلال رحلته هـذه كثـيراً مـن المعلومـات التاريخيّة ...] [١].

وبهذا، فإنّ كتب الرّحلات قدّمت حقائق مهمة جدّاً عن مختلف العلوم والمعارف، واعتبرت وثيقة تاريخيّة وجغرافيّة، وفكريّة وسياسيّة، وإداريّة، واقتصاديّة، ودينيّة، واجتماعيّة لا يستغني عنها باحث في دراساته، وهي دليل لكلّ مسافر لتلك البلاد

---

(١) حسين، حسني محمود ، أدب الرحلة عند العرب، ص ٧٨-٧٩.

ولأماكنها المقدّسة ومعجم للشّيوخ الأولياء، والقضاة، والخطباء، ووصف للمدن والمساجد وبلاطات السّلاطين، وعادات الشّعوب وتقاليدها. ولعلّ المصادر التي استقى من خلالها أدب الرّحلات مادته، أدّت دوراً بارزاً في تحديد سياقات هذه الرّحلات: العصر الذي تمّت وكتبت فيه، وصاحبها الذي عاشها ودوّنهـــا، فأمدّنا بنتاج تجاربه وخبراته، التي لا يتأتّى له تحصيلها وهو ملتزم ببيته أو بلده أو أن يكتفي بالسّماع. لذا فإنّ المرء يجد نفسه أمام حشد غامر من التّفصيلات في مختلف جوانب الحياة التي قد لا يوجد نظيرها في مدوّنات التّاريخ المألوفة، وربّما تفتقر كثير من المصادر لما يتوافر في كتب الرّحلات، وقد كانت الرّحلات عوناً للمؤرّخين، والجغرافيّيــــن، وعلماء الاجتماع ؛ لتأكيد الوقائع والأحداث وأحوال المجتمعات في تلك العصور التي عاشها الرّحّالة، وذلك لدقّة الملاحظة والوصف.

أولاً: المراكز التعليميّة ودُور الكتب

كان العلم أبرز أهداف الرّحلة، كما عدّت الرّحلة في طلب العلم مظهراً من مظاهر الحركة العلميّة ودافعاً لها في مختلف العصور الإسلاميّة حيث سعى الرّحّالة الأندلسيّون والمغاربة للوصول إلى مراكز العلم في المشرق حتى ينهلوا ما شاء لهم من منابع العلم والمعرفة(١). وقد أكثر الرّحّالة من التّحدث عن حلقات العلم التي كانت تعقد في مبدأ الأمر بالمساجد والزوايا والخوانق والمكتبات والبيمارستانات، ثم أخذت تنشأ بعد ذلك مؤسّسات ومراكز تعليميّة مستقلّة.

وكانت المساجد والخوانق بالإضافة إلى أنّها مكان للتعبّد، إلا أنّ المسلمين كانوا يتّخذونها خارج أوقات الصّلاة مركزاً لشرح تعاليم الدّين والفقه، والعلوم الشرعيّة، وتلقين فنون العربيّة. فبيت المقدس كان مركزاً لنشاط عدد من الفرق الإسلاميّة: الكرّاميّة، والمعتزلة، والمشبهة(٢). وقد اطّلع ابن العربي من خلال هذه المجالس على علوم

(١) انظر، ابن سعيد المغربي، المُغرب، القسم الخاص بمصر: ٥٧٢/١.
(٢) انظر، ابن العربي، قانون التأويل، ص٩٥.

ثلاثة: "علم الكلام، وأصول الفقه، ومسائل الخلاف التي هي عمدة الدّين ..."[(١)]. ويبدو أنّ مثل هذه المجالس تعدّ وسيلة لاستعراض القدرات الذهنيّة، والمواهب الإبداعيّة والفنيّة.

وحفلت الرّحلات بما شهدته المدن الإسلاميّة من نشاط أوسع في المجالين: الدينيّ والعلميّ، ومن ذلك ما يلحظ من كثرة مجالس العبادة، وحلقات العلم التي كانت تعقد في المساجد والزّوايا والمدارس، وغيرها. وكان بعض الرّحّالة يهتمّون بزيارة العلماء، وحضور محاوراتهم ومناقشاتهم العلميّة، ومطارحاتهم الأدبيّة، ويتردّدون على مجالس العلماء والشّيوخ، للإفادة منهم والوقوف على ما عندهم من علم ومعرفة، ويهتمّون بملاقاة الرّجال، في حين أنّ حديثهم عن الأماكن والبلدان جاء لماماً.

فرحلة ابن رشيد، مثلاً، أشبه ببرنامج علميّ ذكر فيه شيوخه ومَنْ لقيه من الحفّاظ والمحدّثين والنّحاة والأدباء ونحوهم ممّن تزخر بأسمائهم رحلته، ومنهم جمال الدّين العطّار[(٢)]، فقد لقيه بجامع عمرو بن العاص بالفسطاط، والتقى بالدميري[(٣)] بزاوية الإمام الشافعيّ، أو بالفاضليّة أو بالكامليّة بمجلس ابن دقيق العيد[(٤)].

---

(١) انظر، المصدر نفسه، ص٩٧.

(٢) هو الشيخ المحدّث الصدوق، أبو صادق محمد بن أبي الحسين يحيى بن أبي الحسن علي بن عبد الله القرشي. انظر ترجمته، ابن رشيد، ملء العيبة بما جمع بطول الغيبة في الوجهة الوجيهة إلى الحرمين مكّة وطيبة، تحقيق محمد الحبيب بن الخوجة، الدار التونسية للنشر، تونس، ١٩٨٢، ط١، دار الغرب الإسلامي، بيروت، لبنان، ١٩٨٨: ٢٨٩/٣-٣٠٨.

(٣) هو الشيخ الفاضل محيي الدين أبو الفضل بن عبد المنعم بن خلف الدميري، انظر ترجمته، المصدر نفسه: ٤٠٣/٣ وما بعدها، والتجيبي، مستفاد الرحلة، ص ١٣٣.

(٤) هو إمام الأئمة العالم العلم الورع الكامل، أبو الفتح محمد ابن الشيخ الفقيه مجد الدين أبي الحسن علي بن وهب بن مطيع بن أبي الطّاعة القشيري النسب، المنفلوطي الأصل، القوصي المربى، القاهري المنزل، انظر ترجمته، ابن رشيد، ملء العيبة: ٣٣١/٣. والتجيبي، مستفاد الرحلة، ص ١٦، والعبدري، الرحلة المغربية، تحقيق محمد الفاسي، وزارة الدولة المكلفة بالشؤون الثقافية والتعليم الأصلي، الرباط، ١٩٦٨، ص ١٣٨-١٤٥، والمقري، نفح الطيب: ٦٨/١.

وقد عني التجيبيّ أيضاً في رحلته بتراجم العلماء والمبرّزين ممّن التقى بهم، وكذلك التّجانيّ[١] الذي عني بالتّحدث عن العلماء والفقهاء الذين التقى بهم في رحلته، وذكر مصنّفاتهم وحرص على حضور دروسهم، ومشاركتهم مجالسهم. أمّا البلويّ، فقد ذكر بعض الشّيوخ من "العلماء الفضلاء الذين يطئون ذيول البلاغة، ويجرّون فضول البراعة، ولهم كلام يتألّق منه شعاع الشّرق، ويترقرق عليه صفاء العقل، وينبثّ فيه فرند الحكمة ويعرض على حلى البيـان، وينقش في فصّ الزّمان .. وألمعت بذكر نبذ من فوائدهم واختيار طرف من أناشيدهم ومزجتها بما جرت إليه العبارة، وحسنت فيه الإشـارة من قطع الشّعر المناسبة، قطع النور المنتظمة عن جواهر اللّفظ، البعيدة الغور، القريبة الحفظ ..."[٢].

وبهذا، يجمع الرّحّالة حصيلة من الرّواية ومن السّماع، أو القراءة، ويظفرون بإجازات متنوّعة، ويضمّنون رحلاتهم أسماء الكثير من المصنّفات المختلفة، والإنتاج العلميّ والفكريّ في الفقه والحديث، والأدب والحكمة، والتّصوّف واللّغة، والشّعر، لأعلام البلدان التي زارها الرّحّالة. ولم تغفل كتب الرّحلات الدّور الذي قامت به المراكز الدينيّة، كمكّة المكرّمة والمدينة المنوّرة وبيت المقدس، في تكوين هذه الحصيلة الثقافيّة والعلميّة، فقد كانت هذه المراكز ملتقى العلماء والأدباء، وطلبة العلم من كافة أقطار البلاد العربيّة والإسلاميّة، والحجّاج والزّهّاد والمجاوريـن، وأصحاب المذاهب والطرق الصوفيّة، فاستقطبت بذلك جلّ العلماء والفقهـاء، الذين ساهموا بمجالسهم العلميّة ومناظراتهم في نموّ وتطوّر الحركة العلميّة والفكريّة، فمكّة المكرّمة مبدأ ومنتهى الحركة العلميّة، وحلقة الوصل بين المشرق والمغرب الإسلاميّ. ففي هذه الأماكن المقدسة لمعت أسماء العلماء، ومنها انتشرت الكتب إلى مختلف الأقطار. وقد أبرزت الرّحلات الدّور العلميّ للمساجد والأربطة في هذه المراكز الدينيّة، فالمسجد الحرام وبيت المقدس كانا بمثابة جامعة يتوافد إليها طلاب العلم من جميع أنحاء العالم الإسلامـيّ، ليتلقوا العلم على

---

(١) انظر في ذلك رحلة التجاني، ص٢٥١-٢٥٦، ومواطن أخرى متفرقة من الرحلة.

(٢) البلوي، تاج المفرق: ١٤٣/١.

أيدي علماء برعوا في فنون العلوم المختلفة، مثل: الفقه[(١)]، والحديث[(٢)]، والتّفسير[(٣)]، والتّاريخ[(٤)]، وعلم القراءات[(٥)]. وقد تنوّعت العلوم بتنوع العلماء في مكّة المكرّمة والمدينة المنورة، بسبب الرّحلات السنويّة للحج والزّيارة. وهذه ميزة انفردت بها عن سائر الأقطار الإسلاميّة فتعدّدت الحلقات العلميّة فيها، لا سيّما المسجد الحرام الذي غاص بحلقات الدرس[(٦)].

وقد سارت المدارس في مكّة المكرّمة والمدينة المنوّرة وبيت المقدس جنباً إلى جنب مع المساجد في نشر العلم، وأشار الرّحّالة الأندلسيّون والمغاربة إلى مدرسة المظفريّة[(٧)] في مكّة المكرّمة، وأشار البلوي أيضاً إلى مدرسة بالمدينة المنوّرة، تقع مقابل باب الرّحمة، ولم يشر إلى اسمها[(٨)].

وكانت المجالس الأدبيّة والمناظرات الدائرة في تلك المراكز الدينيّة، شاهداً على مستوى الحضارة التي وصلت إليها المجتمعات في البلدان التي زارها الرّحّالة الأندلسيّون والمغاربة، وقد واكبت تلك الرّحلات تلك المجالس وما يدور فيها من فقه، وأدب، ولغة، وأخبار وحكايات، إذ لم تكن تخلو من الفقهاء أو الشعراء، أو الأدباء.

---

(١) انظر، التجيبي، مستفاد الرحلة، ص٣٩٣-٣٩٤، ٤١٥، وابن رشيد، ملء العيبة: ١٧٢/٥، ٢٤٩، ٣٦٩، ومواضع أخرى متفرقة.

(٢) انظر، ابن رشيد، ملء العيبة: ١٧٣/٥، ٢٣٧، والتجيبي، مستفاد الرحلة، ص ٣٦٦، ٣٧٦، ٣٨٣.

(٣) انظر، التجيبي، مستفاد الرحلة، ص ٣٨٢، والبلوي، تاج المفرق: ٣٩٢/١، ومواطن أخرى متفرقة من الرحلة.

(٤) انظر، التجيبي، مستفاد الرحلة، ص ٣٧٦، ٣٨٠-٣٨٥، ٣٩٢، وابن رشيد، ملء العيبة: ١٧١/٥.

(٥) انظر، التجيبي، مستفاد الرحلة، ص٤٣٣-٤٣٤.

(٦) انظر، رحلة ابن جبير، ص ٦٨-٧٢، والتجيبي، مستفاد الرحلة، ص٣٦٢ وما بعدها، وابن رشيد، ملء العيبة: ١٦٩/٥.

(٧) وهي المدرسة التي بناها ملك اليمن المنصور المظفر نور الدين عمر بن رسول. انظر، التجيبي، مستفاد الرحلة، ص٢٤٦، والعبدري، الرحلة المغربية، ص١٧٤، ورحلة ابن بطوطة: ١٢٩/١.

(٨) انظر، البلوي، تاج المفرق: ٢٨٧/١.

ومن الرّحلات التي أبرزت الجوانب المعرفيّة والنشاط العلميّ في بيت المقدس، رحلة البلوي ومن قوله: "هذا إلى جانب ما أطلعه الله في ذلك الأفق المنير من بدور العلماء، وامتنع من صدور الأولياء الذين وردوا على طاهر تلك البقاع، وقصدوا إلى العبادة فيها والانقطاع، فسنّ الله إليّ البغية ولقيتهم أجمعين ورويت عنهم، ولمّا كثر عليّ تعدادهم، وقلّ عليّ نظراؤهم وأندادهم، انتقيت منهم ها هنا خمسة يتبرك بذكرهم وتعطّر الأندية بشكرهم"[١]، ثم يذكر هؤلاء الخمسة ويترجم لهم[٢].

وقد قام ابن بطّوطة برحلته في العصر المملوكيّ، "وفي العصر المملوكيّ، نالت بيت المقدس اهتماماً كبيراً، فقد سار سلاطين المماليك على نهج الأيوبيّين في تشجيع العلم وأهله والعناية بالأقصى والصّخرة، وإنشاء المدارس، ودور القرآن والحديث والخوانق، والزّوايا والرباطات، فقد أنشئ ما يقارب أربعين مدرسة في بيت المقدس، في العصر المملوكي، حيث إنّ الأيوبيين أنشأوا عدداً أقلّ من المدارس"[٣].

ولمّا زار ابن بطّوطة بيت المقدس في العصر المملوكيّ، ذكر أنّ بيت المقدس كان عامراً بالعلماء الوافدين إليه من مختلف الأقطار الإسلاميّة[٤].

---

(١) انظر، البلوي، تاج المفرق: ٢٥٦/١.

(٢) انظر ترجمتهم، المصدر نفسه: ٢٥٦/١، ٢٥٨، ٢٦٥، ٢٦٦، ٢٦٨.

(٣) عبد المهدي، عبد الجليل، (١٩٨٠). الحركة الفكرية في ظل المسجد الأقصى في العصرين الأيوبي والمملوكي، ط١، عمان: مكتبة الأقصى، ص٦٧. وانظر عن نشاط الحياة الفكرية في بيت المقدس في ظلّ صلاح الدين الأيوبي، العماد الأصفهاني، عماد الدين الكاتب أبو عبد الله محمد بن محمد، (ت ٥٩٧هـ). الفتح القسي في الفتح القدسي، الدار القومية، القاهرة، ١٩٦٥، ص ١٤٥، ١٧٢، وابن شداد، بهاد الدين يوسف بن رافع، (٦٣٢هـ). النوادر السلطانية والمحاسن اليوسفية، تحقيق محمود درويش ، شركة طبع الكتب العربية، مصر، ١٩٧٩، ص٢٩٢-٣٠٤، والعليمي، مجير الدين الحنبلي، (ب ٩٢٧هـ). الأنس الجليل بتاريخ القدس والخليل، ط١، تحقيق محمود عودة الكعابنة، إشراف، محمود علي عطا الله، مكتبة دنديس، ١٩٩٨: ٣٤٠/٢-٣٤١، ورحلة ابن جبير، ص٢٧٠.

(٤) ومن المدن الفلسطينيّة التي زارها ابن بطوطة أيضا: الخليل، وبيت لحم، والرملة، ونابلس وغيرها، انظر، رحلة ابن بطوطة: ٦١/١-٦٣.

وقد حفلت كتب الرّحلات بإلقاء الضوء على دور الحكّام والأمراء والوزراء في رعاية العلم، بما خصّهم الله من المعرفة بالعلوم الشرعيّة والعقليّة، والفصاحة والبراعة في النّثر والنّظم، فكان هناك مدارس للقرآن والحديث والمذاهب الفقهيّة الأربعة، وكان يدرّس في هذه المدارس كبار العلماء من المقرئين والمحدّثين، ومن هذه المدارس: المدرسة النظاميّة التي أنشأها الوزير نظام الملك السلجوقيّ في بغداد[١]، والمدرسة الصادريّة نسبة إلى منشئها شجاع الدّولة صادر بن عبد الله، ويذكر ابن عساكر أنّها بنيت سنة ٤٩١هـ فيقول: "بدئ بتأسيس المدارس لنشر المذاهب الفقهيّة، فقامت مدرسة في دمشق وهي الصادريّة عام ٤٩١هـ وقامت في هذه الحقبة ست مدارس للحنفيّة وواحدة للشافعيّة، واثنتان للحنابلة، وبتأسيس هذه المدارس ورد على دمشق من الشّرق علماء كبار فدرّسوا فيها، وشجّع الولاة والأمراء العلماء على التدرّيس وقرّبوهم"[٢].

وذكر ابن العربي أنّه زار مدرسة الشافعيّة[٣] بباب الأسباط[٤]، والتقى بمجموعة من العلماء في اجتماعهم للمناظرة، واستمع للمناظرة إلى آخرها، فتعلّق بذلك الجو العلميّ، ومن قوله في ذلك: "فألفيت بها جماعة علمائهم في يوم اجتماعهم للمناظرة عند شيخهم

---

(١) افتتحت هذه المدرسة رسمياً عام ٤٥٩هـ وتقتصر مناهجها الدراسية على دراسة الفقه الشافعي وفنّ الكلام على طريقة الأشعري، ومن أهم أهدافها مناهضة المذاهب الأخرى، ولا سيّما المعتزلة والإماميّة. انظر، وابن خلكان، فيات الأعيان: ١٢٩/٢، والسبكي، تاج الدين، أبو نصر عبدالوهاب بن علي، (ت ٧٧١هـ). طبقات الشافعية الكبرى، ط١، إدارة محمد عبد اللطيف الخطيب، المطبعة الحسينيّة المصرية، د.م، ١٩٠٦: ٢٧/٤-٢٨.

(٢) ابن عساكر، ثقة الدين أبو القاسم علي بن الحسن، (ب٥٧١هـ). ولاة دمشق في العهد السلجوقي، تحقيق صلاح الدين المنجد، ط٣، دار الكتاب الجديد، بيروت، لبنان، ١٩٨١، ص ٦.

(٣) المسمّاة بالمدرسة الناصرية، وتقع على برج باب الرحمة، نسبة إلى الشيخ نصر المقدسي، ثم عرفت بالغزالية نسبة لأبي حامد الغزالي. انظر، العلمي، الأنس الجليل بتاريخ القدس والخليل: ٦٨/٢.

(٤) هو الباب الشّرقي في سور المدينة. انظر، المصدر نفسه: ٦٩/٢.

القاضي الرشيد يحيى[١] الذي كان استخلفه عليهم شيخنا الإمام الزاهد نصر بـن إبراهيم النابلسيّ المقدسيّ[٢]، وهم يتناظرون على عادتهم"[٣].

وكان أبو بكر بن العربي، يحرص على حضور حلقات التناظر بين الطوائف في مـدارس الحنفيّة والشافعيّة[٤] وذكر ابن العربي موضعاً آخر في ساحة المسجد الأقصى كان له أثر في الحركة الفكريّة، ويقال له الغوير بين باب الأسباط ومحراب زكريا، حيث كان العلماء يتناظرون في ذلك المكان. وقد لقي ابن العربي الشيخ أبا بكر محمد بـن الوليد الطرطوشي[٥]، في موضع يقال له باب السكينة، ويقول في ذلك: "فامتلأت عيني وأذني منه، وأعْلَمَه أبي بنيّتي فأناب، وطالعه بعزيمتي فأجاب، وانفتح لي بـه إلى العلم كلّ باب ونفعني اللـه به في العلم والعمل، ويسّر لي على يديه أعظم أمل، فاتّخذت بيت المقدس

---

(١) هو القاضي يحيى بن المفرج، أبو الحسن اللخميّ المقدسيّ، كان من أسنّ أصحاب نصر المقدسي، توفي سنة ٥٣٤هـ انظر، ابن العماد، الحنبلي، شذرات الذهب: ٢٦٢/٤، والسبكي، طبقات الشافعية: ٣٢٤/٤-٣٢٥.

(٢) أبو الفتح الإمام الزاهد، وفقيه الشافعيّة ببلاد الشام، توفي سنة ٤٩٠هـ انظر، النووي، محيي الدين أبو زكريا يحيى بن شرف، (ت ٦٧٦هـ). تهذيب الأسماء واللغات، إدارة الطباعة المنيرية، القاهرة، ١٩٠٠: ١٢٥/٢، والذهبي، الإمام شمس الدين محمد بن أحمد بن عثمان، (ت ٧٤٨هـ). سير أعلام النبلاء، ط١١، حققه شعيب الأرنؤوط، مؤسسة الرسالة، الرباط، ١٩٩٦: ١٣٦/١٩، والسبكي، طبقات الشّافعيّة الكبرى: ٢٧/٤-٢٨.

(٣) ابن العربي، قانون التأويل، ص٩١.

(٤) انظر، المصدر نفسه، ص٩٤.

(٥) هو محمد بن الوليد الطرطوشي، ويعرف بأبي رندقة، الإمام القدوة، شيخ المالكية، رحل إلى المشرق، وتفقّه ببغداد، وتوفي بالإسكندرية سنة ٥٢٠هـ انظر، الضّبّي، بغية الملتمس: ١٧٥/١-١٧٨، والمقري، أزهار الرياض: ١٦٢/٣.

مَباءَةً والتزمت فيه القراءة، لا أقبل على دنيا، ولا أُكلّم إنسيّاً، نواصل الليل بالنّهار فيه، وخصوصاً بقبّة السلسلة[١] .."[٢].

وقد لفت نظر ابن العربي تلك العلوم والآداب في المدن الفلسطينيّة، ومن وصفه لمدينة عسقلان قوله: "بحر أدب يَعُبُّ عُبابُه، وَيَغِبُّ مِيزابُه"[٣]. وانتظم ابن العربيّ في المدرسة النظاميّة، وكان أساتذتها من الأعلام المتضلّعين في العلوم والفنون الإسلاميّة، وألمع هؤلاء الأساتذة فخر الإسلام، أبي بكر الشاشيّ[٤]. كما أشار إلى الكثير من المحاورات العلميّة والفقهيّة التي كانت تجري في هذه المدارس، ومنها المحاورة التي جرت بين الزُّوزنيّ[٥] والصّاغانيّ[٦] والزّنجانيّ[٧] والقاضي الرّيحانيّ[٨].

وذكر ابن جبير المدرسة النظاميّة، ووصف مجالس العلم والوعظ فيها، وما كان لها من أوقاف عظيمة، وعقارات مُحبَسة إلى الفقهاء والمدرّسين بها، ورواتب للطلبة تقوم

---

(١) وهي على ضفة قبة الصخرة، وتقع شرقيّها على بعد بضعة أمتار من بابها المعروف بباب داود. انظر، المقدسي، شمس الدين أبو عبد الله محمد بن أحمد، (ت ٣٨٠هـ). أحسن التقاسيم في معرفة الأقاليم، تحقيق غازي طليمات، وزارة الثقافة والإرشاد القومي، دمشق، ١٩٨٠، ص١٦٨، العليمي، الأنس الجليل: ٥٦/٢، ٥٧.

(٢) ابن العربي، قانون التأويل، ص ٩٣.

(٣) المصدر نفسه، ص١٠٢.

(٤) هو محمد بن أحمد، رئيس الشافعية المعروف بالمستظهري، كان يلقب بالخبير لدينه وورعه وعلمه، وزهده، توفي سنة ٥٠٧هـ انظر ترجمته، ابن خلكان، وفيات الأعيان: ٢٠٠/٤-٢٠١، والصفدي، صلاح الدين خليل بن أيبك، (ت ٧٦٤هـ). الوافي بالوفيات، ط١، تحقيق أحمد الأرناؤوط، وتركي مصطفى، دار إحياء التراث العربي، بيروت، ٢٠٠٠: ٥٣/٢.

(٥) الزّوزني: لم يسعف البحث عنه في التعرّف عليه.

(٦) هو أبو عبد الله الصاغاني، انظر، ابن العربي، أبو بكر محمد بن عبد الله، (ت ٥٤٣هـ). أحكام القرآن، تحقيق علي محمد البجاوي، دار الجيل، بيروت، لبنان، ١٩٨٧: ١٠٧/١.

(٧) هو أبو سعيد الزنجاني. انظر، المصدر نفسه:٢/ ١٤٤٢.

(٨) لم يسعف البحث عنه في التعرّف عليه.

بهم، كما تحدّث عن طريقة التّعليم فيها، وحضوره مجالس الفقهاء فيها، حيث يأخذون في تفسير القرآن والأحاديث النبويّة الشّريفة[١]. وتحدّث أيضاً عن المحارس المشيدة لتعليم الطّب، التي يفد إليها الطلبة من جميع الأرجاء، فيجدون المأوى والمأكل والحمّام والمارستان، إلى جانب الدّراسة[٢].

إنّ ما شاهده ابن جبير من ازدهار وتقدّم في مختلف العلوم والمعارف في بلاد المشرق، جعله يدعو المغاربة إلى طلب العلم في بلاد الشّام: "فمن شاء الفلاح .. فليرحل إلى هذه البلاد ويتغرّب في طلب العلم، فيجد الأمور المُعينات كثيرة، فأوّلها فراغ البال من أمر المعيشة، وهو أكبر الأعوان وأهمّها، فإذا كانت الهمّة، وقد وجد السبيل إلى الاجتهاد .. فهذا المشرق بابه مفتوح لذلك فادخل أيّها المجتهد بسلام"[٣].

ويتوقّف ابن بطّوطة عند الجانب الشرقيّ من بغداد ؛ ليذكر مدرستيها، النظاميّة والمستنصريّة، ويعطي صورة عن المدرسة المستنصريّة، ويوزّع فقهائها في مجالسهم وفق المذاهب التي يدرّسونها، ويذكر أيضاً وجود حمّام للطلبة داخل هذه المدرسة ودار للوضوء"[٤].

وهكذا، فإنّ المدارس النظاميّة، بدأ انشاؤها في القرن الخامس الهجريّ، حيث تلقّى الطلاب العلم فيها، على أيدي علماء كبار[٥].

أمّا عن اهتمام أهل البلاد والحكّام والأمراء بالمدارس والزّوايا التي كانت تمثّل لهم دور ضيافة يجدون فيها راحتهم بعد العناء، بالإضافة إلى تلقّيهم العلم، فيقول التجيبيّ في اهتمام أهل القاهرة بالمدارس: "ولأهل هذه البلاد في الاعتناء والأوقاف على وجوه البرّ

---

(١) انظر، رحلة ابن جبير، ص ١٩٥، ٢٠٥.

(٢) انظر، المصدر نفسه، ص١٥.

(٣) انظر، رحلة ابن جبير، ص٢٥٨.

(٤) انظر، رحلة ابن بطوطة، ٢٠٠/١.

(٥) انظر، ابن الأثير، أبو الحسن علي بن أبي الكرم الشيبانيّ، (ت ٦٣٠هـ). الكامل في التاريخ، ط١، راجعه محمد يوسف الدقاق، دار الكتب العلمية، بيروت، لبنان، ١٩٨٧: ٤٤٩/٨.

عـادة جميلـة، وشرف دائـم، وفخـر مسـتمر.. وأمـر هـذه المـدارس والخانقـات للصوفيّة، وروضات الأكابر في ازديـاد.."[١] ويذكر في حديثة عن مدينـة قـوص المحروسـة أنّ "فيها مدارس عليها أوقاف جمـة، يرتزق منها طلاب العلم"[٢].

ويصف ابن بطّوطة النهضة العلميّة بمصر، فيقول: "وأمّا المدارس بمصر فلا يحيط أحد بحصرها لكثرتها"[٣] و "الأمراء بمصر يتنافسون في بناء الزّوايا .."[٤]. ولم تكن النهضة العلميّـة مقصـورة عـلى مدينـة القـاهرة، بـل تتعـدّاها إلى مدينـة الإسـكندريّة[٥]، وبـلاد الشّام[٦]، ويذكر جامع دمشق وحلقات التدّريس فيـه وتجويـد الخطـوط، فيقـول: "وبـه جماعة من المعلمين لكتاب اللـه يسـتند كـلّ واحـد مـنهم إلى سـارية ... مـن سـواري المسجد، يلقّن الصبيان ويقرئهم، وهم لا يكتبون القرآن في الألواح تنزيهـاً لكتـاب اللـه تعالى ... ومعلّم الخـطّ غـير معلّـم القـرآن، يعلّمهـم بكتـب الأشـعار وسـواها، فينصرف الصبيّ من التّعليم إلى التكتيب، وبذلك جاد خطّه، لأنّ المعلم للخطّ لا يعلّم غيره"[٧].

ويذكر التجانيّ مدارس طرابلس -الليبيّـة-، فيقـول: "وبـداخل البلـد مـدارس كثـيرة وأحسنها المدرسة المنتصريّة التي كان بناؤها على يد الفقيه أبي محمد عبـد الحميـد بـن أبي البركـات ابـن أبي الـدّنيا[٨]، ... وهـذه المدرسـة مـن أحسـن المـدارس وصـفاً وأظرفهـا صنعاً"[٩].

---

(١) التجيبي، مستفاد الرحلة، ص ٥٠٤، وانظر أيضاً في اهتمام السّلاطين بإنشاء المدارس، ابن الحاج النميري، فيض العباب، ص ٤٠-٤٣.

(٢) التجيبي، مستفاد الرحلة، ص١٧٣.

(٣) رحلة ابن بطوطة: ٣٩/١.

(٤) المصدر نفسه: ٤٠/١

(٥) المصدر نفسه: ٢٧/١-٢٨.

(٦) المصدر نفسه: ٨٣/١-٨٥.

(٧) رحلة ابن بطوطة: ٨٧/١. وانظر، رحلة ابن جبير، ص٢٥٥.

(٨) انظر ترجمته، ابن رشيد، ملء العيبة: ٤٠٣/٢-٤٠٧

(٩) رحلة التجاني، ص٢٥١-٢٥٢.

أمّا لسان الدّين بن الخطيب، فيصف في أثناء عودته إلى مدينة سلا على ساحل المحيط الأطلسيّ، المدن التي مرّ بها: مثل مراكش وآسفي، ودكّالة، ويذكر ما فيها من مساجد ومدارس وعلماء وشيوخ كان قد اتّصل بهم أثناء رحلته في تلك البلاد[١].

ويقول في مدرسة بناها السلطان أبو الحجّاج يوسف بن نصر[٢] لتكون مركزاً مركزاً للعلم وتجذب إليها الطلاب:

ألا هكذا تُبنى المدارس للعلم ... وتبقى عهودُ المجدِ ثابتةَ الرّسمِ

فيا ظاعناً للعلم يطلب رحلةً ... كُفيت اعتراض البيدِ أو لجج اليمِّ

ببابيَ حُطَّ الرّحلَ لا تنوِ وجهةً ... فقد فزت في حالِ الإقامة بالغُنمِ[٣]

وقد تولّى بعض الرّحّالة التّدريس في تلك المساجد والمدارس التي ذكروها في رحلاتهم، فابن خلدون مثلاً، كان قد درّس في المدرسة القمحيّة[٤]، بجوار جامع عمرو بن العاص، وهي أجمل مدارس الفقهاء المالكيّة بديار مصر[٥].

أمّا القلصاديّ، فيذكر المدارس ومختلف أنواع العلوم، والشيوخ الذين نهل منهم العلم والمعرفة، ويقول واصفاً زيارته لتونس: "وبلغنا مرسى تونس، ودخلنا المدينة، وسكنت بالمدينة الجديدة ... ثم انتقلت إلى المدرسة المنتصريّة، فأقمت بها أيضاً.. وكنت

---

(١) انظر، ابن الخطيب، خطرة الطيف، ص ١٢٠، ١٢٥، ١٣٢ وما بعدها.

(٢) المقري، نفح الطيب: ٤٨٢/٦.

(٣) انظر ترجمته، المصدر نفسه: ٣٢٤/٤-٣٢٦.

(٤) المدرسة القمحيّة: كان موقعها بجوار الجامع العتيق (جامع عمرو) بمصر وكان موضعها يعرف بدار الغزل وهو قيسارية، كان يباع فيها الغزل، فهدمها صلاح الدين وأنشأ موضعها مدرسة للفقهاء المالكية ورتب فيها مدرّسين، وجعل لها أوقافاً كانت منها ضيعة بالفيوم تغلّ قمحاً، وكان مدرّسوها يتقاسمونه، ولذلك سارت لا تعرف إلا بمدرسة القمحية. انظر، رحلة ابن خلدون "التعريف"، ص٢٩٠، الحاشية رقم ١٣٤٠.

(٥) انظر، ابن خلدون، التعريف، ص٢٩٠-٢٩١.

في أثناء ذلك آخذ في القراءة والإقراء، وسوق العلم نافقة حينئذ، وينابيع العلوم على اختلافها مقدّمة، فلا عليك أن ترى مدرسة أو مسجداً إلا والعلم فيه يُبثّ وينشر"[(١)].

وكانت القصور والرّياض، والبساتين، والدّكاكين، تمثّل مراكز تعليميّة يجري فيها تعاطي الثّقافة والفكر، وقد احتوت بعض الرّحلات إشارات، وأحاديث، وحوارات، ومناظرات للعلماء والفقهاء والأدباء والشّعراء في مجالس الحكّام والأمراء. وكان بعض هؤلاء الحكّام من ذوي المعرفة والثّقافة، فالرّحّالة ابن الحاج أبرز شخصيّة أبي عنان بكثير من الصفات الفكريّة، وقدّم صورة لمجالسه العلميّة والأدبيّة التي كانت تضم أبرز الشخصيّات الثقافيّة من الشعراء والأدباء، والعلماء والفقهاء، وأشهر الكتّاب ومنهم: الكاتب محمد بن جُزي الكلبي، مدون رحلة ابن بطّوطة، والعلامة المؤرخ ابن خلدون[(٢)].

وذكر ابن الحاج أنّ أبا عنان أمر ببناء مدرسة عظيمة قرب شالة، وإعطاء الكساء الرفيع والملابس الفخمة البديعة للطلاب[(٣)].

أمّا الرّياض والبساتين، فقد أشار الرّحّالة ابن رشيد إلى نزهة جمعت جمعاً من فضلاء الأدباء والبلغاء في بعض بساتين تونس البديعة، إذ يقول: "وكان بين أيدينا خسة بديعة تفور بالماء وتثير بحسنها أفكار الألباء. فبدرت فقلت للفقيه السريّ أبي محمد بن مبارك[(٤)]:

أجز يا أبا محمد:

وفائرة سلّت من الماء مرهفاً وما عرضته، بل أقامت ذبابه

فأجاز وزاد وقال فأجاد:

رأت زَرَداً حاكته أيدي الصَّبا لها فأهوت بذاك النّصل تبغي ضِرابه[(٥)]

(١) رحلة القلصادي، ص ١١٢، وذكر مدارس أخرى أقام فيها، انظر، ص: ١٢٤-١٢٥.

(٢) انظر، ابن الحاج النميري، فيض العباب، المقدمة، ص٩٦.

(٣) انظر، المصدر نفسه، ص ٤٠-٤١.

(٤) انظر ترجمته، ابن رشيد، ملء العيبة: ٢/٣٨٥-٤٠٣.

(٥) المصدر نفسه: ٢/٣٨٦.

وقد تدور بعض الحلقات الأدبيّة والعلميّة في الدّكاكين[١]، فما أن يحطّ الرّحّالة في بلد ما حتى يسارعوا في التّعرف على العلماء والأدباء والشّعراء والالتقاء بهم والسّماع عنهم، وذكر ابن رشيد أنّه سمع بأبي عبد الله بن أبي تميم الحميريّ[٢]، وأنّه برع في الأدب وأحكم لسان العرب وله المقطّعات والقصائد، فأخذ يسأل عنه ليسمع منه شيئاً، يقول ابن رشيد: "فأخبرنا أنّه قد يوجد في بعض ساعاته في دكّان من دكاكين المسجد الجامع أو في ساحة من ساحاته"[٣].

ويورد ابن رشيد من قول ابن أبي تميم الحميريّ يصف جارية مملوكة له سوداء جميلة حسناء تدعى العنبر:

وليليةٍ، لولا تبسّم ثغرها ... لماشكّ في فضل الظّلام على الصّبح

معنبرةٍ في اللون والاسم والشّذا ... غزاليّةٍ في اللحظ والجيد والكشح

أُحبُّ مسائي لا ضُحاي لأجلها ... وأمسي مشوقاً في هواها كما أُضحي

تَملَّكْتُها رقّاً وتَمْلِكُني هوىً ... ولكن مملوك الهوى فاز بالربح[٤]

ولا يقتصر الأمر عند هذا الحدّ، فقد كشفت الرّحلات عن بعض ممارسات أولي الأمر، والعلماء في أوقات فراغهم في مجالسهم، إذ لم تكن تخلو من صنوف اللهو والمتعة والرياضة الذهنيّة كالشطرنج مثلاً، ويصف ابن العربي ذلك أثناء حديثه عن محنتهم في السّواحل المصريّة، ووصولهم إلى بيوت بني كعب بن سليم وعطف أميرهم على ابن العربي وصحبه، ومن قوله: "فعطف أميرهم علينا فأوينا إليه فآوانا، وأطعمنا الله على يديه...وشرحه أنّا لمّا وقفنا على بابه ألفيناه وهو يدير بأعواد الشّاه، فعل السّامد اللاه، فدنوت منه في تلك الأطمار وسمح لي بياذقته، إذ كنت من الصغر في حدّ يسمح فيه

(١) وهي الحوانيت، فارسي، معرّب، انظر، ابن منظور، لسان العرب: ١٥٧/١٣.

(٢) انظر ترجمته، ابن رشيد، ملء العيبة: ٣٧٧/٢-٣٨٤.

(٣) ابن رشيد، ملء العيبة: ٣٧٨/٢.

(٤) المصدر نفسه: ٣٧٨/٢، ٣٧٩-٣٨٤.

للأغمار، ووقفت بإزائهم أنظر إلى تصرّفهم من ورائهم، إذ كان علق بنفسي- بعض ذلك من بعض القرابة في مجلس البطالة مع غلبة الصّبوة والجهالة فقلت للبياذقة: الأمير أعلم من صاحبه، فلمحوني شزْراً، وعظُمتُ في عيونهم بعد أن كنت نزراً، وتقدّم إلى الأمير مَنْ نقل إليه الكلام، فاستدناني، فدنوت منه فسألني: هل لي بما هم فيه بصر؟ فقلت: لي فيه بعض نظر، سيبدو لك ويظهر، حرّك تيكَ القطعة، ففعل، وعارضه صاحبه، فأمرتُهُ أن يُحرّك أخرى، وما زالت الحركات بينهم كذلك تترى حتّى هزمه الأمير، وانقطع التدبير. فقالوا: ما أنت بصغير ..." [(١)].

وأشار بعض الرّحّالة إلى ضعف العلم في بعض المدن التي قصدوها، وقد وصف العبدري مدينة بجاية، فقال: "وقد غاض بحر العلم الذي كان به ... وعفا رسمه حتى صار طللاً..." [(٢)]. ولعلّ مثل هذا الضعف، قد يكون انعكاساً عن ضعف عام في تلك المدن.

ومن جانب آخر، فالعبدري يثور ثورة عارمة، حيث مكث في القاهرة في بيت من بيوت مدارس الطلبة، كأنّه طالب من الطّلاب، لا عالم من العلماء يستحق الإكرام وحسن الضّيافة والاهتمام [(٣)]. ولعلّ ذلك يعود لما عُرف عن شخصية العبدري الحادّة.

إنّ ما تحدّث به الرّحّالة الأندلسيّون والمغاربة في كتبهم، عن المساجد والخوانق والزّوايا والعلماء والفقهاء، والشّعراء والأدباء، ومجالس الحكّام والأمراء، يشير إلى نشاط ثقافيّ علميّ فكريّ حضاريّ واكبته الرّحلات حتى نهاية القرن التّاسع الهجريّ، اقتصر- في بداياته على بعض المعارف الدينيّة والثقافيّة، ثم أخذ يشهد نهضة ثقافيّة واسعة في مختلف العلوم والمعارف، بل إنّ الرّحلات كانت من أهمّ روافد تلك النهضة الثقافيّة والحضاريّة، لتصبح بعد ذلك تظاهرة ثقافيّة، ونسقاً معرفياً يكشف الرؤى الحضاريّة التي اختزنتها المجتمعات.

---

(١) ابن العربي، قانون التأويل، ص٨٦-٨٧.

(٢) العبدري، الرحلة المغربية، ص٢٧، وانظر المصدر نفسه، ص٧٥.

(٣) انظر، العبدري، الرحلة المغربية، ١٢٧-١٢٨.

أمّا دور الكتب، فقد كان لها دور بارز في تنشيط الحركة العلميّة، وانتقال الرّحّالة من بلد إلى آخر، وقامت المكتبات في المشرق بدور كبير في استقطاب طلاب العلم، حيث كان في كلّ مسجد من المساجد الكبيرة مكتبة ملحقة به. وقلّما تجد من علماء الأندلس وعلماء المغرب المشهورين، من لم يرحل إلى المشرق لتحصيل العلم، حيث انتشرت العواصم العلميّة في المشرق الإسلاميّ، كدمشق، وبغداد، والقاهرة، والإسكندريّة التي كانت تضمّ جلّة العلماء والفقهاء، الذين برز كلّ واحد منهم في علم من العلوم الإنسانيّة.

وكان للشّريف الرّضيّ محمد بن الحسين الموسوي (ت. ٤٠٦هـ/١٠١٤م)، دار للعلم في بغداد ممتلئة بالكتب ومفتوحة للطّلبة الذين كان يخصّص صاحبها لهم الجرايات[(١)]. ولهذا كان طلاب العلم يقصدون مثل هذه المكتبات من كلّ بلد، لما يخصّص لهم من جرايات، وتوفّر أسباب الرّاحة والضّيافة.

وقد ساهمت الرّحلة مساهمة كبيرة في انتشار الكتب، وجلبها من المشرق إلى الأندلس والمغرب، حتّى أصبحت قرطبة "أكثر بلاد الأندلس كتباً"[(٢)] وأنّ أهلها "أشدّ النّاس اعتناء بخزائن الكتب، وصار ذلك عندهم من آلات التعيّن والرّياسة، حتى إنّ الرّئيس منهم الذي لا تكون عنده معرفة، يحتفل في أن تكون في بيته خزانة كتب.."[(٣)]. ولذلك "بدأ الاهتمام بتأسيس المكتبات وخزائن الكتب في القصور والبيوت عدا المكتبات العامّة، وقد ساعد اعتناء الأمراء والخلفاء الأمويّين بالكتب على نشاط سوقها في الأندلس..."[(٤)].

---

(١) انظر، ياقوت الحموي، معجم الأدباء، ٢٤٢/١، وابن خلكان، وفيات الأعيان، ٤١٤/٢-٤٢٠، والزركلي، الأعلام: ١٦٢/٣.

(٢) المقري، نفح الطيب: ٤٦٢/١.

(٣) المصدر نفسه، ٤٦٢/١، وانظر أيضاً في اعتناء أهل قرطبة بالكتب ورواجها في بلادهم، المصدر نفسه: ١٥٥/١.

(٤) ابن سعيد المغربي، المغرب: ٤٥/١.

وتؤكّد المصادر اهتمام السّلاطين والحكّام -في تلك العصور- بالعلم والمعرفة، وجمع الكتب والعناية بالمكتبات، فالسّلطان أبو عنان كان قد زوّد مدينة فاس بأكبر خزانة للمطالعة عرفتها العاصمة العلميّة في عصر بني يزيد، خزانة الكتب وخزانة المصاحف. وجمع فيها أكبر عدد ممكن من الكتب المحتوية على أنواع من علوم الأديان والأبدان والأذهان واللّسان، وغير ذلك من العلوم على اختلافها وشتّى ضروبها وأجناسها، وعيّن قيّماً لضبطها ومناولة ما فيها[١].

أمّا المراكز الدينيّة، فإنّ توافر الكتب اللاّزمة للتّعليم ساعد على بروزها كمراكز علميّة هامة، فقد شاهد العديد[٢] من الرّحّالة في المسجد الحرام خزائن كبيرة للكتب، وكانت هذه الكتب خاصّة بكلّ عالم يتولّى التّدريس في المسجد الحرام. وذكر التجيبيّ أنّ لبعض الفقهاء وعلماء الحديث كتباً كبيرة. وأظهرت كتب الرّحلات حرص علماء كلّ مذهب على تأمين الكتب للدّارسين، وإيقافها عليهم داخل المسجد الحرام، وأشار ابن جبير إلى خزانة للكتب تتبع الإمام المالكيّ موقوفة على أهل مذهبه[٣]. وفي حديثه عن المسجد الحرام، وأبواب الحرم الشّريف، يذكر باب إبراهيم عليه السّلام، وأنّه في زاوية كبيرة متّسعة فيها غرفة هي خزانة للكتب المُحَبَسة على المالكيّة في الحرم[٤].

ومن جانب آخر، فإنّ المدينة المنوّرة، تأتي مركزاً ثانياً من المراكز العلميّة، إذ لم تستطع استيعاب كافة المذاهب دون التّحيّز لأحدها على الآخر. فلم يكن بالإمكان الجّهر بقراءة كتب السّنة بالمسجد النبويّ، ولعلّ هذا يعود إلى اضطهاد السّنة، وهذا بعكس

---

(١) انظر، الجزنائي، علي، جنى زهرة الآس في بناء مدينة فاس، المطبعة الملكية، الرباط، ١٩٦٧، ص٧٦، وابن الحاج النميري، فيض العباب، ص٦٢، ومقدمة المحقق، ص ٩٧.

(٢) انظر، ابن جبير، ص ٨٠، ٨٣، والتجيبي، مستفاد الرحلة، ص ٣٠٦، ٣٧٦، والبلوي، تاج المفرق: ٣٠٦/١.

(٣) انظر، رحلة ابن جبير، ص٨٣.

(٤) انظر، المصدر نفسه، ص ٨٣.

الصّورة التي كان عليها المسجد الحرام[١]. وأشار ابن جبير إلى أنّ المسجد النبويّ، كان يضمّ مكتبة كبيرة احتوت خزانتين كبيرتين من الكتب، وبعض المصاحف الموقوفة على المسجد[٢].

وتجدر الإشارة بأنّ الحجّاج والزوّار إلى مكّة المكرّمة والمدينة المنوّرة قد ساهموا في نشر العلم، ونقل الكتب أثناء تجوالهم، حيث كانوا يتدارسون ويتلقّون العلم في الدّيار الحجازيّة[٣].

ووصف العبدريّ[٤]، وابن رشيد[٥] كثيراً من المكتبات ودور الكتب، وأشار التجيبيّ إلى العديد من المكتبات، ففي ترجمته للنّور اليمنيّ، يقول: "وهو متولي خزانة الكتب بدار الحديث الكامليّة من القاهرة المعزيّة"[٦].

أمّا المكتبات الخاصّة، فقد توافرت لدى بعض العلماء والفقهاء والأدباء. ففي ترجمة ابن رشيد للأشعري[٧] إشارة إلى وجود مكتبة في بيت الأشعريّ "وكان له بيت في مسجد ليبكّر فيه، وفيه كتبه ..."[٨]. ولعلّ اهتمام الرّحّالة بالكتب في كلّ صنف، وفي كلّ فنّ، فيه إشارة إلى امتلاك بعضهم لمكتبات ضخمة، ويرى محقّق رحلة التّجانيّ أنّه لا شكّ في

(١) انظر، رحلة ابن جبير، ص ٧٨، ١٧٩، والتجيي، مستفاد الرحلة، ص ٢٩٦ -٢٩٧، والبلوي، تاج المفرق: ٣٠٦/١، وابن رشيد، ملء العيبة: ٥ / ٦٩.

(٢) انظر، رحلة ابن جبير، ص١٧١.

(٣) انظر، ابن رشيد، ملء العيبة: ٥/٥، ٦، ١٠.

(٤) انظر، العبدري، الرحلة المغربيّة، ص ٦٥، ٢٤١، ٢٤٥.

(٥) انظر، ابن رشيد، ملء العيبة: ٥ / ٥، ٦، ١٠، ٦٩.

(٦) التجيبي، مستفاد الرحلة، ص١٣٨.

(٧) هو أبو العباس أحمد بن محمد بن ميمون الأشعري المالقي، انظر ترجمته، ابن رشيد، ملء العيبة: ٤٠٩/٢ - ٤١٣.

(٨) ابن رشيد، ملء العيبة، ٤١٠/٢.

أنّ التجانيّ الرّحّالة، كان يمتلك مكتبة ضخمة من مختار المصنّفات فقد كان لديه كثير من الكتب، ومنها نسخة كاملة من "سيرة الرّسول"، لابن إسحاق، وكان ينقل عنها مباشرة[(١)].

وممّا سبق يتبيّن أنّ انتشار المؤسّسات التعليميّة ودور الكتب، وتعدّد أنواع العلوم، في المشرق الإسلاميّ، كانت من دوافع رحلات الأندلسيّين والمغاربة صوب المشرق ؛ للاتّصال بكبار العلماء والأخذ عنهم، الأمر الذي أسهم في تأسيس المكتبة الأندلسيّة والمغربيّة، بما أدخله الوافدون إلى الأندلس والمغرب، والنّازحون عنها من كتب كثيرة[(٢)].

ثانياً: اللّغة والأدب

نقلت الرّحلات صوراً حيّة ناطقة بما في البلاد التي قصدها الرّحّالة، من نشاط ثقافيّ ومعرفيّ، وحفظت ملامح من الثقافة في مختلف الموضوعات وجوانبها الفكريّة في الأندلس والمغرب وبلاد الشرق أيضاً، وكانت وثيقة فريدة بما تحويه من معلومات متنوّعة عن شخصيّة الرّحّالة وجوانبها المعرفيّة المتعدّدة، وثقافاتهم المتنوّعة، وما عكسته الرّحلات من مواضيع نثريّة وشعريّة. ونقديّة ولغويّة مختلفة، وما رصدته من مناقشات ومناظرات كانت مصدراً هامّاً للكثير من الأدباء والنقّاد واللّغويّين.

حيث علّق ابن بطّوطة على كلام بعض أهل المدن العربيّة، بأنّه ليس بالفصيح، فعند وصوله إلى مدينة "قلهات"[(٣)] يصف كلام أهلها، فيقول: "وكلامهم ليس بالفصيح مع أنّهم عرب، وكلّ كلمة يتكلمون بها يصلونها بـ "لا" فيقولون: تأكل لا، تمشي لا، تفعل كذا لا..."[(٤)].

---

(١) انظر، رحلة التجاني، المقدمة، ص كح، كط، ص٢٠٨.

(٢) انظر في هذا ، معروف، ناجي (١٩٧٣)، علماء النّظاميّات ومدارس المشرق الإسلامي، ط١، بغداد: مطبعة الإرشاد، ص ١٩-٤٠.

(٣) قلهات: مدينة بعُمان على ساحل البحر. انظر، ياقوت الحموي، معجم البلدان: ٣٩٣/٤.

(٤) رحلة ابن بطوطة: ٢٤٣/١.

وقد أنكر بعض الرّحّالة كثرة اللّحن عند بعض الخطباء فابن بطّوطة أنكر على خطيب الجمعة في البصرة كثرة لحنه - وقد عرفت البصرة بكبار النّحاة واللّغويّين - وشكا ذلك إلى القاضي فاعتذر عنه بعدم وجود علماء في النحو .. وذلك ما يدعو إلى التفكّر والتدبّر، فسبحان مغيّر الأشياء، ومقلّب الأمور[١]، وللرّحالة تعليقات حول أصل عدد من الأعلام، فقد أورد ابن بطّوطة أثناء حديثه عن السلطان التتري -حاكم العراق- الذي أسلم (محمد خذا بنده) تعليقاً عن الاختلاف في ضبط اسمه و (خذا) بالفارسيّة اسم الله عز وجل و(بنده) غلام أو عبد أو ما في معناهما، وقيل (خر بنده) و (خر) بالفارسيّة الحمار ومعناه يكون غلام الحمار وقيل... ويستطرد ابن بطّوطة في ذكر هذه الآراء في أصل اسمه وأصل اسم أخيه (قازغان) وهو القدر، لأنّه ولد، لما دخلت الجارية ومعها القدر[٢].

وحرص بعض الرّحّالة على التّعاريف اللّغويّة لأسماء بعض المدن التي مرّوا عليها، والضبط الدقيق لبعض الأسماء والتّسميات ومن ذلك ما قاله التجانيّ: "ونزلنا ببئر يُنوت بضم الياء المعتلّة وبالنون والتاء الصحيحة المثناة .."[٣] ويقول أيضاً: "فنزلنا بالعين المعروفة بعين ودرس -بكسر الواو وسكون الدال المهملة وكسر الراء"[٤]. وفي تعريفه للباقل يقول: "اسم لكلّ موضع أنبت البقل، والبقل كلّ نبات تخضرّ منه الأرض ليس له أروقة"[٥]. ومن الطّرائف الأدبيّة ذات الصّلة بالشّعر، ما ذكره ابن العربي، حين هاج البحر عليهم ووصل هو ومن معه بيوت بني كعب بن سليم، وعطف عليهم أميرهم، سمع ابن عم الأمير يترنم منشداً:

---

(١) انظر، المصدر نفسه: ١٧٠/١.

(٢) انظر، المصدر نفسه: ٢٠٢/١.

(٣) رحلة التجاني، ص ٣١٧.

(٤) المصدر نفسه، ص ٣١٦.

(٥) المصدر نفسه، ص ٣٢، وانظر في مثل هذه القضايا اللغوية رحلة التجيبي، مستفاد الرحلة، ص ٢٣٠-٢٣٢، ورحلة ابن بطوطة: ١/ ٣٥، ١٣٢، ١٣٣، ومواطن متفرقة من الرحلة.

وأحلى الهوى ما شكّ في الوصل ربُّهُ وفي الهَجْرِ، فهوَ الدّهرَ يرجو ويتّقي

فقال: لعن اللـه أبا الطّيب أوَ يشُكُّ الربُّ؟

فقال له ابن العربي في الحال: ليس كما ظنّ صاحبك أيّها الأمير، إنّما أراد بـالربّ هـا هنا الصّاحب، يقول: ألذ الهوى ما كان العاشق فيـه مـن الوصـال، وبلـوغ الآمـال، عـلى ريب فهو في وقته كلّه بين رجاء لما يؤمِّلُهُ، وتُقاةٍ لما يقطع به، كما قال:

إذا لم يكن في الحبِّ سخطٌ ولا رضىً فأين حلاواتُ الرسائلِ والكتـبِ[١]

ويظهر هذا الموقف نبوغ ابن العربي في الأدب وفنّ الكلام.

وزوّد العبدري المجال الأدبيّ واللّغويّ بما لديه من خبرة فيهما، ومن ذلـك مـا ذكـره أنّ أهل اللّغة يقولون عن الغنج، "والغنج أنّه الدّلّ وحسن الشّكلّ"[٢]، وذلك غـير ملائـم مع ما جاء به ابن الفكون، حسن بن علي بن عمر القسنطيني[٣]، عند قولـه: لقـد رمـت العيون سهام غنج. ومن ذلك انعدام التلاؤم في الترتيب الذي جاء به في قوله:

بدور بل شموس بل صبـــاح بهي في بهي في بهـــي

وعلّق العبدريّ على هذا البيت بقوله: "نزول مفرط وعكس للرتبـة، فـإنّ الشّـمس أشهر من الصّباح وأنور، والانتقال من التشبيه بالأعلى على الأدنى أشبه بالذم منه بالمـدح لا سيّما مع الاضراب، وقوله: بهي في بهي غير منطبق على صدر البيت ولا ملائم لـه ولـو قال: بدور في خدور في قصور، لجاء عليه عجز البيـت أليـق مـن العقـد بجيـد الحسـناء وأوفق من الجود للروضة الغناء"[٤].

ومن الآراء النقديّة التي أبداها العبدري تعليقاً منه على قول الشاعر:

---

(١) انظر، ابن العربي، قانون التأويل، ص٨٧-٨٨.

(٢) العبدري، الرحلة المغربية، ص ٣٥.

(٣) انظر، ترجمته، المقري، نفح الطيب: ٤٨٣/٢.

(٤) العبدري، الرحلة المغربية، ص ٣٦.

فلي قلب بأرض الشّرق عــان وجسم حلّ بالغربِ القصــيِ

فهذا بالغدو يهيم غربــــاً وذاك يهيم شرقاً بالعشــيِ

قال: "هــذا كلام غير محصّل، فإنّ الجسم العري من القلب لا يهيم وإنّما يهيم القلب، وليست الباء هنا ظرفيّة، بمعنى في، لأنّ الهيمان لا يتخيّر الأوقات، وما أضعف حبّاً لا يهيم إلا مرّة في اليوم، وإنّما هي للإلصاق، أي هـذا يشتاق في وقت الغروب إلى الغدو وذاك في وقت الشروق إلى العشيّ شوقاً من هذا إلى الشرق، ومن ذلك إلى الغرب وهو معنى حسن لو ساعده لفظه"[1].

وتجدر الإشارة، بأنّ مثل هذه التعليقات لا يقصد بها الرّحّالة التّقليل من شأن الأشخاص والانتقاص من قدرتهم الأدبيّة، وإنّما هم في عملهم هـذا يبحثون عن ظواهر الجمال في النّصوص الأدبيّة.

ولم تغفل كتب الرّحلات الحديثة عن اهتمام الحكّام والأمراء بالنّقد والتّحليل والمناقشة والاستدلال فيصف ابن الحاج نشاط السّلطان أبي عنان العلميّ وكفاءته، ومحاربته للتقليد ونبذ الطّرق القديمة المعتمدة على الحفظ فقط، ويصف أيضاً حضوره لكثير من المجالس العلميّة وتوجيهه لمن يسأل الشيوخ والعلماء، ويدعوهم إلى التّحاور معهم ومناقشتهم، ويوصي الشّيوخ بعدم الاقتصار على الحفظ فقط ويدعوهم للمجادلة[2]. وسجّلت رحلة ابن الحاجّ ما امتاز به أبو عنان من ثقافة أدبيّة واسعة، ومن الإشارات الدّالة على ذلك أنّه كثير ما ردّد أن مولاه مجيد في نظم الشّعر والكتابة الفنيّة: "وكان مولانا بظاهر قسنطينة، نأخذ من ماله ومن أدبه، ونستضيء من العلوم بأنوار

---

(١) العبدري الرحلة المغربية، ص ٣٧.

(٢) انظر، ابن الحاج النميري، فيض العباب، مقدمة المحقق، ص ٩٧، والمقري، أزهار الرياض: ٢٧/٣، والمنوني، محمد (١٩٧١)، التيارات الفكرية في المغرب المريني، فاس المغرب: مطبعة محمد الخامس، ص٦-٧.

سهمه"[١]. وقد أبرزت الرّحلة أيضاً اهتمام الأمير أبي عنان بالشّعر والشّعراء، وخلعه عليهم الخلع الكثيرة، وتقديمه لهم الهدايا الجزيلة[٢].

وبهذا كانت رحلة "فيض العباب" محاولة من المحاولات التي قدّمت صورة واضحة لثقافة المغرب وحضارته في عصر من العصور الزّاهرة، عصر الدّولة المرينيّة.

ونال الأدب وبخاصّة الشّعر في كتب الرّحلات بعض العناية، فقد كان بعض الرّحّالة شعراء، مثل العبدريّ، وبعضهم يقوله بشكل بسيط، قول العالم المتفنّن، مثل ابن بطّوطة، وبعضهم يولع بالأدب والشّعراء ولقاء الشّعراء كما نجد عند التجانيّ. فالعلاقة بين الشّعر والرّحلات علاقة انسجام، فما يرتبط بالرّحلات من ذكر للأماكن والأشخاص والأحداث والأوصاف يصبح موضوعاً للشّعر، حيث يصف الشّاعر كثيراً من أحداث رحلته، وتدفعه الرّحلة إلى التذكّر والحنين، فلولا الرّحلة ما وصف الرّحّالة مشاعرهم وأشواقهم وحنينهم ومظاهر الطّبيعة حولهم، والأخطار التي تواجههم بالإضافة إلى إمكانية الاستدلال بالرّحلة على تاريخ ما اتّصل بأحداثها ووقائعها من شعر، وأغلبه دينيّ يصوّر زيارة الأماكن المقدّسة وآثارها الدينيّة، والحج وزيارة قبر الرّسول عليه السّلام، وبقيته شعر يصوّر الفتوحات ويمدح الحكّام وشعر يودّع فيه الرّحّالة أهلهم وديارهم ويتشوّقون إليهم.

وأظهرت الرّحلات موهبة أصحابها الشّعريّة، فهذا يحيى بن الحكم الغزال[٣] استطاع بهذه الموهبة أن يسجّل شعراً، الأخطار التي واجهته في رحلته وعرّضته لخطر الغرق في البحر، فزوّد التّراث الأدبيّ بأشعار ذات قيمة فنيّة عالية، ومن قوله:

قال لـي يحيى وصِـرْنا ... بين موجٍ كالجبـال

وتولّتنا ريـاحٌ ... من دَبُور وشَمـالِ

(١) ابن الحاج النميري، فيض العباب، ص ١٧٧.

(٢) انظر، المصدر نفسه، ص ٥٦، ٢٤٠-٢٤١، ومقدمة المحقق، ص ٩٨.

(٣) انظر ترجمته في هذه الدراسة، ص ٢٣، حاشية رقم ٣.

شقّتِ القَلْعتين وانبـــ تّتْ عُرى تلك الحبـالِ
وتمطّى مَلَكُ المـو تِ إلينا عن حيـالِ
فرأينا المـوتَ رأيَ الـ عيـن حالاً بعد حـالِ
لم يكنْ للقوم فِينـا يا رفيقي رأسُ مـالِ[١]

إنّ رحلة ابن الحكم الغـزال عرّفتنا بشاعر مطبـوع النظم، واطلعتنا عـلى تنـوّع موضوعات شعره: الحِكم والجدّ والهزل والغزل[٢] ؛ لذا فـإنّ ضـياع نـصّ الرّحلـة الأصـليّ يشكل خسارة كبيرة للأدب.

واستطاع ابن جبير بهذه الموهبة أن يعبّر عن ذاته وخواطره ومشاعره، من ذلك قوله:

غريبٌ تذكّرَ أوطانَـهُ فهيّجَ بالذّكرِ أشجانَـهُ
يحلُّ عُرى صبره بالأسـى ويعقدُ بالنجمِ أجفانَـهُ[٣]

وقوله معبراً عن شوقه نحو جارية له تركها بغرناطة:

طولُ اغترابٍ وبَرْحُ شوقٍ لا صَبْرَ و اللـهِ لي عليـهِ
إليكَ أَشْكو الذي ألاقـي يا خيرَ من يُشْتَكى إليـهِ
ولي بغرناطة حَبيـبٌ قد غَلِقَ الرهنُ في يديهِ[٤]

وقد كان مشهد الوداع والحنين في موضوعات الرّحلة قد زاد الجانب المعـرفيّ فيهـا، إذ يقول ابـن رشـيد في ترجمتـه للأشـعريّ: "ومـمّا كتبـه لي بخطـه مودعـاً لي ولرفيقـي.. وغالب ظنّي أنّه أنشده لنا عند سفرنا:

(١) المقري، نفح الطيب: ٢٥٩/٢-٢٦٠.
(٢) انظر، المصدر نفسه: ٢٥٥/٢-٢٦٢.
(٣) المصدر نفسه: ٣٨٤/٢.
(٤) المصدر نفسه: ٣٨٥/٢.

وداعُكُما وداعُ القلبِ مِنّي | أبعدُكُما يصاحبني الفؤاد
وبينُكما يُبين الصّبر عنّي | ويتركني يرقّ لي الجماد
وقد كان الرقاد يزور طرفي | وبعد نواكما ينأى الرقاد
لقد حار البعاد على المُضنَى | فديتكما لمن يُشكى البعاد[1]

وقد يزيد حنين الشّاعر إلى مشاهدة الأماكن المقدّسة من شوقه لها فينظمه شعراً، ثم تتوق نفسه إلى العودة إلى وطنه، وهنا تجتمع مشاعر اللّقاء والوداع في آن معاً. ومن ذلك ما أنشده البلوي لنفسه من مقطوعات شعريّة، تمثّل مشهداً من مشاهد الوداع للأماكن المقدّسة ومعالمها إذ يقول عند خروجه من بيت المقدس واصفاً مشاعره النّفسيّة: "فبنت عنه مرتحلاً، وفيه أنشأت عاجلاً، وأنشدت مرتجلاً:

خليليّ في ربع الخليل مُنى نفسي | وفيك فؤادٌ أنت يا حرمَ القُدْسِ
أحنُّ إلى تلقاء هذا صبابةً | وألمع من هذا سنا البدر والشّمسِ
مواطنُ لو أنصفتُها جئتُ زائراً | إليها على العينين والخدِّ و الرأسِ
ولو أنّني أعطى مراديَ بينها | لما رَحَلَتْ من دونها أبداً عنسي
وكيف رحيلي عن معاهد لم تزلْ | على الحلّ والرّحالِ لي غاية الأنسِ
أروح وأغدو بينها شيّقاً لها | وأصبحُ فيها مستهاماً كما أمْسي
وإن كانت الأخرى ولم تكُ أوبةٌ | فأهدي سلامي في القراطيس بالنّفسِ"[2]

فقد كان بيت المقدس يمثّل للرّحالة مركزاً علمياً ودينيّاً، وهو عند محيي الدّين بن عربي وغيره من المتصوّفة مصدر الارتواء، فالمقيم في القدس لا يشعر بالعطش يقول ابن عربي:

---

(١) ابن رشيد، ملء العيبة: ٤١٣/٢.
(٢) البلوي، تاج المفرق: ١٤/٢-١٥.

فعاينت من علم الغيوب عجائبـاً تُصان عن التّذكار في رأي من وعى

ومن قائم بالحال في بيت مقدسٍ فلا نفسه تظمأ ولا سرُّه ارتـوى [(١)]

ولم تقتصر الرّحلات على ذكر أشعار لأصحابها، بل أنشد أصحابها جملة من الأشعار لغيرهم، وتضمّنت رحلاتهم عدداً كبيراً من الأبيات والمقطوعات والقصائد لشعراء زارهم الرّحّالة أثناء أسفارهم وتجوالهم، وهم لا يحرصون على رواية ماحضروه من أشعار الشّعراء الذين التقوا بهم وحسب، بل على رواية هؤلاء الشعراء لغيرهم كذلك. ويهذا تكون الرّحلات الأندلسيّة والمغربيّة قد أمدت التّراث الشعريّ بالعديد من القصائد التي تظهر شاعريّة أولئك الشعراء وأدبهم، وتشير إلى تنوّع أغراضهم الشعريّة، فقد نظموا قصائد في التّهنئة، بمختلف المناسبات، وفي المدائح النبويّة، ومـــدح القادة والحكّام والأمراء وفي الجدّ والهزل والوصف، والغزل، وغيرها.

وقد نظم ابن الحاج أبياتاً يهنئ فيها أبا عنان بعد أن شفي من مرض ألمّ بـه، وهـو يستعد لرحلته، ومنها قوله:

وقُلْ لِمن وافى بشيراً نفوسنـــا فما هي إلا بعضُ ما أنت واهبُ

أقولُ لجردِ الخيلِ قبّا[(٢)] بطونُهـا معقدةً منها لحرب سباسـبُ

طوالعَ من تحتِ العجاج كأنّهـا نَعامٌ بكُثْبان الصّريم خواضـبُ

بقيتَ بقاء الدّهرِ ملكُكَ قاهـرٌ وسيبك فيّاضٌ، وسيفُكَ غالـبُ

وعوفيتَ من ضرّ وأُعطيتَ أجره ولا رَوَّعَتْ إلا عِداكَ النوائبُ [(٣)]

ويذكر من يترجم لابن الحاج أنّه شاعر شنّف المسامع بدرر كلامه[(١)]، ويرى محقّـق محقّق رحلة فيـض العباب، أنّه رغم ذلك لا يعرف إذا كان لابـن الحـاجّ ديـوان شـعر أو أنّه ربّما

---

(١) كتاب الإسرا في مقام الأسرى، ضمن رسائل ابن عربي: ٤٥/١-٤٦.

(٢) قبّاً: ضمور البطن، ودقة الخصر. انظر، ابن منظور، لسان العرب: ٦٥٨/١.

(٣) ابن الحاج النميري، فيض العباب، ص ٣، ٤. والمقري، نفح الطيب: ٧ /١١٩-١٢٠.

ضاع[٢]، ويبدو أنّ شعره متعدّد الأغراض، وقد أشار ابن الخطيب إلى نماذج من شعره تدور حول الوصف: وصف الخمر، ووصف العلم، وغير ذلك[٣].

أمّا المدائح النبويّة فقد أوردت الرّحلات بعضاً منها، ومن ذلك ما قاله أبو عصيدة البجائيّ عند حضرة الرّسول:

بفيض فضلك حقّقت سيدي أملي ... ولا تكلني إلى علمي ولا عملي

فما سوى حسن ظنّي فيك ينفعني ... وأن يخب فيك هذا الظنّ وَاخجلي[٤]

وذكر ابن رشيد في رحلته بعضاً من أشعار أبي الحسن بن إبراهيم التجانيّ، في المدائح النبويّة، ومنها قوله:

لمثال نعل الهاشميّ محمد ... جادت جفوني بالدّموع الرّغف

وبُكاي مِنْ فرْط الأسى ولو أنّني ... أقضي وحقّ جلاله لم أنصف

أوطأتُهُ خدّي، وقلت: تعزّزي ... ما شئت، يا نفسي، بهذا واشرفي

وتمسّكي أبداً بحبّ محمّد ... فعساك أن تنجو به في الموقفِ

صلّى الإله عليه ما جنّ الدّجى ... وبدا النّهار ولاح نجم أو خَفِي[٥]

أمّا ابن خلدون، فقد عرض بعض قدراته الأدبيّة في النماذج الشعريّة التي أوردها في رحلته بمناسبات مختلفة، وفيه قال ابن الخطيب: "وأمّا نظمه فنهض بهذا العهد قدماً في ميدان الشّعر ..."[٦]. ومن شعره في مدح الرّسول صلّى الله عليه وسلّم:

إنّي دعوتُك واثقاً بإجابتي ... يا خيرَ مَدعُوٍّ وخيرَ مُجيبِ

---

(١) انظر، ابن الخطيب، الإحاطة: ١٩٣/١، ٣٥٥-٣٥٨.

(٢) انظر، ابن الحاج النميري، فيض العباب، مقدمة المحقق، ص ٤١.

(٣) انظر، ابن الخطيب، الإحاطة: ٣٥٥/١-٣٥٨.

(٤) أبوعصيدة البجائي، رسالة الغريب إلى الحبيب، ص ٦٩.

(٥) ابن رشيد، ملء العيبة: ١٩٩/٢.

(٦) المقري، نفح الطيب نقلاً عن الإحاطة: ١٨١/٦.

قصّرتُ في مدحي فإن يك طيّبـاً فبما لذكرك من أَريجِ الطِّيـبِ

ماذا عسى يبغي المُطيل و قد حوى في مدحك القرآن كلّ قطِيبِ[١]

ولم تخل بعض الـرّحلات الأندلسيّة والمغربيّـة مـن أبيـات قيلـت في مـدح الحكّـام والأمراء والوزراء والشّيوخ والأولياء، ومن ذلك ما قالـه أبـو حامـد الغرنـاطيّ يمـدح فيـه الوزيـر عون الدّين[٢]:

حَمَلَتْ به أُمُّ العُلومِ وأرْضَعَتْ مِنْ دُرِّ أخلاف الذّكاء الحُفَـلِ

يُبْدي حقائق كلّ عِلْمٍ مُشـكل فَبِفَهْمِهِ ظُلْمُ الجهالةِ تَنْجَلـي

وَلّى أميرُ المؤمنين أمُـورَهُ ليثاً قُصوراً في الخُطوبِ كيذْبُـلِ

عوناً لدين اللـه باسِطَ عَدْلِـهِ ولجودِهِ فيضُ الفُرَاةِ السَّلْسَـلِ[٣]

وتحدّث ابن الحاج عن الفتوحات التي قام بهـا أبـو عنـان، وتركـت أثـراً في نفـوس المسلمين، وقال مادحاً السّلطان، ومصوّراً فتح قسنطينة:

وتأبى العلى إلا السّماحة والنّدى وسرّ التّقى إلا البقاء على العهـــد

وأنتم كاليوم الذي جاء بالتـي أماطت نقاب النّصر في موكب العضد

عروس من الفتح المبين تزيّنت فقامت من الرمح القويم على قـد[٤]

أمّا ابن بطّوطة ، فقد قال يمدح سلطان الهند:

إليك أمير المؤمنين المُبجّـلا أتيْنا نجدُّ السّيرَ نحوكَ في الفلا

(١) ابن خلدون، التّعريف، ص ١١٤-١١٦.

(٢) انظر ترجمته، المقري، نفح الطيب، ٤١٠/٢، والصفدي، الوافي بالوفيات: ٣٥٨/١.

(٣) أبو حامد الغرناطي، المعرب، ص٩.

(٤) ابن الحاج النميري، فيض العباب، ص ١٤٣.

فجئت محلاً مِن عَلائِكَ زائـراً وَمَغنَاكَ كهفٌ للزّيارة، أَهّـلا

فلو أنّ فوق الشّمس للمجْدِ رُتْبَـةً لكنت لأعْلاها إماماً مُؤَهَّـلا

فَأنتَ الإمامُ الماجدُ الأوحدُ الـذي سَجَاياهُ حَتْماً أن يقولَ وَيفْعَـلا[1]

وأبرزت بعض الرّحلات دور (المرأة الشّاعرة) في ميدان الشّعر وأغراضه المختلفة، وفي ميدان الأدب والعلوم الأخرى. ففي رحلة التجانيّ[2] ذكر لزينب بنت إبراهيم التجانيّ التجانيّ وهي من شهيرات الأديبات التونسيّات في العصر الحفصيّ، وقد ذكرها العبدريّ في رحلته عرضاً ولم يسمّها، ويذكر محقّق الرّحلة أنّه عثر على اسمها في بعض المخطوطات، وخصّص لها ترجمة في كتابه "شهيرات التونسيّات"[3]. وأورد لها العبدريّ مقطوعتين من شعرها، أنشدهما له أخوها علي، فمن ذلك قولها ملغزة فيمن اسمه تميم:

يقولون لي هذا حبيبك ما اسمه؟ فما اسطعت إفشاء وما اسطعت أكتم

فقلت اسمه ميم وحرف مُقـدّم فهذا اسم من أهوى فديتكم افهموا[4]

ورغم هذا النّزر اليسير من شعرها، إلا أنّه يبرز صورة المرأة الشّاعرة العارفة بالأدب.

أمّا المراسلات والمكاتبات والمخاطبات، والمساجلات والمعارضات النثريّة والشعريّة، فقد كان الرّحّالة يكتبونها للملوك والسّلاطين والأمراء، وكانوا أيضاً يتبادلونها مع أصدقائهم، وهي من الموضوعات التي عُنيت بها الرّحلة، وتلمس شواهد

(١) رحلة ابن بطوطة: ١٢٠/٢.

(٢) رحلة التجاني، ص يط، ك. وانظر عن دور المرأة في مختلف الميادين الأدبية والشؤون الدينية، التجيبي، مستفاد الرحلة، ص ٤٣، ٤٤، ١٠٢، ١٥٠، ٣٣٠. وانظر أيضاً، ابن رشيد، ملء العيبة: ٣١٩/٣-٣٢٥، ومواطن كثيرة متفرقة من الرّحلة.

(٣) عبد الوهاب، حسن حسني، (١٩٦٦). ط٢، تونس: مكتبة المنار، ص ١١٠-١١٢.

(٤) العبدري، الرحلة المغربية، ص ك، وانظر أيضاً، ص ٢٦٢.

ذلك في عدد من الرّحلات التي مثّلت ثروة علميّة رائعة، وترجمة واسعة عن تقدّم الحياة الفكريّة وتطوّرها في العالم العربيّ الإسلاميّ، ويقول ابن رشيد في رحلته: "وإن كنت أودعته من الفوائد ما لعلّه لا يحصره ديوان، ويعزّ وجوده على ذي البحث والتّنقير والافتتان ... وقد ضمّنته من الأحاديث النبويّة .. واللّطائف الأدبيّة والنّكت العروضيّة وطبقت المُشكل من أسماء الرجال.."[١].

وقد أورد ابن رشيد عدداً من المراسلات والمكاتبات النثريّة والمساجلات الشعريّة ومنها ما كتبه الوزير أبو عبد الله بن الفقيه الوزير أبي القاسم بن الحكم[٢] إلى أبي بكر ابن حبيش[٣]: "الحمد لله حقّ حمده، يا سيّدي رضي الله عنكم، وأبقى أنوار المعارف تقتبس منكم لمّا نفذت إشارتكم المقابلة بواجب الامتثال، المفضلة على كلّ أمر ذي بال، بأن يفيد المستضيء بنوركم محبّراً في ورقة شيئاً من كلامه ..."[٤].

ومن المساجلات الشعريّة التي أوردها ابن رشيد في رحلته، تلك التي كانت في وصف خسّة تفور بالماء.

أمّا التجانيّ، فقد أورد مجموعة من المراسلات والمعارضات الشعريّة التي كانت بينه وبين الكثير من العلماء والأدباء والشّعراء والفقهاء، ومنها تلك المراسلات التي تبادلها مع ابن شبرين، حيث وصلته رسالة من ابن شبرين، وذكرها التجانيّ، فقال: "وفي أثناء إقامتنا بتوزر وصلت إليّ قصيدة من الفقيه الأجلّ الأديب أبي بكر محمد بن أحمد بن شبرين الجذاميّ السّبتي[٥]، من مستقرّه بغرناطة ..." وممّا جاء في قصيدته:

---

(١) ابن رشيد، ملء العيبة: ٣٣/٢.

(٢) انظر ترجمته، المقري، أزهار الرياض: ٣٤٠/٢ - ٣٤٧

(٣) هو محمد بن الحسن بن يوسف، انظر ترجمته، ابن رشيد، ملء العيبة: ٨٣/٢-١٢٦، والمقري، نفح الطيب: ٣١١/٤.

(٤) المصدر نفسه: ١١٣/٢-١١٤.

(٥) ولد بسبتة وأهله من إشبيلية أصلاً، كان تاريخياً شاعراً كاتباً، انظر ترجمته، ابن الخطيب، الإحاطة: ١٧٤/٣-١٨٢، والمقري، نفح الطيب: ٥٤١/٥.

يا نسمة سحبت فضول ذيولها ... ما بين ورد بالغديب ونرجسِ
والوُرق قد صدحت على أفنانها ... والأرض قد لبست ثياب السُنْدُسِ
حطّي رحال تحيتي في معهد ... بين الجوانح منه عهد ما نسي
والحيّ من تيجانَ فاشرح عندهم ... فرط اشتياقي نحو ذاك المجلسِ[١]

وقد ردّ عليه التجانيّ بقصيدة يعزّيه فيها على ما حلّ به وبأهله وبلده، جاء فيها:

أمرٌ من الله لا مردّ له ... لم يبق كهلاً منهم ولا يفعَا
وخدعة تمّ أمرها فمضت ... وكم سديد الآراء قد خُدِعَا
هاك سلامي على البعاد أبا ... بكر فقلبي إليك قد نزعا[٢]

وأشارت بعض الرّحلات لعدد من المعارضات الشعريّة، ومنها، ما دار بين التجانيّ وأبي الفضل محمد بن أبي الحسن علي بن إبراهيم التجانيّ، ويقول فيها:

"أهدي أبا الفضل السّلام مردّدا ... لعلاك عن قلب إليك مشُوقِ
وأُقرّر الودّ الذي أنا سالك ... فيه من الاخلاص خير طريقِ

فردّ عليه أبو الفضل:

أهدي سلام الودّ خير رفيق ... من عُدّ أوحدَ أُسرتي وفريقي
ومقام عبد الله نجل محمد ... في قومه سام على العيّوقِ[٣]"[٤]

وقد كتب الفقيه الكاتب أبو عبد الله محمد بن يعيش[١]:

---

(١) رحلة التجاني، ص ١٦٥.
(٢) المصدر نفسه، ص ١٧٠.
(٣) العيّوق: كوكب أحمر مضيء، انظر، ابن منظور، لسان العرب: ٢٨٠/١٠.
(٤) المصدر نفسه، ص ٢٨٠-٢٨١.

"شجاك الرّبع إذ ظعن الحبيب فأنت وإن نشأت به غريبُ
إذا بَعُد الأحبّة عن محلّ فما عيش بساحته يطيبُ
وكيف يطيب عيش بعد خِلّ نأى فجميعنا صبٌّ كئيبُ

وأجابه الرّحّالة التجانيّ:

عسى الزّمن الذي ولّى يؤوب فقد سئمتْ من الشّوق القلوبُ
إذا ما قلت قد قرب اجتماع قضى بتفرّق خطب ينوبُ
وأعظم من ترى أسفاً وحزناً حبيب قد نأى عنه حبيبُ

وكتب الفقيه أبو عبد الله محمد بن عبد الله المعروف بالهواري[2] إلى الرّحّالة، يقول:

"أهدي سلام الودّ خير حبيب من عُدّ أوّل فاضل وحسيبِ
أهداه عبد الله نجل محمد فخر الزّمان إمام كلّ أديبِ"[3]

فردّ عليه الرّحّالة:

إن أقضِ من أسَف فغير عجيب فرط اشتياق وابتعاد حبيبِ
ما قلت قد بَلِيَ التفرّق فانقضى إلا وجدّده جديد خطوبِ
ولقد شجا نفسي واضرم لوعتي وأثار أشجاني وهاج كروبي
برقٌ بدا والليل أرخى سجفه والبدر شمّر ذيله لغروبِ"[4]

وقد دلّت بعض الرّحلات على نبوغ الحكّام والسّلاطين في ميدان النّظم، وذكر ابن الحاج عن نبوغ وتمرّس أبي عنان في قول الشّعر، ودليل ذلك ما حدث عندما "نظم قاضي الحضرة أبوعبد الله المقري[5] هذا البيت الفريد:

---

(١) انظر ترجمته، المقري، نفح الطيب: ٦٤٩/٢.
(٢) لم يسعف البحث في العثور على ترجمته.
(٣) رحلة التجاني، ص٢٩٤-٢٩٦.
(٤) المصدر نفسه، ص ٢٩٧. وانظر عن المعارضات الشّعرية في المصدر نفسه، ص ٢٩٨-٣٠٠.
(٥) انظر ترجمته، المقري، نفح الطيب: ٢٠٣/٥

"دخلت بلاد اللـه شرقاً ومغربــاً   فلم تر عين مثل بسكرة يبســـــا

فزاد عليه مولانا أسرع من ارتياد الطرف، وأوحى من رجع البصر وهو العطف:

ويا قبح ما أسود القتام بوجهها   فمذ غشى الأبصار لم تبصر الشّمسا[١]"

وقد تضمّنت رحلة ابن الحاج عدداً من الرّسائل الديوانيّة، حرّرت أثناء الرّحلة إلى قسنطينة والزاب، وعددها أربع، الأولى إثر فتح قسنطينة، والثّانية بمناسبة دخول الجيش المرينيّ إلى عنابة، والثّالثة بعد فتح تونس والرّابعة خاصّة بالإياب النّهائيّ والرّجوع إلى الحضرة العليّة، ويبدو أنّ هذه الرّسالة كانت الأخيرة، وقد ضاعت، وتأسّف المؤلّف على ضياعها[٢].

أمّا رحلة "رسالة الغريب إلى الحبيب" لأبي عصيدة البجائيّ، فتمثل بذاتها نسقاً من المراسلات الأدبيّة، حيث وصل البجائيّ من أبي الفضل المشدالي أبيات شعريّة هي عتاب على عتاب:

سامحتُ كُتبَكَ في القطيعة عالماً   أنّ الرسالة لم تجد من حامـل

وعذرت طيفك في الجفاء لأنّـه   يسري ويصبح دوننا بمراحل[٣]

فما كان من أبي عصيدة إلا الاعتذار على ما فهم المشدالي من رسائله[٤] وعتابه وعباراته التي نقلت له، فردّ على عتاب المشدالي بتدوينه رحلته "رسالة الغريب إلى الحبيب"

(١) ابن الحاج النميري، فيض العباب، مقدمة المحقق، ص٩٩.

(٢) المصدر نفسه، ص ١٣٦، ١٣٩.

(٣) انظر، أبو عصيدة البجائي، رسالة الغريب، ص ٤٥.

(٤) ذكر البجائي أنه كان بينه وبين المشدالي عدد من المراسلات الأدبية: أوّلها مراسلة وجّهها له مع شخصين، وثانيهما مراسلة أدبية اشتملت على أخبار مغربية ومشرقية، ولم يذكر مع من وجهها له،

التي افتتحها بقصيدة تعكس صورة الرّحّالة الشّاعر، وصورة صديقه أبي الفضل المشدالي ومكانته العلميّة، ووصف حاله بعد فراق صاحبه المشدالي له، ومنها:

هذي مراسلة العبد الفقير إلـــى	كهف الأنام وفخر الوقت والسّلـــفِ
أتته تنشر ما قد حاز من شيـــم	ومن جلال ومن عزّ ومن شـــرفِ
وأن تذكر أياماً به سلفـــت	لله ما كان أحلاها لمعتـــرفِ
وأنّ عبدهم لم ينس عهدهـــم	وليس ينسى عهود المحسنين وفـــيِ
ولم يزل ذكرهم شوقاً يميلـــه	كما تميل غصون البان من هيـــفِ
ونحو (طيبة)، تثنيه عزائمـــه	لما حكته من الألقاب و التّحـــفِ
وما (بمكة) من أيامه سلفـــت	كانت من الحسن فوق الوصف إن تصفِ[1]

وقد زوّدت رحلة ابن خلدون الأدب بصورة عن سمات الكتابة في عصره، وذلك من خلال إيراده لبعض المكاتبات والمراسلات النثريّة والشعريّة، بينه وبين ابن الخطيب. ومنها ما قاله ابن الخطيب مبتهجاً بقدوم ابن خلدون إلى غرناطة:

"حَللتَ حُلولَ الغيث بالبلَدِ المَحْلِ	على الطائر الميمون والرّحب والسَّهْلِ
يميناً بمن تعْنُو الوجوه لوَجْهِـه	من الشّيخ والطفل المُهَدَّأ والكهـلِ
لقد نشأت عندي للُقياك غبطةٌ	تُنسّي اغتباطي بالشَّبيبَة و الأهـلِ
ووُدِّي لا يُحتاج فيه لشاهـد	وتقريري المعلوم ضربٌ من الجَهْلِ

وثالثها مراسلة وصف له فيها مرضاً حلّ به وكاد يقضي عليه، ولم يذكر أيضاً مع من وجهها له، ورابعها لم يتحدث عن موضوعها ولا عن حاملها ولكنّه أشار إلى أنّه كان يهدف من ورائها مواصلة الود والتراسل بينهما. انظر، أبو عصيدة البجائي، رسالة الغريب، ص ٣٥.

(١) أبوعصيدة البجائي، رسالة الغريب، ص ٤٢-٤٣.

أقسمت بمن حجّت قريش لبيته، وقبر صُرفت أزمّة الأحياء لميته، ونور ضربت الأمثال بمشكاته وزيته. لو خيرت أيّها الحبيب الذي زيارته الأمنية السنيّة ... بين رَجْع الشباب يقطر ماء، ويرفّ نماء .. وبين قدومك خليع الرّسن، مُمتّعاً والحمد لله -باليقظة والوسن، .. لما اخترت الشباب وإن شاقني زمنه، وأعياني ثمنه .. "[١].

وبهذا، فإنّ كتب الرّحلات كانت ذات أثر مباشر في تصوير الحركة الثقافيّة، وبها يدرك الباحث الأبعاد التي قطعها الأندلسيّون والمغاربة وأهل المشرق في ميدان ازدهار العلم ومضمار النّضج الثقافيّ، والكشف عن المنابع الثقافيّة في مختلف العصور.

ثالثاً: النشاط الاقتصاديّ

حفلت كتب الرّحلات بالكثير من جوانب النّشاط الاقتصاديّ سواء أكان ذلك في الأندلس والمغرب أم في بلاد المشرق والبلاد العربيّة الإسلاميّة وغير الإسلاميّة، ونقلت صوراً للملامح الاقتصاديّة في كلّ البلدان التي زارها الرّحّالة، وعرّفت بأهم الحاصلات الزراعيّة والموارد المائيّة، وأشهر البضائع والسّلع والصّناعات والمعادن، والتّجارة والأسواق والعملات والتنظيمات الماليّة، فكانت الرّحلات وثائق هامّة للدّارسين لمختلف الأنظمة الاقتصاديّة في تلك العصور، والمستويات الجغرافيّة ؛ الطبيعيّة: المناخ، والثروات الزراعيّة والحيوانيّة. والبشريّة: السّكان والأسواق والشؤون الماليّة، وطرق المواصلات البريّة والبحريّة، والمستشفيات والحصون والحمّامات، ومختلف مظاهر الحضارة والعمران. ورغم ذلك كلّه فلم يكن الرّحّالة معنيّين بجانب دون آخر، لذا سجّلوا مشاهداتهم وهم يجتازون تلك البلدان بما فيها من أنهار وبحار وسهول وجبال، وهي ملاحظات موجزة، لكنّها قدّمت مادة غنيّة وزاخرة للمؤرّخين والدّارسين والباحثين.

---

(١) ابن خلدون، التعريف، ص ١٢٦-١٢٧.

أ.   الحاصلات الزّراعيّة وموارد المياه

أظهرت كتب الرّحلات الأندلسيّة والمغربيّة عناية الشعوب المختلفة بالأراضي الزراعيّة وحاصلاتها، ورعايتهم لأراضيهم وحرثها وزراعتها ثم البيع مـن محصولاتها[١]. وقد لفت انتباه الرّحّالة اتّساع المساحات الزراعيّة في بعض المناطق، وأفاضوا في الحديث عن خصوبة تلك الأراضي، وما ينبت فيها مـن أشجار وأعشاب وثمار ووصفوا حجمها ومذاقها، وذكروا كـلّ منطقة مرّوا بها، وما تمتاز به من زراعة معيّنة، أو ما تشتهر به مـن حاصلات خاصّة[٢]. ومن جانب آخر أشار بعض الرّحّالة إلى انعدام الزّراعة في بعض المناطق كما في جزر المالديف[٣].

وقد بيّنت كتب الرّحلات اعتناء الأندلسيّين بالزّراعة، حتى غدت أرضهم جنّات واسعة كثيرة العطاء "فمن خواص حنطة طليطلة أنّها لا تسوّس على مرّ السّنين"[٤]. وكانت البلاد بين القيروان والكاف[٥] خصبة جيدة الزراعة تنتج مزروعات القمح في سني الخصـب الواحد بمائة، وبالمغرب الأقصى، كانت الحنطة مخصّصة للأمراء وأهل الثّراء، ومعظم الغذاء عند سائر الأهالي مـن الـذرة[٦]. وأشار بعض الرّحّالة إلى مـا تتميز به الزّراعة في البلاد الأندلسيّة، ولا سيّما زراعة الفواكه على اختلافها، ووصفوا اتّساع المساحات الزّراعيّة وكثرة البساتين والجنّات والرّياض فيها.

(١) انظر، الإدريسي، نزهة المشتاق، ص ٩٢، الفشتالي، تحفة المغترب، ص ٩٣-٩٤، ورحلة ابن بطوطة: ٤٣/٢.

(٢) انظر، ابن جبير، ص ٩٩، والعبدري، الرحلة المغربية، ص١١، ٤٠، ١٦٣، ١٧٦، ٢٠٣، ٢٣٥، ورحلة ابن بطوطة: ٤١/١، ١٨٠، ٢٦٥، ورحلة القلصادي، ص ١٢٣-١٢٤.

(٣) انظر، رحلة ابن بطوطة: ١٧٤/٢. وانظر في انعدام الزراعة في بعض المدن، المصدر نفسه: ٢٢٢/١.

(٤) البكري، جغرافية الأندلس وأوروبا من كتاب المسالك والممالك، ص ٨٨.

(٥) الكاف: حصن حصين بسواحل الشام. انظر، ياقوت الحموي، معجم البلدان: ٤٣١/٤.

(٦) انظر، البكري، جغرافية الأندلس وأوروبا من كتاب المسالك والممالك ، ص ٥٦، ١١٨.

ويصف ابن جبير خيرات الأندلس، وخيرات مكّة، بقوله: "وأمّا الأرزاق والفواكه وسائر الطيبات فكنّا نظنّ أنّ الأندلس اختصّت من ذلك بحظ له المزية على سائر حظوظ البلاد حتى حللنا بهذه البلاد المباركة فألفيناها تغصّ بالنعم والفواكه: كالتّين، والعنب، والرّمان، والسفرجل، والخوخ، والأترج، والجّوز .. إلى جميع البقول كلّها: كالباذنجان، واليقطين، والسّلْجَم، والجزر، والكُرُنب، إلى سائرها. إلى غير ذلك من الرياحين العبقة والمشمومات العطرة ...، ومن أغرب ما ألفيناه فاستمتعنا بأكله وأجرينا الحديث باستطابته، ولا سيّما لكوننا لم نعهده، الرّطب، وهو عندهم بمنزلة التين الأخضر في شجره يجنى ويؤكل، وهو في نهاية من الطّيب واللّذاذة، لا يسأم التّفكّه به .." [(١)]. وقد عزا ابن جبير ازدهار الزّراعة في الأودية المحيطة بمكّة المكرّمة إلى وجود جالية مغربيّة بها قامت باستصلاح الأراضي، فقال: "قد جلب الله إليها من المغاربة ذوي البصارة بالفلاحة والزّراعة فأحدثوا فيها بساتين ومزارع.." [(٢)].

وقد أبدى ابن جبير إعجابه بالنّماء الزّراعيّ والتّقدم الاقتصاديّ في بعض البلدان التي زارها، فيذكر عن الفرات خلال مروره بمدينة الحِلّة: "وهذا النهر كاسمه فُرات، هو من أعذب المياه وأخفّها، وهو نهر كبير زخّار، تصعد فيه السّفن وتنحدر. والطريق من الحلة إلى بغداد أحسن طريق وأجملها، في بسائط من الأرض وعمائر، تتصل بها القرى يميناً وشمالاً. ويشق هذه البسائط أغصان من ماء الفرات تتسرب بها وتسقيها، فمحرثها لا حدّ لاتّساعه وانفساحه..." [(٣)].

وكان من شدّة اهتمام الرّحّالة بالثروة الزراعيّة أن عقد لها بعضهم الكثير من فصول رحلاتهم، ومنها ما ذكره أبو حامد الغرناطيّ، في خصائص البلاد في الثمار بقوله: "فيقال:

(١) رحلة ابن جبير، ص ٩٧-١٠٠.

(٢) المصدر نفسه، ص٩٩.

(٣) المصدر نفسه، ص١٨٩-١٩٠.

رطب العـراق، وتمر كرمان، وعنّاب جرجان، .. وتفّاح الشّام، .. ونارنج البصرة، وتـين حلوان، وعنب بغداد، ومشمش هراة، وموز اليمن .."[١].

وتحدّث التجيبيّ عن مدينة قوص المحروسة، وخيراتها الزراعية، ففيهـا: "النّخـل والأعناب والفواكه، وفيها شجر التوت الأبيض، الثمر الطّيب الطّعم الذي لا يوجـد مثلـه بكثير من بلاد المغرب"[٢].

وتكاد تكون بعض الرّحلات مصدراً لمعرفة الكثير من أنواع النباتات والأشجار والثّمار والحيوانات والطّيور، ومنها رحلة ابن بطّوطة ؛ فإنّه لم يترك مدينة إسلاميّة أو غير إسلاميّة إلا وتحدّث عن سعـة الأراضي الزراعيّة وتنوّع المحاصيل فيها، وعن بساتينها وأشجارها وثمارها، ومواطن الرعي الدّالة على خصوبة تلك الأراضي. وممّا ذكره ابن بطّوطة مثلاً عن الفصول الزراعيّة فــي الهند ؛ أنّها تنقسم إلى فصلين: أولهما يشتمل على الزّراعة الخريفيّة، وثانيهما يشتمل على الزّراعة الربيعيّة، ويزرع الفلاحون المزوعات الخريفيّة في أوان القيظ عند نزول المطر، ويحصدونها بعد ستّين يوماً من زراعتها، ويذكر أهمّ تلك المزروعات الخريفيّة، ومنها: الماش وهو نوع من الجُلّبان، واللّوبيا. وأمّا المزروعات الربيعيّة، فيزرعها الفلاّحون بعد حصاد المحاصيل الخريفيّة، وتزرع في نفس الحقول التي كانت الحبوب الخريفيّة مزروعة فيها، ومنها: القمح والشعير والحمّص والعدس، وهم يزرعون الرّز ثلاث مرّات في العام[٣].

وقد بيّن ابن بطّوطة أنّ الصين غنيّة بالسّكر والأعناب والإجاص الذي يفوق الإجاص العثمانيّ الذي بدمشق، وأنّ جميع فواكه البلاد العربيّة تنبت فيها، وذكر أنّ القمح يزرع فيها بوفرة، وهو من أحسن أنواع القمح، كما يزرع فيها العدس والحمص[٤].

---

(١) أبو حامد الغرناطي، تحفة الألباب، ص٦٠.

(٢) التجيبي، مستفاد الرحلة، ص١٧٣.

(٣) انظر رحلة ابن بطوطة: ٢/٢٣-٢٤، وانظر في النباتات والشجر في رحلة ابن بطوطة، الدمياطي، محمود مصطفى (١٩٤١)، مجلة المقتطف، المجلد ٩٩، ج١٠، ص١٣٢.

(٤) انظر، رحلة ابن بطوطة: ٢/٢٢٢.

وتعتمد الزّراعة على المياه ووفرتها، وقد ذكرت بعض الرّحلات أهميّة الأنهار والآبار والعيون، ودورها في النّاحية الاقتصاديّة للبلاد، وصوّرت عناية المسلمين بماء الشّرب وتوفيره للسّكان عن طريق شبكة القنوات الظاهرة فوق الأرض أو الجوفيّة التي تحت الأرض، وتنظيمها بطريقة هندسيّة متقنة، ويصف البكريّ الطّرق المستخدمة في أفريقيّة للرّي، والسواقي وقنوات الحجر الممتدة في كامل البلاد، وتقسيم المياه وتوزيعها توزيعاً عادلاً على مختلف المناطق والرّياض[١].

وأشار الإدريسيّ إلى استخدام الآبار في ريّ المرزوعات وسقيها، وتحدّث عن حفر بئر كبيرة في مراكش، حفرت بصنعة فائقة، ومدّت من قاعها قنوات تسير تحت الأرض في انحدار حتى توصل الماء إلى مختلف أحياء المدينة، ولم تلبث المدينة أن اتّسع عمرانها واكتنفتها الخضرة والحدائق بفضل هذه القنوات[٢].

ويترتّب على وفرة المياه أيضاً، قيام عدد من المشاريع البسيطة مثل إنشاء القناطر والسّواقي للشّرب، والاستفادة في المجالات الزراعيّة، ممّا أدّى إلى اتّساع الرقعة الزراعيّة، وكثرة البساتين التي تعجّ بمختلف أنواع النباتات والأشجار والثّمار، وانتشار التجمّعات السكّانيّة على ضفاف الأنهار والآبار والعيون، وقد قال في ذلك ابن بطّوطة واصفاً نهر النّيل: "إنّه يفضل أنهار الأرض عذوبة مذاق واتّساع قطر وعظم منفعة القرى والمدن بضفتيه منتظمة ليس في المعمور مثلها، ولا يعلم نهر يزرع عليه ما يزرع على النيل"[٣].

وتحدّث الرّحّالة عن نظام الرّي من خلال الاهتمام بكميّة المياه في الأنهار باستخدام المقاييس المقامة عليها، فمقياس نهر النيل يستفاد منه في قياس زيادة نهر النيل عند فيضه كلّ سنة، "وهذا المقياس عمود رخام أبيض مثمّن في موضع ينحصر فيه الماء عند انسيابه إليه، وهو مفصّل على اثنتين وعشرين ذراعاً مقسّمة على أربعة وعشرين قسماً تعرف

(١) انظر، البكري، المسالك والممالك، ص ٤٩.

(٢) انظر، الإدريسي، نزهة المشتاق، ص ٦٨، ومكي، محمود، مدريد العربية، القاهرة: دار الكاتب العربي، ص٥٣.

(٣) انظر، رحلة ابن جبير، ص ٢٩، ورحلة ابن بطوطة: ٣٣/١، ٣٥، ٤١-٤٢، وأبو حامد الغرناطي، المعرب، ص ٨٤-٨٥.

بالأصابع. فإذا انتهى الفيض عندهم إلى أن يستوفي الماء تسع عشرة ذراعاً منغمرة فيه فهي الغاية عندهم في طيب العام. وربّما كان الغامر منه كثيراً بعموم الفيض. والمتوسّط عندهم ما استوفى سبع عشرة ذراعاً،..."[١].

أمّا القناطر التي توزّع المياه في السّواقي، فمنها القناطر المقامة على نهر النّيل، وقد أشار ابن جبير إلى أنّ هذه القناطر رغم استخدامها في الرّي والزّراعة، فإنّ لها هدفاً عسكريّاً، حيث تحمي البلد من عدوٍّ يدهم جهة ثغر الإسكندريّة، بفيضان نهر النّيل وانغمار الأرض به؛ فيمنع سلوك العساكر واجتيازها باتّجاه البلد[٢].

وأشار أيضاً إلى القناطر بين الحلّة وبغداد التي تعترض الطريق كلّه، "فلا تكاد تمشي ميلاً إلا وتجد قنطرة على نهر متفرّع من الفرات، فتلك الطريق أكثر الطرق سواقي وقناطير"[٣].

ووصف الرّحّالة استخدام أهالي بعض البلدان رّي مزروعاتهم من العيون. وقد ذكر ابن جبير أن مدينة رأس العين اشتق اسمها من كثرة العيون، حيث تتوزّع مياه هذه العيون في جداول تنبسط في مروج خضر، وأعظم هذه العيون عينان: أحدهما فوق الأخرى، فالعليا منهما نابعة فوق الأرض في صُمّ الحجارة كأنّها في جوف غار كبير متّسع يبسط الماء فيه حتى يصير كالصهريج العظيم ثم يخرج ويسيل نهراً كبيراً كأكبر ما يكون من الأنهار، وينتهي إلى العين الأخرى ويلتقي بمائها. أمّا الثّانية فمنبعها تحت الأرض من الحجر الصلد، ويتّسع حتى يصير صهريجاً ثم يندفع بقوّة إلى الأعلى حتى يسيل ماء تلك العين على سطح الأرض، ثم تنقسم مياه العينين إلى نهرين يلتقيان بعد ذلك[٤]. ولعلّ الدّقة في وصف هذه العيون تؤكد معاينة ابن جبير لها.

---

(١) رحلة ابن جبير، ص ٢٩-٣٠.

(٢) انظر، المصدر نفسه، ص٢٧.

(٣) المصدر نفسه، ص١٩١.

(٤) انظر رحلة ابن جبير، ص٢١٧-٢١٨، وانظر في الآبار والعيون، أبو حامد الغرناطي، رحلة المعرب، ص١٨، والتجيبي، مستفاد الرحلة، ص١٩٧، ٢٠٣-٢٠٥، ومواطن أخرى من الرحلة، ورحلة التجاني، ص١٥٧-١٥٨.

وتوضّح كتب الرّحلات أنّ جزيرة العرب بصورة عامة كانت وفيرة المياه ما بين آبار ومياه سائحة بركاً من تجمّع مياه المطر، وعيون، ومصانع للماء، وتحدّث ابن بطّوطة عن الآبار ومصانع الماء[(١)] خلال حديثه عن الطريق بين الحجاز والعراق عبر نجد، فذكر ماء يعرف بالقارورة[(٢)]، وهي مصانع مملوءة بماء المطر، ثم رحل عنها إلى الحاجر وفيه مصانع للماء ويقول: "وربّما جفّت فحفر عن الماء في الجفار"[(٣)]. وذكر ابن جبير أيضاً الكثير من آبار المياه في بلاد الحجاز، وفي مكّة المكرّمة، وسقاية الحجّاج والمعتمرين[(٤)].

ووصف بعض الرّحّالة مشارع المياه بالمدينة المنورة، وما فيها من آبار وعيون، كبئر في رحبة مسجد قباء[(٥)]، ومن العيون، عين تنسب للنّبي صلّى الله عليه وسلّم، مبنيّ عليها حلق عظيم مستطيل وتقع العين في وسطه، ويخرج منها سقايتان بني بينهما جدار، وينزل إليهما على أدراج عددها نحو الخمسة والعشرين درجاً. وماء هذه العين كثير وغزير، ويعتمد أهل المدينة على مائها في غسل ملابسهم وشربهم[(٦)].

وتحدّث بعض الرّحّالة عن ندرة المياه في بعض المدن، واعتمادها على ماء المطر، ومن ذلك ما ذكره العبدري في وصفه لمدينة تونس: "ولكن ماؤها قليل وفي ديارها مصانع لماء المطر وهو المستعمل عندهم.."[(٧)].

---

(١) انظر، رحلة ابن بطوطة: ١/١٥٥-١٥٧.

(٢) انظر، المصدر نفسه: ١/١٥٥.

(٣) نفس المصدر والجزء والصفحة.

(٤) انظر، رحلة ابن جبير، ص٥٧، ٥٨، ٨٨، ٨٩، ١٦٣، ومواطن أخرى متفرقة من الرحلة.

(٥) انظر، المصدر نفسه، ص١٧٥-١٧٦، وتاج المفرق: ١/٢٨٨ ، وابن بطوطة: ١/١١٦.

(٦) انظر رحلة ابن جبير، ص١٧٥-١٧٦، والتجيبي، مستقاد الرحلة، ص ٢٣٣، ٢٤٦، ٢٥١، وابن رشيد، ملء العيبة: ٥/١٠٠-١٠٤، والبلوي، تاج المفرق: ١/٣٠٩، ورحلة ابن بطوطة: ١/١١٩-١٢٠.

(٧) العبدري، الرحلة المغربية، ص٤٠، وانظر، ابن رشيد، ملء العيبة: ٥/٥، ١٩٦، ورحلة التجاني، ص ١٨٣، ٢٠٥، ٣٥٥، ورحلة ابن بطوطة: ٢/٣٦.

واهتمّ الرّحّالة بالثروة الحيوانيّة، فذكروا الحيوانات التي تعيش في كلّ منطقة، وذكروا طرق تغذية الحيوانات لتسمينها، وتحدّثوا عن أهمّ منتجاتها مثل اللحوم والحليب والسّمن[١]. وقدّمت كتب الرّحلات صورة لما كانت تنتجه بحار المناطق التي زارها الرّحّالة وأنهارها من أسماك، وغيرها، ومنها سمك اللّخم بمرسى حاسك بعُمان، وسمك قلب الماس بالمالديف، والسّردين في ظفار، وسمك المنشار، والسّرطانات، وفرس البحر، والسّمك الرّعّاد[٢].

ووصف الرّحّالة مالفت أنظـــارهم من الحيوانات والطيور والحشرات، مثل الكركدن، والقرود، والسّباع، التي كانت تفترس الناس، والدّجاج، والبعوض، وغيرها[٣].

ونحا بعض الرّحّالة منحى خطراً في تصيّد العجائب والغرائب فيما أوردوه من حكايات عن الحيوانات والطيور والحشرات، حيث لا تخلو حكاياتهم من جوانب خرافيّة وإسطوريّة، قد يكون من دوافعها السّماع وتناقل الرّوايات، أو أنّ مراحل الرّحلة ومشاقها قد أثّرت في نفسيّة الرّحّالة وأوجدت لديهم الخيال الواسع الذي دفعهم لتصديق ما سمعوا واعتقدوا بوجوده حقيقـة، وما هو إلا ضرب من الوهم والخيال وخداع رؤية[٤]، ومنها طائر الرّخ الخرافيّ الذي يبدو أنّ ابن بطّوطة نفسه لم يكن متأكداً من رؤيته. "ولكن ريحاً طيّبة صرفتنا عن صوبـه، فلم نره ولا عرفنا حقيقة صورته.."[٥]، والسّمكة التي تحتوي في أذنها على فتـاة[٦]، وأسماك لا رأس لها ولا فم ولا ولا عين، وفي

---

(١) انظر، أبو حامد الغرناطي، تحفة الألباب، ص ٨٣ -٩٨، ورحلة ابن جبير، ١٨٣-١٨٤، ورحلة ابن بطوطة: ٢٩٩/١، ٢٤/٢.

(٢) انظر، البكري، صفة جزيرة العرب من كتاب المسالك والممالك: ٢٢٩/١، وانظر، أبو حامد الغرناطي، تحفة الألباب، ص ٨٥، ٨٨، وأبو حامد، الغرناطي، المعرب، ص ٧٦، ورحلة ابن بطوطة: ٢٣٤/١-٢٤٠، ١٧٤/٢، ومؤلف مراكشي مجهول، الاستبصار، ص ٤٦.

(٣) انظر، أبو حامد الغرناطي، تحفة الألباب، ص ٥٤، ٥٨، ٩٣، ٩٤. وأبو حامد الغرناطي، المعرب، ص ٧٥-٧٧، ورحلة ابن بطوطة: ١١/٢، ١٤٩، ٢٢٢، ٢٨٣.

(٤) انظر، فوزي، حسين حديث السندباد القديم، ص٦٨.

(٥) انظر رحلة ابن بطوطة: ٢٤٢/٢، وانظر أيضاً، أبو حامد الغرناطي، رحلة تحفة الألباب، ص٩٢-٩٣.

(٦) انظر، أبو حامد الغرناطي، تحفة الألباب، ص٩٧-٩٨.

جوفها مثل الحبر، وإذا أخذت في الشّبكة يؤخذ ذلك الحبر فيكتب به، وإذا أصاب ذلك الماء الثوب صبغه ولم يخرج بغسل ولا غيره[١]. وقد عقد أبو حامد الغرناطيّ في رحلاته أبواباً خاصّة في صفة البحار، وعجائب حيواناتها[٢].

ومن تلك العجائب، ما أخبر عنه التجيبيّ فيما سمع عن مدينة حران[٣] التي لا يكون "بداخلها العنكبوت، ولا البعّوض ولا يوجد ذلك فيها ألبته .. وكان الإنسان إذا أخرج يده من سورها وقع عليها البعوض، فإذا ضمّ يده إلى جهة المدينة طار عبر يده، .. وكان جامعها الأعظم لا يدخله طائر ألبتة، وكلّ ذلك مدبّر بالطلمسات، و الله تعالى أعلم"[٤]. وفي بعض مدن السودان سلاحف تعظم "حتى تخرج عن القياس، وهي تحفر في الأرض أسراباً يمشي فيها إنسان، وهم يأكلونها فلا يستطيعون إخراج واحد منها من تلك الأسراب إلا بعد شدّ الحبال فيها واجتماع العدد الكثير"[٥].

وتحدّث ابن بطّوطة عن شجرة عجيبة الشّأن في بلاد المليبار، وهي خضراء ناعمة تشبه أوراقها التّين إلا أنّها ليّنة، وأخبر أنّه إذا كان زمان الخريف من كلّ سنة تسقط من هذه الشّجرة ورقة واحدة[٦]. وذكر أبو حامد الغرناطيّ أنّه رأى عنقود عنب بجانب بحر بحر ولم يستطع أن يأخذ منه حبّة لشدة صلابته وأنّ له رائحة كرائحة السّمك[٧]. وإن كان الرّحّالة قد وصفوا عجائب الحيوانات وغرائب النباتات بطريقة خرافيّة غير معقولة، إلا أنّ حكاياتهم تلك المبالغ في وصفها، لا تخلو من صدق.

---

(١) انظر، أبو حامد الغرناطي، تحفة الألباب، ص ٨٧، ١٥١.

(٢) انظر، المصدر نفسه، ص ٨٣-٨٩، وأبو حامد الغرناطي، المعرب، ص ٦٩-٨٨.

(٣) حرّان: وهي مدينة على طريق الموصل والشام والروم، انظر، ياقوت الحموي، معجم البلدان: ٢٣٥/٢.

(٤) التجيبي، مستفاد الرحة، ص١٩٦.

(٥) مؤلف مراكشي مجهول، الاستبصار، ص ٢٢٢.

(٦) انظر، رحلة ابن بطوطة: ١٦٤/٢، وانظر في غرائب النباتات والأشجار، المصدر نفسه: ١٨٩/٢، ١٩٦، وانظر، الدمياطي، محمود مصطفى (١٩٤١)، مجلة المقتطف، ج١، المجلد ٩٩، ص ١٣٢، وما بعدها.

(٧) انظر، أبو حامد الغرناطي، تحفة الألباب، ص ٨٧، وانظر، أبو حامد الغرناطي، المعرب، ص ١٨، ومواطن متفرقة من الرحلة.

ب-المعادن والصّناعات

إنّ حالة البلدان الاقتصاديّة تظهر فيما نقلته كتب الرّحّالة الأندلسيّين والمغاربة، وذلك في إشارات الرّحّالة البسيطة للمعادن والصّناعات المختلفة، إذ عن طريقها يمكن معرفة مدى التّقدم والرّكود في تلك العصور، وأهميّة ذلك في تهيئة الحياة للنّاس. وكانت بعض الرّحلات صورة واضحة عن الصّناعة وتوفر المقوّمات التي تساهم في نجاحها، والمتمثّلة في المواد الخام والأيدي العاملة، وأمن البلاد واستقرارها.

ولم يكثر الرّحّالة من وصف الثروة المعدنيّة في البلدان التي زاروها، إلا أنّهم ذكروا الذّهب والنّحاس واللؤلؤ والياقوت والحديد، والفحم الحجريّ، والقار[(١)]، حيث أشار بعض الرّحّالة إلى وجود الذّهب في أواسط أفريقيا، وأنّ سكان بعض القرى رغم حقارتها وبؤسها إلا أنّهم يتعاملون "بالقناطير المقنطرة من التّبر"[(٢)]، وذهب بلاد الصّين، لا يضاهيه في ذلك إقليم من أقاليم الأرض، وعادة التّاجر في تلك البلاد أن يسبك ما عنده "من الذّهب والفضة قطعاً ...، ويسمّون القطعة الواحدة منها بَرْكَالة"[(٣)].

وذكر بعض الرّحّالة أنّ معدن النّحاس كان يوجد في بعض المدن تحت الماء، والنّاس يستخرجونه فيسكبونه في بيوتهم، ثم يصنعون منه قضباناً رقاقاً وغلاظاً يبيعونها بالذّهب وأحياناً يشترون بها حاجاتهم من الطعام والحطب والعبيد[(٤)]، "وفي بحر عيذاب عيذاب مغاص على اللؤلؤ في جزائر على مقربة منها .. ويستخرج منه جوهر نفيس له قيمة سنية ..."[(٥)].

(١) انظر، البكري، المسالك والممالك، ص ٢٢، ١٦١، ١٦٢، ٢٣٤، وصفة جزيرة العرب من كتاب المسالك والممالك، ط١، تحقيق عبد الله غنيم، ذات السلاسل، ١٩٧٧، ص ٢٥، وانظر، رحلة ابن بطوطة: ٢٢٤/٢.

(٢) رحلة ابن بطوطة: ٢٦٩/٢.

(٣) المصدر نفسه: ٢٢٢/٢ -٢٣٢، وانظر أيضاً، المصدر نفسه: ٢٣٢/١.

(٤) انظر المصدر نفسه: ٢٨٨/٢، وانظر، البكري، المسالك والممالك، ص ٢٢، ١٦١-١٦٢، ٢٣٤.

(٥) رحلة ابن جبير، ص٤٦، وانظر رحلة ابن بطوطة: ٢٤٩/١.

وصوّرت بعض الرّحلات طريقة استخراج سكّان جزيرة سيلان للياقوت من الأرض، حيث يجدونه في أحجار مشعّبة وهي التي يتكوّن الياقوت في أجوافها، فيحكّها الحكّاكون حتى تنفلق عن أحجار الياقوت، فمنه الأحمر، ومنه الأصفر، ومنه الأزرق[(١)].

وقد أفرد أبو حامد الغرناطيّ في رحلته فصلاً، تحدّث فيه عن خصائص البلاد في الأحجار، بقوله: "يقال فيروز نيسابور، وياقوت سرنديب، ولؤلؤ عُمان، وزبرجد مصر، وعقيق اليمن، وجزع ظفار، ونجاد بلخ، ومرجان إفريقيّة"[(٢)].

أمّا ابن بطّوطة، فذكر أنّه في طريقه إلى إحدى المدن، مرّ بماء "يجري على الحديد، فإذا غسل به الثوب الأبيض إسودّ لونه"[(٣)].

وأشار بعض الرّحّالة إلى معدن القار، حيث قال ابن جبير: "مررنا بموضع يعرف بالقيّارة من دجلة، وبالجانب الشرقيّ منها، وعن يمين الطّريق إلى الموصل، فيه وَهْدَة من الأرض سوداء كأنّها سحابة قد أنبط الله فيها عيوناً كباراً وصغاراً تنبع بالقار وربّما يقذف بعضها بحَبَاب منه كأنّها الغليان، ويصنع له أحواض يجتمع فيها فتراه شبه الصلصال منبسطاً على الأرض أسود أملس، صقيلاً رطباً، عطر الرّائحة، شديد التعلّك، فيلْصَق بالأصابع لأوّل مباشرة من اللّمس، وحول تلك العيون بركة كبيرة سوداء يعلوها شبه الطحلب الرّقيق أسود تقذفه إلى جوانبها فيرسب قاراً. .. وبمقربة من هذه العيون على شطّ دجلة عين أخرى منه كبيرة، أبصرنا على البعد منها دخاناً، فقيل لنا: إنّ النّار تُشْعَل فيه إذا أرادوا نقله فتنشّف النّار رطوبته المائيّة وتعقّده، فيقطعونه قطرات ويحملونه، وهو يعمّ جميع البلاد إلى الشّام إلى عكّة إلى جميع البلاد البحريّة .."[(٤)].

---

(١) انظر، رحلة ابن بطوطة: ١٩٣/٢.

(٢) أبو حامد الغرناطي، تحفة الألباب، ص٥٨.

(٣) رحلة ابن بطوطة: ٢٨٩/٢.

(٤) رحلة ابن جبير، ص ٢٠٩، وانظر، رحلة ابن بطوطة: ١٩٩/١، ٢١٠، وانظر في استخدام النفط في الحروب، ابن الحاج النميري، فيض العباب، ص ١٣١.

وهناك إشارات أخرى بسيطة في بعض الرّحلات، تشير إلى وجود معدن الزئبق في قرطبة في الأندلس(١)، وجبال الملح في هرمز(٢)، والنفط والغاز الطبيعيّ بباكوه(٣).

أمّا الصّناعة، التي كانت معبّرة عن حاجات المجتمعات، فلم تكن هذه الصّناعات على مستوى واحد في مختلف البلدان والأقاليم لكنّها على الأغلب صناعات خفيفة بسيطة ساعد على تطورها توافر المواد الخام النباتيّة والمعدنيّة في البلدان التي زارها الرّحّالة، وقد أشار الرّحّالة إلى عدد من الصّناعات التي لفتت أنظارهم(٤)، ومنها:

أولاً: صناعة المنسوجات الكتّانيّة والحريريّة والقطنيّة والصوفيّة،

التي كانت تصنع منها الملابس، وقد اشتهرت الأندلس بصناعة المنسوجات الكتّانيّة البديعة، التي تشبه الورق الجيد الصقل في الرّقة والبياض، واشتهرت كلّ من سرقطة ولاردة وباجة بصناعة الكتّان(٥).

أمّا الصّناعات الهنديّة فهي قليلة، ومنها صناعة الخيام من الأعشاب، وصناعة ثياب الكتّان، وصناعة نسيج القطن الرّقيق الذي قد يبلغ ثمن الثوب منه مائة دينار، وصناعة الأنسجة الحريريّة التي يسمّونها الجزّ(٦). وأشاد البكريّ بجودة حرير قابس، وبالقيروان وثيابها الفاخرة التي كانت تقصر بمدينة سوسة(٧)، وعرفت الثياب العتابيّة المصنوعة من من القطن والحرير ذات الألوان المختلفة التي اشتهرت في الوطن العربيّ والإسلاميّ، وكانت

---

(١) الإدريسي، نزهة المشتاق، ص٩٢.

(٢) انظر، رحلة ابن بطوطة: ٢٤٥/١.

(٣) أبو حامد الغرناطي، تحفة الألباب، ص٩٥.

(٤) انظر، العبادي، أحمد مختار، (١٩٨٠). "من مظاهر الحياة الاقتصادية في المدينة الإسلامية"، مجلة عالم الفكر، المجلد ١١، العدد (١)، ص١٤٢-١٥٦.

(٥) انظر، الإدريسي، نزهة المشتاق، طبعة ليدن، ص٣١٣.

(٦) انظر، رحلة ابن بطوطة: ١٣٦/٢، وانظر المصدر نفسه: ٦١/٢، ١١٠.

(٧) انظر، البكري، المسالك والممالك، حقّقه وقدّم له أدريان فان ليوفن، أندري فيري، تونس، الدار العربية للكتاب، المؤسسة الوطنية للترجمة والتحقيق والدراسات ١٩٩٢: ٦٩١/٢، وانظر، مؤلف مراكشي مجهول، الاستبصار، ص ١١٣، ١١٩.

تصنع في إحدى محلات مدينة بغداد(١)، واشتهرت بعض المدن بأنواع من الثياب
الحريريّة كالخزّ والديباج النّفيس الثّمين، والأصبهاني والجرجانيّ، التي حُملت إلى كلّ
بلد(٢). وذكر ابن بطّوطة أنّ مدينة سرمين كان "يصنع بها ثياب قطن حسان تنسب
إليها"(٣) وكانت ثياب القطن في الصّين أغلى من ثياب الحرير، ذلك أنّ "الحرير عندهم
كثير جداً، لأنّ الدّود تتعلّق بالثّمار وتأكل منها فلا تحتاج إلى كثير مؤونة ولذلك كثر"(٤).

وقد ربط بعض الرّحّالة بين الثروة النباتيّة والصناعيّة في بعض المدن التي
قصدوها، فعن شجر يسمّى بالعشر، قال التجانيّ: "وهو شجر ناعم شديد الخضرة
يضرب إلى سوادها، وهو ينبت صعداً وله أوراق عظيمة ونور مشرق حسن المنظر كنوار
الدفلى وثمره أخضر كالأتراج تملأ الواحدة يد حاملها، وهي مملوءة بشيء يشبه القطن
تسمّيه العرب الخُرْفُع بضم الخاء وسكون الراء وضم الفاء، ربّما حشيت منه المرافق
والوسائد وأخبرني من أثق به أنّه رأى ثياباً صنعت منه"(٥).

ونوّه بعض الرّحّالة بصناعة الأنسجة القطنيّة المعلّمة بالذّهب، وهي صناعة كانت
تقوم بها النّساء في مدينة لاذق، وهي أنسجة لا مثيل لها تطول أعمارها لصحة قطنها
وقوة غزلها(٦). وقد لاقت المنسوجات القطنيّة التي حملت من اليمن شهرة كبيرة في
أسواق الهند والصين(٧).

(١) انظر، رحلة ابن جبير، ص ٢٠١.
(٢) انظر، الإدريسي، نزهة المشتاق، طبعة ليدن، ص١٩٧، وانظر، المنجد، صلاح الدين، المشرق في نظر
المغاربة والأندلسيين في القرون الوسطى، ط١، بيروت: دار الكتاب الجديد، ص٢٦، وانظر صناعة ثياب
الحرير والقطن والكتان في مدينة ظفار، رحلة ابن بطوطة: ٢٣٥/١، وانظر صناعة الحرير في مدينة
غرناطة، ابن سعيد المغربي، المغرب: ٤٢٤/١.
(٣) رحلة ابن بطوطة: ٦٨/١.
(٤) المصدر نفسه: ٢١٩/٢، ٢٢٣.
(٥) المصدر نفسه: ٢٦١/٢.
(٦) المصدر نفسه: ٢٦١/٢.
(٧) انظر، البكري، صفة جزيرة العرب من كتاب المسالك: تحقيق عبد الله غنيم، ص١٢٢.

أمّا صناعة الأنسجة الصوفيّة، فقد انتشرت في العديد من المدن التي قصدها الرّحّالـة، ويذكر أنّه في عدن كانت تصنع الحَبَرات ومفردها حَبَرَة، وهي ضرب من الثّياب الصوفيّة الموشّاة أو المخطّطة[1]، وفي أقْصَرا -إحدى مدن آسيا الصغرى- كانت تصنع البّسط من صوف الغنم[2]. "ومن غرائب بلاد السّودان أنّه ينبت عندهم في الرّمال شجرة طويلة السّاق دقيقة يسمّونها توريري، لها ثمر كبير منتفخ داخله صوف أبيض يغزل، ويصنع منه الثياب فلا تؤثّر النّار فيها"[3].

وقد تبع ازدهار صناعة المنسوجات رقيّ في الصّباغة، فكانت تستورد بعض المواد من الهند والعراق والشام والجريد، واستعمل القِرْمِز بأرمينيا وبالأندلس واستعمل الزعفران المستنتج بالبلاد الإسلاميّة بجهة قرطاج[4]، وكان لباس أهل تادمكة الثياب القطنيّة المصبغة[5].

وذكر بنيامين التطيلي أنّ في مدينة القدس "معمل للصّباغة يستأجره اليهود من ملك القدس سنوياً، فتنحصر بهم هذه المهنة دون غيرهم .."[6]. وربّما تكمن الإشارة إلى صناعة صباغة الملابس في ملاحظة ابن بطوطة حين وصل إلى موضع فيه "إحساء ماء يجري على الحديد فإذا غسل به الثوب الأبيض اسودّ لونه"[7].

وقد صوّرت الرّحلات تطوّر الصناعة وما رافقها من ارتفاع مستوى المعيشة، وتفنّن الناس في لباسهم وأثاثهم، وتعمّق العلاقات التجاريّة بين البلدان، حيث أشار ابن بطوطة

---

(١) انظر، البكري، صفة جزيرة العرب من كتاب المسالك، ص ١٢٢.

(٢) انظر، رحلة ابن بطوطة: ٢٦٦/١، وانظر المصدر نفسه: ٣٥٧/٢، وانظر في صناعة البسط، المقري، نفح الطّيب: ٢٠١/١.

(٣) مؤلف مراكشي مجهول، الاستبصار، ص ٢٢٥.

(٤) انظر، البكري، جغرافية الأندلس، ص ١٢٧، وانظر في صباغة الملابس أيضاً، المقري، نفح الطّيب: ٢٠١/١.

(٥) انظر، مؤلف مراكشي مجهول، الاستبصار، ص ٢٢٣.

(٦) رحلة بنيامين التطيلي، ص٩٩.

(٧) رحلة ابن بطوطة: ٢٨٩/٢.

إلى انتشار المصنوعات المصريّة في بلاد السودان، وذكر أنّ أهل إيوالاتن ثيابهم "حسان مصريّة" وقال إنّ سلطان مالي الذي كان يسمّى منسي- موسى، كان إذا جلس تحت قبته أخرج من شباك إحدى الطاقات شرّابة من الحرير ربط فيها منديل مصريّ مرقوم، فإذا رأى الناس المنديل دقّت الطبول ونفخت الأبواق، فكأنّ هذا المنديل المصريّ المرقوم، شارة خاصّة بالسلطان[١].

وبهذا، تكون كتب الرّحلات قد كشفت عن تنوّع واختلاف في أشكال الملابس ومادة صناعتها، التي تنسجم مع بيئة البلدان المختلفة، وتبعاً لتفاوت الأحوال الجويّة من درجات حرارة و برودة، إضافة إلى الظّروف المعاشية للسكان وأحوالهم الاقتصاديّة.

ثانياً: صناعة السفن

أشار بعض الرّحّالة إلى أنواع مختلفة من السفن والمراكب والقوارب، فمنها ما كان يستعمل فيه المسامير، ومنها ما كان يخاط بحبال الليف، ويسقى بالسمن أو يدهن بالخروع أو بدهن القرش ليلين ويرطب[٢]، وذكرت بعض كتب الرّحلات دور الصناعة لبناء المراكب وانتشارها في كثير من المدن، مثل دانية، والسودان، ومصر، وغيرها[٣]، وألقت الضوء على أغراض استخدام تلك السفن والمراكب، مثل الصيد، والرحلات، والحروب[٤].

وقد وصف الغزال إحدى سفن الرّحلات، ومن قوله:

ولبسٍ كثوبِ القسِّ جُبْتُ سوادَهُ   على ظهر غَرْبيبِ القميصِ نآدِ

قد استأخرتْ أردافُه وَمَضَتْ له   غواربُ في آذيّهِ وهوادِ[٥]

---

(١) انظر، المصدر نفسه: ٢٧٦/٢.

(٢) انظر، رحلة ابن جبير، ص ٤٧.

(٣) انظر، الإدريسي، صفة المغرب، طبعة ليدن، ص ١٩٠-١٩٢، ورحلة ابن بطوطة: ٢٢٦/٢.

(٤) انظر، رحلة ابن بطوطة: ٢٧٠/٢.

(٥) ابن الكتاني، التشبيهات، ص١٧٤.

أمّا السلطان أبو عنان، فقد ألحّ على استعمال السفن، وكانت تحمل اسم غراب".

ويرى محقّق رحلة "فيض العباب" أنّ الغراب لعلّه رمز في اعتقاد أبي عنان إلى الويل الذي سينزل بأهل قسنطينة المعاندين لأهل تونس(١)، وفي ذلك إشارة إلى اهتمام الحكام بصناعة السفن.

وربط بعض الرّحّالة بين الثروة النباتيّة والصناعة في بعض المدن التي قصدوها، فعن النارجيل، قال ابن بطوطة: "وجوزها يشبه رأس ابن آدم، لأنّ فيها شبه العينين والفم وداخلها شبه الدماغ إذا كانت خضراء، وعليها ليف شبه الشّعر، وهم يصنعون به حبالاً يخيطون به المراكب عوضاً عن مسامير الحديد، ويصنعون منه الحبال للمراكب"(٢).

أمّا التّجيبي، فقد وصف مراكب عيذاب بقوله، أنّها: "بجملتها في غاية من ضعف البنية، وصورة إنشائها أنّهم يركّبون الألواح بعضها على بعض، ويصلون بينها بالجزر الماسكة لذلك على صورة القرقور، ثم يخرزونها بالقنبار، وهو ليف على الرانج – وهو الجوز الهنديّ– يدبغ ذلك الليف إلى أن يتخيّط ثم يدرس، فتفتل منه حبال، فالخشن منها للمراسي ونحوها يدعونها بالطوانس. والرقاق من الحبال المذكورة لشدّ ألواح المراكب المذكورة دون مسمار، وإنّما يخلّلونها بدسر من عيدان النخيل، وهو القنبار يصلح في الماء المالح، فإذا أصابه الماء الحلو أفسده، فإذا أكمل ذلك بأسره جلبطوها بدهن متّخذ من بعض حيتان البحر ودقاق اللبان. وقيعان المراكب المذكورة عراض يصنعونها من قطعة واحدة ثم ينشئون عليها تمام المركب كما ذكرت. وشرع هذه المراكب كلّها من حصر منسوجة من خوص شجر المقل، وإذا أشحنها الرّبان زاد على ألواحها نحو ثلاثة أشبار في الارتفاع من حصر تردّ الموج بزعمه، فيتكامل جميعها على الصورة الغريبة الشكل الضعيفة التركيب والنشأة"(٣).

_____

(١) انظر، رحلة ابن الحاج النميري، فيض العباب، مقدمة المحقق، ص٩٥، وانظر أيضاً المصدر نفسه، ص١٦٠ وما بعدها.

(٢) رحلة ابن بطوطة: ٢٣٧/١.

(٣) التجيبي، مستفاد الرحلة، ص ٢٠٧-٢٠٨.

وأشار ابن بطوطة إلى المراكب النهريّة المستعملة في الصين المعروفة باسم أجفان، فقال: "وركبت في النهر في مركب يشبه أجفان بلاد الغزوية إلا أنّ الجذّافين يجذّفون فيه قياماً، وجميعهم في وسط المراكب، والركاب في المقدم والمؤخر، ويظلّلون على المركب ثياباً تصنع من نبات ببلادهم يشبه الكتان وليس به، وهو أرقّ من القنب"[١].

وذكر أيضاً أصنافاً من السفن التي كانت تصنع في الصين، ومنها الكبير ويسمّى جنك وجمعه جنوك والمتوسط منها يسمى زو، والصّغير يسمى ككم ويكون في المركب الكبير منها اثنا عشر قلعاً فما دونها إلى ثلاثة، ويصنع القلع من الخيزران الرفيع منسوجاً كالحصر، ويظلّ على الدوام منصوباً يدور مع الريح حيث دارت، ويحتوي كلّ مركب ستمئة بحار وأربعمئة مقاتل من كلّ نوع حتى رماة النفط، ويتبع كلّ مركب كبير منها ثلاثة هي: النصفيّ، والثلثيّ، والربعيّ[٢]. ووصف أيضاً الجاكر وهو من سفن الهند البحريّة[٣].

وقد أسهب الرّحّالة الذين وصفوا السفن والمراكب في تفاصيل صناعة السفن والخشب والمسامير الضخمة التي تصنع منها، وعدد المجاذيف التي على جوانب السفينة، وعدد المجذّفين، وما تحتويه من الغرف والخضر- والبقول والزنجبيل الذي يزرعونه في أحواض من الخشب على ظهر المركب، والتقاليد الرسميّة المتبعة عند سفر السفن وعودتها[٤].

ثالثاً: صناعة الورق

تعدّ صناعة الورق على حدّ قول ابن خلدون: "من توابع العمران واتّساع نطاق الدّولة، حيث كثرت التآليف العلميّة والدواوين، وحرص الناس على تناقلها في

---

(١) رحلة ابن بطوطة: ٢٢٧/٢.
(٢) انظر، المصدر نفسه: ١٦٦/٢-١٦٧.
(٣) انظر، المصدر نفسه: ١٥٦/٢.
(٤) انظر، المصدر نفسه: ٢٣٤/١، ٢٢٤/٢-٢٢٥.

الآفاق[١]". ولعلّ أول ذكر لهذه الصناعة ما أورده الإدريسيّ- خلال حديثه عن مدينة شاطبة في شرق الأندلس، إذ يقول: "ويعمل بمدينة شاطبة بالأندلس من الكاغد (الورق)، ما لا يوجد له نظير بمعمور الأرض، وأنّه يعمّ المشارق والمغارب"[٢].

وقد أبرزت بعض كتب الرّحلات، أنّ من أجود منتجات بعض المدن في تلك العصور الكاغد، فقد عدت الصين من أعظم الأمم في إحكام صناعته[٣].

رابعاً: صناعة السكر

انتشرت هذه الصناعة في كثير من المدن التي زارها الرّحّالة، مثل الأندلس، ومصر، والعراق، والأهواز، وفلسطين، وعقد بعض الرّحّالة أبواباً خاصة للحديث عن السكر والحلو في تلك البلاد، فأبوحامد الغرناطي تحدّث عن خصائص البلاد في الحلو، بقوله: "ويقال سكر الأهواز، وعسل أصبهان"[٤].

وكانت مصر من أشهر البلدان في صناعة السكر[٥]، واشتهرت الصين كذلك بصناعته وكان فيها "السكر الكثير ممّا يضاهي المصريّ بل يفضله"[٦]، وتحدّث بعض الرّحّالة عن حذق نساء السودان في صناعة القطايف والكنافة[٧]. واشتهرت كذلك صناعة حلواء الخروب في نابلس وكانت تجلب إلى دمشق وغيرها، وقد وصف ابن بطوطة كيفية عملها: "أن يطبخ الخروب، ثم يعصر ويؤخذ ما يخرج منه من الرّب فتصنع منه الحلواء، ويجلب ذلك الرّبُّ أيضاً إلى مصر- والشام"[٨]. ووصف أيضاً كيفية صنع العسل من النارجيل بأن

---

(١) ابن خلدون، المقدمة، ص٤٢١-٤٢٢.

(٢) الإدريسي، نزهة المشتاق، ليدن، ص ٩٢. وانظر، رحلة ابن بطوطة: ٨٦/١.

(٣) انظر، رحلة ابن بطوطة: ٢٢٣/٢-٢٢٤.

(٤) أبو حامد الغرناطي، تحفة الألباب، ص٩٥.

(٥) انظر، رحلة ابن بطوطة: ٤٩/١، وانظر، ابن سعيد المغربي، المغرب، قسم مصر: ١١/١.

(٦) المصدر نفسه: ٢٢٢/٢.

(٧) انظر، مؤلف مراكشي مجهول، الاستبصار، ص٢١٦.

(٨) رحلة ابن بطوطة: ٦٣/١.

خدام النخل "يصعدون إلى النخلة غدوّاً وعشيّاً إذا أراد أخذ مائها الذي يصنعون منه العسل، وهو يسمّونه الأطـواق، فيقطعون العذق الذي يخرج منه الثمر، ويتركون منه مقدار أصبعين، ويربطون عليه قدراً صغيراً فيها الماء الذي يسيل من العذق. فإذا ربطها غدوة صعد إليها عشيّاً، ومعه قدحان من قشر الجوز المذكور أحدهما مملوء ماء، فيصبّ ما اجتمع من ماء العذق في أحد القدحين، ويغسله بالماء الذي في القدح الآخر، وينجر من العذق قليلاً ويربط عليه القدر ثانية، ثمّ يفعل غدوة كفعله عشيّاً. فإذا اجتمع له الكثير من ذلك الماء طبخه كما يطبخ ماء العنب إذا صنع منه الرّبّ، فيصير عسلاً عظيم النّفع طيّباً، ..."[١].

خامساً: صناعة الأسلحة

تفتقر كتب الرّحلات لذكر صناعة تعدّ من الصناعات الهامّة، وهي صناعة الأسلحة وتقويمها وصقلها[٢]، رغم أنّها قد استخدمت في تلك العصور بنوعيها: التقليدي، التقليدي، المتمثل بالسيوف والرماح والقوس، وبعض الأسلحة الثقيلة والمتطوّرة، مثل الأسلحة الناريّة والقنابل اليدويّة، والمدافع، ولعلّ اكتشافهم للنفط ساعد في التوصّل إلى اختراع مثل تلك الأسلحة المتطوّرة[٣].

ويروي ابن خلدون أنّ سلطان المغرب يعقوب المريني عندما هاجم مدينة سلجماسة سنة ٦٧٢هـ نصب عليها هندام (آلة) النفط القاذف بحصى الحديد ينبعث من خزانة أمام النار الموقدة في البارود بطبيعة غريبة تردّ الأفعال إلى قدرة باريها[٤].

(١) انظر، رحلة ابن بطوطة: ٢٣٨/١، وانظر في السكّر والحلو، رحلة ابن جبير، ص٩٨.

(٢) انظر، البكري، صفة جزيرة العرب من كتاب المسالك والممالك، تحقيق عبد الله غنيم، ص١٢٢.

(٣) انظر، الغرناطي، تحفة الألباب، ص ١٣٢-١٣٣، ورحلة ابن بطوطة: ٣٤/١، ١٧١، ٢/ ٣٤، ٢٧٩، وابن الحاج النميري، فيض العباب، ص١٢٥.

(٤) انظر، ابن خلدون، العبر: ٧/ ١٨٤-١٨٥، وابن الخطيب، اللمحة البدرية في الدولة النصرية، تحقيق محب الدين الخطيب، القاهرة، ١٩٢٨، ص٧٢.

سادساً: صناعات أخرى

نوّه بعض الرّحّالة إلى صناعات أخرى بسيطة، مثل صناعة الصابون المطيّب لغسل الأيدي -في مصر- الذي كان يصبغ بالحمرة والصّفرة[١]. وصناعة الفخار لا سيّما في الصيف، وقد ذكر ابن بطوطة أنّ "أهل الصين أعظم الأمم إحكاماً للصناعات وأشدها إتقاناً فيها"[٢]. واحتلّت الأواني المصنوعة من النحاس في بلاد الشام أهمية، حيث كان الرجل يجهّز ابنته ويكون "معظم الجهاز أواني النحاس وبه يتفاخرون وبه يتبايعون"[٣]. وصناعة الزّجاج الذي كان يصنع في العراق[٤]، وصناعة الأواني الخشبيّة التي كانت تصنع في الصين[٥]، وأواني الزينة المصنوعة من الملح في بلاد هرمز[٦]، وآنية الماء المصنوعة من الخزف، وتعرف بالريحية في تونس[٧]. وقد كانت بعض الأواني تنسب إلى المدينة التي صنعت فيها، مثلاً "إبريق مالقي"[٨].

وأشار بعض الرّحّالة إلى صناعة العطور، والأدهان العطريّة، فمن عادات أهل جزائر ذيبة المهل "أنّهم إذا صلّوا الصّبح أتت كلّ امرأة إلى زوجها أو ابنها بالمكلة الورد ودهن الغالية، فيكحل عينه ويدهن بماء الورد ودهن الغالية. فتصقل بشرته وتزيل الشحوب عن وجهه"[٩].

---

(١) انظر، رحلة ابن بطوطة: ٦٧/١-٦٨، وانظر، ابن سعيد، المغرب، قسم مصر: ١١/١.

(٢) انظر، رحلة ابن بطوطة: ٢٢٤/٢، وانظر أيضاً، المصدر نفسه: ٢٢١/٢ -٢٢٢، ٢٢٧.

(٣) المصدر نفسه: ٦٥/١.

(٤) انظر، المصدر نفسه: ٢٥٨/١.

(٥) انظر، المصدر نفسه: ٢٣٣/٢.

(٦) انظر، رحلة ابن بطوطة: ٢٤٥/١.

(٧) انظر، البكري، صفة جزيرة العرب من كتاب المسالك والممالك: ٦٩٨/٢.

(٨) الفشتالي، تحفة المغترب، ص ١٧٠.

(٩) رحلة ابن بطوطة: ١٧٥/٢، وانظر، المصدر نفسه: ٢١١/١.

ومـن الصّناعات أيضاً، صناعة النبيذ[١]، وصناعة كبس التمور في مكة المكرمة، حيث حيث أشار ابن جبير إلى جودة هـذا التمـر وعـدّه بمنزلـة التـين الأخضر- وهـو في نهايـة الطّيب واللّذاذة لا يسأم التفكّه به، ويخرج الناس إليه كخروجهم إلى الضيعة أو كخروج أهل المغرب لقراهم أيام نضج التين والعنب، وعنـد نضـجه يبسـط عـلى الأرض قـدر مـا يجـفّ قلـيلاً. ثـم يـركم بعضـه عـلى بعـض في السـلال والظـروف ثـم يحفـظ لوقـت استخدامه[٢].

وأشار ابن بطوطة إلى صناعات مختلفـة اشـتهرت بهـا مدينـة بعلبـك، ويبـدو أنهـا تتفرد بصناعتها، ومن قوله في ذلك: "وبهـا -أي بعلبـك- يصـنع الـدّبس المنسـوب إليهـا، وهو نوع من المربّي يصنعونه من العنب، ولهم تربة يضعونها فيه فيجمد، وتكسر القلـة (الجرة) التي يكون بها، فيبقى قطعة واحدة، وتصنع فيه الحلواء، ويجعل فيها الفستق واللوز، ويسمّونها حلواء الملبن، ويسمّونها أيضاً جلد الفرس"[٣].

"ويصنع ببعلبك الثياب المنسوبة إليها ... ويصنع بها أواني الخشب وملاعقه التي لا نظير لها في البلاد، وهم يسمّون الصّحاف بالدّسـوت، وربّمـا صـنعوا الصّـحفة، وصـنعوا صحفة أخرى توضع في جوفها وأخرى في جوفها إلى أن يبلغوا العشر، يخيّل لرائيـهـا أنهـا صحفة واحدة. وكذلك الملاعق يصنعون منها عشراً، واحدة في جوف واحـدة، ويصـنعون لها غشاء من جلد، ويمسكها الرجل في حزامه، وإذا حضر طعاماً مع أصحابه أخرج ذلـك، فيظنّ رائيه أنّها ملعقة واحدة، ثم يخرج من جوفهـا تسـعاً"[٤].أمّـا الصّـناعات الجلديّـة، فقد وجدت في اليمن جلود البقـر الململمّعـة التـي يكـون في جسـمها بقـع تخـالف سـائر جسدها، وتصنع من الجلود نعال مختلفة الألوان، من بياض وصـفرة[٥]. وتصـنع في بـلاد الصّقالبة، السروج واللُّجُم والدَّرَق ؛ وهي الترس تصنع من الجلد[٦].

---

(١) انظر، المصدر نفسه: ٢٩٧/١-٢٩٨.

(٢) انظر، رحلة ابن جبير، ص٩٩-١٠٠، وانظر، رحلة ابن بطوطة: ١٢٤/١، ١٣١.

(٣) رحلة ابن بطوطة: ٨٠/١.

(٤) رحلة ابن بطوطة: ٨٠/١.

(٥) انظر، البكري، صفة جزيرة العرب من كتاب المسالك والممالك، ص١٢٢.

(٦) البكري، جغرافية الأندلس، ص١٦٣.

ويبدو أنّ كتب الرّحلات قد نقلت تطوّر الصناعة الذي رافق عملية التبادل التجاريّ فيما بعد، أمّا تلك الصناعات التي لم تتم الإشارة إليها "فلعلّ ذلك يعود إلى أنّها مألوفة معروفة في معظم البلدان، أو أنّ الصّناعات كانت خفيفة ليست معقدة"(١).

ج. التجارة ووسائل النقل

صاحب نموّ النشاطين الزراعيّ والصناعيّ تطوّر في حركة التجارة، نظراً إلى كثرة الأنهار والبحار الصالحة للملاحة، وسهولة الطرق البريّة في بعض البلدان. وقد أشار بعض الرّحّالة إلى اخضاع العرب للصحراء الكبرى واستخدامها طريقاً يصل المدن الإفريقيّة ببعضها ويربطها بأقطار المغرب العربيّ، وذكروا أنواع البضائع التي كانت تنقل على تلك الطرق وتشتمل على الأنسجة والمعادن وغيرها، وقدّموا صورة واضحة للطرق البحريّة المختلفة وكيفية نقل الكثير من البضائع عن طريقها(٢).

وكان نتيجة ذلك أن كثرت الأسواق التجاريّة في مختلف البلاد والأقطار، فمدينة طرطوشة مثلاً "مدينة على سفح جبل ولها سور حصين أوّلها أسواق وعمارات وصنّاع وفعله.."(٣). أمّا مدينة المرية فلعلّها أكثر الموانئ الأندلسيّة نشاطاً "فإليها كانت تقصد مراكب البحر من الإسكندريّة والشام كلّه ولم يكن بالأندلس أيسر من أهلها مالاً، ولا أتجر منهم في الصّناعات، وأصناف التجارات، تصريفاً وادخاراً"(٤).

وذكر الرّحّالة، التّجار وأماكن نزولهم، حيث كان التّجار يقيمون في الفنادق، والمساجد. فمن حديث التّجيبي عن مدينة قوص المحروسة، قوله: "وكان نزولنا بهذه المدينة بالخان الكبير المعروف بالفندق المكرّم، وبه ينزل التّجار المدعوّون بالأكارم. وقد كان

---

(١) مطلوب، أحمد، (١٩٩٩). الملامح الاقتصادية في رحلة ابن بطوطة، بغداد: دار الشؤون الثقافية، ص١٣٣.

(٢) انظر، رحلة ابن بطوطة: ٢/٢٦٩-٢٨٦.

(٣) الإدريسي، صفة المغرب وأرض السودان ومصر والأندلس، ص١٩٠.

(٤) المصدر نفسه، ص ١٩٧.

عرض عليّ بعض ذي اليسار من فضلاء التّجار النزول في بعض الدّيار، فرأينا أنّ النزول بالخان المذكور كان آنس لنا، وأحسن للاستفهام عن أحوال الطرقات، وإليه يقصد الجمّالون وغيرهم ممن يريد دخول الصحراء، وما رأينا قط خاناً أكبر منه وهو نوع حصن، وكلّ نوع من مساكنه مستقلّ بنفسه، غير محتاج إلى غيره وفي وسطه مسجد تصلّي فيه الصلوات الخمس، وله إمام راتب"[١].

ويلحظ من هذا القول العلاقة الوثيقة والترابط بين الأسواق والفنادق والمساجد، وكانت بعض المدن تشتمل على حيّ خاصّ بالتّجار الذين يفدون من جميع الجهات، ومنهم العراقيّ والمصريّ والشّاميّ[٢]. وقد وصف الرّحّالة الأسواق والتنظيمات الماليّة والصادرات والواردات، وكلّ ما يتّصل بالأعمال التجاريّة، وأشار بعض الرّحّالة إلى بعض البلدان التي كانت تقتصر في نشاطها الاقتصاديّ وبشكل رئيس على التجارة وحدها لما فيها من ربح عظيم، فأهل مدينة تكدا في السودان الغربيّ لا شغل لهم "غير التّجارة، يسافرون كلّ عام إلى مصر، ويجلبون من كلّ ما بها من حسان الثياب وسواها"[٣] وأهل ظفار "هم أهل تجارة لا عيش لهم إلا منها"[٤].

وذكر بعض الرّحّالة أن اقتصاد بعض البلاد كان يقوم على تجارة المقايضة، فسكان المناطق البدويّة والريفيّة، كانوا أكثر اهتماماً بالحيوانات منهم بالزراعة، لذا كانت تجارتهم تشمل الغنم والسمن واللبن، ففي طريق مكة إلى العراق كان العرب يأتون "بالغنم والسمن واللبن، فيبيعون ذلك من الحجّاج بالثياب الخام، ولا يبيعون بسوى ذلك"[٥].

---

(١) التجيبي، مستفاد الرحلة، ص١٧٣.

(٢) انظر، الغرناطي، تحفة الألباب، ص ١٢٦، ورحلة ابن بطوطة: ٣٢٦/١.

(٣) رحلة ابن بطوطة: ٢٨٧/٢.

(٤) المصدر نفسه: ٢٣٤/١، وانظر، البكر، خالد عبد الكريم حمود، (٢٠٠٢). الرحلة الأندلسية إلى الجزيرة العربية من القرن الثاني حتى نهاية القرن السادس الهجري، ط١، الرياض، مكتبة الملك فهد الوطنية، ص ٨٤، ٢١٨، ٢١٩، ٢٥٥، ومواطن أخرى متفرقة.

(٥) رحلة ابن بطوطة: ١٥٥/١.

ومارس أهل نجد تجارة المقايضة مع الحجّاج، وقد أورد بعض الرّحّالة مراكز عديدة من مراكز المقايضة، مثل "سميرة"[١]، و "الثعلبية"[٢]، "حصن فيد"[٣] وكان البدو الأعراب يبادلون الحجّاج الغنم والسمن واللبن بالثياب الخام وماشابهها من بضائع.

ومن جانب آخر، فقد كانت تحمل السيوف مثلاً إلى بلاد البلغار، وتشترى بجلود السماور والجواري والغلمان[٤]، أمّا في بلاد الظلمة بشرق أوروبا، فذكر ابن بطوطة أنّه إذا "كملت للمسافرين بهذه الفلاة أربعون مرحلة نزلوا عند الظلمة، وترك كلّ واحد منهم ما جاء به من المتاع هنالك وعادوا إلى منزلهم المعتاد. فإذا كان من الغد عادوا لتفقد متاعهم، فيجدون بإزائه من السّمور والسنجاب والقاقم، فإن أرضى صاحب المتاع ما وجده إزاء متاعه أخذه، وإن لم يرضه تركه، فيزيدونه وربّما رفعوا متاعهم، أعني أهل الظلمة، وتركوا متاع التّجار وهكذا بيعهم وشراؤهم"[٥]. وكان أهل جزائر ذيبة المهل "يشترون الفخار إذا جلب إليهم بالدّجاج، فتباع عندهم القدر بخمس دجاجات وست"[٦].

وألقت بعض كتب الرّحلات الضوء على بعض عادات الشعوب في استقبال التّجار، فقد كان عبيد السلطان في مدينة ظفار "يخرجون إلى الساحل ويصعدون إلى المركب ومعهم الكسوة الكاملة لصاحب المركب أو وكيله. وللربّان وهو الرئيس .. وتبعث الضّيافة لكلّ من بالمركب ثلاثاً وبعد الثلاث يأكلون بدار السلطان ..."[٧]. أمّا مدينة

---

(١) انظر ، المصدر نفسه : ١٥٥/١.

(٢) انظر، المصدر نفسه: ١٥٦/١.

(٣) انظر، المصدر نفسه: ١٥٥/١.

(٤) انظر، أبو حامد الغرناطي، تحفة الألباب، ص ١٣٣.

(٥) رحلة ابن بطوطة: ٣٠٨/١-٣٠٩.

(٦) المصدر نفسه: ١٧٧/٢.

(٧) المصدر نفسه: ٢٣٤/١.

جاوة، فقد كانت تهتمّ بالتجارة والتّجار، فما أن يصل المركب إلى المرسى حتى يخرج أهل جاوة "ومعهم جوز النّارجيل والموز والعنبة والسمك، وعادتهم أن يهدوا ذلك للتّجار، فيكافئهم كلّ إنسان على قدره"[(١)].

وكان من عادات بلاد الصين في منع التّجار عن الفساد، أنّه "إذا قدم التّاجر المسلم على بلد من بلاد الصين، خُيِّر في النزول عند تاجر من المسلمين المستوطنين مُعيّن أو في الفندق، فإن أحبَّ النّزول عند التّاجر حصر ماله، وضمنه التاجر المستوطن وأنفق عليه منه بالمعروف، فإذا أراد السّفر بحث عن ماله، فإنْ وُجِدَ شيٌ منه قد ضاع أغرمه التّاجر المستوطن الذي ضمنه... وأمّا إنفاق ماله في الفساد، فشيء لا سبيل له إليه، ويقولون: "لا نريد أن يسمع في بلاد المسلمين أنّهم يخسرون أموالهم في بلادنا، فإنّها أرض فساد وحسن فائت"[(٢)].

ويبدو أنّ أمور التّجارة قد نُظّمت، ولا سيّما في القرن الثامن الهجريّ، فكان لكلّ جماعة من التّجار رئيس يسمى مالك التّجار[(٣)]، أو أمير التّجارة[(٤)]، وقد "بلغت تجارة المسلمين في العصور الوسطى شأواً لم تبلغه تجارة أيّة أمّة قبل عصر الاكتشافات الجغرافيّة الحديثة... وكانت طرق قوافلهم تربط بين أنحاء العالم المعروف ولم تقتصر تجارتهم على ديار الإسلام بل تجاوزتها إلى كلّ ركن معمور، وكان لديهم ما يتجرون فيه إذ كانت بلادهم تنتج الغلات المتنوّعة، وكانوا قد أصبحوا سادة الصناعة بمقاييس تلك العصور..."[(٥)].

---

(١) المصدر نفسه: ٢١٣/٢.

(٢) المصدر نفسه: ٢٢٥/٢.

(٣) انظر، رحلة ابن بطوطة: ٨٧/٢.

(٤) انظر، المصدر نفسه: ١٦٦/٢.

(٥) الصياد، محمد محمود، (١٩٨٥). ابن بطوطة، سوسة، تونس: دار المعارف للطباعة والنشر، ص٧-٨.

أولاً: الأسواق والسّلع التّجاريّة

كان لازدهار الحركة التّجاريّة أثر كبير في إنشاء الأسواق الكبيرة والاهتمام بها في المدن والطّرق والمراسي، وعدّت الأسواق مراكز اقتصاديّة وعنوان نشاط المدن الصناعيّة والتّجاريّة والاجتماعيّة أيضاً، ودليل الأوضاع الاقتصاديّة الحضاريّة الرّاقية.

وقد رصدت كتب الرّحلات الكثير من المعالم الحضاريّة للتّجارة في مختلف البلاد التي قصدها الرّحّالة، حيث لفتت أنظارهم الأسواق المتّصلة بين المدن، كالأسواق المتصلة من الإسكندريّة إلى القاهرة، ومن القاهرة إلى أسوان[١]، والأسواق التي كانت بين مصر والشّام[٢]، وفي طريق المدينة إلى مكّة[٣]، وغيرها، وكانت هذه الأسواق حافلة بكلّ أنواع الأطعمة والفواكه وشتّى أنواع البضائع، حتى أنّ المسافر لا يحتاج إلى أن يحمل زاداً كثيراً كما في بعض مناطق الهند والصين، حيث الأسواق المتّصلة والطرق التي تكتنفها الأشجار من مختلف الأنواع، فكأنّ الماشي بها في سوق من الأسواق[٤].

وأشارت بعض كتب الرّحلات إلى حركة الصّادرات والواردات، وقدّمت صورة عن نشاط الأسواق في تلك العصور والصناعات الموجودة فيها. وترتيبها، حيث كلّ صناعة على حدة لا تخالطها أخرى، فهناك سوق العنبر والمسك والجوهريين، ولعلّ أطرف ما وصف به ابن بطوطة هذه الأسواق وصفه لسوق الجوهريين في بغداد[٥].

(١) انظر، رحلة ابن جبير، ص١٨، ٣٥، ٤٥، ورحلة ابن بطوطة: ٣٧/١، ٣٩.

(٢) انظر، رحلة ابن جبير، ص ٢١٦، ٢٢٠، ٢٣١، ٢٦١، ورحلة ابن بطوطة: ٥٨/١، ٦٣، ٦٤، ومابعدها.

(٣) انظر، رحلة ابن جبير، ص٥٧، ٩٧، ١٠٠- ١٦٠، ١٦٦، ورحلة ابن بطوطة: ١٢٠/١، ١٣١، ١٥٤، ١٥٧.

(٤) انظر، رحلة ابن بطوطة: ١٥٤/٢، ٢٢٢، ٢٤٧.

(٥) انظر، المصدر نفسه: ٢٠٠/١، ٢٠٨.

وحوانيت الورّاقين وصنّاع الأواني الزّجاجيّة العجيبة في دمشق[(١)]، وقد ذكر ابن بطوطة أيضاً أنّ أكثر الصنّاع والباعة في بعض البلدان من النساء[(٢)].

وأكثر الرّحّالة من ذكر الأماكن التي مثّلت مراكز تجاريّة هامّة، مثل مدينة قوص، المدينة الحافلة بالأسواق "متّسعة المرافق كثيرة الخلق لكثرة الصّادر والوارد من الحجّاج والتّجار اليمنيين والهنديين، وتجّار أرض الحبشة، لأنّها مخطر للجميع، ومحطّ للرجال ومجتمع الرفاق، وملتقى الحجاج المغاربة والمصريين والإسكندريين، ومن يتّصل بهم"[(٣)].

ومنها منطقة المَبْرَز الواقعة بين قوص وعيذاب، وهي منطقة فسيحة محدقة بأشجار النخيل، يجتمع فيها رحال الحاجّ والتّجار، وفيها يتمّ وزن البضائع وشدّها على الجمال التي تنقلها إلى عيذاب عبر الصحراء[(٤)].

ووصف العبدري أسواق تلمسان، فقال: "وبها أسواق قائمة ..."[(٥)] ومن حديثه عن البزواء، قوله: "وفي تلك الجهة عربان كثيرة تقيم مع الركب سوقاً عظيمة ويجلبون إليها الغنم والتمر فيتّسع العيش ويرخص"[(٦)].

أمّا الأماكن المقدّسة، فقد تعدّدت الأسواق فيها، فمكة كانت ملتقى الحجّاج والتّجار، "وملتقى الصّادر والوارد .. فهي أكثر البلاد نعماً وفواكه ومنافع ومرافق ومتاجر"[(٧)]، وفيها يوجد أسواق تجاريّة كبيرة، منها سوق البزّازين والعطّارين، وسوق

---

(١) انظر، رحلة ابن بطوطة: ٨٦/١.

(٢) انظر، المصدر نفسه: ٣٢٠/١.

(٣) رحلة ابن جبير، ص٤٠، وانظر أيضاً، التجيبي، مستفاد الرحلة والاغتراب، ص١٧٣، ورحلة ابن بطوطة: ٥١/١.

(٤) انظر، رحلة ابن جبير، ص٤١.

(٥) العبدري، الرحلة المغربية، ص١١.

(٦) المصدر نفسه، ص ١٦٥.

(٧) رحلة ابن جبير، ص ٢٧، وانظر، العبدري، الرحلة المغربية، ص ١٨٥، ورحلة ابن بطوطة: ١٥٤/١.

الدقّاقين، وسوق الخيّاطين، وسوق آخر ما بين الصفا والمروة تباع فيه مختلف الأطعمة. وكانت هذه الأسواق تنشط في موسم الحج، وقد يستمر بعضها طوال عيد الأضحى، مثل سوق منى حيث يباع فيه الجواهر والأمتعة وغيرها[١]. وذكر الرّحّالة أيضاً مدينة عكا التي كانت "ملتقى تجّار المسلمين والنّصارى من جميع الآفاق"[٢].

وقد لقيت تلك الأسواق اهتماماً كبيراً بالمحافظة على الأمن في المدن، وحراسة الأسواق لا سيّما في الليل، وذكر ابن سعيد المغربيّ أنّ بلاد الأندلس كانت لها دروب تغلق في أول الليل بواسطة الدّرّابين، وكان كلّ واحد منهم معه سلاح وكلب وسراج[٣]، وذكر ابن بطوطة أنّ مدينة القسطنطينية كانت لها أسواق واسعة مفروشة بالصّفاح، وكان على كلّ سوق أبواب تسد عليه بالليل[٤]. ولأهمّية الأسواق أيضاً، فإنّها كانت تزيّن في المناسبات فعندما شفي الملك الناصر بمصر، من كسر أصاب يده زيّن "كلّ أهل سوق سوقهم، وعلّقوا بحوانيتهم الحلل والحلي وثياب الحرير، وبقوا على ذلك أيّاماً"[٥].

وقد أبدى بعض الرّحّالة إعجابهم في بعض الأسواق، غير أنّ بعضهم الآخر أبدى عدم إعجابه بأسواق أخرى، ولا سيّما في انعدام النّظافة فيها، فممّا قاله ابن بطوطة عن سوق ظفار أنها "من أقذر الأسواق وأشدّها نتناً وأكثرها ذباباً لكثرة ما يباع بها من الثّمرات"[٦] وسمك السردين. وقد استاء العبدري من عادة الأكل في بعض الأسواق والطّرقات في دمشق[٧].

---

(١) انظر، رحلة ابن بطوطة: ١٢٩/١، ١٣١، ورحلة ابن جبير، ص٨٥، ١٥٧.

(٢) رحلة ابن جبير، ص٢٧٦، وانظر، الحميري، الروض المعطار، تحقيق إحسان عباس، ص ٤١، وجرار، صلاح، القدس في رحلات الأندلسيين، بحث لم ينشر بعد، ص١.

(٣) انظر، المقري، نفح الطيب: ٢١٩/١.

(٤) انظر، رحلة ابن بطوطة: ٣٢٠/١.

(٥) المصدر نفسه: ٣٩/١ .

(٦) انظر، رحلة ابن بطوطة: ٢٣٤/٢، وانظر، المصدر نفسه: ٣٢١/١.

(٧) انظر، العبدري، الرحلة المغربية، ص١٢٩.

ورافق ازدهار الأسواق إقامة علاقات تجاريّة قويّة بين مختلف البلدان لا سيّما بين مصر وبلاد الشام وبين البلاد العربيّة وغير العربيّة، وأفاض الرّحّالة في الحديث عن حركة القوافل والمراكب التجاريّة، وصادرات وواردات بعض البلدان التي قصدوها، ومن ذلك ما تنتجه مدينة توزر في التمور، ويعدّ "أخصب الانتاج بإفريقيّة تمراً وتخرج منها كلّ يوم ألف حمل إلى كافة الجهات"(١)، وتصدّر مدينة صفاقس "الزّيت إلى مصر والمغرب وصقلية وبلاد الروم.."(٢).

وكانت المراكب تخرج من إشبيلية محمّلة بالزيت نحو سلا وبلاد المغرب والمشرق، وكذلك حملت الثياب السوسيّة إلى كلّ الجهات(٣)، وأشار بعض الرّحّالة إلى البضائع المستوردة عن طريق ميناء عيذاب حيث تصل سلع الهند إلى اليمن، ثم كانت تنقل من ميناء عيذاب بواسطة الجمال بطريق البرّ وتوزّع إلى مناطق مختلفة، وكان أكثر ما تحمله تلك القوافل الفلفل حتى قيل لكثرته، أنّه رخيص الثمن يوازي التراب قيمة(٤).

أما موز دمياط فكان يُصدّر إلى القاهرة وغيرها من مدن مصر(٥)، وكان يحمل من مدينة العلاية بأرض الروم الخشب إلى الإسكندريّة ودمياط، ويحمل منها إلى سائر بلاد مصر(٦)، ومشمش قونية المسمّى قمر الدين إلى ديار مصر والشّام(٧)، وتصدّر بيروت الفواكه إلى مصر(٨)، وتختصّ مدينة المعرّة بزراعة التين والفستق الذي يحمل إلى مصر مصر

---

(١) البكري، المسالك والممالك: ٧٠٨/٢.

(٢) انظر، المصدر نفسه: ٦٦٩/٢.

(٣) انظر، المصدر نفسه: ٦٩١/٢، و الإدريسي، نزهة المشتاق، ص٧٣، ١٧٨، ورحلة التجاني، ص٢٦، و مؤلف مراكشي مجهول، الاستبصار، ص١١٩.

(٤) انظر، رحلة ابن جبير، ص٤٣.

(٥) انظر، رحلة ابن بطوطة: ٣٥/١.

(٦) انظر، المصدر نفسه: ٢٥٦/١.

(٧) انظر نفس المصدر والجزء والصفحة.

(٨) انظر، المصدر نفسه: ٦٤/١.

والشام[١]، وقد كانت الصناعة والتّجارة في دمشق مزدهرة، وعلى درجة عالية من التقدّم، ممّا أدّى إلى كثرة الأسواق المتخصّصة بالصّناعات المتنوّعة[٢].

أمّا مكة المكرمة، فقد كانت البضائع الواردة إليها من الهند والحبشة والعراق واليمن وغيرها كثيرة جداً، حتى أنّها تبقى الموسم كلّه، ومايباع في يوم واحد كفيل بإقامة الأسواق النافعة في مختلف البلاد. ومن تلك السلع التي أفاض الرّحّالة في الحديث عنها: الجواهر، والياقوت، وسائر الأحجار وأنواع الطيب المختلفة كالمسك والعنبر والعود وغيرها، إضافة إلى الخيرات والأرزاق وسائر الطيّبات من الفواكه وسائر البقول، والرّياحين العبقة والمشمومات العطرة. ويجلب إليها أيضاً من اليمن الزبيب الأسود والأحمر شديد الجودة، واللوز الكثير، ومن الفواكه والخضار: السفرجل والبطيخ والخيار واليقطين واللوبياء، وسائر الحبوب، التي جلبت إليها من الطائف والقرى المحيطة بها والأودية القريبة مثل وادي نخلة وبطن مرّ[٣].

وقد كانت قبائل السّرو، وهي من قبائل اليمن التي تسكن جبال السّراة، يبايعون بالخِرَق والعباءات والشِّمَل، فيعدّ أهل مكة الأقنعة والملاحف المتينة وما أشبه ذلك ممّا يلبسه الأعراب ويبايعونهم به ويشارونهم[٤].

ورصدت بعض كتب الرّحلات صوراً لاهتمام بعض البلاد بالصيد، والطرق المستخدمة في ذلك، ففي مدينة صفاقس، كان يصطاد من السمك الكثير من الأنواع التي تفوق الاحصاء، فتمدّ بها الأسواق[٥]، وكانت مدينة جدّة تصدّر الأسماك إلى مكّة[٦].

---

(١) انظر، المصدر نفسه: ٦٧/١.

(٢) انظر، رحلة ابن جبير، ص٢٦١، ورحلة ابن بطوطة: ٨٦/١.

(٣) انظر، رحلة ابن جبير، ص٩٧-٩٩، والعبدري، الرحلة المغربية، ص١٨٥، ورحلة ابن بطوطة: ١٢٤/١، ١٤٨.

(٤) انظر، رحلة ابن جبير، ص١١١.

(٥) انظر، رحلة التجاني، ص ٦٨، ورحلة ابن بطوطة: ١٢٣/٢، ٢٧٠.

(٦) انظر، التجيبي، مستفاد الرحلة، ص ٢١٩ -٢٢٠.

أمّا صيد اللؤلؤ، فيشكّل دعامة مهمة من دعامات اقتصاد بعض البلاد، وقد وصف بعض الرّحّالة طريقة صيده، وبيعه وتصديره. وكان الصيادون يمدّون الأسواق بما يصيدون من الأسماك واللؤلؤ(١)، ومختلف الحيوانات، مثل الأرانب البريّة التي كانت لحومها تلقى إقبالاً شديداً من سكان المملكة الغرناطيّة(٢).

وذكر بعض الرّحّالة قصصاً عن تجارة عظام البقر والغنم، وأنياب الفيلة التي يتخذ منها الأمشاط. وقد نالت هذه القصص اهتماماً كبيراً، وبخاصّة لدى الدارسين المهتمين بعالم العجائب المختلفة(٣).

ومارس بعض الرّحّالة التّجارة وعملية التصدير، فقد أشار العبدري إلى أنّه كان يحمل القمح لبيعه في مكة المكرمة(٤)، ونقل ابن بطوطة إلى الهند صناعة بعض حلوى المغرب، حيث صنع لسلطان الهند أنواعاً منها المقرصة، ولقيمات القاضي، وجلد الفرس(٥)، أمّا ابن جبير فقد شاهد بنفسه محصول القمح في مدينة منفلوط الذي تميّز بجودته ورزانة حبته، وشهد أيضاً نقله بالمراكب إلى القاهرة(٦).

ولم يقف أمر التّجارة عند هذا الحدّ، فقد انتشرت تجارة بيع الجواري في بعض البلاد، ومن ذلك ما ذكره ابن بطوطة عن أهل بلدة تكدا في السودان، أنّ عندهم جواري مُعلَّمات، يحرصون عليهن كثيراً ولا يبيعوهنّ "إلا نادراً وبالثمن الكثير.."(٧). وفي ذلك دلالة على ما أفرزته تلك الصّلات والعلاقات التجاريّة من فوائد ماديّة واجتماعيّة وثقافيّة.

---

(١) انظر، رحلة ابن جبير، ص٤٦، ورحلة التجاني، ص ٦٨، ورحلة ابن بطوطة: ٢٤٠/١.

(٢) انظر، القشتالي، تحفة المغترب، ص٢٦٤، ورحلة ابن الحاج النميري، فيض العباب، ص٣٧.

(٣) انظر، أبو حامد الغرناطي، تحفة الألباب، ص ١٢٩، ١٣٢.

(٤) انظر، العبدري، الرحلة المغربية، ص١٨٨، ورحلة ابن جبير، ص١١٠.

(٥) انظر، رحلة ابن بطوطة: ١٢٥/١-١٢٦.

(٦) انظر، رحلة ابن جبير، ص٣٥، ورحلة ابن بطوطة: ٤٩/١.

(٧) انظر، رحلة ابن بطوطة: ٢٨٨/٢، وقد اشتهرت أسواق خاصة بالمغنيين والمغنيات، انظر، المصدر نفسه: ١٣٦/١، ١٥٣/٢، ٣٦١.

ثانياً: التّنظيمات الماليّة

سجّلت كتب الرّحلات بعض الجوانب الإداريّة التنظيميّة، في العملات والأسعار، والموازين والمكاييل والضرائب والأوقاف، والعلاقات التجاريّة والتعامل النقديّ بين الدول، ووسائل النقل المختلفة. وسجّل الرّحالة ملاحظاتهم عن تصرّف السلاطين والحكام في شؤون الدولة الإداريّة وتنظيماتها.

وألقت الرّحلات الضّوء على تعدد العملات النقديّة في الدّول والبلدان التي قصدها الرّحالة، إذ لم تكن العملة موحّدة بين تلك البلدان ؛ لاتّساع الرقعة الجغرافيّة، فكلّ دولة لها عملتها مع أنّ السّيادة كانت للدينار والدرهم في مختلف البلاد الإسلاميّة، وهما يختلفان في القيمة من بلد لآخر[١].

وأشار بعض الرّحالة إلى دور سكّ النّقود، كالدّار التي في مكة المكرمة، وعرفت بدار أبي بكر الصّديق، رضي الله عنه، ولم يشر إلى نوعية النقود المسكوكة فيها وأحجامها[٢].

ولعلّ رحلة ابن بطوطة تشكّل مصدراً اقتصادياً هاماً، ألمّ بأهمّ العملات ومقارنتها بغيرها من عملات البلاد الأخرى، لا سيّما العملة المغربيّة، وبالموازين والمكاييل، مثل الرطل العراقيّ، والرطل المصريّ، والرطل الهنديّ[٣]. وقد ذكر ابن بطوطة المادة التي سكّت منها النقود، فكانت دنانير المغرب وتونس وقسنطينة من الذهب، وكذلك الدينار الهنديّ[٤]، وفي جبال الروس يباع ويشترى بالصّوم، وهي سبائك الفضة ووزن الصومة

---

(١) انظر، رحلة ابن جبير، ص ٢٤، ٣٠، ورحلة ابن بطوطة: ٣٤٧/١، ٣٥٣، ١٤/٢.

(٢) انظر، البلوي، تاج المفرق:٣١٣/١، ورحلة ابن بطوطة: ٢٢٣/٢.

(٣) انظر، رحلة ابن بطوطة: ١٨١/١، ٨١/٢، ٨٣.

(٤) انظر، المصدر نفسه: ١١٧/١، ١٦٥، ٢٥٧، ١٤/٢، ١١١، ٢٠٧.

منها خمسة أواق[١]، ويتعامل الناس في مناطق أخرى بالودع[٢]، وبالملح كما تعامل غيرهم بالذّهب والفضّة، حيث يقطعونه قطعاً ويتبايعون به[٣].

وقد كان لبعض البلدان عملات محليّة لا تنفق خارجها، ومن هذه المدن، ظفار حيث يتعامل أهلها بدراهم من النحاس والقصدير، لا تنفق في سواها[٤]. ويبدو من ذلك أنّ العملة الورقيّة استعملت بشكل نادر في بعض البلاد التي قصدها الرّحّالة في تلك العصور، فأهل الصين لا يتبايعون بدينار ولا درهم، وإنّما بيعهم وشراؤهم بقطع كاغد كلّ قطعة منها بقدر الكفّ[٥].

وتضمّنت كتب الرّحلات إشارات كثيرة تدلّ على صلة العملات بالخلافات والمنازعات السياسيّة، فكانت الدراهم والدنانير تتغير وتضرب باسم السلطان أو الحاكم الجديد أو من ادّعى الحكم لنفسه، والكتابة التي عليها تدلّ على ذلك[٦]. وصوّرت كتب الرحلات أيضاً التدهور الماليّ في بعض البلدان التي زارها الرّحّالة، حيث أخذت بعض العملات تفقد قيمتها إلى أن توقف طبعها نهائيّاً[٧].

أمّا الأسعار، فلم تكن واحدة في مختلف البلدان التي قصدها الرّحّالة، تبعاً لاختلاف طبيعة تلك البلدان ومنتجاتها الزراعيّة والحيوانيّة والصناعيّة، وجاء حديث الرّحّالة عن غلاء الأسعاء ورخصها والمقارنة بينها لسلعة واحدة في بعض المناطق، حديثاً عرضيّاً،

---

(١) انظر، المصدر نفسه: ٣١٤/١.

(٢) انظر، المصدر نفسه: ١٧٧،١٨٣/٢.

(٣) انظر، المصدر نفسه: ٢٦٩/٢.

(٤) انظر، المصدر نفسه: ٢٣٤/١.

(٥) انظر، رحلة ابن بطوطة: ٢٢٣/٢.

(٦) انظر، المصدر نفسه: ٣٤٦/١.

(٧) انظر، المصدر نفسه: ٢٢٣/٢.

وإشارات بسيطة لا تشكّل صورة واضحة وتامة لجميع الأسعار والأوضاع الاقتصاديّة في مختلف البلدان. وإن قدّمت بعض الملامح الاقتصاديّة لتلك العصور[١].

ومن مظاهر غلاء الأسعار، ما وصف به ابن جبير الظّروف القاسية التي مرّت بها مكّة المكرمة سابقاً، فندرت البضائع واشتدّ الغلاء وقلّ الوافدون إليها سواء للحج أم التجارة، إلى أن تحسّنت الأوضاع على يد بعض الحكام والأمراء، ومن قوله: "ومن صنع الله الجميل لنا وفضله العميم علينا أنّا وصلنا إلى هذه البلدة المكرمة فألفينا كلّ من بها من الحجاج المجاورين ممّن قدم عهده فيها وطال مقامه بها يتحدّث على جهة العجب بأمنها من الحرّابة المتلصّصين فيها على الحاج المختلسين ما بأيديهم..، وكانوا أيضاً يتحدثون بكثرة نعمها في هذا العام، ولين سعرها، وأنّها خارقة للعوائد السالفة عندهم. كان سَوْمُ الحنطة أربعة أصواع بدينار مؤمنيّ، وهي أوبتان من كيل مصروجهاتها، والأوبتان قدحان ونصف قدح من الكيل المغربيّ، ..."[٢].

ومن السّلع مرتفعة الأسعار أيضاً الفراء، ورغم ذلك فتجارته كانت رائجة جداً، وبيعت بعض أنواعه في الهند بحوالي مائتين وخمسين ديناراً، ويصل سعر بعضها إلى أربعمائة دينار ذهباً[٣]. وقد يشتد الأمر ويحصل القحط ويقع الغلاء في بعض البلدان. ومن أمثلة ذلك ما رآه ابن بطوطة في بلاد الهند والسند، حيث شاهد ثلاث نسوة يقطعن قطعاً من جلد فرس مات منذ أشهر ويأكلنه، وكانت الجلود تطبخ وتباع في الأسواق، وكان الناس إذا ذبحت البقرة أخذوا دماءها فأكلوها"[٤]. وحاول السلاطين والأمراء

(١) انظر، البكري، المسالك والممالك، ص ٣٤، ١١١،١٤٧، ١٥٣، ١٥٨، ورحلة ابن جبير، ص١٠٠، ورحلة ابن بطوطة: ٣٠٠/١.

(٢) رحلة ابن جبير، ص١٠٠.

(٣) انظر، رحلة ابن بطوطة: ٣٠٩/١.

(٤) انظر، رحلة ابن بطوطة: ١٠٥/٢.

مواجهة تلك الأوضاع الصّعبة، واتّخاذ الإجراءات اللازمة لمعالجتها وقد أمر بعضهم بحفر آبار خارج دار الملك، وأعطوا الناس البذور لزراعتها، وما يلزم من النفقة[١].

وأشارت بعض الرّحلات إلى رخص الأسعار، ومن مظاهر ذلك ما ذكره ابن جبير عن مدينة مسينة بصقلية، وهي "مقصد جواري البحر من جميع الأقطار، كثيرة الأرفاق برخاء الأسعار ...، أسواقها نافقة حفيلة، وأرزاقها واسعة بإرغاد العيش كفيلة، لاتزال بها ليلك ونهارك في أمان"[٢]، ووصف ابن بطوطة مدينة قصطمونية -من مدن آسيا الصغرى- بأنّها "كثيرة الخيرات رخيصة الأسعار.. فكنّا نشتري طابق اللحم الغنميّ السمين بدرهمين، ونشتري خبزاً بدرهمين يكفينا ليومنا ونحن عشرة، ونشتري حلواء العسل بدرهمين فتكفينا أجمعين، ونشتري جوزاً بدرهم، وقسطلاً بمثله فنأكل منها أجمعون..."[٣]. أمّا الخيل في مدينة أزاق -من مدن شرق أوروبا- فهي "كثيرة جداً وثمنها نزر، قيمة الجيّد منها خمسون درهماً أو ستون من دراهمهم، وذلك صرف دينار من دنانيرنا أو نحوه، وهذه الخيل هي التي تعرف بمصر الأكاديش ومنها معاشهم، وهي ببلادهم كالغنم ببلادنا بل أكثر..."[٤].

وممّا تجدر الإشارة إليه هنا، الموارد الماليّة في المدن التي قصدها الرّحّالة، وعمّال جبايتها والتّرتيبات اللازمة لتحصيلها، وأوجه صرفها تبعاً للظّروف والحكام، حيث تزاد أو تخفّف. ومن هذه الموارد الماليّة التي عني بالكتابة عنها الرّحّالة: الضرائب، وكانت تنقسم إلى قسمين: ضرائب مشروعة، وضرائب غير مشروعة وتعرف بالمكوس، نشأت

---

(١) انظر، المصدر نفسه: ٨١/٢، ٨٣.

(٢) رحلة ابن جبير، ص ٢٩٦.

(٣) رحلة ابن بطوطة: ٢٨٥/١.

(٤) المصدر نفسه: ٢٩٩/١.

عن حاجات وظروف جديدة اضطرت الدّولة إلى فرضها وتسمّى بالمال الهلاليّ لأنّها تجبى مع هلال كلّ شهر عربيّ بعكس المال الخارجيّ الذي يجبى كلّ سنة[١].

وقد كانت المكوس مورداً خصباً وهامّاً للدّولة مع أنها تسببت في إرهاق الناس فكثرت الظلامات والشكوى، لا سيّما وأنّ طرق جبايتها كثيراً ما كانت تتّصف بالقسوة وسوء المعاملة، وقد اشتكى ابن جبير حين زار مصر من إجباره ورفاقه الحجّاج المسلمين المغاربة على دفع المكوس دون التّحقّق من استحقاقها، وأبدى استياءه من قسوة الإجراءات الجمركيّة في الموانئ وعنف وسوء معاملة التّجار والحجّاج القادمين إلى البلاد والخارجين منها، ورفع قصيدة في هذا الموضوع للسلطان صلاح الدين الأيوبيّ الذي قام بدوره بإزالة المكوس ورسومها[٢].

ودفعت بعض الموارد الماليّة وترتيباتها إلى إثارة حفيظة بعض الرّحّالة، فالعبدريّ حين زار الإسكندريّة أثار حفيظته نظام الجمارك في تفتيش الصّادر والوارد، فدعا إلى محاربة هذا المنكر[٣]. وذكر التّجيبي أنّ الحجّاج كانوا يفتشون في عيذاب، وتؤخذ منهم الضرائب بحسب أحوالهم[٤]، وأنّ بجدّة عاملاً من قبل أمير مكة، مهمته قبض المكوس والضرائب من الحجّاج، وقد أظهر التّجيبي تذمّره من ذلك وقال إنّها غير مشروعة "و الله تعالى يصلح أحوال الجميع، ويعظم الأجر بذلك، فعلى قدر النفقة والنصب يكون الأجر"[٥]. وطُبّق نظام المكوس في بعض البلاد تطبيقاً صارماً، حيث كانت تفتّش القوافل

---

(١) انظر، المقريزي، تقي الدين أحمد بن علي بن عبد القادر، (ت ٨٤٥هـ). المواعظ والاعتبار بذكر الخطط والآثار المعروف بالخطط المقريزيّة، دار التحرير، مطبة النيل، القاهرة، مصر، ١٣٢٤هـ:١١١/١.

(٢) انظر، رحلة ابن جبير، ص١٣، ٣٠، والعبدري، الرحلة المغربية، ص٩٤، والبلوي، تاج المفرق: ١٩٧/١.

(٣) انظر، العبدري، الرحلة المغربية، ص٩٣.

(٤) انظر، التجيبي، مستفاد الرحلة، ص٢٠٦.

(٥) انظر، المصدر نفسه، ص٢٢٠.

والمراكب تفتيشاً دقيقاً، وكان يتقاضى الرّبع من كلّ ما يجلبه التّجار[١]. وقد أخذت بعض البلدان، كبلاد البلغار الجزية والخراج من الولايات التابعة لها[٢].

واهتمّت بعض الحكومات بجباية الزكاة من تجّارالمسلمين، والعشر من تجّار الكفّار، في حين أنّه في بعض البلاد الأخرى كانت تجبى الضرائب لا الزكاة[٣]. كما أخذ الحكام والسلاطين يهتمون بالمراكز الجمركيّة على حدود البلاد، فقد أشار ابن بطوطة إلى مراكز التّفتيش الجمركيّ على الطريق المؤدية إلى الشام لا سيّما مركز قطيا حيث "تؤخذ الزكاة من التجار، ونفيس أمتعتهم، ويبحث عمّا لديهم أشدّ البحث، وفيها الدواوين والعمال والكتاب والشهود. ومجباها في كلّ يوم ألف دينار من الذهب، ولا يجوز عليها أحد إلى الشام إلا ببراءة من مصر ..."[٤].

وقد وضع السّلاطين والأمراء الأنظمة الإداريّة التي تسهم في انتشار الأمن والاستقرار في البلاد، حيث عيّن السلاطين الموظّفين، والقضاة والمحتسبين، "وكان فرض الضرائب على الأسواق من أهمّ واجبات المحتسب، لذلك تجتمع المهن في الأسواق لتسهيل الجباية وتنظيم التّجارة"[٥]، وكذلك سنّت إجراءات رسميّة لدخول المراكب والقوافل للبلاد والخروج منها، مثل تفتيش الرّكاب أو التّحقيق معهم، ورصد أسماء المسافرين قبل خروجهم، فإذا عادوا يتمّ مقابلة ما كتب بأشخاص الناس[٦].

ولم تغفل بعض الدّول عمّا يمكن أن يحدث من عمليات التّهريب لداخل البلاد أو خارجها، لذا اتّخذت بعض الإجراءات الاحتياطيّة لمواجهة ذلك، ومنها ما وكّلت به

---

(١) انظر، رحلة ابن بطوطة: ١٩/٢.

(٢) انظر، أبو حامد الغرناطي، تحفة الألباب، ص١٣٠.

(٣) انظر، رحلة ابن جبير، ص٣٨، والتجيبي، رحلة مستفاد الرحلة، ص ٢٠٦، ٢١٩، ورحلة ابن بطوطة: ٣٠٠/١.

(٤) انظر، رحلة ابن بطوطة: ٥٢/١-٥٣.

(٥) البهنسي، عفيف، (١٩٩٠). العمارة العربية، الرباط: المجلس القومي للثقافة العربية، ص٣٩.

(٦) انظر، رحلة ابن بطوطة: ٢٢٤/٢-٢٢٥.

الحكومات المصريّة القبائل العربيّة بحفظ الطرق، وذلك بأن "يمسحوا على الرمل وقت الليل حتى لا يبقى به أثر ثم يأتي الأمير صباحاً فينظر إلى الرمل فإن وجد أثراً طالب العرب بإحضار مؤثره فيذهبون في طلبه فلا يفوتهم، فيأتون به الأمير، فيعاقبه بما شاء"[١].

أمّا الأوقاف، فكانت لخدمة الفقراء وأبناء السبيل، وينفق منها على الزوايا والمتصوّفة والفقراء وطلاب العلم، وكانت تساعد في تجهيز البنات إلى أزواجهن، ورصف الطرق، وتعويض من كسر آنيته، ومنهاأوقاف على العاجزين عن الحج[٢]. وتحدّث ابن بطوطة عن ما يشبه الجمعيات أو المؤسسات التي تقدّم الكثير من الخدمات والمساعدات للمحتاجين وهي جماعة الأخية، وأحد الأخية أخي على لفظ الأخ إذا أضافه المتكلّم إلى نفسه، وهم بجميع البلاد التركمانيّة الروميّة.. وكانت هذ الجماعة تقيم في الزوايا[٣].

ومن هذا الرصد الماليّ العام، للجباية والعشر والزكاة والضرائب، والخاص من هدايا وأعطيات تبادلها الملوك والأمراء والوزراء والتّجار الكبار، والخلع والصّدقات الواصلة للخطباء والمؤذنين "كانت الدّولة تقوم بأوجه النفقات المختلفة، مثل، نفقات القصور الخلافيّة أو السلطانيّة، وأرزاق الجند، ورواتب الموظفين والإنفاق على الحملات العسكريّة والمعدات الحربيّة، ونفقات المشروعات العامة مثل حفر الترّع والقنوات وتظهيرها ..."[٤]، وترميم المدن وأسوارها وما تحتاج إليه من مهمّ أمورها[٥].

أمّا وسائل النقل، فقد انعكس الازدهار الزراعيّ والصناعيّ على نشاطها في المحيط الهنديّ والبحر الأبيض المتوسط، ونهر النيل ودجلة والفرات، وغيرها من الأنهار

---

(١) المصدر نفسه: ١/٥٣.

(٢) انظر، المصدر نفسه: ١/ ٤٩، ٩٤، ٩٦.

(٣) انظر، المصدر نفسه: ١/ ٢٥٧، ٢٦٢،٢٨٢.

(٤) العبادي، أحمد مختار، (١٩٨٠). "من مظاهر الحياة الاقتصادية في المدينة الإسلامية"، عالم الفكر، المجلد ١١، العدد (١)، ص١٣١.

(٥) انظر، رحلة التجاني، ص٢٣٨.

والبحـــار، ونشطت حركة الموانئ وكثر الحطّ والإقلاع فيها بمختلف البضائع. وقد عدّت ملاحظات بعض الرّحّالة عن طرق المواصلات، وثيقة مهمة لفهم المعارف البحريّة في القرون الوسطى، حيث تحدّثوا عن مراحل رحلاتهم ومرورهم بالموانئ المختلفة، ووصفهم للسفن الصغيرة والكبيرة، وما يحمل عليها من الغلات والبضائع، بالإضافة إلى تحديد المسافة بين كلّ مرحلة وأخرى[(١)].

وأشار الرّحّالة إلى طريق الحجّ الذي قطعوه، حيث سافر بعضهم عن طريق البـر، وبعضهم استقلّ المراكب التي كانت تقطع البحر المتوسط، وقدّمت الرّحلات صورة واضحة عن وسائل النقل وتطوّرها في تلك العصور: الخيول والبغال والحمير، والجمال والفيلة، والبقر والعربات والمراكب الصغيرة والكبيرة[(٢)].

وكانت الخيول والبغال والحمير، أكثر الدّواب استخداماً في السّفر، لذا كثرت في بعض البلدان ورخصت أسعارها، وكان يستخدمها الناس لانتقالهم داخل المدن، وفي الجبال والأرض الوعرة، ومن ذلك، الطريق المؤدّي من حصن مهتولي أول عمالة الروم إلى القسطنطينيّـــة، ويقول ابن بطوطة: "ولا يسافر من هذا الحصن إلا بالخيل والبغال، وتترك العربات لأجل الوعر والجبال"[(٣)].

---

(١) انظر، رحلة ابن جبير، ص٩-١٢، ١٨١-١٨٧، ٢٨٣-٢٨٥، ومواطن أخرى متفرقة في الرحلة، وانظر، التجيبي، مستفاد الرحلة، ص ٢٠٧-٢١٦، وانظر، رحلة ابن بطوطة: ٢٢٧/١، ٣٢١، ١٦٦/٢، ١٧١، ٢٨٣.

(٢) انظر، الإدريسي، نزهة المشتاق، ليدن، ص٣، والبلوي، تاج المفرق: ٢١٨/١، والعبدري، الرحلة المغربية، ص٨٦، ١٥٣-١٥٦، ومواطن أخرى متفرقة، وانظر، رحلة التجاني، ص ٢٧، ٦٦-٦٨، ومواطن أخرى متفرقة من الرحلة، ورحلة ابن بطوطة: ١/ ٢٦٦، ٣٠٢، ٩/٢، ٩٩ - ١٠١، ١٤١، ٢١١، ٢٣٣.

(٣) رحلة ابن بطوطة: ٣١٥/١، وانظر، المصدر نفسه: ٢٣٥/١، ٢٩٩، وابن سعيد المغربي، المغرب، القسم الخاص بمصر: ٥/١-٦.

وأشار بعض الرّحّالة إلى استخدام الجمال وسيلة للنقل في الصحراء، وخاصّة بين قوص وعيذاب سواء لنقل البضائع الصّادرة أو الواردة، أو نقل المسافرين من التّجار والحجّاج وغيرهم، وذلك لصبرها على الظمأ في الصحراء القاحلة، ويكون النقل على نوعين: "المسافرون ذوو الترفيه الشّقاديف، وهي أشباه المحامل، وأحسن أنواعها اليمانيّة لأنّها كالأشاكيز[(١)] السّفريّة مجلّدة متّسعة، يوصل منها الاثنان بالحبال الوثيقة وتوضع على البعيرولها أذرع قد حفّت بأركانها يكون عليها مِظلّة، فيكون الراكب فيها مع عديله في كِنّ من لفح الهاجرة ويقعد مستريحاً في وطأته ومتكئاً ويتناول مع عديله ما يحتاج إليه من زاد وسواه ويطالع متى شاء المطالعة في مصحف أو كتاب. ومن شاء، ممّن يستجيز اللعب بالشطرنج، أن يلاعب عديله تفكّهاً وإجماماً للنفس. وبالجملة فإنّها مريحة من نَصَب السّفر، وأكثر المسافرين يركبون الإبل على أحمالها، فيكابدون من مشقة سموم الحرّ غَمّاً ومشقّة"[(٢)].

واستخدمت العربات والعجلات في السّفر والنّقل لا سيّما في الأراضي الصحراويّة، وقد استخدم ابن بطوطة العجلة في سفره[(٣)]، وكانت تجرّها الخيول والجمال، والكلاب الكبار لا سيّما في بعض البلاد التي يكثر فيها الثلج والجليد، فالكلاب لها أظفار تساعد في تثبيت أقدامها في الجليد[(٤)]. ومن الوسائل الأخرى التي عرفت في الهند، الدّولة التي يحملها العبيد على رقابهم، ويبدو أنّها تشبه السرير[(٥)].

وحين أخذت رقعة الدّولة الإسلاميّة تتّسع، احتاجت العواصم إلى معرفة أخبار الأقاليم التابعة لها ؛ لذا عنيت الدّول بنظام البريد، ووصف ابن بطوطة بريد الهند ومن قوله:

---

(١) شيء كالأديم أبيض، توثق به السّروج، انظر، رحلة ابن جبير، ص٤٢، حاشية رقم ٣٣، ولم أجد لها أصلاً في لسان العرب.

(٢) رحلة ابن جبير، ص٤٢، وانظر، ابن الخطيب، خطرة الطيف، ص٤٠.

(٣) انظر، رحلة ابن بطوطة: ٢٩٥/١-٢٩٦، ٣٢٧.

(٤) انظر، المصدر نفسه: ٣٠٨/١.

(٥) انظر، المصدر نفسه: ٨٥/٢، ١١٣.

"والبريد ببلاد الهند صنفان، فأمّا بريد الخيل فيسمّونه الولاق، وهو خيل تكون للسلطان في كلّ مسافة أربعة أميال، وأمّا بريد الرجّالة، فيكون في مسافة الميل الواحد منه ثلاث رتب، ويسمّونها الدّاوة. والدّاوة هي ثلث ميل، والميل عندهم يسمّى الكُروة، وترتيب ذلك أن يكون في كلّ ثلث ميل قرية معمورة، ويكون بخارجها ثلاث قباب، يقعد فيها الرجال مستعدين للحركة قد شدّوا أوساطهم، وعند كلّ واحد منهم مقرعة مقدار ذراعين بأعلاها جلاجل نحاس، فإذا خرج البريد من المدينة أخذ الكتاب بأعلى يده والمقرعة ذات الجلاجل باليد الأخرى، وخرج يشتدّ بمنتهى جهده، فإذا سمع الرجال الذين بالقباب صوت الجلاجل تأهبوا له، فإذا وصلهم أخذ أحدهم الكتاب من يده..."[(١)].

وقد نقلت بعض كتب الرّحلات صوراً لاهتمام الحكّام والسلاطين بطرق المواصلات والحفاظ على أمنها وحماية التّجار وبضائعهم، فوضعوا نقاط التفتيش والحراسة، حيث كانت التجارة تتعرّض للّصوص وقطّاع الطرق الذين كانوا يأخذون أموال المسافرين ويتركونهم ولا يقاتلون إلا من قاتلهم. وكانت بعض القبائل العربية تحافظ على أمن وسلامة المسافرين، فلا سبيل لسفرهم إلا وهذه القبائل في صحبتهم، وقد سارت هذه القبائل مع ابن بطوطة ورفاقه عندما خرجوا من النّجف إلى البصرة[(٢)].

إنّ توفّر وسائل الأمن والسّلامة للمسافرين والحجاج والتّجار وبضائعهم،وتأمينهم بوسائل النقل المختلفة، دليل على ما اتّسمت به تلك البلاد في تلك العصور من مظاهر الحضارة، وقوة السلطة المركزيّة فيها، الأمر الذي دفع الكثيرين لزيارة معظم البلدان والانتقال من بلد لآخر.

رابعاً: النّشاط العمرانيّ

إنّ إنشاء المدن والمراكز العمرانيّة الإسلاميّة في المشرق والمغرب، أمر رافق حركة الفتوحات الإسلاميّة، لتكون تلك المراكز العمرانيّة مراكز إشعاع حضاريّ، فالبناء من

---

(١) المصدر نفسه: ٢/٨-٩.

(٢) انظر، رحلة ابن بطوطة: ٥٣/١، ١٦٧، ٢٤٧.

مستلزمات المدينة والتّحضّر- يقول ابن خلدون: "والحضارة تتفاوت بتفاوت العمران، فمتى كان العمران أكثر كانت الحضارة أكمل"[١].

وقد تضمّنت الرّحلات معلومات وفيرة عن الآثار المعماريّة، ومرافقها من مظاهر حضاريّة، ممّا لا يوجد إلا نادراً في كتب التاريخ، وبذلك تشكّل الرّحلات مصدراً هاماً يعكس صورة النشاط العمرانيّ في مختلف البلدان، ويقدّم صورة لبعض الآثار المعماريّة التي اندثرت ولايعرف عنها شيء كالزوايا[٢].

وتتلاقى صور الفنّ المعماريّ لمختلف الأماكن التي وصفها الرّحّالة، ضمن الأطر العامة في وصف المدن ومظاهر العمران المختلفة والتّجديدات العمرانيّة، حيث وصف الرّحّالة بعض الأماكن مسهبين، أمّا بعضها الآخر فإنّ حضورها كان عجلاً، وأشار إليها الرّحّالة إشارات سريعة، غير أنّ هذه الإشارات قد أبرزت إعجاب الرّحّالة منقطع النظير بتلك الأماكن وعبّروا أيضاً عن إدراكهم لقيم الجمال في الفنّ المعماريّ في تلك العصور من خلال توصيفهم الجغرافيّ لتلك الأماكن.

وقد حفظت كتب الرّحلات كثيراً من النّصوص الدّالة على جوانب الإبداع العمرانيّ في العمارة المدنيّة: المدن ومرافقها المختلفة كالمساجد والزّوايا والمدارس والفنادق[٣]، والبيمارستانات، والحمّامات، وغيرها والعمارة الحربيّة، كالحصون والقلاع والأسوار[٤]. وما رافق ذلك من مظاهر حضاريّة، كالنواعير[٥] والساعات، والزخرفة والتّصوير والنّقوش.

---

(١) ابن خلدون، المقدمة: ٦٦٢/١.

(٢) انظر، رحلة ابن جبير، ص٨٢-٨٥، ٢١٢، والتجيبي، مستفاد الرحلة، ص ٢٤٥، ٤٥٦، وابن رشيد، ملء العيبة: ١٤٤/٥، ٢٣١، ورحلة ابن بطوطة: ٤٠/١، ٦٧ ومواضع أخرى متفرقة من الرّحلة.

(٣) انظر، رحلة ابن بطوطة: ٥٢/١.

(٤) انظر، الإدريسي، نزهة المشتاق، ص ١٠٣، ١٣٨، ورحلة ابن جبير، ص ٤٥، ١٦٢، ١٦٦، ١٧٣، ١٧٥- ١٧٦، والعبدري، الرحلة المغربية، ص ٢٢٨، ٢٣٢، ٢٣٥، والتجيبي، مستفاد الرحلة، ص ٣٠٤، والبلوي، تاج المفرق: ٢٩٠/١، ورحلة التجاني، ص ٣٠٨-٣٠٩، ٣١٨-٣١٩، ورحلة ابن بطوطة: ٧٢/١-٧٣، ١١٩، ٢٠٩، ومواطن أخرى متفرقة من الرحلة.

(٥) انظر، رحلة ابن بطوطة: ١٥٣/٢، وابن الحاج النميري، فيض العباب، ص ٢٠-٢٦.

ويستشفّ حسن البناء وإتقانه وروعة العمران من وصف الرّحّالة للمدن والبلدان التي نزلوا فيها، ومنها مدينة الإسكندريّة وآثارها التي أثارت دهشة وإعجاب الرّحّالة القلصادي، حيث يقول: "والمدينة من أحسن البلاد ترتيباً وبناء، وجدرانها بالحجر الأبيض المنجور وسككها كلّها على نسق نافذة متّسعة، يعلم من ذلك أنّها من تخطيط حكيم، ومن عجائبها التي فيها السّارية خارج باب السّدرة، اكتملت في أحد جوانب القاعدة التي هي عليها عشرين شبراً، وهي مربع متساوي الأضلاع ..."(١). أمّا منارتها، فهي من المعالم الحضاريّة في البناء العمرانيّ، ومن عجائب الدنيا "مبنيّة بالصخر المنحوت مربّعة الأسفل، وفوق المنارة المربّعة منارة مثمّنة مبنيّة بالآجر، وفوق المنارة المثمّنة منارة مدوّرة وكانت كلّها مبنيّة بالصخر المنحوت..."(٢). وأمّا داخلها فعجيب، "اتّساع معارج، ومداخل وكثرة مساكن، حتى إنّ المتصرّف فيها والوالج في مسالكها ربّما ضلّ.."(٣).

ووصف البلوي المدينة المنورة بأنّها: "متّسعة الأرجاء مشرقة الأنحاء طيبة الهواء كثيرة النخيل والماء ممتدة التخطيط والاستواء، حسنة الترتيب والبناء .."(٤) ولعلّ ما ذكره الرّحّالة الأندلسيّون والمغاربة عن العمران بمختلف أنواعه وأشكاله التي تمثّلت في البناء المحكم للآبار والعيون وأماكن الوضوء ليدلّ على أنّ المدينة المنورة كانت مزدهرة البناء(٥)، وقد أشار بعض الرّحّالة للآثار المعماريّة القديمة التي خربت ثم عمل على تجديدها فأصبحت من المدن الكبيرة المزدهرة، ومنها مدينة جدّة(٦).

---

(١) رحلة القلصادي ، ص ١٢٨.

(٢) أبو حامد الغرناطي، رحلة تحفة الألباب، ص٧٠-٧١.

(٣) رحلة ابن جبير، ص ١٤-١٥.

(٤) البلوي، تاج المفرق: ٢٩٠/١.

(٥) انظر، العبدري، الرحلة المغربية، ص٢٠١، والبلوي، تاج المفرق: ٢٩١/١، ورحلة ابن بطوطة: ١١١/١، ١١٩.

(٦) انظر، رحلة ابن جبير، ص ٥٣-٥٤، والتجيبي، مستفاد الرحلة، ص ٢١٨-٢٢٠، ورحلة ابن بطوطة: ١٥٥/١، وانظر، الأنصاري، عبد القدوس (١٩٨٠). موسوعة تاريخ مدينة جُدّة، ط٢، جدة، ص ٥٨-٧٣.

وعن مدينة تونس، قال العبدري: "وهذه المدينة كلأها الله من المدن العجيبة الغريبة، وهي في غاية الاتّساع ونهاية الإتقان والرخام بها كثير، وأكثر أبواب ديارها معمول به عضائد وعتباً وجلّ مبانيها من حجر منحوت محكم العمل ولها أبواب عديدة وعند كلّ باب منها ربض متّسع على قدر البلد المستقل"(١).

وقدّم بعض الرّحّالة للدارسين والباحثين صورة عن أسلوب العمارة في بناء القصور، فابن الحاج وصف القصور في العصر المريني، شكلها والأسوار التي تحيط بها، وأحجارها التي لا تستجيب لقذائف المنجانيق، وذكر الأبراج التي انتصبت على أبواب تلك القصور(٢).

وقد أولى الرّحّالة الأماكن المقدّسة اهتماماً كبيراً، حيث بدأوا حديثهم عنها بالاستهلال بذكر فضائل تلك الأماكن المقدّسة، ثم ولجوا إلى التّوصيف الجغرافيّ. ومن هذه المعالم الدينيّة المقدّسة، مكة المكرمة، وبيت المقدس، وبعض المساجد والمزارات والزوايا في مختلف البلدان التي قصدها الرّحّالة(٣). وأخذت بعض هذه الأماكن حيّزاً كبيراً من الوصف، مثل المسجد الحرام، وذلك لما له من مكانة في نفوس المسلمين، فقد وصفه ابن جبير مسهباً، وممّا قال فيه: "البيت المكرّم له أربعة أركان. وهو قريب من التربيع.. وارتفاعه في الهواء من الصفح الذي يقابل باب الصفا، وهو من الحجر الأسود، إلى الركن اليماني، تسع وعشرون ذراعاً وسائر الجوانب ثمان وعشرون...وداخل البيت الكريم مفروش بالرّخام المجزّع، وحيطانه رخام كلّها مجزّع. قد قام على ثلاثة أعمدة من السّاج مفرطة الطول، وبين كلّ عمود وعمود أربع خطاً...ودائر البيت كلّه من نصفه الأعلى مطليّ بالفضة المذهّبة المستحسنة، يخيّل للناظر إليها أنّها صفيحة ذهب لغلظها..

---

(١) العبدري، الرحلة المغربية، ص ٤٠.

(٢) انظر، ابن الحاج النميري، فيض العباب، ص ٢١٧-٢١٨.

(٣) انظر، رحلة ابن جبير، ص ١٦٨-١٧٣، ٢٠٥، ٢٢١، ٢٣٥، ومواطن أخرى متفرقة من الرحلة، والعبدري، الرحلة المغربية، ص ١٤٩-١٥٣، ٢٢٣، ٢٢٥، ٢٣٢، ومواطن أخرى متفرقة من الرحلة، ورحلة ابن بطوطة: ٧٠/١، ٨٢-٨٦، ١٠٩، ومواطن أخرى متفرقة من الرحلة.

وسقف البيت مُجلّل بكساء من الحرير الملوّن .."[١]. وذكر الرّحّالة أثناء وصفهم أسوار مكة المكرمة وأبوابها المتعدّدة.

أمّا مدينة القدس، فهي مدينة كبيرة منيعة من صخر منحوت على نشز، والمسجد الأقصى متّسع جداً طولاً وعرضاً، ونقل العبدري عن البكري، أنّ طوله سبع مائة واثنان وخمسون ذراعاً، وعرضه أربع مائة وخمس وثلاثون، وله أبواب كثيرة في حدوده الشماليّة والغربيّة والشّرقيّة، "والمسجد كلّه فضاء غير مسقف، إلا الناحية الغربية فهناك مسجد مسقف في نهاية الإحكام وإتقان العمل وفيه تزويق كثير وتذهيب رائع مليح..."[٢].

وذكر العبدري أنّ قبة الصخرة المشرّفة من أعجب المباني الموضوعة في الأرض وأتقنها، "وصفتها أنّها قبة مثمّنة على نشز في وسط المسجد ويطلع إليها في درج من رخام، وقد أحاط بها، ولها أربعة أبواب والدائر مفروش بالرّخام المحكم الصّنعة.."[٣].

وقد أشار بعض الرّحّالة إلى بعض التّجديدات والإصلاحات العمرانيّة لبعض الأماكن المقدّسة والمعالم الدينيّة والمدنيّة، ممّا يدلّ على العناية التاريخيّة بها ومدى اهتمام الحكام والأمراء، الأمر الذي يؤكد الرؤية الخاصّة تجاه هذه المعالم المباركة من قداسة وتبجيل، ومن التّجديدات الوارد ذكرها في كتب الرّحلات: تجديد مئذنة المسجد الجامع في قرطبة وزيادة القباب التي تقوم على هياكل عقود بارزة متشابكة في أشكال هندسية رائعة[٤]. ومنها أيضاً السور الذي أحاط بمكّة المكرّمة، ويرى العبدري أنّه عبارة عن

---

(١) رحلة ابن جبير، ص٥٩-٨٦، وانظر، العبدري، الرحلة المغربية، ص١٧٤-١٨٠، والتجيبي، مستفاد الرحلة، ص٢٣٣ - ٢٤٨، والبلوي، تاج المفرق: ٢٨٣/١ -٣٠٧، ورحلة ابن بطوطة: ١٢٤/١-١٣٠.

(٢) العبدري، الرحلة المغربية، ص ٢٢٩، والبلوي، تاج المفرق: ٢٤٧/١-٢٥١، ورحلة ابن بطوطة: ٦٠/١.

(٣) المصدر نفسه، ص ٢٣٠.

(٤) انظر، البكري، جغرافية الأندلس، ص ١٠١-١٠٤، والإدريسي، نزهة المشتاق، ص ١١، والمقري، نفح الطيب: ٥٤٥/١، ٥٦٣، وسالم، السيد عبد العزيز، (١٩٨٦). المساجد والقصور بالأندلس، الإسكندرية: مؤسسة شباب الجامعة، ص٣٤-٣٨، وانظر، مورينو، مانويل جوميث، (١٩٠٠). الفنّ الإسلاميّ، ترجمة لطفي عبد البديع، القاهرة: الدار المصرية، ص ١٦.

حائطين من الصخور لا ملاط لها قطعا الوادي عرضاً في أعلى مكة وأسفلها[١].

وكذلك تجديد القبة العظيمة أمام محراب المسجد الأقصى وقد "أمر بتجديد هذا المحراب المقدّس، وعمارة المسجد الأقصى الذي هو على التّقوى مؤسس عبد الله ووليه يوسف بن أيوب المظفّر الملك النّاصر صلاح الدين والدنيا عندما فتحه الله على يديه في شهور سنة ثلاث وثمانين وخمسمائة وهو يسأل الله إيزاعه شكر هذه النعمة، وإجزال حظّه من المغفرة والرّحمة"[٢]. ويعلّق على ذلك كامل العسلي بقوله: "وهذا النقش مسجل تسجيلاً دقيقاً .. وقد اختفى النقش بعد الحريق المتعمّد الذي شبّ في المسجد الأقصى سنة ١٩٦٩"[٣].

وسجّل الرّحّالة ما وجدوه من نقوش على شواهد القبور، ومن ذلك ما سجّله العبدري من نقش وجد على قبر الإمام مالك بن أنس رضي الله عنه كتب فيه: "توفي الإمام مالك بن أنس رضي الله عنه في ربيع الأول سنة تسع وسبعين ومائة ومولده في ربيع الآخر سنة ثلاث وتسعين"[٤]، ومنها أيضاً نقش قبر فاطمة بنت أسد ونصّه "ما ضمّ قبر أحد كفاطمة بنت أسد"[٥]. وكانت بعض النقوش تؤرّخ لأحداث تواجه قوافل الحجيج، وهذه النقوش تكتب على بعض الصخور في الطّرق، ومنها ما كتب على بعض الصخور في طرق الحجاز، كتب فيها سبب هلاك قافلة من الحجيج بسبب ريح السّموم[٦].

---

(١) انظر، العبدري، الرحلة المغربية، ص ١٧٣.

(٢) البلوي، تاج المفرق: ١/٢٤٧-٢٤٨، ٢٨٨.

(٣) العسلي، بيت المقدس في كتب الرحلات عند العرب والمسلمين، ص٧٥.

(٤) العبدري، الرحلة المغربية، ص ٢٠٤.

(٥) رحلة ابن جبير، ص١٧٤، وابن رشيد، ملء العيبة: ١٩/٥، وانظر أيضاً، رحلة ابن بطوطة: ٩٥/١.

(٦) انظر، رحلة ابن بطوطة: ١٠٤/١ -١٠٥، وقد سجّل الرّحّالة الأندلسيون والمغاربة عدداً ليس بالقليل من تلك الزخارف والنقوش، ومنها ما كان شواهد القبور أو ما كان لتسجيل حادثة ما، وانظر في ذلك أيضاً، رحلة ابن جبير، ص ٦٤، ٦٥، ٦٩، ٨٤، ٨٥، ١٤١، ١٧٣، ١٧٤، والتجيبي، مستفاد الرحلة والاغتراب، ص ٣٢٦، ٣٢٧، ٣٤٨، ٣٥٩، والبلوي، تاج المفرق: ١/٢٨٥-٢٨٧، ٣٠٤، ٣١١، ٣١٢.

ومن المعالم الحضاريّة التي نقلتها بعض كتب الرّحلات، البيوت المتنقّلة التي كانت تحملها العربات، حتى إذا نزل المسافرون مكاناً أنزلوا البيوت أيضاً، وذكر ابن بطوطة أنّه "يجعل على العربة شبه قبة من قضبان خشب مربوط بعضها إلى بعض بسيور جلد رقيق. وهي خفيفة الحمل، وتكسى باللّبد أو بالملف، ويكون فيها طيقان مشبّكة. ويرى الذي بداخلها الناس ولا يرونه، ويتقلّب فيها كما يحبّ، وينام ويأكل ويقرأ ويكتب..."[(١)].

وأشارت كتب الرّحلات إلى بعض المؤسسات الاجتماعيّة التي عرفتها المدن الإسلاميّة، ومنها الحمّامات العامة، وعدت كتب الرّحلات مصدراً هاماً نحصل من خلاله على صورة جليّة لتلك الحمّامات في تلك العصور. وقد قال ابن جبير عن هذه الحمّامات: إنّها "مطليّة بالقار مسطّحة فيخيّل للناظر أنّه رخام أسود صقيل.."[(٢)].

ولم تتوقف أهمية تلك الحمّامات على أنّها مؤسسة لنظافة الجسد فقط، بل إنّها مراكز طبيّة هامة في المدن الإسلاميّة، فكان إذا دخل المريض الحمّام عدّ ذلك إيذاناً بشفائه[(٣)].

أمّا البيمارستانات، فقد حظي المرضى بقسط كبير من الاهتمام والرعاية في المدن الإسلاميّة في العصور الوسطى، وجاءت هذه الرعاية مصحوبة بإنشاء هذه المستشفيات لمعالجة المرضى، ومنها البيمارستان الذين شيّده نور الدين زنكي في دمشق، واعتبره ابن جبير "مفخر عظيم من مفاخر الإسلام"[(٤)]، "وله قَوَمة بأيديهم الأزِمّة المحتوية على أسماء أسماء المرضى وعلى النفقات التي يحتاجون إليها في الأدوية والأغذية وغير ذلك، والأطباء يبكّرون إليه في كلّ يوم ويتفقدون المرضى ويأمرون بإعداد ما يصلحهم من الأدوية والأغذية حسبما يليق بكلّ إنسان منهم"[(٥)].

---

(١) رحلة ابن بطوطة: ٢٩٦/١.

(٢) رحلة ابن جبير، ص٢٠٤-٢٠٥، ورحلة التجاني، ص ٢٣٧-٢٣٨، ورحلة ابن بطوطة: ١٩٩/١-٢٠٠.

(٣) انظر، رحلة التجاني، ص١٠.

(٤) رحلة ابن جبير، ص ٢٥٦.

(٥) المصدر نفسه، ص ٢٥٥، ورحلة ابن بطوطة: ٤٠/١.

وقد خصّصت الأقسام في البيمارستانات تبعاً لجنس المرض، ومنها أقسام للمصابين بأمراض عقليّة، "وللمجانين المعتقلين أيضاً ضرب من العلاج، وهم في سلاسل موثقون.."[١].

ومن المعالم الحضاريّة الأخرى التي تمثل ارتباط الصناعة بالعمران، الساعات العجيبة التي لفتت أنظار الرّحّالة، فقد وصف ابن جبير ساعة دقّاقة في دمشق، وهي "غرفة ولها هيئة طاق كبير مستدير فيه طيقان صفر قد فتحت أبواباً صغاراً على عدد ساعات النهار ودبرت تدبيراً هندسيّاً، فعند انقضاء ساعة من النهار تسقط صنجتان من صفر من فمي بازيّين مصورين من صفر قائمين على طاستين من صفر تحت كلّ واحد منهما: أحدهما تحت أول باب من تلك الأبواب، والثاني تحت آخرها، والطاستان مثقوبتان، فعند وقوع البندقتين فيهما تعودان داخل الجدار إلى الغرفة، وتبصر البازيين يمدّان أعناقهما بالبندقتين إلى الطاستين ويقذفانهما بسرعة بتدبير عجيب تتخيّله الأوهام سحراً، وعند وقوع البندقتين في الطاستين يسمع لهما دويّ، وينغلق الباب الذي هو لتلك الساعة للحين بلوح من الصفر ؛ لا يزال كذلك عند كلّ انقضاء ساعة من النّهار حتى تنغلق الأبواب كلّها وتنقضي السّاعات، ..."[٢].

أمّا الفنون والتّصاوير والزّخارف، فقد تحدّث الرّحّالة عن التصوير على الفخار وتزيين القصور والمساجد بالزّخارف والفسيفساء[٣]، وقد حذق أهل الصين في التصوير

---

(١) رحلة ابن جبير، ص ٢٥٥-٢٥٦، وانظر المصدر نفسه، ص٢٦، والتجيبي، مستفاد الرحلة، ص٤-٥، ورحلة ابن بطوطة: ٢٠٠/١، وقد تحدّث بعض الرّحّالة عن استخدام الأعشاب والنباتات وغيرها في الطّب والعلاج، انظر، الإدريسي، نزهة المشتاق، ص١٣١،٩٠، ورحلة ابن بطوطة: ٣٤٩/١، ١٧٥/٢.

(٢) رحلة ابن جبير، ص ٢٤٣-٢٤٤، وانظر، إشارات أخرى لمثل هذه الساعة، ابن الحاج النميري، فيض العباب، ص٨٧.

(٣) انظر، الإدريسي، نزهة المشتاق، طبعة ليدن، ص ٢٠٩، ورحلة ابن جبير، ص١٧٢، ٢١٠، والغرناطي، تحفة الألباب، ص ٦٣-٦٤، ورحلة ابن بطوطة: ٨٢/١، ٥٠/٢.

حيث لا يجاريهم فيه أحد، وقال ابن بطوطة في ذلك: "ومن عجيب ما شاهدت لهم من ذلك، أنّي ما دخلت قط مدينة من مدنهم ثم عدت إليها، إلا ورأيت صورتي وصورة أصحابي منقوشة في الحيطان والكواغد، موضوعة في الأسواق ..."[(١)].

وأشار ابن بطوطة إلى مايشبه مسرح الفرجة أو الأضحوكة، حيث دخل الشّعراء على سلطان مالي وكلّ واحد منهم في جوف صورة مصنوعة من الريش تشبه الشّقشاق، وجعل لها رأس من الخشب له منقار أحمر كأنّه رأس الشّقشاق. ويقفون بين يدي السلطان بتلك الهيئة المضحكة، فينشدون أشعارهم .."[(٢)].

على هذا النحو، أخذت أعين الرّحّالة ترصد وتسجّل كلّ ما يرونه في فنّ العمارة الإسلاميّة، ما كانت عليه وما طرأ عليها من تغيرات أو زوال، أو تجديدات أو إصلاحات، وكانت هذه الأوصاف على جانب كبير من الأهمية في علم الآثار والفنون.

ب- السياق الاجتماعيّ والدينيّ

ركّزت الرّحلات على العلاقة بين المكان والإنسان، فرسمت صوراً للحياة الاجتماعيّة، والتأثير الدينيّ الذي كان عنصراً مشتركاً بين الرّحّالة بصفة عامة، وألقت الرّحلات أيضاً الضوء على كلّ ما لفت انتباه الرّحّالة من أحوال المعيشة، وما بلغته الحياة من رقيّ في أوساط فئة الحكام والأمراء، والأغنياء من التّجار وكبار الموظفين. وصوّرت الرّحلات المحطات الهامة في حياة الإنسان: الميلاد والزواج والموت، وكلّ ما يرتبط بهذه المناسبات من مظاهر اجتماعيّة واحتفالات بالمناسبات السعيدة أو الحزينة، وما يرافقها من العادات والتقاليد والبدع والمعتقدات التي قد تختلف من بلد إلى آخر بنسب متفاوتة فيها وإن كانت متشابهة في مختلف البلدان، غير أنّ لكلّ بلد خصوصيتها.

---

(١) رحلة ابن بطوطة: ٢/٢٢٤.

(٢) المصدر نفسه: ٢/٢٨٠.

وكان ما قدّمه الرّحّالة أشبه ما يكون بمزيج بين الرّحلة والأثنوجرافيا التي تسعى إلى تقديم توصيف موضوعيّ للشعوب وعاداتها وتقاليدها وأخلاقها وطريقة لباسها وأحوالها الاقتصاديّة والاجتماعيّة، فقد اتّجه الرّحّالة إلى استخلاص أسلوب الحياة في البلدان التي قصدوها من خلال استقراء وتحليل القيم والأفكار والجوانب الماديّة أو الروحيّة التي تشكّل بدورها الأسلوب الحياتي للناس ومعالمهم التراثيّة، ويتّخذ هذا التراث طابعاً شعبيّاً يمثل لغة مشتركة لدى الجميع، وبه تدرس المجتمعات بنواحيها الإنسانيّة والتاريخيّة والاجتماعيّة والدينيّة والفولكلوريّة والمعتقدات الشعبيّة لها، وقصص الشيوخ والأولياء والحكايات الأسطوريّة والخرافيّة، وحكايات الحيوان، فجاءت الرّحلات مصدراً هاماً لوصف الثّقافات الإنسانيّة.

أولاً: العادات والتقاليد والملابس

روى الرّحّالة كثيراً من عادات وتقاليد ولباس أهل البلاد التي نزلوا فيها، ومنها عادة أهل الشام في السّلام، التي تجري كيفيتها بالانحناء على نحو ما يفعل في الركوع والسجود[1]، وكذلك عادة رفع السودانيين عمائمهم عن رؤوسهم عندما يتكلّم السلطان[2]. أمّا أهل مكة فيتحلّون بمكارم الأخلاق وحميد العادات، ومن عاداتهم في ليالي رمضان، تزينهم الأسواق وضربهم الطبول وتهليلهم وتكبيرهم وطوافهم[3].

ويبرز المأثور الشّعبيّ عند أهل ظفار من خلال عاداتهم الحسنة، ومنها "التّصافح في المسجد إثر صلاة الصّبح والعصر، ويستند أهل الصّف الأول إلى القبلة ويصافحهم الذين يلونهم وكذلك يفعلون بعد صلاة الجمعة يتصافحون أجمعين"[4]، وكان في "كلّ دار من دورهم سجادة الخوص معلقة في البيت يصلّي عليها صاحب البيت، كما يفعل أهل

(١) انظر، رحلة ابن جبير، ص٢٦٩.

(٢) انظر، رحلة ابن بطوطة: ٢٧٨/٢.

(٣) انظر، رحلة ابن جبير، ص١٠٦-١١٠، ورحلة ابن بطوطة: ١٤٦/١، ١٥١.

(٤) رحلة ابن بطوطة: ٢٣٥/١.

المغرب"[١]، وممّا له صلة بالمعتقد الشعبيّ أيضاً لدى أهل هذه المدينة "أنّه لا يقصدها أحد بسوء إلا عاد عليه مكروه وحيل بينه وبينها"[٢].

ومن العادات الدّينيّة المرتبطة بالمعتقد الشعبيّ، ما نقل عن أهل قرية خارج مدينة صور - في بلاد الشام-، أنّ بعض أهلها أراد الوضوء "فبدأ بغسل رجليه ثم غسل وجهه ولم يتمضمض ولا استنشق، ثم مسح بعض رأسه - فانتقد ابن بطوطة فعله - فقال له الرجل: إنّ البناء إنّما يكون ابتداؤه من الأساس"[٣].

وأشارت كتب الرّحلات إلى بعض العادات الدّالة على تديّن بعض الشعوب، ومنها، أنّهم لا يعترضون القوافل في رمضان، وإذا طلب إنسان غريماً له فلجأ إلى المسجد أو إلى الخطيب، لم يطلبه احتراماً للمسجد وشيخه، حتى السلطان نفسه يترك غريمه إذا لجأ إلى المسجد أو الخطيب[٤]، ولا يتعرّضون لمال الغرباء أو مال الميّت حتى يأخذ مستحقّه شرعاً[٥].

ومن العادات الذّميمة التي لاحظ بعض الرّحّالة انتشارها، وتنافيها مع طبيعة الدّين وتعاليمه في المجتمعات الإسلاميّة، تعاطي الحشيش، وشرب الخمر[٦]، ويبدو أنّ العادة الاجتماعيّة المحليّة أقوى تأثيراً من الأثر الدينيّ، ففي بعض البلدان يرى أهلها أنّ الجسد المتعريّ من الأمور التي لا تتعارض مع ممارسة الشّعائر الإسلاميّة، وكذلك العلاقات القائمة على الاختلاط والصّداقات بين الرجل والمرأة دون أن يرى في ذلك عيباً أو

---

(١) المصدر نفسه: ٢٣٥/١.

(٢) المصدر نفسه: ٢٣٥/١.

(٣) المصدر نفسه: ٦٤/١.

(٤) انظر، رحلة ابن بطوطة: ٢٨١/٢.

(٥) انظر، المصدر نفسه: ٢٧١/٢، ٢٨٢.

(٦) المصدر نفسه: ٢٥٦/١، ٢٨٨، والمقرّي نقلاً عن ابن سعيد، نفح الطيب: ٢٠٩/٢، ٣٤٩، وابن الخطيب، نفاضة الجراب، ص ٢١، ١٨٣.

شذوذاً أو خروجاً على العادات والتقاليد، وأنّ النسوة السافرات يخالطن الرجال وينفردن بهم وفي الوقت ذاته يحرصن على أداء الصّلوات كاملة(١).

وفي مالي اعتبر جسد المرأة مصدراً للغذاء وإشباعاً للبطن، ويعود هذا إلى عادات متوارثة قديمة، يقول ابن بطوطة: "قَدِمت على السلطان منسي سليمان، جماعة من هؤلاء السودان الذي يأكلون بني آدم، معهم أمير لهم ... فأكرمهم السلطان وأعطاهم في الضّيافة خادمة فذبحوها وأكلوها، ولطّخوا وجوههم وأيديهم بدمها وأتوا السلطان شاكرين، وأخبرت أنّ عادتهم متى ما وفدوا عليه، أن يفعلوا ذلك، وذكر لي عنهم أنهم يقولون: إنّ أطيب ما في لحوم الآدميات الكفّ والثدي"(٢).

وقد يبدي الرّحّالة سخطهم على بعض صفات أهل المناطق التي قصدوها، وينعتونها نعوتاً فيها مبالغة وتحامل، وربّما يعود ذلك إلى طبيعة وتكوين شخصيّة الرّحّالة الحادّة أو قد تثيرهم بعض العادات والأخلاق البعيدة عن الدين في بعض المجتمعات الإسلاميّة، فيبالغون في نبذها وإنكارها، ومن ذلك تعليق ابن جبير على صفات أهل بغداد: "فلا تكاد تلقى منهم إلا من يتصنّع بالتواضع رياء، ويذهب بنفسه عجباً وكبرياء، يزدرون الغرباء، ويظهرون لمن دونهم الأنفة والإباء ويستصغرون عمّن سواهم الأحاديث والأنباء، قد تصوّر كلّ منهم في معتقده وخلده أنّ الوجود كلّه يصغر بالإضافة لبلده.. كأنّهم لا يعتقدون أنّ لله بلاداً أو عباداً سواهم.."(٣).

وصوّرت كتب الرّحلات بعضاً من البدع الدينيّة والمعتقدات الخاطئة(٤) التي شاعت بين الناس في تلك العصور، ومنها وجود هضبة في بدر يسعى الناس لصعودها بالإضافة إلى

---

(١) انظر، رحلة ابن بطوطة: ٢/٢٧١-٢٧٢.

(٢) رحلة ابن بطوطة: ٢/٢٨٤، وانظر عن العادات المختلفة، المصدر نفسه: ١/٢٦١ -٢٦٢، ٢/١٧٥-١٧٩، ٢٧١.

(٣) رحلة ابن جبير، ص ١٩٤، وانظر مثل ذلك، وصف العبدري لأهل القاهرة، الرحلة المغربية، ص١٢٧.

(٤) انظر، رحلة ابن جبير، ص ١٧٢، وابن رشيد، ملء العيبة: ٥/١٣١، ٢٦٤، والتجيبي، مستفاد الرحلة، ص٢٦٤-٢٦٥، ٢٨٩، ٣٥٣-٣٥٦.

دخولهم لمكان يزعمون أنّه الغار الذي أوى إليه الرسول صلّى اللـه عليه وسلّم، وصاحبه عند هجرتهما إلى المدينة المنورة، وأشار العبدري إلى عدم صحة ذلك لوجود الغار في جبل ثور على مقربة من مكة[١]، وتعلّق عواطف نوّاب على ذلك، فتقول: "وهذا يدل على انقطاع المعرفة بسيرة الرسول صلّى اللـه عليه وسلّم في ذلك الوقت من قبل العامة"[٢].

ومن البدع الدينيّة أيضاً، تعدد الأئمة بالحرم المكيّ المكرّم، حيث لكلّ مذهب من الأربعة إمام ومؤذن، وموقف خاص لمصلّي أهل مذهبه[٣]. ومن المعتقدات الخاطئة أيضاً أنّ الصحراء تسكنها الشياطين، وأنّ الشياطين يستدرجون الدليل الذي يسير بمفرده حتى يضلّ طريقه ويهلك في الصحراء[٤]. كما شاعت بعض البدع التي استمرت حتى الوقت الحاضر، مثل زيادة ماء زمزم ليلة النصف من شعبان[٥] وعدم وقوع الحمام على الكعبة المشرّفة[٦]، وتفشّت عادة التبرّك بقبور الأولياء والصالحين وصحابة[٧] رسول اللـه صلّى اللـه عليه وسلّم.

ومن هنا، فإنّ "المعتقدات ذات المدلول الأسطوريّ والدينيّ الخارق، تختلط فيها الجذور الدينيّة بالخيال البشريّ وتصوّراته، وترتبط بعض المعتقدات بالأساطير أو بالوقائع التي هي أشبه بالخيال، والتي لا يستطيع المنطق العقليّ تصديقها، ويلجأ البعض إلى القول

---

(١) انظر، العبدري، الرحلة المغربية، ص١٦٤، ١٨٦.

(٢) نواب، عواطف محمد يوسف، (١٩٩٦). الرّحلات المغربيّة والأندلسيّة، الرياض: مكتبة الملك فهد الوطنيّة، ص٢٢١.

(٣) انظر، التجيبي، مستفاد الرحلة، ص ٢٩٥، ٢٩٧.

(٤) انظر، رحلة ابن بطوطة: ٢٧٠/٢ وانظر عن الخرافات والأساطير والمعتقدات الخاطئة رحلة أبي حامد الغرناطي، تحفة الألباب، حيث تكثر فيها مثل هذه الأمثلة.

(٥) انظر، رحلة ابن جبير، ص١١٨-١١٩، والعبدري، الرحلة المغربية، ص١٧٥-١٧٦، والتجيبي، مستفاد الرحلة، ص ٣١٦-٣٢٠، ورحلة ابن بطوطة: ١-١٤٩.

(٦) انظر، رحلة ابن جبير، ص ٧٥-٧٦، ورحلة ابن بطوطة: ١٢٦/١.

(٧) انظر، رحلة ابن جبير، ص ٢١-٢٢، والعبدري، الرحلة المغربية، ص ٢٠٣-٢٠٥، والتجيبي، مستفاد الرحلة، ص ٢٨٩، والبلوي، تاج المفرق: ٢٢٢/١-٢٢٥، ورحلة ابن بطوطة: ١٣٠/١.

إنّ هذه الظاهرات لا يفسّرها سوى الدين أو بعض التّصورات الفلسفيّة الصوفيّة، ونتيجة لمس نتائجها من قبل الناس أصبحت من المعتقدات الهامة التي تسيطر على العقلية الشعبيّة أكثر من غيرها من المعتقدات الأخرى، ولعلّ مرجع هذه المعتقدات أو مصادرها تعود إلى بعض الحكايات النادرة والحوادث التي دوّنتها شعوب المناطق"[١].

أمّا الملابس، فقد حفلت بعض كتب الرّحلات بالكثير من الإشارات إليها، وأخذ الرّحّالة يصفونها وهو يتنقلون من مكان إلى آخر، وكان لكلّ منطقة أو جماعة زيّها الخاصّ بها، وربّما دلّ تنوّع تلك الألبسة واختلافها وتفاوتها بين الحكام والطبقات الغنيّة، وطبقة عامة الشعب على الحالة الاقتصاديّة والوضع الاجتماعيّ في تلك العصور.

وقد كانت الطبقات الحاكمة والغنيّة تتفاخر بمظاهر اللباس، وتبالغ فيها، لا سيّما في المناسبات والأعياد ومراسيم التشريفات الرسميّة[٢]. وكان لبس بعض علماء مصر مثلاً "عباءة صوف خشنة، وعمامة صوف سوداء"[٣]، ولباس القاضي الخطيب في مكة ثياب سوداء[٤]، في حين ساد اللون الأبيض ثياب أهل مكّة[٥]، أمّا لباس أهل ظفار فهو القطن، "يشدّون الفوط في أوساطهم عوض السروال، وأكثرهم يشدّ فوطة في وسطه، وتجعل فوق ظهره أخرى من شدّة الحرّ ويغتسلون مرات في اليوم.."[٦]. ووصف التّجيبيّ قوماً من اليمن "ليس عليهم من اللّباس إلا ما يواري سوأتهم خاصّة"[٧].

---

(١) الباش، حسن، والسهلي، محمد توفيق، (١٩٨٠). المعتقدات الشعبيّة في التراث العربي، دمشق: دار الجيل، ص١٥٧.

(٢) انظر، رحلة ابن بطوطة: ٣٠٤/١، ٣٤١، ٦٢/٢، ومواطن أخرى متفرقة من الرحلة، وابن الحاج النميري، فيض العباب، ص ٢٨٥، ٢٨٨، وابن الخطيب، خطرة الطّيف، ص ٥٣.

(٣) رحلة ابن بطوطة: ٤٦/١.

(٤) انظر، رحلة ابن جبير، ص١٣٥.

(٥) انظر، المصدر نفسه، ص٧٤-٧٥.

(٦) رحلة ابن بطوطة: ٢٣٥/١.

(٧) التجيبي، مستفاد الرحلة، ص ٢٦٧، وانظر رحلة ابن جبير، ص١١٢، والعبدري، الرحلة المغربية، ص١٨٥.

ويذكر العبدري أنّ كلّ امرأة من نساء الأعراب في أرض برقة -بلاد طرابلس- لا بدّ لها من خرقة تسد لها على وجهها، ويسمّونها البرقع، وهي تتخلل الناس مكشوفة الرأس والأطراف، حافية القدمين لا تهتم بستر ما سوى وجهها، كأن ليس لها عورة سواه، فلا تزال تلك الخرقة عرضة للاتساخ ومرصداً لعارض الأوساخ(١).

وأظهرت بعض كتب الرّحلات ارتباط الملابس ببعض المناسبات، فالحزن له لباس(٢)، وللمظلومين ثياب يلبسونها حتى ترفع عنهم الظلامة(٣)، ولأيام المطر والبرد أثواب من الصوف يستعد الناس للبسها أثناءانتقالهم من بلد إلى آخر(٤).

وقد صوّرت بعض كتب الرّحلات حرص أهل بعض المدن على النظافة، نظافة البدن والثوب حتى إنّه "لو لم يكن لأحدهم إلا قميص خلق غسله ونظّفه وشهد به الجمعة"(٥).

كما ألقت بعض كتب الرّحلات الضّوء على بعض عادات أصحاب الفرق الإسلامية المتعددة في المدن الإسلاميّة فيما يتعلّق باللباس، ومن ذلك لبس أصحاب بعض تلك الفرق أطواق الحديد(٦). وكانت بعض قبائل الصين تجعل في آذانها أقراطاً كباراً، وتكون فتحة القرط منها نصف شبر، ويتلحّفون في ملاحف الحرير(٧).

---

(١) العبدري، الرحلة المغربية، ص٨٦-٨٧.

(٢) انظر، رحلة ابن بطوطة: ٢٨٨/١، ٢٣٧/٢.

(٣) انظر، المصدر نفسه: ٤٠/٢.

(٤) انظر، المصدر نفسه: ٣١٣/١، ٣٢٥.

(٥) المصدر نفسه: ٢٨٢/٢.

(٦) انظر، المصدر نفسه: ٣٥٧/١.

(٧) انظر، المصدر نفسه: ٢٨٤/٢.

ل

إنّ عين الرّحّالة اللاقطة لمثل هذا التنوّع والاختلاف في اللباس في مختلف البلدان التي تنقّل فيها الرّحّالة، قد قدّمت ما يشكّل أهمية كبرى لعلماء الأنثروبولوجيا[1] والفولكلورالشعبيّ[2].

ثانياً: الأطعمة والأشربة

أظهرت بعض كتب الرّحلات أنّ الناس عامة في مختلف البلدان يتفقون في كثير من الأطعمة والأشربة والعادات المتّبعة فيها، غير أنّ اختلاف الوضع الاقتصاديّ والمستوى الاجتماعيّ لبعض البلدان يظهر التفاوت أحياناً، فطعام الملوك والسلاطين يختلف عن العامة. وقد كان طعام بعض السلاطين طعامين، طعام العامة وطعام الخاصة، ومجلس كلّ إنسان للطعام معيّن لا يتعدّاه ولا يزاحم أحد منهم أحداً[3].

وسلّطت بعض الرّحلات الضّوء على طعام بعض السلاطين في رمضان، حيث كان بعضهم يفطر على ثريد في صفحة صغيرة عليه العدس مسقّى بالسمن والسكر، ويقدمون الثريد تبرّكاً بالنبيّ محمد صلّى الله عليه وسلّم[4]، أمّا موائد بعضهم الآخر فقد كانت مليئة بالدجاج المشوي وفراخ الحمام، والخبز المعجون بالسمن، والكعك والحلوى ومختلف أنواع الفواكه[5] في حين اتصف بعض السلاطين بالبخل، إذ لا يقدّمون يقدّمون ما يستحقّ التقدير في الولائم[6].

---

(١) الأنثروبولوجيا: دراسات الشعوب، وأدواتها، وطرز مساكنها، وأنواع الألبسة..إلخ. انظر، سليم، شاكر مصطفى، (١٩٨١). قاموس الأنثروبولوجيا، ط١، جامعة الكويت، ص ٢٢٤، ٢٧٠، ٣١٤.

(٢) انظر، فهيم، حسين (١٩٨٧). "التراث الشعبي في أدب الرحلات"، مجلة المأثورات الشعبية، العدد (٥)، السنة الثانية، ص ٧٤-٨٣، وانظر كتابه، أدب الرحلات، دراسة تحليلية من منظور أنثوجرافي، ص ٤٩- ٧٤، ١١٧-١٢٩.

(٣) انظر، رحلة ابن بطوطة: ٢٦٦/١، ٦٥/٢- ٦٦.

(٤) انظر، رحلة ابن بطوطة: ٢٦٠/١.

(٥) انظر، المصدر نفسه: ٣٣٤/١، وانظر أيضاً في ترتيبات موائد الطعام، المصدر نفسه: ٣١١/١، ٢١/٢.

(٦) انظر، المصدر نفسه: ٢٧٥/٢-٢٧٦، وانظر أيضاً عن البخل، رحلة التجاني، ص٨٥-٨٧.

ووصف لسان الدين بن الخطيب، أنواع المآكل والمشارب التي ملأت موائد أهل جبل هنتاتة[١] احتفاء بهم، فقال: "ولم يكد يقرّ القرار، ولا تنزع الخفاف، حتى غمر من الطعام البحر، وطما الموج، ووقع البهت، وأمل الطحو، ما بين قصاع الشيزي أفعمها الثرد، وهيل بها السمن، وتراكبت عليها السمان الحملان الأعجاز، وأخونة تنوء بالعصبة أولي القوة، غاصّة من الأنية بالمُذْهَب والمُحْكَم، مُهْدِية كلّ مختلف الشّكل، لذيذ الطّعم، مُهان فيه عزيز التّابل، محترم عنده سيدة الأحامرة الثلاثة، إلى السمك الرضراض والدّجاج فاضل أصناف الطّيّار، ثم تتلوها صحون نحاسيّة تشتمل على الطعام خاصّ من الطير والكُبّاب واللقالق.. ويتلو ذلك من أصناف الحلواء بين مُسْتَبْطَنٍ للباب البر، ومعالج بالقلو، وأطباق مُدّخر الفاكهة... وقد قام السماط من خدام وأساودة أخذتهم الآداب وهذّبتهم الدُّربة فخفّت منهم الحركة.."[٢].

ولعلّ من أشهر الموائد، تلك المائدة التي ذكرها ابن العربي، ومن قوله فيها: "شاهدت المائدة بطور زيتا[٣] مراراً وأكلت عليها ليلاً ونهاراً، وذكرت الله سبحانه فيها سرّاً وجهاراً، وكانت صخرة صلداء لا تؤثر فيها المعاول وكان الناس يقولون مسخت صخرة.. والذي عندي أنّها صخرة في الأصل وقطعت من الأرض محلّاً للمائدة النازلة من السماء، وكلّ ما حولها حجارة مثلها وكان ما حولها محفوفاً بقصور، وقد نحتت في ذلك الحجر الصلب بيوت أبوابها منها، ومجالسها منها مقطوعة فيها..."[٤].

وقد ألقت بعض كتب الرّحلات الضوء على بعض العادات المتّبعة في الطعام، وفيها عادة أنّ المرأة في بعض البلدان "لا تأكل مع زوجها، ولا يعلم الرجل ما تأكله المرأة"[٥]. ومن عادات سكان بعض المدن في رمضان تناولهم طعام الإفطار في دار السلطان[٦].

---

(١) انظر الدراسة هنا ص٤٥، الحاشية ١.

(٢) ابن الخطيب، رحلة خطرة الطيف، ص١١٧.

(٣) طورزيتا "جبل مشرف على المسجد (مسجد القدس) وفيما بينهما وادي جهنم". انظر، ياقوت الحموي، معجم البلدان: ٤/٤٨.

(٤) المقري، نفح الطيب: ٢/٣٧.

(٥) رحلة ابن بطوطة: ٢/١٧٨.

(٦) انظر، المصدر نفسه: ٢/٦٥-٦٦.

أمّا الأشربة، فيبدو أنّ اللبن مادة غذائية هامة في معظم البلدان التي قصدها الرّحّالة، فقد اشتهرت مدينة دمياط في مصر بها، وألبانها "لا مثل لها في عذوبة الطعم وطيب المذاق"[١]، وفي السودان الغربي طعامهم اللبن والعسل بالدرجة الأولى. "وهو الضّيافة الكبيرة عندهم"[٢]. ومن جانب آخر، فقد أشارت بعض كتب الرّحلات إلى انتشار القحط والفقر والمجاعات والأوبئة في بعض البلدان، وفقدان الأرواح الكثيرة نتيجة ذلك[٣].

ثالثاً: صورة المرأة

أظهرت كتب الرّحلات صورة (المرأة المثقّفة الشّاعرة) صاحبة العلم وراوية الأحاديث، والحريصة على أداء الفريضة وزيارة المدينة المنورة[٤] ويصف ابن جبير يوم طواف النساء فيقول: "أفرد البيت للنّساء خاصّة، فاجتمعن من كلّ أوب .. ولم تبق امرأة بمكة إلا حضرت المسجد الحرام ذلك اليوم ... وأفرج الناس لهنّ عن الطواف وعن الحجر ولم يبق حول البيت المبارك أحد من الرجال تبادر النساء إلى الصعود، ... وتسلسل النساء بعضهنّ ببعض وتشابكن حتى تواقعن، فمن صائحة ومُعولة ومكبّرة ومهلّلة، ..."[٥]، وصوّرت الرّحلات كذلك حرص المرأة في بعض المدن على أداء صلاة الجمعة في المساجد، وقد وصف ابن العربي نساء مدينة نابلس بقوله: " ... فإنّي أقمت فيها أشهر، فما رأيت امرأة في الطريق نهاراً إلا يوم الجمعة، فإنّهنّ يخرجن حتى يمتلئ المسجد منهن،

(١) المصدر نفسه: ٣٥/١.

(٢) المصدر نفسه: ٢٧١/٢.

(٣) انظر، التجيبي، مستفاد الرحلة، ص٣٢٧، ورحلة ابن بطوطة: ٩٢/١، ١٢٨، ٢٣٥، ٥٤/٢، ٨٣، ١٤٩، ٢٥٠-٢٥١.

(٤) انظر، هذه الدراسة، ص ٧١، والحاشية رقم ٣، من الصفحة نفسها، ورحلة ابن بطوطة: ٣٥٠/١، والبكر، خالد، الرحلة الأندلسية إلى الجزيرة العربية، ص٥٢-٥٤.

(٥) انظر، رحلة ابن جبير، ص١١٥-١١٦، ورحلة ملء العيبة: ٢١/٥، ومستفاد الرحلة، ص١٥٩، ١٨٤، ١٤٥، ٤٣٩، ٤٤٠.

فإذا قضيت الصّلاة وانقلبن إلى منازلهن لم تقع عيني على واحدة منهن إلى الجمعة الأخرى..." [١].

وكانت نساء بعض المدن يجتمعن لسماع الوعظ كلّ يوم اثنين وخميس وجمعة في المساجد وربّما "اجتمع منهنّ الألف والألفان، بأيديهن المراوح يروّحن على أنفسهنّ من شدة الحرّ" [٢]، هذا وقد ارتبطت مكانة المرأة في بعض المجتمعات الإسلاميّة بالعناية بتثقيفها ثقافة دينية راقية، حيث خصّصت لهنّ مراكز تعليميّة ترعاهنّ وتشرف على تعليمهنّ وتحفيظهنّ القرآن الكريم [٣].

ولم تقف الرّحلات عند هذا الحدّ، بل أعطت صورة جليّة لما تمتعت به المرأة في بعض المدن من تحرّر من القيود، ومن أبرز مظاهر هذا التّحرر: إبداء المرأة رأيها في اختيار الزوج المناسب لها فقد امتنعت ابنة وزير سلطان جزائر ذيبة المهل (المالديف) عن الزواج بابن بطوطة، وقال له الوزير: "إنّ بنته امتنعت وهي مالكة أمر نفسها .." [٤]، ولم تكتف المرأة بالمساواة مع الرجل بل تفوّقت عليه في الحقوق، فهي أعظم شأناً من الرجال في بلاد الترك وبعض مدن المغرب [٥]، وأفضل منهم في مهنة حراسة القوافل [٦]، وركوب الخيل [٧]، وحسن الرماية والقتال كما هو الحال عند نساء الترك وبلاد الصين [٨]. وكانت المرأة تعمل خارج المنزل وتشارك في التجارة والبيع ومن ذلك ما وصف به ابن بطوطة نساء الأتراك حيث تأتي إحداهنّ إلى السوق "ومعها عبيدها بالغنم واللبن، فتبيعه من

(١) ابن العربي، أحكام القرآن، ١٥٣٥/٣.

(٢) رحلة ابن بطوطة: ١٨٣/١.

(٣) انظر، المصدر نفسه: ١٥٨/٢.

(٤) انظر، المصدر نفسه: ١٨٥/٢.

(٥) انظر، المصدر نفسه: ٣٠١/١، ٢٨٧/٢.

(٦) انظر، المصدر نفسه: ٢٧٩/٢.

(٧) انظر، المصدر نفسه: ٢٧٩/١، ٢٢٠/٢.

(٨) انظر، المصدر نفسه: ٢٢٠/٢، وانظر، البكري، جغرافية، الأندلس، ص ١٧٠.

الناس بالسلع العطريّة، وربّما كان مع المرأة منهنّ زوجها فيظنّه من يراهها بعض خدّامها.."[١].

وكذلك نساء الأعراب في أرض برقة -ببلاد طرابلس- حيث كان الأعراب يستعملون نساءهم في البيع والشراء..."[٢]. وهي إلى ذلك أيضاً تهتم بحسنها وجمالها، فقد كانت نساء مكة المكرمة "يكثرن التّطيب حتى إنّ إحداهنّ لتبيت طاوية وتشتري بقوتها طيباً"[٣].

أمّا نساء مدينة زبيد اليمنيّة، فلهنّ الحسن الفائق، حيث يصف ابن بطوطة مشاركتهن في سُبُوت النّخل، وذلك "أنّهم يخرجون في أيام البّسر والرّطب، في كلّ سبت إلى حدائق النّخل، ولا يبقى بالمدينة أحد من أهلها ولا من الغرباء... وتخرج النساء ممتطيات الجمال في المحامل، ولهّن مع ما ذكرناه من الجمال الفائق والأخلاق الحسنة والمكارم. وللغريب عندهنّ مزيّة، ولا يمتنعن من تزوجه كما يفعله نساء بلادنا، فإذا أراد السّفر خرجت معه وودّعته، وإن كان بينهما ولد فهي تكفُله وتقوم بما يجب له إلى أن يرجع أبوه، ولا تطالبه في أيّام الغيبة بنفقة ولا كسوة ولا سواها. وإذا كان مقيماً فهي تقنع منه بقليل النفقة والكسوة، لكنّهن لا يخرجن عن بلدهنّ أبداً، ولو أعطيت إحداهنّ ما عسى أن تعطاه على أن تخرج من بلدها لم تفعل"[٤].

ومن مظاهر تحرّر المرأة أيضاً، خروج النساء في جماعات كثيرة للمشاركة في توديع واستقبال مواكب بعض السلاطين، واختلاطهنّ بالرجال فقد وصف الرّحّالة ابن الحاج النميري النساء وقد خرجن يشاركن في توديع السلطان أبي عنان حين قرّر القيام برحلته داخل المغرب الأقصى والبلدان الإفريقيّة، حين يقول: "فما راق العيون كالهوادج التي علت فوق ذرى البزل الهوادر، وبدت كأنّها الأكمات المكلّلة بأنواع الأزاهر، سامية

---

(١) انظر، رحلة ابن بطوطة: ٣٠١/١، ١٧٨/٢.

(٢) العبدري، الرحلة المغربية، ص٨٦.

(٣) المصدر نفسه: ١٣٦/١.

(٤) رحلة ابن بطوطة: ٢٢٤/١.

الهامات في الجو المنخرق. جامعة الحسن بين المتّفق والمفترق .. إلى غير ذلك من الأثواب العراقيّة والأندلسيّة والروميّة كلّ يستبي الألباب بألوانه المختلفة .. وبباب كلّ هودج جارية عليها الحلل والحلي، ... وجميعهنّ يغنين بذكر الحروب، والملاحم التي طال بها عن المضاجع تجافي الجنوب. داعيات إلى ركوب الجياد .. وسلّ السيوف الباترة من الأغماد.."[١]. أمّا ابن الخطيب فيشير إلى خروج النساء في جماعات كبيرة واختلاطهن بالرجال للمشاركة في استقبال سلطان غرناطة أبي الحجاج يوسف الأول، وذلك بعد عودته من رحلة تفقديّة لأحوال الثغور الشرقيّة لمملكة غرناطة سنة ٧٤٨هـ/١٣٤٧م، ومن قوله: "واختلط النساء بالرجال، والتفّ أرباب الحجا بربات الحجال، فلم نفرق بين السلاح والعيون الملاح، ولا بين حمر البنود وحمر الخدود.."[٢]. كما دخلت المرأة ميدان السياسة، وتولّت مقاليد الحكم في بعض البلدان، وكانت تصدر الأوامر السلطانيّة باسم السلطان، "فالنساء لدى الأتراك والتتر لهن حظّ عظيم، وهم إذا كتبوا أمراً يقولون فيه: "عن أمر السلطان والخواتين"[٣]، وكانت المرأة تشارك في الأمور العامة[٤]، وتدبّر المؤامرات ضدّ السلطان[٥]. في حين أنّ المرأة في بعض مدن السودان كانت صورة للفساد حيث تقيم مع الرجال دون صداق، فيدخل الرجل بيته "فيجد امرأته ومعها صاحبها، فلا ينكر ذلك"[٦] وقد أثار هذا الأمر الرّحّالة ابن بطوطة، فسأل أحد الرجال وقد كانت امرأته مع

---

(١) انظر، ابن الحاج النميري، فيض العباب، ص ٦٨ -٦٩، كذلك الصفحات، ٢٣٦-٢٣٧، ٢٨٦.

(٢) ابن الخطيب، خطرة الطيف، ص٥٣.

(٣) رحلة ابن بطوطة: ٢٠٤/١، وانظر المصدر نفسه: ٢٧٩/١، ١٧٩/٢، وانظر دور المرأة في الحياة السياسيّة، ابن الخطيب، نفاضة الجراب، ص ١٣-١٥.

(٤) كان للمخدومة جهان أم سلطان الهند دور كبير في مساعدة المحتاجين وكانت كثيرة الصّدقات، وعمّرت زوايا كثيرة، وجعلت فيها الطعام للوارد والصّادر، وكذلك زوجة السلطان محمد أوزبك خان، ابنة مالك القسطنطينيّة، السلطان تكفور التي كانت تهتم بالغرباء وتقدّم لهم الطعام والكساء والدراهم، وانظر، رحلة ابن بطوطة: ٣٦٠/١، ١٠٩/٢.

(٥) انظر، رحلة ابن بطوطة: ٢٠٤/١.

(٦) المصدر نفسه: ٢٧٢/٢.

صاحبها: "أترضى بهذا..؟ فقال له الرجل: "مصاحبة النساء للرجال عندنا على خير وحسن طريقة، ولا تهمة فيها، ولسن كنساء بلادكم"[١]. وفي بعض بلدان آسيا الصغرى كانت النساء يدخلن الحمّام مع الرجال، فمن أراد الفساد فعل ذلك من غير منكر عليه"[٢].

ومن صور الفساد أيضاً، تعرّي جسد المرأة، فقد كان النساء يظهرن للناس عرايا باديات العورات، لا يحتشمن من الرجال ولا يحتجبن[٣]، ونساء جزر المالديف "لا يلبس أكثرهنّ إلا فوطة واحدة تسترها من السّرة إلى أسفل، وسائر أجسادهن مكشوفة وكذلك يمشين في الأسواق وغيرها"[٤].

رابعاً: الأعياد والأعراس والاحتفالات الشعبيّة

لا شكّ أنّ الاستقرار السياسيّ والرخاء الاقتصاديّ في مختلف البلدان التي زارها الرّحّالة، قد ساهما في إبراز الكثير من المظاهر الاحتفاليّة، وما رافقها من ترتيبات لائقة بمختلف تلك المناسبات، وقد حظيت هذه المظاهر باهتمام الرّحّالة فكتبوا عنها، وعما كان يجري فيها من شعائر وطقوس اتّسم أكثرها بالصفة الشعبيّة أو الطابع الفلكلوريّ.

ويلحظ في ما كتبه الرّحّالة عن هذه الأعياد والأعراس والاحتفالات، أنّ معظمها احتفالاتٌ دينيّة وبعضها الآخر كان محلياً اجتماعياً، وقد شارك فيها السّلاطين والأمراء وأفراد الشعب.

وفي بعض كتب الرّحلات، يوجد الكثير من الشواهد الدّالة على هذه المناسبات، فقد رسم الرّحّالة صوراً للمجتمع المكيّ في مواسمه المختلفة، ووصفوا الشعائر التي اعتاد أهل مكّة أن يؤدوها في مختلف المناسبات الدينيّة، مثل، استقبال الهلال الوليد، واحتفالهم

---

(١) المصدر نفسه: ٢٧٢/٢، وانظر، التجيبي، مستفاد الرحلة، ص ٢٠١.

(٢) رحلة ابن بطوطة: ٢٦١/١-٢٦٢.

(٣) انظر، المصدر نفسه: ٢٧٢/٢، ٢٨٢.

(٤) المصدر نفسه: ١٧٧/٢، وانظر، التجيبي، مستفاد الرحلة، ص ٢٠٦.

بالعمرة الرجبيّة، وما كان يجري فيها من خروج الناس ليلتها إلى شوارع مكة بالهوادج التي تلوح على ظهور الإبل كالقباب المضروبة، وإشعالهم النار على جانب الطريق وإيقادهم الشّموع، وضربهم الطبول والبوقات عند رؤية الهلال إشعاراً بأنّها ليلة الموسم، وكذلك وصف الرّحّالة، ممارسة الناس لألعاب الفروسيّة أمام موكب الأمير، كلعبهم بالسيف والترس، ورميهم الحراب إلى الهواء وتناولها بسرعة، وركوب الأعراب الجمال ومسابقة الخيل لها، ومرافقة الأمير إلى منزله على هذا النحو.

وكان المؤذن يؤذن في قبة زمزم ويهنئ بالموسم، والرجال في أثناء ذلك يتلاقون فيتصافحون ويتهادون الدّعاء والنّساء كذلك. والكلّ قد لبس أحسن الثياب واحتفل احتفال أهل البلاد للأعياد، وقال ابن جبير: "فمن لم يشاهدها بمكة لم يشاهد مرأى يستهدي ذكره غرابة وعجباً"[١].

ووصف بعض الرّحّالة احتفالات الهند والمسلمين في الأعياد والزواج، فإذا كان يوم العيد خرج الناس للصلاة في المساجد، وعليهم الثياب الحسان النظيفة، وركّب السلطان على رأسه الطيلسان[٢]، ولا يلبسونه إلا في العيدين، ويلبس كلّ من القاضي والخطيب والفقهاء طيلسانهم في كلّ يوم، وفي الطريق إلى المسجد يسير الناس بين يدي السلطان، وهم يرفعون أصواتهم بالتكبير وبين يديه العلامات الحمر من الحرير.. ثم يصلّي ويقف الخطيب بعد ذلك بين يديه يلقي موعظة، وبين المصلّين يقف رجل في يده رمح يترجم موعظة الخطيب إلى لغتهم. وبعد العصر من أيام العيد يخرج السلطان إلى مجلسه ويجيء رجاله يحملون السلاح العجيب من الذهب والفضة ودبابيس من البلّور، ثم يأتي ترجمانه

---

(١) رحلة ابن جبير، ص١٠٦-١١٠، وانظر أيضاً في مختلف الاحتفالات الدينية بما فيها المولد النبوي رحلة ابن بطوطة: ٤٦/١، وابن الحاج النميري، فيض العباب، ص٨٦-٨٧، وابن الأحمر، نثير فرائد الجمان، ص٣٢٤-٣٢٥، وابن أبي زرع الفاسي، علي، الذخيرة السنية في تاريخ الدولة المرينية، دار المنصور للطباعة والوراقة، الرباط، ١٩٧٢، ص١٢٤، ١٦٠، وابن خلدون، التعريف، ص١١٢-١١٦.

(٢) ضرب من الأكسية، والطيلسان، ليس بعربي، انظر، ابن منظور، لسان العرب: ١٢٥/٣.

بنسائه الأربع وجواريه ويبلغ عددهنّ نحو مائة وهنّ في هذه المرة غير عرايا بل عليهنّ الثياب الحسان وعلى رؤوسهن عصائب الذّهب والفضّة، ثم ينصب لترجمانه كرسي يجلس عليه ويضرب على آلة من قصب ويغنّي بشعر يمدح فيه السلطان ويذكر غزواته وأفعاله الحسان، وتغني النساء والجواري معه ويلعبن بالقِسيّ ومعهنّ نحو ثلاثين من الغلمان عليهم ثياب حمر وعلى رؤوسهم عصائب بيض، وكلّ واحد منهم متقلد طبله يضربه. ثم يأتي الصبيان فيلعبون ويتقلّبون في الهواء، ولهم في ذلك رشاقة وخفّة بديعة ويلعبون بالسّيوف أجمل لعب وكذلك يلعب الترجمان، ثم يأمر السلطان للجميع بالإحسان(١).

أمّا الأعراس، فقد تحدّث عنها بعض الرّحّالة موضحين مراسيمها وترتيباتها الخاصّة بها، ووصف ابن بطوطة عرس ابن ملك جاوة الذي شارك في الاحتفال به، فعدّ لذلك شاهد عيان على ما كان يجري من مظاهر احتفاليّة بهذه المناسبة، من مثل مجيء العروس من داخل قصرها على قدميها بادية الوجة ومعها نحو أربعين من الخواتين يرفعن أذيالها، من نساء السلطان وأمرائه ووزرائه، وكلّهنّ باديات الوجوه ينظر إليهنّ كلّ من حضر من رفيع أووضيع. وليست تلك بعادة لهنّ إلا في الأعراس خاصّة. وصعدت العروس المنبر، وبين يديها أهل الطّرب، رجالاً ونساء يلعبون ويغنّون، ثم جاء الزوج على فيل سزيّن علي ظهره سرير وفوقه قبة... والتاج على رأس العروس... وعن يمينه ويساره نحو مائة من أبناء الملوك والأسراء قد لبسوا البياض وركبوا الخيل المزيّنة، وعلى رؤوسهم الشّواشي المرصّعة، وهم أتراب الزوج ليس فيهم ذو لحية. ونثرت الدنانير والدّراهم على الناس عند دخوله، وقعد السلطان بمنظرة له يشاهد ذلك. ونزل ابنه فقبّل رجله، وصعد المنبر إلى العروس، فقامت إليه وقبّلت يده، وجلس إلى جانبها والخواتين يروحون عليها، وجاءوا بالفوفل والتّنبول، فأخذه الزوج بيده وجعل منه في فمها، ثم أخذت هي بيدها وجعلت في فمه. ثم أخذ الزوج بفمه ورقة تنبول وجعلها في فمها، وذلك كلّه على

(١) انظر، رحلة ابن بطوطة: ٢٧٩/٢، وكذلك، ٣١٠/١ -٣٢١، ٦٢/٢-٦٤.

أعين الناس، ثم فعلت هي كفعله، ثم وضع عليها السّتر، ورفع المنبر وهما فيه إلى داخل القصر، وأكل الناس وانصرفوا. ثمّ كان من الغد جمع الناس، وأجرى له أبواه العهد، وبايعه الناس، وأعطاهم العطاء الجزل من الثّياب والذهب .."[١].

وكانت تقام بعض الاحتفالات بشفاء السلاطين والملوك من الأمراض[٢] أو لعودتهم سالمين من أسفارهم، فحين قدم سلطان الهند محمد شاه من أسفاره زُيّنت الفيلة، وصنعت قباب من الخشب مقسومة على طبقات، وتكسى بثياب الحرير، ويكون في كلّ طبقة الجواري المغنّيات عليهنّ أجمل لباس وأحسن حلية، ومنهنّ رواقص، "ويكون ما بين القباب مفروشاً بثياب الحرير، يطأ عليها مركب السلطان. وتزيّن حيطان الشّارع الذي يمرّ به من باب المدينة إلى باب القصر بثياب الحرير، ويمشي أمامه المشاة من عبيده وهم آلاف، وتكون الأفواج والعساكر خلفه..."[٣].

أما الجنازات، فكان لها ترتيباتها الخاصّة بها في بعض البلدان، ففي دمشق كانوا "يمشون أمام الجنازة بقرّاء يقرأون القرآن بأصوات شجيّة وتلاحين مبكية تكاد تنخلع لها النفوس شجواً وحناناً يرفعون أصواتهم بها، فتتلقاها الآذان بأدمع الأجفان، وجنائزهم يُصلّى عليها في الجامع قبالة المقصورة، فلا بد لكلّ جنازة من الجامع، فإذا انتهوا إلى بابه قطعوا القراءة ودخلوا إلى موضع الصّلاة عليها .. فإذا استكملوا أو فرغوا من القراءة وانتهى المجلس بهم منتهاه قام وعاظهم واحداً واحداً بحسب رتبهم في المعرفة، فوعظ وذكّر ونبّه على خدع الدنيا وحـذّر.."[٤] "وكانوا يرفعون أصواتهم بالنداء لكلّ من يصل للعزاء من كبار البلدة وأعيانها ويقولون: "بسم الله فلان الدين"، من كمال وجمال وشمس وبدر وغير ذلك، فإذا أتمّوا القراءة، قام المؤذنون فيقولون: "افتكروا واعتبروا، صلاتكم

---

(١) انظر، رحلة ابن بطوطة: ٢٤٢/٢-٢٤٣.

(٢) انظر، المصدر نفسه: ٣٩/١.

(٣) انظر، المصدر نفسه: ٦٤/٢-٦٥، وابن الحاج النميري، فيض العباب، ص ٤٥، ٥٦، ٢٣١، ٢٣٧، ومواضع متفرقة من الرحلة.

(٤) رحلة ابن جبير، ص ٢٦٧-٢٦٨.

على فلان الرجل الصالح العالم ... ويصفونه بصفات من الخير، ثم يصلّون عليه، ويذهبون به إلى مدفنه"[(١)].

ولم يقف الرّحّالة عند هذه الظواهر الاجتماعيّة والدينيّة وحسب، بل تجد في بعض رحلاتهم إشارات لظواهر اجتماعيّة ودينيّة أخرى، ارتبط بعضها بالمأثور والمعتقد الشعبيّ، ومنها السّحر والشّعوذة، والتّنجيم[(٢)].

وقد روى ابن سعيد أنّ الأمير عبد الرحمن الأوسط[(٣)]، قد قال عن التنجيم: "إنّه مخرقة ورجم بالغيب" وأراد ابن الشّمر[(٤)] أن يبرهن على صدق ما جاء به فقال للأمير: اختبر في مقامك بما شئت، فقال: إن أنبأتني على أي باب من أبواب المجلس أخرج في قيامي صدّقت بعلمك، فكتب ابن الشمر في ورقة مختومة ما اقتضى له الطّالع، ودعا الأمير من فتح له باباً محدثاً في غارب المجلس الذي يلي مقعده، ثمّ خرج منه، وترك الخروج من أبواب المجلس الأربعة، وفتح الورقة فوجد فيها ما فعله الأمير، فتعجّب ووصله[(٥)].

كما ألقت بعض كتب الرّحلات الضّوء على بعض المعتقدات الشعبيّة أو الحكايات الدّالة على نوع من الثّقافة الطّبيّة، فأهل السودان، مثلاً كانوا يكافحون القمل بالزئبق[(٦)] بالزئبق[(٦)] وكذلك وصف ابن بطوطة طريقة علاجهم لسمّ الحيّة، حيث كانوا ينحرون جملاً، ويدخل يد المصاب في كرشه، وتترك كذلك ليلة، ثم يتناثر لحم أصبعه، فتقطع من

---

(١) رحلة ابن بطوطة: ٩٨/١، وانظر بعض العادات في الجنائز والدفن، المصدر نفسه: ١٢٨/٢، ٢٣٧، وانظر، ابن الحاج النميري، فيض العباب، ص ٣٨-٤٠.

(٢) انظر، رحلة أبي حامد الغرناطي، تحفة الألباب، ص١٣٧، ورحلة ابن بطوطة: ٤٢/٢، ١٤٩-١٥٠، ١٥٤، ١٥٧، ٢٣٣، رحلة التجاني، ص ٣١٤.

(٣) انظر ترجمته في الدراسة، ص ٣٤، والحاشية رقم ٥.

(٤) هو عبد الرحمن بن الشّمر منجم الأمير عبد الرحمن الأوسط، انظر، المقري، نفح الطيب: ١٣٠/٣.

(٥) انظر، ابن سعيد المغربي، المغرب، قسم الأندلس: ١٢٦/١-١٢٧.

(٦) انظر، رحلة ابن بطوطة: ٢٦٩/٢.

الأصل[١]. وكان "لبعض البربر المجاورين لنهر من أنهار بلاد المغرب تجارب منها أنّ المريض إذا أرادوا أن يعلموا هل هو يستريح أو يموت حملوه لرأس العين بذلك الموضع المهول، فيغطّسونه فيه حتى يقرب أن يطفى، ثم يخرجونه فإن خرج على فمه دم فيستبشرون بحياته وإن لم يخرج من فمه دم أيقنوا بهلاكه"[٢].

وبعد، فقد امتازت المدن الإسلاميّة في العصور الوسطى بحياة اجتماعيّة ودينيّة متنوعة الثقافات ومتباينة المؤسسات والمنشآت ومتعددة العادات والتقاليد تبعاً لاختلاف الأوضاع الجغرافيّة والجذور الحضاريّة، ومهما يكن الأمر، فإنّ الروح الإسلاميّة وتعاليم الدين جعلت بين تلك المجتمعات قدراً كبيراً من عناصر الوحدة يجمع بينهما.

خامساً: صورة الآخر

كانت الفتوحات الإسلاميّة والتّجارة والانتقال بين البلدان والحروب الصليبيّة، نوافذ للاتصال بالآخر، واكتشاف ثقافته وحضارته. ومع اتّساع أرجاء الدّولة الإسلاميّة التي أصبحت مترامية الأطراف، نشطت الرحلة وتوسّعت مجالاتها، وأخذت تخضع رؤيتها إلى الآخر لمقاييس الجميل والقبيح في مختلف الجوانب والمظاهر الحياتيّة، والأخلاقيّة والعادات والتقاليد، وكلّ ما يساهم في حدوث الازدهار الحضاريّ، فدفعها الجميل لوصفه والإشادة به، في حين أنّ القبيح دعاها لنبذه ونقده، لمخالفته تعاليم الدين الإسلاميّ.

وجاءت الرّحلة في مواجهة بين الذات، الأنا، والآخر، الغير، لاكتشاف الآفاق الأخرى والتكيّف مع قيم الإنسانيّة، ورسم ملامح هذه الصورة من خلال تسليط الضوء على ملامح الحياة الثقافيّة والاجتماعيّة والدينيّة للذات والآخر في تلك العصور التي تمثّل نظاماً معرفيّاً فكريّاً للدّولة الإسلاميّة، يقوم على أساس مفاضلة العربيّ على الأعجميّ[٣].

---

(١) انظر، المصدر نفسه: ٢٧٠/٢، وكذلك: ٢٣٧/١، ٣٤٩، ٢٧٥/٢.

(٢) مؤلف مجهول، الاستبصار، ص١٨٤.

(٣) انظر، فهيم، حسين محمد، أدب الرّحلات، ص١٩١-١٩٩.

وتعدّ رحلة ابن جبير نموذجاً لدراسة الذّات والآخر، فقد تضمّنت بعض الإشارات الدّالة على حضور الذات والآخر في الرّحلات(١)، كماأظهرت هذه الرحلة، ثقافة الذات وتميّزها الدينيّ والحضاريّ من خلال الإشادة بعدل صلاح الدين الأيوبي، وإزالته للضرائب التي كانت تؤخذ على الحجاج، وغيرها من المكوس التي كانت تؤخذ على كلّ ما يباع ويشترى "فكفى الله المؤمنين على يدي هذا السلطان العادل حادثاً عظيماً وخطباً أليماً.." (٢).

وقد كان لبعض الأندلسيين والمغاربة دور أساسي بالغ الأهميّة في الوقوف ضدّ الصّليبيين من أجل تحرير مدينة القدس، حيث لم تتخذ المقاومة للصّليبيين ببلاد الشام شكلاً فرديّاً، وإنّما اتّخذت صورة جماعيّة، الأمر الذي جعل الصّليبيين في المغرب يلجؤون إلى اتّخاذ اجراءات ضدّ المغاربة تجسّدت بفرض ضريبة عليهم دون غيرهم، وذلك جراء مشاركتهم العرب المشارقة في حروبهم ضدّ الإفرنج. وذكر ابن جبير أنّ أحد الحصون كان مكاناً لتمكيس القوافل، "وسببها أنّ طائفة من أنجادهم غزت مع نور الدين أحد الحصون فكان لهم في أخذه غنى ظهر واشتهر، فجازاهم الإفرنج بهذه الضريبة المكسيّة ألزموها رؤوسهم، فكلّ مغربيّ يزن على رأسه الدينار المذكور في اختلافه على بلادهم. وقال الإفرنج: إنّ هؤلاء المغاربة كانوا يختلفون على بلادنا ونسالمهم ولا نرزأهم شيئاً، فلمّا تعرّضوا لحربنا وتألبوا مع إخوانهم المسلمين علينا وجب أن نضع هذه الضريبة عليهم، فللمغاربة في أداء هذا المكس سبب من الذكر الجميل في نكايتهم العدو يسهّله عليهم ويخفّف عنتهم عنهم"(٣).

---

(١) أفاض في الحديث عن الإشارات والدّلالات في رحلة ابن جبير: IAN RICH, ARO NETTON(١٩٩١) "Basic Structures And Signs of Alienation in The Rihla of Ibn Jubayr", Journal of Arabic Literature, XXII, p. ٢١-٣٧.

(٢) رحلة ابن جبير، ص٣١.

(٣) رحلة ابن جبير، ص٢٧٤.

إنّ الإشارات المنتشرة في نصّ رحلةابن جبير، تكشف عن حضور الوجود المسيحيّ في العالم الإسلاميّ، هذا الحضور الذي بدا من تلك الإشارات أنّه تطفّل، كما كشفت أيضاً أنّ هذا الدخيل الغريب في الحضارة الدينيّة يلعب دوراً ما. ومن هذه الإشارات:

- **الصّليب المسيحيّ الإفرنجي،** وقد عدّه ابن جبير إشارة للظلم والاضطهاد، والرمز الأساسيّ للمعتدي الذي احتلّ بعضاً من المواقع والأماكن المقدّسة لدى المسلمين، كما في مدينة عكا التي "تستعر كفراً وطغياناً، وتفور خنازير وصلباناً، .. انتزعها الإفرنج من أيدي المسلمين في العشر الأول من المئة السادسة، فبكى لها الإسلام ملء جفونه، وكانت أحد شجونه. فعادت مساجدها كنائس، وصوامعها مضارب للنواقيس.." [(١)].

وارتبط الصّليب الإفرنجي في نصّ ابن جبير بالقذارة الفاحشة التي أحرقت المدن الإسلاميّة، فقد أصبحت مدينة عكا "قذرة مملوءة كلّها رجساً"[(٢)]. أمّا مدينة مسينة من جزيرة صقلية فهي "مظلمة الآفاق بالكفر لا يقر فيها لمسلم قرار، مشحونة بعبدة الصّلبان ... مملوءة نتناً ورجساً"[(٣)]. وعاش عبدة الصّلبان في هذه المدينة المملوءة بالرّخاء والرفاهيّة "والمسلمون معهم على أملاكهم وضياعهم، قد حسنوا السّيرة في استعمالهم واصطناعهم -لذلك- ضربوا عليهم إتاوة في فصلين من العام يؤدّونها.." [(٤)].

وقد عانى المسلمون الكثير من الآلام النفسيّة تحت ظلم عبدة الصليب الإفرنجي في مدن جزيرة صقلية، فكان الصليب رمزاً للردة عن الدين، حيث بذل عبدة الصليب كلّ ما بوسعهم ليفارق المسلمين دينهم، وينغمسون في النصرانيّة، ويحفظون الإنجيل وقوانين شريعتهم، ويحوّلون مساجدهم كنائس. وعلّق ابن جبير على ما سمع من تحوّل بعض

---

(١) المصدر نفسه، ص٢٧٦.

(٢) المصدر نفسه، ص ٢٧٦.

(٣) المصدر نفسه، ص ٢٩٦.

(٤) رحلة ابن جبير، ص ٢٩٧.

المسلمين عن دينهم، فقال: "ومع ذلك فأعلمنا أنه يكتم إيمانه، فلعلّه داخل تحت الاستثناء في قوله: ﴿إلا من أُكره وقلبه مُطمئنٌ بالإيمان﴾[(١)]"[(٢)].

وأظهرت رحلة ابن جبير أنّ الصليب علامة ترمز للثروة والرخاء والازدهار الاقتصاديّ الذي غمر المسيحيين في مدن جزيرة صقلية، وقدّم ابن جبير وصفاً لذلك من خلال عدد الكنائس الضخمة المزخرفة المرصّعة كلّها بفصوص الذهب، التي صيغت صلبانها من الذهب والفضة[(٣)]. وكان ابن جبير يصرّح برأيه في أولئك عبدة الصليب الإفرنجي وأصحاب القذارة والرجس، من خلال إشارات قليلة جاءت في رحلته، ومنها: أنّهم ملعونون، وخنازير، وكذلك أطلق على أمهاتهم[(٤)].

- **ملك صقلية**، غليام الذي وصفه ابن جبير، بأنّ شأنه عجيب "في حسن السّيرة"[(٥)] وقد أدهش ابن جبير إعجاب هذا الملك بالحضارة الإسلاميّة، واستعماله للمسلمين في إدارة مملكته وحكمها[(٦)]، فهو "كثير الثّقة بالمسلمين وساكن إليهم في أحواله والمهم من أشغاله .."[(٧)]، "وهو يتشبّه في الانغماس في نعيم الملك وترتيب قوانينه ووضع أساليبه وتقسيم مراتب رجاله، وتفخيم أبّهة الملك وإظهار زينته بملوك المسلمين .. ومن عجيب شأنه أنّه يقرأ ويكتب بالعربيّة وعلامته على ما أعلمنا به أحد خدمته المختصين به: الحمد لله حقّ حمده، وكانت علامة أبيه: الحمد لله شكراً لأنعمه"[(٨)].

---

(١) سورة النحل / الآية، ١٠٦.

(٢) رحلة ابن جبير، ص٣١٣.

(٣) انظر، رحلة ابن جبير، ص٣٠٣-٣٠٦، وأبي حامد الغرناطي، رحلة المعرب، ص١١، ٧٢، ١٧٥-١٧٦، ورحلة ابن بطوطة: ٧٩/١، ٢٧٤، ٣١٩، ٣٢٢.

(٤) انظر، رحلة ابن جبير، ص٢٧٤-٢٨٢ .

(٥) المصدر نفسه، ص ٢٩٧.

(٦) موافي، عثمان، (١٩٧٣). لون من أدب الرحلات، الإسكندرية، ص١٥.

(٧) رحلة ابن جبير، ص ٢٩٨.

(٨) رحلة ابن جبير، ص ٢٩٨.

وعلى الرغم من ذلك فقد عدّه ابن جبير مشركاً، كافراً بالله، عنيفاً تجاه مسلمي صقلية فيما يخصّ الإجبار على التحوّل إلى دين أو مذهب جديد، ويدعو أن ينقذ الله المسلمين من إثمه وتجبّره، "وكفى الله المسلمين عادتيه وبسطته"[١]. كما دعا المسلمين إلى اليقظة والحذر من هؤلاء المسيحيين المهذبين، الذين يهدفون من وراء هذه السلوك المهذب تجاه المسلمين -كما يرى ابن جبير- إلى إحداث الفتنة، فالشهامة واللطف ما هما إلا تضليلاً، وفي ذلك يقول: "وطوائف النصارى يتلقوننا فيبادرون بالسّلام علينا ويؤنسوننا، فرأينا من سياستهم ولين مقصدهم مع المسلمين ما يوقع الفتنة في نفوس أهل الجهل، عصم الله جميع أمّة محمد، صلّى الله عليه وسلّم، من الفتنة بهم بعزته ومنه"[٢].

وقد تنبه بعض الرّحّالة أيضاً لمثل هذا الخطر حين أصبحت أرضهم تحت النفوذ النصرانيّ وفضّلوا البقاء في وطنهم، ولكنّهم كانوا مهددين في قيمهم الدينيّة والحضاريّة، فشعر هؤلاء الرّحّالة بأنّ واجب الأخوة الدينيّة يفرض عليهم أن يقدّموا خدمات لهذه الأقليّة، التي كان يهددها خطر الجهل بتعاليم الدين، وما يتبع ذلك من خطر التّنصير الاختياريّ أو الإجباريّ، لذا عمد الرّحّالة عبد الله بن الصّبّاح الأندلسيّ -ومن خلال رحلته- إلى التأكيد على بعض المظاهر الدّينيّة التي كانت الغاية منها تمجيد الإسلام وتعزيزه في نفوس أهله من المدجّنين. وهو في حديثه لم يقتصر على ذكر الأماكن المقدسة الإسلاميّة، وإنّما ذكر الأماكن المقدسة النصرانيّة واليهوديّة أيضاً[٣].

أمّا ابن بطوطة، فقد عدّ النّصارى الإفرنج أهل غدر[٤]، وثار حين سمع أصوات النواقيس في الكنائس، وأمر أصحابه "أن يصعدوا الصومعة ويقرأوا القرآن ويذكروا الله

---

(١) نفس المصدر والصفحة.

(٢) المصدر نفسه، ص٣٠٢.

(٣) انظر، شيخة، جمعة، (١٩٩٤). بعض المظاهر الدينية في رحلة عبد الله بن الصبّاح الأندلسيّ، دراسات أندلسية، عدد (١٢)، ص٣٧-٣٨.

(٤) رحلة ابن بطوطة: ٣١٤/١، وانظر، ابن خلدون، التعريف، ص١٢٥.

ويؤذنوا ففعلـوا ذلـك.."[1]. كـما ثـار وغضـب لرؤيتـه طبيبـاً يهوديّـاً يقـدم عـلى المسلمين في بلاط أحد سـلاطين الـدّول الإسـلاميّة، فأخـذ يشـتمه ويصـفه بـالملعون ابـن الملعون، إذ كيف يجلس فوق قرّاء القرآن وهو يهوديّ[2].

- **العرس المسيحي** في مدينة صور، فقد سـحر ابـن جبـير بـه، واعـترف بأنّـه منظـر مثـير، حيث أعجب بملابس وحلى العروس، وصلّى ليبقى بعيداً عن أيّ فتنة قد تبرز مـن خلاله، ويلمح هنا استخدام ابن جبير لكلمة الفتنة مرة أخرى، وقـد اسـتعاذ بـالله منهـا. ومـن وصـفه لهـذا العـرس، قولـه: "وقـد احتفـل لـذلك جميـع النّصارى رجـالاً ونسـاء واصطفوا سماطين عند باب العروس المهداة، والبوقـات تضرب والمزامير وجميـع الآلات اللّهويّة ... حتى خرجت تتهادى بين رجلين يمسكانها من يمـين وشـمال كـأنّهما مـن ذوي أرحامها، وهي في أبهى زيّ، وأفخر لباس تسحب أذيال الحرير المذهب سحباً على الهيئة المعهودة من لباسهم، وعلى رأسها عصابة ذهب قد حُفّت بشبكة ذهب منسوجة، وعلى لَبّتها مثل ذلك منتظم، وهي رافلة في حَلْيها وحُلَلهـا، تمشي فتراً في فِتْرٍ مشيَ الحمامـة أو سير الغمامة، نعوذ بالله من فتنة المناظر.."[3].

- **أعياد النصارى**، حيث يحتفلون بها صغاراً وكباراً، ذكوراً وإناثاً، ويوقدون الشّموع ويصلّون صلاتهم، وقد لبست النصرانيات ثياب الحرير المذهب، وتعطّرن وتخضّبن وتزيّنّ بالحلي والجواهر، ووصف ابن جبير -وهو في عكا- عيداً لهم، فقال: "احتفلوا له في إسراج الشمع، وكاد لا يخلو أحد منهم، صغيراً أو كبيراً، ذكراً أو أنثى، من شمعة في يده، وتقدم قسيسوهم للصلاة في المركب بهم، ثم قاموا واحداً واحداً لوعظهم وتذكيرهم بشرائع دينهم، والمركب يزهر كلّه أعلاه وأسفله سُرُجاً متّقدة"[4].

---

(١) المصدر نفسه: ٢٩٥/١.

(٢) انظر، رحلة ابن بطوطة: ٢٧٢/١.

(٣) رحلة ابن جبير، ص ٢٧٨-٢٧٩.

(٤) المصدر نفسه، ص ٢٨٦، وانظر أيضاً، المصدر نفسه، ص٣٠٧.

وممّا سبق، فإنّ ما ذكره ابن جبير عن النصارى لا يعد تضارباً في الآراء، فالجوانب الإيجابيّة التي لمحها في صورة الآخر برّرها فخّاً يحاولون إيقاع المسلمين فيه، وجذبهم نحو دينهم، وهو وإن أعجب بجماعة مسيحيّة وبعاداتهم وطباعهم من وقت لآخر، إلا أنّه لم يحبّ حقيقة المسيحيّة، فقد أعجب وأشاد بالمهارة البحريّة لقائد بحريّ مسيحيّ، وهو كاره بوضوح لحقيقة أنّ ذلك القائد البحريّ يرث ممتلكات كلّ من الحجاج المسيحيين والمسلمين الذين يموتون في الرحلة البحريّة على متن القارب المبحر من عكا[١].

وابن جبير، حين يصور ردة فعل الذات العربيّة المسلمة التي اتّسمت بالتقوى والطاعة والإيمان بالقضاء والقدر، وهي تواجه تحطّم السفينة التي يركبونها، يصوّر الآخر المفعم بالحزن والأسى وقلّة الإيمان، ثم يسلط الضوء على الحضور الخارق للملك المسيحيّ في حادثة السفينة الغارقة، مصوراً ذلك باللطف الإلهي تجاه المسلمين "ومن جملة صنع الله -عزّ وجل- لنا ولطفه بنا، في هذه الحادثة، كون هذا الملك الروميّ حاضراً فيها.."[٢].

وقد كانت تلك الإشارات وغيرها، هي نفسها التي تلقي الضوء على تلك الشعوب وهي تعيش في جوّ من التّسامح والعلاقات التجاريّة الوديّة، حتى إنّ بعض البلدان كانت "ملتقى تجار المسلمين والنصارى من جميع الآفاق"[٣] وكان تجار النصارى يشكلون مصدر دخل عظيم للدّولة الإسلاميّة، لهذا كان حكام تلك الدّول يحرصون على أمنهم وحمايتهم[٤]. وقد تضمّنت بعض كتب الرّحلات بعض الإشارات التي كشفت عن التقاء بعض الرّحّالة بعدد من علماء اليهود والنصارى[٥]، ورغم ما كان يلاقيه المسلمون من اليهود والنصارى في البر والبحر من أسر وهجوم وممارسات سيئة[٦]، إلا أنّ الرّحّالة قد

(١) المصدر نفسه، ص٢٨٧.

(٢) رحلة ابن جبير، ص ٢٩٥.

(٣) المصدر نفسه، ص٢٧٦.

(٤) انظر، رحلة ابن بطوطة: ١/٢٩-٣٠، ٢٩٥، وابن الخطيب، خطرة الطيف، ص٤٨.

(٥) انظر، ابن العربي، قانون التأويل، ص ٩٥-٩٦، وابن خلدون، التعريف، ص١٢٨.

(٦) انظر، العبدري، الرحلة المغربية، ص٣٧، وابن خلدون، التعريف، ص١٢٥.

اعترفوا بذكاء بعض أولئك العلماء وبراعة اليهود والنصارى في فنّ العمارة وبعض الصناعات، ومن ذلك ما ذكره ابن خلدون حين زار القدس، بأنّه انصرف إلى مدفن الخليل عليه السّلام، ومرّ في طريقه إليه ببيت لحم "وهو بناء عظيم على موضع ميلاد المسيح، شيّدت القياصرة عليه بناء بسماطين من العمد الصخور، منجدة مصطفّة، مرقوماً على رؤوسها صور ملوك القياصرة، وتواريخ دولهم، ميسّرة لمن يبتغي تحقيق نقلها بالتراجمة العارفين لأوضاعها، ولقد يشهد هذا المصنع بعظم ملك القياصرة وضخامة دولتهم"[1].

أمّا السفن التي كانت تنقل المسلمين والنصارى، فقد بدت رمزاً للتوحّد والصّداقة، حيث جمعت بينهما في عالم صغير من الكلّ الفسيح، والمتحرر بعلاقات المسلمين والمسيحيين بملامح من الثقة والعرفان، في حين أنّ القتال كان دائراً بين الطائفتين[2].

وبعد، فقد استطاع الرّحّالة أن يقدّموا للأجيال صفحات من تاريخ البلدان التي كانوا يمرّون بها في سلمها وحربها، "فحملت كتب الرحلات في طياتها قدراً كبيراً من الأحداث ممّا جعلها تدخل في عداد مصادر التاريخ سواء في جانبه السياسيّ والاقتصاديّ أو الثقافيّ والاجتماعيّ، وهي مادة تفيد المؤرخين والدّارسين وتفتح لهم بعض الآفاق التي قد لا تيسرها لهم مصادر التاريخ"[3].

---

(١) ابن خلدون، التعريف، ص٣٨٥، وانظر أيضا، رحلة ابن جبير، ص٢٩٨-٣٠٦، ورحلة بنيامين التطيلي، ص٩٩-١٠٠، والعبدري، الرحلة المغربية، ص٤٠-٤١، ورحلة ابن بطوطة: ٢٥٧/١، ٣٢١، ٣٤٥.

(٢) انظر، رحلة ابن جبير، ص ٢٦٠.

(٣) الجراري، عباس، (١٩٧٧). "الرحلات كمصدر للتاريخ"، مجلة الفيصل، السنة الأولى، العدد (٦)، ص٦٠.

الفصل الثاني
الرّحلات والتّفاعل الثّقافي

كانت الرّحلات لوناً من ألوان التّبادل الفكريّ والأدبيّ، إذ مثّلت واسطة احتكاك بين الثقافات المختلفة من جانب، وأداة تفاعل داخل الثقافة الواحدة من جانب آخر، بحيث أفادت الشعوب بعضها من بعض، كما لمس الرّحّالة الفوارق بين مختلف الثقافات في البلدان التي قصدوها، وألمّوا بمظاهر الحضارة في تلك البلدان، وربّما أصبح بعضها جزءاً من التّكوين الثقافيّ للرّحّالة، أو شكّل بعضها الآخر صراعاً حضاريّاً في فكر الرّحّالة، لا سيّما مواقف الحريّة والمساواة، فابن بطوطة يثير دهشته أنّ لرجال مدينة إيوالاتن في السودان، صواحب من النساء الأجنبيّات، حيث يقول: "دخلت يوماً على قاضٍ بإيوالاتن بعد إذنه في الدّخول، فوجدت عنده امرأة صغيرة السنّ بديعة الحسن، فلمّا رأيتها ارتبت وأردت الرجوع، فضحكت مني ولم يدركها خجل، وقال لي القاضي: لِمَ ترجع؟ إنّها صاحبتي! فعجبت من شأنهما، فإنّه من الفقهاء الحجّاج"[(١)]. وقد أدّت الرّحلة دوراً كبيراً في الكشف عن مختلف الثقافات الإنسانيّة: الثقافيّة واللغويّة والدّينيّة، وجوانب الحياة اليوميّة: البيئة، والملبس، والمأكل، والعادات والتقاليد، والاحتفالات، والحكايات الشعبيّة... وقارن الرّحالة بين واقع مجتمعاتهم والمجتمعات الأخرى التي قصدوها، حيث اتّصل الرّحالة بشعوبهم، ثم انتقلوا إلى شعوب أخرى وثقافات جديدة، وعادوا بعد ذلك إلى بلادهم بشخصيّة صقلتها التجارب، وبثقافات زوّدتهم بها حضارات وثقافات متعددة.

ويرى عبد القادر زمامة أنّ ابن رشيد والتجيبي ومعاصرهما الرّحّالة العبدري قد خرجوا من المغرب بعدما طبعتهم ثقافتها بطابع خاصّ، ودفعتهم إلى محاولة المزيد من المعرفة مع الربط بين ما عاشوا فيه من عطاءات مغربيّة وأندلسيّة وبين ما تحتفظ به أمصار تونس ومصر والشام والحجاز من عطاءات أخرى جادت بها قرائح، ومواهب شتّى .. في موضوعات شتّى..[(٢)].

---

(١) رحلة ابن بطوطة: ٢٧٢/٢.

(٢) زمامة، عبد القادر، (١٩٨٢). الرّحالتان السبتيان ابن رشيد والتجيبي، مجلة المناهل، وزارة الشؤون الثقافيّة، الرباط، المغرب، العدد (٢٢)، ص٥٤٤-٥٤٥.

ويؤكد شوقي ضيف الدّور الكبير للمشرق في إفادة الأندلسييّن علماً وفكـراً، فجـلّ " ما أفادوه أتاهم من المشرق، إذ نقلوا الثروة العلميّة المشرقيّة إلى بلادهـم بكـلّ مـا فيهـا مـن فقـه ولغـة ونحـو وفلسـفة وطـب.." [١] فمعظـم كتـب الأدب والتـاريخ والـتراجم الأندلسيّة والمغربيّة تتحدث عن أعلام وضعها الذين نزحوا نحـو المشرق لتحقيـق غايـة ما، وقضوا شطراً من حياتهم بالأندلس والشطر الآخر في المشرق، ولعلّ خير نموذج لهؤلاء الرّحّالة ابن سعيد المغربيّ[٢].

وتشير بعض المصادر إلى كثرة المرتحلين الأندلسييّن والمغاربة إلى المشرق، فقد سـمّي أحد أرباض غرناطة الخارجيّة بـ "حوز الوداع" ؛ لكثرة عدد المسافرين من غرناطة حيـث اعتاد الغرناطيون في هذا المكان توديع أهلهم وأحبابهم قبل رحيلهم[٣].

ولم يقف الأمر عند انتقال علماء الأندلس والمغرب إلى المشرق أو ارتحالهم إليها، بل إنّ علماء المشرق كانوا يفدون إلى الأندلس والمغرب، وكانت كتبهم ترافقهم في رحلاتهم، ممّا أنبأ بحركة ثقافيّة متبادلة ساهمت في نمو الحركة العلميّة و الفكريّة في الأندلس والمغرب، فقد انتقلت الحياة اللغويّة والأدبيّة في الأندلس والمغرب إلى طور جديد عالي المستوى بإسهامات عدد من علماء المشرق، ومنهم القالي[٤] حيث قام بالتّدريس في

---

(١) ضيف، شوقي، (١٩٦٠). الفن ومذاهبه في النثر العربيّ، ط٣، القاهرة: دار المعارف، ص٣١٧.

(٢) تجوّل ابن سعيد المغربيّ في مختلف الأمصار، والتقى بأكابر العلماء، ورأى أفضل كتب المشارقة، انظر، نفح الطيب مُلخصاً من الإحاطة: ٢٠٩/١، ٢٧٢/٢-٢٧٣.

(٣) انظر، ابن الأحمر، أبو الوليد الأمير إسماعيل بن يوسف بن محمد، (ت ٨٠٧هـ). نثير فرائد الجمان في نظم فحول الزمان، تحقيق محمد رضوان الداية، دار الثقافة، بيروت، ١٩٦٧، ص ٢٩٥.

(٤) هو أبو علي إسماعيل بن القاسم القالي (٢٨٨هـ-٣٥٦هـ)صاحب الأمّالي والنوادر، وفد على الأندلس أيام الناصر أمير المؤمنين عبد الرحمن، انظر ترجمته، ابن خلكان، وفيات الأعيان: ٢٢٦/١-٢٢٧، وياقوت الحموي، معجم الأدباء: ٢٥/٧، وابن العماد الحنبلي، الشذرات: ١٨/٣، والمقري، نفح الطيب: ٧٠/٣-٧٥، وبالنثيا، تاريخ الفكر الأندلسي، ص ١٧٢. والأمثلة الدّالة على كثرة المرتحلين من علماء المشرق إلى الأندلس والمغرب تعجّ بها كتب المصادر، ومنها نفح الطيب الجزء الثالث.

قرطبة، وخرّج عدداً كبيراً من العلمـاء، وزوّد الأندلس بمجموعة ضخمة من الكتب المحرّرة المضبوطة في مجال الشعر واللغة[١].

وعليه، فقد عدّت الرّحلة عاملاً مهماً من عوامل التّفاعل الثقافيّ حيث ترك الرّحّالة الأندلسيون والمغاربة آثاراً قيّمة في البلدان التي قصدوها، كما نهلوا معرفة واسعة من تلك البلدان أفادوا بها شعوبهم بعد عودتهم لبلادهم، وتمثّلت جوانب التفاعل الثقافيّ في الرّحلات الأندلسيّة والمغربيّة بصور عدة، حاولت الدّراسة إجمالها بما يلي:

أولاً: الحياة الاجتماعيّة والدينيّة

لا شك أنّ تنوّع العناصر والفئات والطبقات والطوائف في المجتمعات، ترك أثراً واضحاً في الحياة الاجتماعيّة والدينيّة في العصور الوسطى، فقد عكست الرّحلات صور مظاهر الحضارة والتقدّم في مختلف البلدان التي قصدها الرّحّالة، فألقت الرّحلات الضوء على أحوال المعيشة، والعادات والتقاليد والأعياد والأعراس والأزياء، والمآتم، وأصناف الأطعمة والأغذية، وغيرها حيث أخذ الرّحّالة يعقدون مقارنات عدة لاستجلاء أوجه الشبه أو الاختلاف بين مظاهر التّلاقي والتّفاعل في الجوانب الاجتماعيّة والدينيّة والثقافيّة و الفكريّة بين مختلف شعوب البلدان التي زاروها، وقد حاولت الدّراسة حصر بعض هذه المؤثرات في المجالات التالية:

أ. المصاهرات

إنّ الامتزاج والتّفاعل بين أفراد المجتمعات، وخاصّة عن طريق المصاهرة قد ساهم في ازدياد الصّلات وتوثيقها وتماسكها، ولا شكّ في أنّ هذا التمازج الاجتماعيّ والعرقيّ أثّر تأثيراً واضحاً في المجال الثقافيّ، فتلاقحت الثقافات، وتحاورت الحضارات، ضمن مبدأ التأثر والتأثير[٢].

---

(١) انظر، ابن الفرضي، أبو الوليد عبد الله بن محمد بن يوسف، (ت ٤٠٦هـ). تاريخ العلماء بالأندلس، ط١، تحقيق روحية عبد الرحمن السويفي، دار الكتب العلمية، بيروت، لبنان، ١٩٩٧، ص ٦٧.

(٢) انظر، المعطاني، عبد الله بن سالم، (١٩٩٤). "المنظور الحضاري للتراث الأدبي في الأندلس"، حولية الجامعة التونسية، العدد (٣٥)، تونس، ص١٤٦.

وقد أشارت الرّحلات الأندلسيّة والمغربية إلى بعض النماذج من زواج العلماء والرّحّالة بنساء أجنبيّات، ومنها زواج أبي حامد الغرناطي في بلاد المجر بجارية روميّة، حيث رزق منها بولد ومات، فأعتقها وسمّاها مريم(١). وكذلك تزوّج ولده الأكبر حامد بسيدتين من أهالي بلاد المجر ورزق أولاداً(٢)، كما اتّخذ الرحالة إبراهيم الساحلي إماءً للتسرّي من الزنجيات ورزق أولاداً منهن وهو في بلاد السودان(٣).

أمّا ابن خلدون، فحينما زار الأندلس، تزوّج بفتاة إسبانيّة، تدعى هند، ولعلّ هذا ما شجّع ابن الخطيب على أن يطلب من سلطان المغرب أبي سالم المريني أن يهديه جارية إسبانيّة(٤). في حين دخلت المرأة حياة ابن بطوطة بشكل واسع لاسيّما في بلاد الترك- حيث كان ابن بطوطة موضع تكريم المسلمين وحكّامهم في مختلف البلاد التي قصدها، فأنعموا عليه بالكثير من الجواري وتزوّج عدداً من النساء(٥)، وبهذا فإنّ الرّحّالة قد جسّدوا صورة هذا التمازج الاجتماعيّ والثقافيّ لأنّهم جمعوا في أنفسهم ثقافات مختلفة وتأثروا بها.

ومن جانب آخر، أظهرت بعض الرّحلات حرص المسلمين على مشاركة جيرانهم النصارى في أعراسهم، حيث يصف ابن جبير مشاركة المسلمين والنصارى في احتفال النصارى بعرس نصرانيّ في مدينة صور، فيقول: "والمسلمون وسائر النصارى من النّظّار قد عادوا في طريقهم سماطين، يتطلّعون فيهم ولا ينكرون عليهم ذلك، فساروا بها حتى أدخلوها دار بعلها، وأقاموا يومهم ذلك في وليمة"(١).

---

(١) انظر، أبو حامد الغرناطي، تحفة الألباب، ص ١٤٠.

(٢) المصدر نفسه، ص ١٤٢.

(٣) هو إبراهيم بن محمد بن إبراهيم الأنصاري، ولد (٧١٣هـ). جوّاب الآفاق دخل مصر والسودان ودمشق والعراق...، بقي في السودان أوائل ٧٣٩هـ انظر ترجمته، ابن الخطيب، الإحاطة: ٣٣٧/١-٣٧١، والمقري، نفح الطيب: ٤١٠/٣.

(٤) انظر، ابن الخطيب، نفاضة الجراب، ص ٦٨، نشر أحمد مختار العبادي.

(٥) انظر، رحلة ابن بطوطة:٢٤/١، ٣٣٩، ٢/ ٩٤، ١٨٥-١٨٦.

(٦) رحلة ابن جبير، ص٢٧٨-٢٧٩.

أمّا الطّلاق، فقد حاول بعض الرّحّالة تغيير بعض العادات السيئة والخاطئة، حيث ذكر ابن بطوطة أنّه عندما ولي القضاء في دلهي أراد أن يغيّر بعضاً من العادات السيئة، وأوّل ماغيّر مكث المطلقات في ديار المطلّقين، وكانت إحداهن لا تزال في دار المطلّق حتى تتزوّج غيره، ويقول ابن بطوطة: "فحسمت علّة ذلك، وأُوتي إليّ بنحو خمسة وعشرين رجلاً ممن فعل ذلك، فضربتهم وشهرتهم بالأسواق، وأخرجت النساء عنهم. ثم اشتددت في إقامة الصلوات.. وجهدت أن أكسو النّساء، فلم أقدر على ذلك"[(١)]. وفي هذا ما يؤكد دور الرّحّالة في التأثير في بعض المجتمعات التي زاروها، وقدرتهم على تغيير بعض الجوانب الخاطئة في حياة تلك المجتمعات.

ب. الأعياد والاحتفالات

إنّ عيد الفطر والأضحى وعيد المولد النبوي[(٢)]، من الأعياد الدّينيّة التي شاركت فيها الأندلس والمغرب العالم الإسلاميّ، فقد نجم عن تعايش الأندلسيّين والمغاربة مع مختلف عناصر المجتمع، شيوع بعض المظاهر التي تمثّل التّمازج الثقافيّ والحضاريّ بين سكّان الأندلس والمغرب كافة، حيث اتّسعت دائرة الاختلاط، فالمسلمون والنصارى في مدينة أطرابنش من جزيرة صقلية يقيمون معاً، ولكلا الطرفين المساجد والكنائس[(٣)]، وفي مدينة عكا كانت المحاريب "تجمع المسلمين والإفرنج معاً يستقبل هذا مصلاه وهذا مصلاه"[(٤)].

وحفلت كتب الرّحلات بالعديد من صور التّفاعل بين شعوب البلدان التي قصدها الرّحّالة: البلاد الإفريقيّة والآسيويّة، وبعض البلاد الأوروبيّة، وأشار بعض الرّحّالة إلى

(١) رحلة ابن بطوطة: ١٨٦/٢.

(٢) انظر، المصدر نفسه: ١١٤/٢-١١٥، ٢٧٩، وابن الحاج النميري، فيض العباب، ص١٤٩-١٥٠، وابن خلدون، التعريف، ص١١٢-١١٦.

(٣) انظر، رحلة ابن جبير، ص ٣٠٨.

(٤) المصدر نفسه، ص ٢٧٧.

نواحي التّمازج بين الحضارات، حيث وصف ابن بطوطة -بشيء من التفصيل- نواحي التّمازج بين الحضارتين الإسلاميّة والهنديّة، فذكر العديد من الأعياد والاحتفالات التي تشير إلى تنوّع الثقافات وتباين التقاليد والعادات، وطبيعة التّفاعل بين الهنود وغيرهم. ومن ذلك ما وصف به ابن بطوطة ليلة العيد في قصر سلطان دلهي محمد شاه، حيث يقول: "وإذا كانت ليلة العيد بعث السلطان إلى الملوك، والخواص، وأرباب الدّولة، والأعِزّة، والكتّاب، والحجّاب، والنّقباء، والقوّاد والعبيد، وأهل الأخبار الخِلَعَ التي تعمهم جيمعاً، فإذا كانت صبيحة العيد زُيّنت الفيلة كلّها بالحرير والذهب والجواهر .. ويركب السلطان فيلاً منها، وترفع أمامه الغاشية، وهي ستارة سَرْجه وتكون مرصعة بأنفس الجواهر.. ويمشي بين يديه عبيده ومماليكه.. ويمشي بين يديه أيضاً النقباء.. ويركب قاضي القضاة.. وكبار الأعزة من الخراسانيين والعراقيين، والشاميين، والمصريين، أو المغاربة، كلّ واحد منهم على فيل.."[1].

وحرص الأندلسيّون والمغاربة على الاحتفال بعيد المولد النبويّ، احتفالاً كبيراً، حيث أخذ بعض الرّحّالة ينظمون الأشعار في مدح الرسول -صلّى الله عليه وسلّم- وذكر معجزاته[2]، وممّا تميزت فيه هذه الاحتفالات أيضاً، إيقاد الشموع الملوّنة وإطعام الأطعمة المختلفة، وتوزيع ماء الورد، كما كانت توزّع صلات كثيرة، وتؤدّى الديون عن المسجونين الذين عجزوا عن أداء الديون ... وعن الأموات كذلك[3]. وقد أشار الفشتالي إلى أنّ شيخه أبا مروان كان يذبح -في مولد النبي عليه السّلام- من البقر والغنم ما يكفي الآلاف من النّاس، فيأكل المحتقر والمحترم، والفقراء يقتربون إليه من البلدان،

---

(١) رحلة ابن بطوطة، ٦٢/٢.

(٢) انظر، ابن خلدون، التعريف، ص١١٢-١١٦، والفشتالي، تحفة المغترب، ص١٠٨، وانظر نماذج من هذه الأشعار، الدراسة هنا، ص٧٠.

(٣) انظر، ابن الحاج النميري، فيض العباب، مقدمة المحقق، ص ٨٧، وانظر، رحلة ابن بطوطة: ٢٧٧/١، ١٢٩/٢.

فيردون على أخصب ما كان من بشاشة وبرّ وإمكان، فيبقى الإطعام والسّماع في كلّ ناحية ثمانية أيّام متوالية"[١].

أمّا المراسيم والاحتفالات التي كانت تقام لاستقبال الحكام والأمراء أو السفراء وبعض الرّحّالة، فقد شارك النصارى واليهود أهل الأندلس والمغرب والمشرق في بعضها، حيث استقبل تجار الروم السلطان الغرناطي أبا الحجاج يوسف الأول في جولة له على الثغور، فيقول ابن الخطيب: "وتأنق من تجّار الروم من استخلص العدل هواه وتساوى سرّه ونجواه، في طرق من البرّ ابتدعوها، وأبواب من الاحتفاء شرعوها، فرفعوا فوق الركاب المولوي على عمد السّاج، مظلة من الديباج، كانت على قمر العلياء غمامة، وعلى زهر المجد كمامة، فراقتنا بحسن المعاني..."[٢].

وقد أعجب بنيامين التطيلي بما شاهده في وادي الرافدين من جماعات يهوديّة، كانت يؤمئذ تنعم بالطمأنينة في ظلّ الخلافة الإسلاميّة، فمدح خليفة المسلمين المستنجد بالله العباسي، ووصف موكبه في طريقه إلى الجامع لإقامة فريضة الصلاة يوم العيد، وابتهاج الرعيّة برؤيته، وسجّل هتافهم وتهليلهم وتكبيرهم، ثم ذكر الجماعة اليهوديّة ببغداد وعلمائهم[٣]، وأشار إلى أعيادهم، ومنها عيد الكفارة، ومهرجان التوراة، وعيد العنصرة[٤].

وفي مدينة مالي، استقبل سكانها الرّحّالة ابن بطوطة بحفاوة كبيرة، وتنافسوا في تقديم الضيافة له[٥]، وإن دلّ هذا على شيء فإنّه يدل على مدى التقدّم الحضاريّ الذي وصلت إليه مدينة مالي نتيجة تفاعل الحضارات المصريّة والسوادنيّة والمغربيّة، وتمازجها

---

(١) الفشتالي، تحفة المغترب، ص١٠٨.

(٢) ابن الخطيب، خطرة الطيف، ص ٤٨، ومشاهدات لسان الدين بن الخطيب، ص٤٣-٤٤.

(٣) انظر، رحلة بنيامين التطيلي، ص٢٦.

(٤) انظر، المصدر نفسه، ص١٤٣، ١٧٢.

(٥) انظر، رحلة ابن بطوطة: ٢/٢٧٤-٢٨٢.

معــاً، لتشــكّل حضــارة متطــورة بــرزت ملامحهـا بجــلاء فــي وصـف ابـن بطوطـة للمناسبات الدينيّة التي يشارك فيها الحكام وشعوبهم على حدّ سواء.

ومن جانب آخر، فقد شارك أهل المشرق والأندلس والمغرب إخوانهم المسيحيين في عدد من أعيادهم واحتفالاتهم[١]، وأشار بعض المؤرخين إلى وصف بعض الرّحّالة لتلك الأعيـاد، ومظاهـر احتفـال النصارى بهـا، وذلك علـى أسـاس نظرة احـترام المسلمين للسـيد المسـيح والدّيانـة المسـيحيّة، فاحتفـل المسـلمون بعيد النيروز أو النـوروز، وخاصّة في بغداد، وكان ذلك من المؤثرات الفارسيّة[٢].

ويذكر ابن سعيد المغربي عيد النيروز أو النوروز، فيقول: "النوروز المعروف عندهم بنيّر"[٣]، ومن مظاهر مشاركة أهل الأندلس في هذه الأعياد أنّهم كانوا يصنعون مدينة في النيروز من العجين، وبأصناف الألوان احتفالاً بتلك الأعياد[٤].

ويصف ابن جبير عيداً للنصارى المعروفين بالبُلغريّين -حين كان في مدينة عكـا، في "ليلة الخميس الرابع والعشرين لرجب المذكـور، وهـو أول يـوم مـن نـوفمبز -تشريـن الثانـي- العجمـي. كان للنصارى عيد مذكـور عندهـم، احتفلـوا لـه في إسراج الشمع، وكـاد لا يخلـو أحـد منهـم، صغيراً أو كبيراً، ذكـراً أو أنثى، مـن شمعـة في يـده..."[٥] وفي وصفـه إحـدى الكنائـس في مدينـة صقليـة، يقول: "أبصرناها يوم الميلاد، وهو يوم عيد لهـم عظيــم، وقد احتفلـوا لهـا رجالاً ونسـاء..."[٦].

(١) انظر، العبادي، أحمد مختار، (١٩٧٩). الإسلام في أرض الأندلس، مجلة عالم الفكر، المجلد العاشر، العدد (٢)، ص ٢٩١.

(٢) انظر، البيروني، أبو الريحان محمد بن أحمد، (ت ١٠٤٨هـ). الآثار الباقية عن القرون الخالية، ط ليبرج، بغداد، ١٨٧٨، ص ٢١٥-٢٢٤.

(٣) ابن سعيد المغربي، المغرب، ٢٩٤/١، وانظر، المقري، نفح الطيب: ١٢٥/٣.

(٤) انظر، ابن سعيد المغربي، المغرب، ٢٩٤/١، والمقري، نفح الطيب: ٦٣/٤، ١٣١، والأوسي، الذيل والتكملة، س١، ق٥، ص ٥٦٥-٥٦٦.

(٥) رحلة ابن جبير، ص٢٨٦.

(٦) المصدر نفسه، ص ٣٠٦، وانظر، هذه الدراسة، ص ١٣١.

وقد رافق هذه الأعياد وغيرها من المناسبات والسّفارات، تبادل الهدايا حيث كان حكّام الأندلس والمغرب والوزراء والأدباء يتبادلون الهدايا بينهم، وبين ملوك الإفرنج أيضاً[(١)].

أمّا الألعاب التي كانت تقام احتفالاً بتلك المناسبات، فقد أشارت بعض الرّحلات إلى عدد منها، حيث كانت تقام بعيد الميلاد في قسطنطينيّة "المصارعة بين ضروب الحيوان من ضواري وسباع ودببة ونموره وحمر وحشية وطيور جارحة مدرّبة"[(٢)].

وقد مثّلت المرأة المسلمة في الرّحلات الأندلسيّة والمغربيّة جانباً من جوانب التّفاعل وصورة من صور التّسامح الدّينيّ، فجواري ملك صقلية، غليام، مسلمات كلّهن، و"الإفرنجيّة من النّصرانيّات تقع في قصره فتعود مسلمة، تعيدها الجواري المذكورات مسلمة.."[(٣)]. كما شاركت نساء المسلمين في عزاء غير المسلمين وارتدين ثياب العزاء البيض[(٤)].

ج. الأطعمة والأزياء

قدمت الرّحلات تصوّراً واضحاً عن مدى التنوّع والاختلاف في العادات والتقاليد المحليّة، ونقل الرّحّالة صوراً واضحة عن كلّ المناطق التي قصدوها ؛ ليؤكدوا أنّ الثقافة الإنسانيّة متنوّعة ومتعددة لجميع المناسبات والعادات وتقاليد الشعوب الأخرى، وعكسوا بذلك حقيقة التّفاعل بين الإنسان والمجتمع، كما "قدّموا صورة للاحتكاك والتّلاقح الحضاريّ بين المشرق والأندلس والمغرب وبعض الدّول الأجنبيّة، فكان للرّحلات -بلا ريب- أثر كبير على التّفاعل الثقافيّ والأدبيّ والاجتماعيّ والاقتصاديّ"[(٥)].

---

(١) انظر، ابن الحاج النميري، فيض العباب، ص ٢٩، ورحلة ابن بطوطة: ٦٨/٢، وابن خلدون، التعريف، ص١٢٨، ٤١١.

(٢) رحلة بنيامين التطيلي، ص٨٠.

(٣) رحلة ابن جبير، ص٢٩٩.

(٤) انظر، رحلة ابن بطوطة: ٢٣٧/٢.

(٥) انظر، مرتاض، عبد الملك، (١٩٨٢). الجدل الثقافي بين المغرب والمشرق، ط١، دار الحداثة، ص ٧٢، وبوتشيش، إبراهيم القادري، (٢٠٠٤). "محطات في تاريخ التسامح بين الأديان بالأندلس"، مجلة دراسات أندلسية، عدد (٣).

وقد تفاعل الرّحّالة الأندلسيون والمغاربة مع العناصر الأخرى في مختلف البلدان التي قصدوها، وفي المجتمع الأندلسيّ الذي كان يزخر بالعناصر المتعددة في تلك العصور سواء من حيث المأكل والمشرب والملبس، والعادات والمناسبات، أو في الفكر والفن واللغة.

وقد تحدّث بعض الرّحّالة الأندلسييّن والمغاربة عن الطعام عند العامة والخاصّة[١]، حديثاً يُستشفّ منه دلالات كثيرة من أحوال المجتمع الاجتماعيّة والاقتصاديّة، وانتفاع الشعوب من بعضها من خلال انتقال بعض الأفكار والعديد من العادات والتقاليد المتعلّقة بأنماط الغذاء وأساليبه، وطرق الضيافة، ضمن إطار التفاعل، حيث يذكر الرّحّالة تلك الأطعمة التي تلائم سكان المناطق الأخرى، أو قد لا تلائم بعضهم الآخر، ففي الخليج العربيّ يصف ابن بطوطة نوعاً من الطعام لم يأكل قبله ولا بعده، صنعه بعض تجار عُمان، "وهو من الذرة، طبخها من غير طحن، وصبّ عليها السيلان، وهو عسل التمر، وأكلناه"[٢].

ومن جانب آخر، يصف ابن بطوطة طعاماً تناوله ورفاقه في مدينة مالي، حيث يقول: "وأكلنا بعد عشرة أيام من وصولنا عصيدة، تصنع من شيء شبه القلقاس يُسمّى القافي، وهي عندهم مفضّلة على سائر الطعام، فأصبحنا جميعاً مرضى، وكنا ستة فمات أحدنا، وذهبت أنا لصلاة الصبح، فغُشي عليّ فيها، وطلبت من بعض المصريين دواء مُسهّلاً، فأتى بشيء يسمّى بَيْدر، وهو عروق نبات، وخلطه بالأنيسون والسكر ولتّه بالماء، فشربته وتقيأت ما أكلته من صفراء كثيرة، وعافاني الله من الهلاك، ولكنّي مرضت شهرين ..."[٣].

كما نقل بعض الرّحالة بعض العادات الخاصّة بتناول الحلوى بعد الطعام، يقول ابن بطوطة حين زار سلطان الهند: "وأمر بالطعام، فأكلت .. فلمّا فرغنا من الطّعام أكل

---

(١) انظر، رحلة ابن بطوطة: ٦٥/٢-٦٦، والدراسة هنا، ص ١١٩-١٢٥ .
(٢) المصدر نفسه: ٢٤١/١.
(٣) المصدر نفسه: ٢٧٥/٢.

الحلواء ثم شرب الفقّاع بعد ذلك، وأخذنا التّنبول وانصرفنا"[١]. ويذكر أيضاً أنه بعد الانتهاء من أكل الولائم في حضرة سلطان الهند يُجعل "أمام كلّ إنسان من الشرفاء والفقهاء، والمشايخ والقضاة، وعاء شبه المهد، له أربع قوائم منسوج سطحه من الخوص، وجعل عليه الرّقاق، ورأس غنم مشوي، وأربعة أقراص معجونة بالسّمن مملوءة بالحلواء.. وطبقاً صغيراً مصنوعاً من الجلد فيه الحلواء والسّموسك..."[٢].

ووصف بعض الرّحّالة موائد الطعام وطرق إعدادها والآنية المستخدمة في ذلك، ففي احتفال السلطان محمد الخامس الغني بالله بالمولد النبويّ الشريف سنة ٧٦٤هـ استخدمت أوعية وأطباق خشبيّة روميّة، ممّا يطرف بها تجار جنوه وما يصاحبها من الجزائر الروميّات، ملبسة بالورق الذهبيّة، مرصّعة بالزجاج المرسوم فيه صور الحيوان والأشجار.."[٣]. أمّا سلطان مدينة بركي، إحدى مدن آسيا الصّغرى، فيذكر ابن بطوطة أنّ خدم السلطان كانوا يأتون إلى مجلسه "بصحف من الذهب والفضة مملوءة بالجلاب المحلول قد عصر فيه ماء الليمون، وجعل فيه كعكات صغار مقسومة وفيها ملاعق ذهب وفضة، وجاءوا معها بصحاف صينيّ فيها مثل ذلك وفيها ملاعق خشب..."[٤]. ويبرز في ذلك انتقال ثقافة جانب إلى آخر، وتأثره بها.

ويبدو احترام الرّحّالة لثقافات الآخرين واضحاً سواء في حالة استحسانهم للطعام، أو استقباحهم له، ومحاولتهم التفاعل مع مختلف أنواع الأطعمة، فقد ورد في الاستبصار أنّه كان "لمنارة الإسكندريّة مجتمع في العام يسمّونه بخميس العدس، وهو أول خميس من شهر ماية لا يتخلّف في مدينة الإسكندريّة عن الخروج إلى المنار في ذلك اليوم أحد، وقد أعدّوا لذلك اليوم الأطعمة والأشربة، ولا بدّ في ذلك الطعام من العدس"[٥].

---

(١) المصدر نفسه: ١٢٦/٢.

(٢) رحلة ابن بطوطة: ١٢٩/٢.

(٣) ابن الخطيب، نفاضة الجراب: ٢٧٨/٣، وانظر، رحلة ابن بطوطة: ٢٦٣/١، ٣٣٤، وابن الخطيب، خطرة الطيف، ص١١٧.

(٤) رحلة ابن بطوطة: ٢٧٢/١.

(٥) مؤلف مراكشي مجهول، الاستبصار، ص٩٨.

أمّا الزّي فقد وصف ابن جبير زيّ النصرانيّات في إحدى مدن جزيرة صقلية، حيث يقول: "زيّ النصرانيّات في هذه المدينة، زيّ نساء المسلمين، فصيحات الألسن، مُلتحفات، متنقبات، خرجن في هذا العيد المذكور -يوم الميلاد- وقد لبسن ثياب الحرير المذهّب، والتحفن اللحف الرائقة، وانتقبن بالنقُب الملوّنة، وانتعلن الأخفاف، المذهّبة، وبرزن لكنائسهن أو كُنُسهن حاملات جميع زينة نساء المسلمين من التحلّي والتّخضّب والتّعطّر"[(١)]. ويظهر في ذلك رسوخ التقاليد والعادات الإسلاميّة في الجزيرة المذكورة، وتأثر الآخرين بها.

وأشير أيضاً إلى أنّ بعض ملوك الإفرنج قد تأثروا بالعرب وقوانينهم وأساليبهم حيث يذكر ابن جبير أنّه "ليس في ملوك النصارى أترف في الملك ولا أنعم ولا أرفه منه -غليام ملك صقلية-، وهو يتشبه في الانغماس في نعيم الملك وترتيب قوانينه ووضع أساليبه وتقسيم مراتب رجاله وتضخيم أبهة الملك وإظهار زينته بملوك المسلمين.."[(٢)].

وقد تأثر بعض الرّحّالة الأندلسيّين والمغاربة بزيّ أهل المشرق، حيث يصف ابن الخطيب هيئة الرّحّالة البلوي الذي كان يرتدي أحسن الملابس عند مشاركته لاستقبال سلطان غرناطة أبي الحجّاج يوسف الأول، فيقول: "أرمى من البياض طيلساناً، وصبغ لحيته بالحناء والكتم، ولاث عمامته، واختتم"[(٣)]. وكان البلوي "يتشبه بالمشارقة شكلا ولسانا"[(٤)].

وحفلت بعض كتب الرّحلات بتسميات للأزياء والحلي، ففي جزر المالديف يصف ابن بطوطة خلاخل نساء السلطان، وكانت تسمى البايل، وقلائد ذهب... يجعلنها على صدورهن، ويسمّونها البَسدَرَد"[(٥)].

---

(١) رحلة ابن جبير، ص٣٠٧.

(٢) رحلة ابن جبير، ص ٢٩٨، ولمزيد من التعرّف على ملامح التأثّر والتأثير في الزي العربي أو الأوروبي، انظر، ابن الخطيب، الإحاطة: ١٢٣/٢-١٢٤، و ابن الخطيب، أعمال الأعلام، القسم الأندلسيّ، ط٢، تحقيق بروفنسال، بيروت، ١٩٥٥، ص٥٦١.

(٣) ابن الخطيب، خطرة الطيف، ص٤١.

(٤) التنبكتي، نيل الابتهاج، ص١١٥.

(٥) رحلة ابن بطوطة: ١٧٨/٢.

إنّ ما قام به الرّحّالة من وصف لمأكل ومشرب وملبس أهل كلّ بلد قصدوها يعدّ في ذاته إشارة تحمل دلالة التفاعل، حيث تطّلع الشعوب على عاداتها وتقاليدها، فما ذكره إبراهيم الطرطوشي، مثلاً، عن زيّ رسل ملك البلغار حين وفدوا على هوتو، نقل إلينا بجلاء صورة عن ملابسهم وحليهم، حيث يقول: إنهم "يلبسون ملابس ضيّقة، ويتمنطقون بأحزمة طوال قد ركّب عليها ترامس الذّهب والفضة، وملكهم عظيم القدر، يضع على رأسه التّاج .."[١]. أمّا ابن بطوطة، فيذكر أنّ نساء مدينة لاذق في آسيا الصغرى، "لهن عمائم كبار"[٢].

ويدل ما وصفه الرّحّالة من طرق الطّبخ وأنواع الأطعمة وصناعة الحلويات وتنوّع الأزياء، دلالة واضحة على تداخل الحضارات وتنوّع العادات والثقافات في مختلف البلدان التي قصدها الرّحّالة، ولعلّ رحلة ابن بطوطة تمثل معجماً لفنّ الطبخ وتعدّد الأزياء والحلي في مختلف البلدان التي زارها.

د. الحجّ وزيارة الأماكن المقدسة

كانت الرّحلات من الأندلس والمغرب إلى المشرق، أكثر من رحلات المشارقة لديارهم، وذلك لوجود الكعبة المشرفة، وبيت المقدس، ومنارات العلم في المشرق، حيث اتّجهوا نحو المشرق لأداء فريضة الحج، فتأثروا بما وجدوه هناك من حضارة وعلوم، فالمشرق قبلة القصّاد، وكعبة طلاب العلم والحج بفضل أماكنها المقدسة، ومراكزها العلميّة، وقد هيّأت هذه الرّحلات الالتقاء بالأئمة والعلماء في المدينة المنورة ومكة المكرّمة، ودمشق، وحلب، والقاهرة، وبيت المقدس، والأخذ عنهم وتبادل المعارف والعلوم والثقافات معهم والحصول على الإجازات، فترك علماء المشرق أثراً كبيراً في التكوين الثقافيّ للرّحّالة الأندلسيّين والمغاربة مثلما ترك الرّحّالة الأندلسيون آثاراً علمية وثقافية عميقة في العلماء الذين التقوا بهم.

---

(١) البكري، جغرافية الأندلس وأوروبا، من كتاب المسالك والممالك، ص ٨٠-٨١، ١٥٤-١٧٠.
(٢) رحلة ابن بطوطة: ٢٦١/١.

يتّضح من ذلك أنّ العامل الدينيّ شكّل عامل جذب في التّفاعل الثقافيّ، ورغبة ملحّة تدفع المسلمين والنصارى واليهود إلى قطع المسافات، واقتحام المخاطر، لحج البيت الحرام أو بيت المقدس، والتبرك بقبور الأنبياء ومقامات الصالحين، "فاليهودي كان يشعر بلهفة متأججة إلى زيارة أمّاكن التوراة ومثوى الأنبياء غير عابئ بأنّه لا يتمتّع بحماية سلطان أو حاكم سيّما أيام الحروب الصليبيّة، بل إنّ من نعمة الله عليه أن يتاح له حجّ البلاد المقدسة، لذا كان بيت المقدس خلطياً من كلّ أمّة ولسان"[1] وموئلاً للعلماء والمفكرين والفلاسفة المسلمين واليهود والنصارى. وكانت مكّة المكرّمة مركز استقطاب للمسلمين بوجود الكعبة المشرفة فيها.

وقد كانت الأماكن المقدّسة تستقبل آلاف الحجيج والزّائرين والمجاورين في كلّ الأوقات، فتهيّأ بذلك الجوّ لتعايش الوافدين، وتبادل المعرفة وامتداد العلاقات بين الأئمة والعلماء، وكان التّلاقح والتفاعل في شتّى ميادين المعرفة. ويذكر الرّحّالة ابن الصّباح الأندلسي في رحلته النصارى واليهود مرّات متعددة في حديثه عن عزةالإسلام في بيت المقدس، ويصف الأماكن المقدّسة النصرانيّة واليهوديّة، كجبل الطور الذي نزلت فيه التّوراة على موسى، وبيت لحم حيث ولد المسيح، ثم يتحدّث عن علاقته الوطيدة مع الرّهبان وحجّاج هذه الأماكن المقدّسة، ويذكر أنّهم طلبوا منه وصف الكعبة لهم ففعل، وطلبوا منه أن يدعو لهم -وهو الحاج صاحب البركة- فاحتار في كيفيّة الدّعاء، ولكنّه في نهاية الأمر تفطّن وقال: اللّهمّ أمتهم على خير الأديان، فقالوا: آمين[2].

ويبدو واضحاً أنّ لبيت المقدس، ومكّة المكرّمة، أثراً كبيراً في نفوس جميع الطوائف، حيث يصف ابن بطوطة ملكاً راهباً في مدينة القسطنطينيّة، وقد أخذ بيد ابن بطوطة، حين علم بأنّه زار بيت المقدس، وقال له: "أنا أصافح اليد التي دخلت بيت

---

(١) رحلة بنيامين التطيلي، ص ٩٩، وانظر، مؤنس، حسين، (١٩٥٩). فجر الأندلس، دراسة في تاريخ الأندلس من الفتح الإسلامي إلى الدولة الأموية، ط١، القاهرة: الشركة العربية، ص٢٠٧.

(٢) انظر، شيخة، جمعة، بعض المظاهر الدينيّة في رحلة عبد الله بن الصّباح الأندلسي، مجلة دراسات أندلسية، ص ٤٣.

المقدس، والرِّجل التي مشت داخل الصخرة، والكنيسة العظمى التي تسمّى قيامة وبيت لحم"[١] ويقول ابن بطوطة: "وجعل يده على قدمي ومسح بها وجهه، فعجبت من اعتقادهم، في من دخل بتلك المواضع من غير ملّتهم"[٢]. ويذكر ابن بطوطة أنّ الكنيسة المعظّمة بالقدس يحجّها النصارى، وهي التي يعتقدون أنّ قبر عيسى- عليه السّلام بها[٣].

أمّا ركب الحجاج الذي سافر فيه ابن بطوطة، فيصفه بقوله: "وخرجنا بعد طواف الوداع إلى بطن مرّ -والمراد مرّ الظهران- في جمع من العراقيّن والخراسانيّن والفارسيّن والأعاجم، لا يحصى عددهم، تموج بهم الأرض موجاً ..."[٤].

ولعلّ في ذلك إشارة إلى أنّ الحجّ إلى الدّيار المقدّسة، كان "بمثابة رابط روحي عميق، وكانت فريضة الحجّ دائماً عاملاً قوياً من عوامل خلق حياة مشتركة في الإسلام"[٥]. وعاملاً مؤكداً على أن ما جمع تلك الشعوب وعناصرها المختلفة هو وحدة الثقافة والعقيدة. وقد وصف ابن جبير التّفاعل بين المغرب والمشرق حين أشار إلى المكانة الدينيّة المقدّسة لبيت المقدس، حيث كان المسلمون يهبّون للدفاع عنها، فشارك المغاربة مع إخوانهم المشارقة في حروبهم ضدّ الصليبيّن، الأمر الذي دفع الإفرنج لقول: "إنّ هؤلاء المغاربة كانوا يختلفون على بلادنا ونسالمهم ولا نَرْزأهم شيئاً، فلما تعرّضوا لحربنا وتألبّوا مع إخوانهم المسلمين علينا وجب أن نضع هذه الضريبة عليهم .."[٦].

ووصف ابن جبير مكّة المكرّمة في موسم الحج، ودورها في التّفاعل الثّقافيّ حيث يجتمع أهل المشرق والمغرب، ويبتاعون الذخائر النفيسة وأنواع الطيب المتعددة التي تجلب

---

(١) رحلة ابن بطوطة: ٣٢٣/١.

(٢) المصدر نفسه: ٣٢٣/١.

(٣) انظر، المصدر نفسه: ٦١/١، ٣٢١-٣٢٢.

(٤) المصدر نفسه: ١٥٣/١-١٥٤.

(٥) أوليري، ديلاس، (١٩٦١). الفكر العربيّ ومكانه في التاريخ، ترجمة تمام حسان، القاهرة: المؤسسة المصرية العامة، ص ٢٣٩، وانظر، ابن الخطيب، خطرة الطيف، ص ١٣٢.

(٦) رحلة ابن جبير، ص ٢٧٤، وانظر، جرار، صلاح، "العلاقات بين فلسطين والأندلس"، مجلة الفيصل، السنة الثالثة، العدد (٢٩)، ص ١١١-١١٥.

من الهند والحبشة، كما كانوا يبتاعون الأمتعة العراقيّة، واليمانيّة، إلى غير ذلك من السلع الخراسانيّة، والبضائع المغربيّة، ويقول: "فالطريق إليها -يقصد مكة المكرمة- ملتقى الصادر والوارد، ... والثّمرات تجبى إليها من كل مكان ... ولو لم يكن لها من المتاجر إلا أوان الموسم ففيه مجتمع أهل المشرق والمغرب، فيباع فيها في يوم واحد، فضلاً عمّا يتبعه من الذخائر النفيسة كالجواهر... ومن أنواع الطيب: المسك، والكافور ... إلى غير ذلك من جلب الهند والحبشة، إلى الأمتعة العراقيّة واليمانيّة، إلى غير ذلك من السلع الخراسانيّة، والبضائع المغربيّة..."[(١)].

وقد ظهرت بذور التّلاقي في رحلة ابن جبير حين استقلّ من عكّا مركباً مسيحيّاً إلى صور فنزل بها وطاف ثم اتّجه إلى صقلية، حيث نزل بها وتعرّف بأهلها[(٢)]. ويصف ابن جبير -أيضاً- ركوب النصارى السفينة معهم "وهم حجّاج بيت المقدس، عالم لا يحصى، ينتهي إلى أزيد من ألفي إنسان.."[(٣)]. ويذكر ملكهم غليام الذي كان يسأل عن مكّة مشاهدها المعظمة، وعن مشاهد المدينة المقدّسة، ومشاهد الشام، وهو يذوب شوقاً وتحرقاً، ويقول ابن جبير: "واستهدى منّا -يقصد الملك غليام- بعض ما استصحبناه من الطُّرف المباركة من مكّة والمدينة قدّسهما الله"[(٤)].

إنّ تسامح المسلمين في الأندلس والمغرب والمشرق إزاء مختلف الطوائف، ساهم في تشكيل وحدة ثقافيّة رسمت أبعاد الشخصيّة الحضاريّة الأندلسيّة والمغربيّة والمشرقيّة. فابن بطوطة كلّما ذكر الزوايا وانتشارها في مختلف البلدان، ذكر مثيلاتها في بلاد النصارى، وهي الأديرة أو المانسترات[(٥)].

---

(١) انظر، رحلة ابن جبير، ص ٩٧، ١٥٨، ١٦٣.

(٢) انظر، المصدر نفسه، ص٤٨.

(٣) المصدر نفسه، ص ٢٨٣.

(٤) المصدر نفسه، ص ٢٩٩.

(٥) انظر، رحلة ابن بطوطة: ٣٢٢/١، وانظر، مثل ذلك، الإدريسي، نزهة المشتاق، ص١٨٠-١٨١.

ويصف ابن جبير أحد مساجد مدينة عكّا، ويذكر أنّ عند محرابه قبر النبي صالح عليه السّلام، وفي شرقي عكّا عيناً باسم عين البقرة، عليها مكان مسجد ويقدّسه السكان المسلمون، والنصارى على السواء، فهم في أرض واحدة وتراث شعبيّ مشترك[١].

ومن جانب آخر، أدّت هذه الأماكن المقدّسة دوراً كبيراً في التّفاعل الثّقافيّ، من خلال عقدها لحلقات التناظر والتّحاور العلميّ والأدبيّ، حيث شارك الرّحّالة في مثل تلك الحلقات العلميّة والأدبيّة، التي كانت تجري بين العلماء الذين توافدوا من مختلف أنحاء البلاد الإسلاميّة، فتعلّم الرّحّالة وعلّموا[٢].

وكان استقطاب هذه الأماكن المقدسة للعديد من العلماء والأدباء والشعراء قد أدّى إلى اتّساع دائرة التأثير المتبادل بين المشرق والأندلس والمغرب وفتح أبواب الحوار والتّفاعل مع الآخرين، حيث يصف الرّحّالة ابن العربي بيت المقدس، بأنّها كانت تعجّ بالعلماء من أهلها الوافدين، وأنّها ملتقى المتناظرين في الأديان الثلاثة: الإسلام والنصرانيّة واليهوديّة. وذكر ابن العربي، أيضاً، أنّه حضر مجلساً تناظر فيه حبر اليهود المعروف بالتستري، حيث وصفه بأنّه كان "لقناً فيهم ذكيّاً بطريقتهم"[٣].

ويشارك ابن العربي في الكثير من المناظرات والمحاورات التي كانت تحدث في بيت المقدس، حيث يقول: "عمدتُ إلى مدرسة الشافعيّة بباب الأسباط، فألفيت بها جماعة علمائهم في يوم اجتماعهم للمناظرة، ... وهم يتناظرون على عادتهم ... فاتخذت بيت المقدس مباءة، والتزمت فيه القراءة .. وأدخل إلى مدارس الحنفيّة والشافعيّة في كلّ يوم لحضور التّناظر بين الطّوائف ..."[٤].

---

(١) انظر، رحلة ابن جبير، ٢٧٦-٢٧٧.

(٢) انظر، رحلة ابن جبير، ص٢٦٦، ٢٦٧، ٢٧٤، وابن حجر العسقلاني، الدرر الكامنة، ترجمة ابن رشيد: ٤/١١١-١١٣.

(٣) انظر، ابن العربي، قانون التأويل، ص ٩٥-٩٦.

(٤) المصدر نفسه، ص٩١-٩٥.

ويتّضح من ذلك، أنّ الرّحّالة كانوا يتطلعون إلى مراكز الإشعاع العلميّ أينما وجدت، ممّا مثّل تياراً علمياً، نقل معه الكثير ممّا عند أهل المشرق من علم ومعرفة إلى الأندلس والمغرب، فهيأ ذلك فرصة للإفادة المتبادلة بين الثقافات وتقريب الأفكار، وكما استقطب المشرق الكثير من العلماء والفقهاء والأدباء، استقطبت الأندلس والمغرب العديد من العلماء والفقهاء والأدباء، فكانت الرّحلات وسيلة لنقل المعارف والعلوم والثقافات من شعب إلى آخر.

أمّا التّعايش بين الأديان، فقد خلق جوّاً من التّوافق، ومجالاً للقاء، تكوّنت فيه هوية اجتماعيّة ثقافيّة من نسيج واحد تآلف من طوائف وعناصر مختلفة، فالتعايش بين الأديان، عنى "الاعتراف بالآخر المخالف في الرأي، والمبدأ وإمكانية الإقامة معه في مجتمع واحد، ومدّ العلاقات معه، والإقرار له بحريته العقائديّة والمذهبيّة، فكلّ هذا يخلق الحوار واللقاء، والتّسامح، والتّلاقح بين الأديان"[1]. وقد رافق ذلك كتب التراجم، والرحلات التي دوّن فيه كثير من المظاهر الحضاريّة للبلدان التي مرّ بها الرّحّالة والعلماء الذين قصدوا الحج وزيارة الأماكن المقدسة.

---

(١) شهبر، عبد العزيز، (١٩٩٥). "التعايش بين الأديان في الأندلس من خلال نصوص شعرية أندلسيّة"، دراسات أندلسيّة، العدد (١٤)، ص ٣٠.

ثانياً: الحياة الثّقافيّة والسياسيّة

أ. التأثيرات اللغوية والترجمة

قدّم الرّحّالة – من خلال تجوالهم في مختلف البلدان- صوراً للتأثيرات اللغويّة والترجمة، أغنت حصيلتهم الثقافيّة، ليس هذا وحسب، بل إنّ بعض الرّحلات كانت أشبه بمعاجم لغويّة، زودتنا بالعديد من لغات الشعوب ولهجاتها، حيث اطّلع الرّحّالة على لغات ولهجات الأمم التي زاروها أثناء تجوالهم، وأشاروا إلى لغات يعرفونها، وأخرى لا يفهمون منها شيئاً، وذكروا ما كان يواجههم من صعوبة التّفاهم بين الشعوب في الدّول خارج البلاد العربيّة، إلا أنّهم حاولوا تذليل تلك الصعوبات، ممّا جعلهم أدوات لنشر اللّغات المختلفة هنا وهناك، وساعدوا في أعمال الترجمة بين تلك اللّغات. ولعلّ الدّراسة هنا، تجمل بعض الصّور التي نقلتها الرّحلات والدّالة على التّفاعل الثقافيّ، ومنها:

- دقة الرّحّالة البكري في رسم الأعلام الجغرافيّة، وتفسيره بعض أصولها اللاتينيّة، ومن ذلك قوله: "ومعنى طليطلة باللاطيني تولاطو، ومعناه فرح ساكنوها، يريدون لحصانتها ومنعتها"[(١)] وقوله عن مدينة إشبيلية: "زعم أهل العلم باللسان اللطيني أنّ أصل تسميتها إشبالي، ومعناه المدينة المنبسطة"[(٢)] وقوله في وصف ماردة "وقد أحدق بالمدينة سور عرضه اثنا عشر ذراعاً، وارتفاعه ثمانية عشر ذراعاً وعلى بابها كتابة ترجمتها بالأعجميّة، براءة لأهل إيلياء "بيت المقدس"[(٣)].

وأشار البكري، أيضاً إلى وقوع عدد كبير من نساء المسلمين في أسر الروم، ولعلهنّ كنّ وسيلة من وسائل نقل الثقافة والمعرفة العربيّة إلى البلاد الأوروبيّة، حيث كان بعضهن يعرفن الموسيقى العربيّة، ويغنّين بالعربيّة في قصور ملوك أوروبا[(٤)].

---

(١) البكري، جغرافية الأندلس، ص٨٦-٨٧.

(٢) المصدر نفسه، ص١٠٧.

(٣) المصدر نفسه، ص٩٢، ١١٩-١٢٠.

(٤) انظر، المصدر نفسه، ص ٤٢، والمقري،نفح الطيب: ٤/٤٥٠-٤٥٣.

- **أمّا العبدري**، فيبدو عارفاً باللهجة الأمازيغية المستعملة، وفي رحلته ما يؤكّد ذلك، فقد تعرّض لأخطاء الجغرافيّ الأندلسيّ- الرّحّالة أبي عبيد البكري، فقال: "إنّه -البكري- ذكر ببلاد الصحراء بلداً يقال لها تدمكة وترجمها -البكري- فقال: معنى تاد الهيئة أي أنّها على هيئة مكّة وليس معنى تاد الهيئة كماذكر ولا لهيئة اسم في لسانهم ألبتة، وإنّما معنى تاد هذه، وهي من أسماء الإشارة عندهم يقولون لهذا واد، ولهذين ويد، لهذه تاد، ولهاتين وهؤلاء تيد، وليس للمثنى عندهم عبارة سوى عبارة الجمع، إلا في ألفاظ العدد فمعنى تاد مكّة، هذه مكّة أي مشبهتها"[١].

- ووصف بعض الرّحّالة، تأثر بعض حكام الإفرنج بالعرب والإفادة منهم، فقد ذكر ابن جبير أنّ غليام ملك صقلية، كان يقرأ ويكتب بالعربيّة، وأنّه اتّخذ علامة ملوك الإسلام "الحمد لله حقّ حمده" وفي ذلك دلالة على التّفاعل وتذوّق الحضارة الإسلاميّة[٢].

وأشار ابن جبير، أيضاً، إلى إتقان بعض الوعّاظ للّسانين العربيّ والأعجميّ، حيث وصف واعظاً خراسانياً صعد منبر الوعظ في شهر رمضان المبارك، فقال: "فصعد واعظ خراساني حسن الشارة مليح الإشارة، يجمع بين اللسانين عربيّ وعجميّ، فأتى في الحالين بالسّحر الحلال من البيان، فصيح المنطق، بارع الألفاظ، ثم يقلب لسانه للأعاجم بلغتهم، فيهزّهم إطراباً، ويذيبهم زفرات وانتحاباً"[٣].

وذكر بعض الرّحّالة وجود من كان يترجم تلك اللغات، ممّن كان يعرف اللغة العربيّة من أبناء تلك البلاد، أو من العرب الذين استقرّوا فيها كما عرف بعض حكّام البلاد غير العربيّة، اللغة العربيّة، وإن لم يحسن عدد منهم التّحدّث بها[٤].

---

(١) العبدري، الرّحلة المغربية، ص ١٥٩.

(٢) انظر رحلة ابن جبير، ص٢٩٨.

(٣) المصدر نفسه، ص١٥٩، وانظر، المصدر نفسه، ص٢٧٥.

(٤) انظر، رحلة ابن بطوطة: ١١٥/٢، ١٢٠، ١٧٨، ٢٧٢، وانظر أيضاً، دور الترجمان في سفارة يحيى الغزال، المقري، نفح الطيب: ٢٥٧/٢-٢٥٩.

- **ويقول الفشتالي** على لسان شيخه أبي مروان، حين زار زاوية في خراسان "وهي على حدّ الصحراء، لم أعدّها يميناً ولا شمالاً. قال: فسلمت على الشيخ وعلى أصحابه، وكانوا نحو ثلاث مائة رجل، وكنت لا أفهم لسانهم الفارسيّ ولا يفهمونني ..، ومن يوم دخولي عليهم، لم يتكلّموا إلى أن ورد فقير يفهم لسانهم، فقلت له: لعلّي أسأت الأدب عليهم في دخولي، فغيّرتهم، فسألتهم[1]، فإن كان من قِبلي انقباضهم استغفرت الله وتأدّبت بأدبهم ... فذكر لهم ما قلت له، فقالوا: "و الله ما صدر منه ما يكره وإنّما رأينا انفرادنا دونه بطيب الكلام سوء أدب في عشرته، فوافقناه في الصمت. وأمّا من اليوم فأنت لسانه لنا، ولساننا له"[2].

- **أمّا ابن بطوطة**، فلّعله أكثر الرّحّالة إدراكاً لأهمية التّخاطب بلغة الشعوب التي نزل في بلادها، حيث اهتم بتعلّم شيء منها -من خلال الطّواف في البلدان- لتكون عوناً له في تيسير معاشه، وانتقاله بين المدن، فعرف الفارسيّة إلى جانب العربيّة، ثم التركيّة، وألمّ ببعض ألفاظ وتراكيب لغات ولهجات معظم البلدان التي قصدها، فقد قال معلقاً على حديث أحد الفتيان مع شيخه في إحدى مدن الأناضول باللسان التّركي "ولم أكن يؤمئذ أفهمه"[3].

وحين نزل ابن بطوطة ورفاقه بزاوية أحد الأخية في مدينة كاوية، إحدى مدن آسيا الصغرى، وتكلّموا معه فلم يفهم أحدهم ما عنى الآخر، ويصف ابن بطوطة ذلك بقوله: "فكلّمناه بالعربيّة فلم يفهم، وكلّمنا بالتركيّة فلم نفهم عنه، فقال: اطلبوا الفقيه فإنّه يعرف العربيّة .. فأتى الفقيه فكلّمنا بالفارسيّة، وكلّمناه فلم يفهمها منّا، فقال للفتى: إيشان عربيّكهنا ميقوان، ومن عربيّنوميدانم. وإيشان معناه هؤلاء، وكهنا قديم، وميقوان

---

(١) يقول محقّق رحلة تحفة المغترب: "هكذا في الأصل ولعلّ صحتها فاسألهم"، وانظر، الفشتالي، تحفة المغترب، ص٨٧، حاشية رقم١.

(٢) الفشتالي، تحفة المغترب، ص٨٦-٨٧.

(٣) رحلة ابن بطوطة: ٢٥٨/١، وانظر، المصدر نفسه: ٢٧٢/١، ١١٥/٢.

يقولون، ومن أنا، ونو جديد، وميدانم تعرف. وإنّما أراد الفقيه بهذا الكلام ستر نفسه عن الفضيحة، عندما ظنّوا أنّه يعرف اللسان العربيّ فهو لا يعرفه، فقال: "هؤلاء يتكلّمون بالعربي القديم، وأنا لا أعرف إلا العربيّ الجديد". فظن الفتى أن الأمر على ما قاله الفقيه. ونفعنا ذلك عنده وبالغ في إكرامنا، وقال: هؤلاء تجب كرامتهم لأنّهم يتكلّمون باللسان العربيّ القديم، وهو لسان النبي صلّى الله عليه وسلّم تسليماً وأصحابه. ولم نفهم كلام الفقيه إذ ذاك، لكنّني حفظت لفظه، فلمّا تعلّمت اللسان الفارسيّ فهمت مراده"[1]. ومن الأمثلة الدّالة على تعلّم ابن بطوطة الفارسية، وصفه لقدومه على سلطان الهند، حيث يقول: "...ثم سألني وصافحني، وأمسك يدي، وجعل يخاطبني بأحسن خطاب، ويقول لي بالفارسي: حلّت البركة، قدومك مبارك، ... ثم سألني عن بلادي، فقلت له: بلاد المغرب: .."[2].

وقد رصدت الدّراسة جملة من الألفاظ والتراكيب والمواقف التي تبرز مدى تأثر ابن بطوطة بلغات ولهجات شعوب البلدان التي زارها، ممّا ساعده في التعرّف على ثقافات تلك الشعوب، ونقلها إلى ثقافة بلاده، ومنها[3]:

- كُساي، وهو اسم الله -عزّ وجلّ- عند أهل الهند، فقد وصف ابن بطوطة بعض أهل الهند، وهم يغرقون أنفسهم في أحد الأنهار، "ويقول أحدهم لمن حضره: لا تظنّوا أنّي أغرق نفسي لأجل شيء من أمور الدنيا، أو لقلة مال، إنما قصدي التقرّب إلى كُساي، وكساي اسم الله -عزّ وجلّ- بلسانهم.."[4].
- وكانت المرأة في الهند تحرق نفسها مع زوجها عند موته، ويقول ابن بطوطة: "وقد حُجبت النار بملحفة يمسكها الرجال بأيديهم لئلا يدهشها -المرأة- النظر إليها،

---

(١) المصدر نفسه: ٢٨٠/١.
(٢) المصدر نفسه: ١١٥/٢، وانظر أيضاً نفس المصدر والجزء، ص١٢٠، ١٧٨، ٢٧٢.
(٣) انظر، المصدر نفسه: ٢٦٧/١، ٢٦٨،٢٧١، ٣٠١، ٣٢٦، ٣٤١، ٣٤٢، ٣٤٤، ٨/٢، ١٧، ٨٧، ١٢٥، ١٢٨.
(٤) رحلة ابن بطوطة، ٢٧/٢.

فرأيت إحداهن لما وصلت إلى تلك الملحفة، نزعتها .. وقالت: ماوا ميترا ساني أزاطش من ميدانم أواطش إست رهاكني مارا، ومعنى هذا الكلام: أبالنار تخوفونني؟ أنا أعلم أنّها نار محرقة"[١].

- سراكنوا، ومعناه المسلمون، فقد رافق ابن بطوطة ركب ابنة إمبراطور القسطنطينيّة، زوجة أوزبك خان، ذاهبة لزيارة أبيها، وعند وصولهم إلى قصر الإمبراطور، سمع الرجال يقولون: سراكنوا، سراكنوا، ومعناه المسلمون"[٢].
- جيكس، وهو من الألفاظ الفارسيّة، ومعناه مَنْ أنت؟ ودلشاد، ومعناه القلب الفارح[٣].
- أمّا أسماء بعض الأطعمة في المدن التي قصدها ابن بطوطة، فيذكر منها، ما يطلقه أهل مدينة أصفهان على الخبز، وهو نان، وعلى اللبن ماس[٤]. "والسّمك بالفارسيّة، شيرماهي، ومعناه أسد السّمك، لأنّ شير هو الأسد وماهي السمك -ويقول ابن بطوطة: وهو يشبه الحوت المسمّى عندنا بتارزت"[٥] ويعرف الموز في إحدى قرى مدينة قلهات بالمرواري، ويقول ابن بطوطة: " "والمرواري بالفارسيّة، هو الجوهر"[٦]،"والرّمان في جزائر ذيبة المهل يسمّى أنار، وجلّنار بالفارسيّة: جل، الزهر، الزهر، ونار الرّمان"[٧].
- ويذكر ابن بطوطة، أيضاً، أسماء بعض المواضع، ويتحقّق من تفسير تلك التسميات، ففي مدينة الماجر، إحدى مدن الترك، موضع يقال له: "بش دغ،

---

(١) المصدر نفسه: ٢٧/٢.
(٢) المصدر نفسه: ٣١٩/١.
(٣) المصدر نفسه: ١٤٤/٢.
(٤) المصدر نفسه: ١٤٥/٢.
(٥) المصدر نفسه: ٢٤١/١.
(٦) المصدر نفسه: ٢٤٣/١.
(٧) المصدر نفسه: ٢٣/٢.

ومعنى بش عندهم خمسة، ومعنى دغ الجبل ؛ أي الجبال الخمسة"[١]. أمّا في الهند، فهناك موضع يقال له: "بنج هير، ومعنى بنج خمسة، وهير الجبل، فمعناه خمسة جبال"[٢].

- أمّا الحكّام والسلاطين، فقد حظيت رحلة ابن بطوطة، بالعديد من المواقف الدّالة على تفاعلهم مع مختلف الحضارات، فحين ولي ابن بطوطة القضاء في دهلي، خاطبه السلطان باللسان العربيّ "بل أنت سيدنا ومخدومنا" تواضعاً منه وفضلاً وإيناساً"[٣] وعندما دخل ابن بطوطة قصر امبراطور القسطنطينيّة، وفُتّش قال له أحد اليهود هناك بالعربي "لا تخف، فهكذا عادتهم أن يفعلوا بالوارد، وأنا التّرجمان، وأصلي من بلاد الشام، فسألته: كيف أسلّم؟ فقال: قل السّلام عليكم. ثم وصلت إلى قبة عظيمة، والسّلطان على سريره.. ثم وصلت إليه فسلّمت عليه، وأشار أن أجلس فلم أفعل، وسألني عن بيت المقدس، وعن الصّخرة المقدّسة، وعن القَيامة، وعن مهد عيسى، وعن بيت لحم، وعن مدينة الخليل -عليه السّلام- ثم عن دمشق ومصر والعراق وبلاد الروم، فأجبته عن ذلك كلّه، واليهودي يترجم بيني وبينه، فأعجبه كلامي وقال لأولاده: أكرموا هذا الرجل وأمّنوه، ثم خلع عليّ خلعة، وأمر لى بفرس مسرج ملجم، ومظلة من التي يجعلها الملك فوق رأسه، وهي علامة الأمان..."[٤].

إنّ سؤال امبراطور القسطنطينية لابن بطوطة عن هذه الأماكن يؤكد دور الرّحّالة في نقل المعرفة والثقافات عبر الأقطار التي كانوا يمرّون بها.

ويصف ابن بطوطة أيضاً، وهو في مدينة الخنسا – من أعمال بلاد الصين- خروج ابن أمير الصين معهم، في نزهة بحريّة، وقد كان معهم في السفينة أهل الطرب والموسيقى،

---

(١) رحلة ابن بطوطة: ٣٠٢/١.

(٢) المصدر نفسه: ٣٦١/١.

(٣) المصدر نفسه: ١١٩/٢.

(٤) المصدر نفسه: ٣٢٠/١.

وكانوا يغنّون بالصينيّ وبالعربيّ وبالفارسيّ، فيقول: "وكان ابن الأمير معجباً بالغناء الفارسيّ، فغنّوا شعراً منه، وأمرهم بتكريره مراراً حتى حفظته من أفواههم.."[(١)].

ولعل في وصف ابن بطوطة لسلطان فاس أبي عنان، دلالة واضحة على مدى التفاعل الثقافي الذي أثّر في التكوين الثقافي لشخصية ابن بطوطة، حيث يقول: "فأنستني هيبته هيبة سلطان العراق، وحسنه حسن ملك الهند، وحسن أخلاقه حسن خلق ملك اليمن، وشجاعته شجاعة ملك الترّك وحلمه حلم ملك الرّوم، وديانته ديانة ملك تركستان، وعلمه علم ملك الجاوة"[(٢)] إن هذه المقارنات التي يعقدها الرّحّالة لا تتهيأ لهم إلا بسبب رحلاتهم ومعرفتهم بعادات الشعوب وخصائصها وأنظمتها السياسية والاجتماعية وغيرها مما يجعل منهم بحقّ علماء في علم الاجتماع المقارن.

وقد كان لبعض الرّحّالة دور في نشر العلم والمعرفة في مختلف البلدان التي قصدوها، فأبو حامد الغرناطي يقول عند دخوله أنقوريّة: "ولمّا دخلت بين أولاد المغاربة أكرموني، وعلّمتهم شيئاً من العلم وأطلقت ألسنة بعضهم بالعربيّة، وكنت أجتهد معهم في الإعادة والتكرار في فرائض الصلاة وسائر العبادات، ... فعلموا صلاة الجمعة، فعندهم اليوم أكثر من عشرة آلاف مكان يخطب فيه يوم الجمعة ظاهراً وباطناً، لأنّ ولايتهم عظيمة"[(٣)]. كما حفلت رحلة أبي حامد الغرناطي "المُعرب" بأسماء الأشهر باللغات المختلفة: العربيّة، والفارسيّة، والروميّة، وأسماء شهور المغاربة وشهور الهند[(٤)].

ودخلت بعض الألفاظ المشرقيّة إلى اللهجة الغرناطيّة، ومنها ما ذكره ابن الخطيب، خوند، وخوند لفظ تركي أو فارسي وأصله خُد أو نُد بضم الخاء ومعناه

---

(١) المصدر نفسه: ٢/٢٣٢-٢٣٣.

(٢) رحلة ابن بطوطة: ٢/٢٥٧.

(٣) الفشتالي، تحفة المغترب: ص ١٣٨، وانظر، المصدر نفسه، ص١٢٥، ١٤١.

(٤) أبو حامد الغرناطي، رحلة المعرب: ص٤٦-٥١.

السيد أو الأمير(١). وفي ترجمة ابن الخطيب لابن الحاجّ النميري يقول: "العذب الجامع بين جزالة المغاربة ورقة المشارقة"(٢).

أمّا ابن خلدون فيشير إلى أنّ الشاعر الغرناطي ابن زمرك(٣)، قد أرسل بقصائد من وضعه إلى مصر يمتدح فيها السلطان برقوق(٤)، ويذكر ابن خلدون الذي كان في مصر وقت وصول هذه القصائد أنّه كان لا بدّ أن تنقل هذه الأشعار المكتوبة بالخط المغربيّ إلى خط مشرقيّ لتسهل قراءتها في مصر(٥).

وكان للرّحّالة دور كبير في نقل الكتب والمؤلفات بين المشرق والمغرب وبين العرب والنصارى فأدوا بذلك دوراً هاماً في الاتّصال والتّفاعل الثقافيّ، حيث كانوا يعودون إلى الأندلس والمغرب، وقد بلغ الواحد منهم مبلغ العلماء بما اكتسب من علم وحمله من كتب، وما حصّله من معرفة وثقافة جالباً معه ما أمكنه الحصول عليه من كتب ومصنّفات كان لها الأثر العلميّ الكبير في تطوّر ثقافة بلده، ويصف ابن العربيّ أثر العائدين من الرّحلة، فيقول: "لولا أنّ الله تعالى منّ بطائفة تفرّقت في ديار العلم، وجاءت بلباب منه .. فرشّوا من ماء العلم على هذه القلوب الميتة وعطّروا أنفاس الأمة الزفرة، لكان الدين قد

---

(١) ابن الخطيب، نفاضة الجراب، المقدمة: ٢/٢، وانظر، ابن الخطيب، خطرة الطيف، ص١٠٧، والمقري، نفح الطيب: ١٧٨/٢.

(٢) المقري، نفح الطيب: ١١٠/٧، وانظر، ابن الخطيب، الإحاطة: ٣٥٠/١-٣٧١.

(٣) هو أبو عبد الله، محمد بن يوسف بن محمد، أصله من شرقي الأندلس، ولد عام ٧٣٤هـ وأعمل الرحلة في طلب العلم والازدياد، فترقّى إلى الكتابة عن ولد السلطان أمير المسلمين بالمغرب أبي سالم إبراهيم ابن أمير المسلمين أبي الحسن، وقيل قتل بعد عام ٧٩٥هـ انظر ترجمته، المقري، نفح الطيب: ١٤٥/٧ وما بعدها، وابن الخطيب، الإحاطة: ٢٢١/٢-٢٤٠، وابن خلدون، التعريف، ص٢٦٤، وبالنثيا، تاريخ الفكر الأندلسي، ص١٣٩-١٤٢.

(٤) هو أبو سعيد برقوق بن أنص، ويعرف ببرقوق العثماني نسبة إلى فخر الدين عثمان بن مسافر تولّى الملك أول مرة سنة ٧٨٤هـ واستبدّ بالملك حتى مات سنة ٨٠١هـ انظر ترجمته، تاريخ ابن خلدون (١٩٧١). منشورات مؤسسة الأعلمي بيروت: ٤٥٤/٥-٤٦٢.

(٥) انظر، ابن خلدون، التعريف، ص ٣٠٧-٣٠٨.

ذهب، ولكن تدارك الباري سبحانه بقدرته ضرر هؤلاء، وتماسكت الحال قليلاً، والحمد لله تعالى"[١].

وقد وضع بعض الرّحالة الأندلسيين والمغاربة مصنفاتهم التي تضمّنت أخبار رحلاتهم بعد أن زاروا مختلف البلاد، فابن سعيد المغربي جال الديار المصريّة والعراق والشام، فجمع وصنّف كتابه "المُشرق في حُلى المَشرق"، حيث أتاحت له الفرصة الاطّلاع على نخبة من كتب المشارقة، فهو الرّحالة "الإخباري العجيب الشأن في التجوّل في الأقطار، ومداخلة الأعيان والتمتّع بالخزائن العلميّة، وتقييد الفوائد المشرقيّة"[٢].

وذكر بعض الرّحالة أنّهم قد اطّلعوا أثناء تجوالهم في بلاد المشرق، على عدد من الكتب والمصنفات الفقهيّة، ودرسوها، وأخذوا عنها، مثل صحيح البخاري، وصحيح مسلم، وغيرها[٣]، وذكر ابن بطوطة أنّه أثناء زيارته لبلاد السودان، وفي مدينة منها نسيى اسمها، وجد عند أميرها كتاب المدهش لابن الجوزي[٤]، ويقول: "فجعلت أقرأ فيه"[٥]. وقد حصل بعض الرّحالة على إجازات برواية مؤلفات بعض الفقهاء ومرويّاتهم، حيث أجاز الفقيه شرف الدين أبو محمد عبد المؤمن[٦]، الرّحالة التجيبي ما قرأ عليه من مؤلفاته، يقول التجيبي: "... وكتاب فضل الخيل قرأت عليه جميعه، ووهبني نسخة... وكتاب فضل إتباع صوم رمضان بست من شوّال، قرأت أيضاً عليه جميعه ووهبني نسخة

---

(١) التنبكتي، نيل الابتهاج: ٢٨٤/١.

(٢) المقري، نفح الطيب: ٢٧١/٢.

(٣) انظر، ابن رشيد، ملء العيبة: ١٦٢/٥، ١٧٣، ٢٣٧، والتجيبي، مستفاد الرّحلة، ص ٣٨١، ٣٨٣، ٣٦٦، ٣٧٦، ٣٦٤،٣٦٥، ٣٦٨، ٣٨٤-٣٨٨، ورحلة التجاني، ص ١٦، ٤٣، ١٠١، ١٠٢، ١٠٦، وانظر، زياد، نقولا، (١٩٦٦). دمشق في عصر المماليك، بيروت، ص٢١٢-٢١٣.

(٤) هو "كتاب المدهش في المحاضرات" لأبي الفرج عبد الرحمن بن علي المعروف بابن الجوزي البغدادي، انظر ترجمته، ابن خلكان، وفيات الأعيان: ١٤٠/٣-١٤٢.

(٥) رحلة ابن بطوطة: ٢٨٦/٢، والمقري، نفح الطيب: ١٦١/٥، ١٦٥.

(٦) انظر ترجمته، السبكي، طبقات الشافعية: ١٣٣/٦، والتجيبي، مستفاد الرحلة، ص٣٧-٨٢.

بخط يده أثابه الله... وكتاب معجم مشائخه قرأت عليه بعضه، وأجازنا سائره وهو مجلدان ..." [١]. ومن الرّحّالة أيضاً، الذين حفلت رحلاتهم بالرّويات والكتب المقروءة والمسموعة والمصنّفات التي أُجيز بها في مختلف العلوم والفنون، ابن رشيد.

وعدّ بعض الباحثين، أنّ ابن جبير أكثر الرّحّالة تأثراً بالمشرق وبأفكاره، وكان لكتبه تأثير كبير في ظهور أدب الرّحلات في بلاد الأندلس والمغرب [٢].

وكان الرّحّالة بذلك مؤثرين في الغير لا متأثيرين فقط، فالتّواصل الثقافيّ والفكريّ، ظلّ متواصلاً مع المشرق، وقد نقل كثير من العلماء الأندلسيّين والمغاربة كتب أهل المشرق معهم إلى بلادهم، حيث بعث ابن زُمْرُك إلى صديقه ابن خلدون أثناء وجوده في مصر، يطلب منه إرسال بعض المؤلفات المشرقيّة "والمرغوب من سيدي أن يبعث لي ما أمكن من كلام فضلاء الوقت وأشياخهم على الفاتحة ..." [٣].

ومن الكتب التي جُلبت من المشرق، كتاب الأمّالي لأبي علي القالي [٤]، وقد أشار ابن خلدون إلى أنّ "القالي قدم من المشرق، فأورث أهل الأندلس علمه" [٥]. فتآليفه مطلب كلّ المثقفين في الأندلس والمغرب، وكان تأثير أبي علي القالي كبيراً في نقل علوم اللغة والشعر والأدب في الأوساط والمجالس الثقافيّة في الأندلس والمغرب [٦]. أمّا كتاب الأغاني لأبي الفرج الأصبهاني، فقد أرسل في طلبه الخليفة المستنصر [٧].

---

(١) التجيبي، مستفاد الرحلة، ص٤٧-٤٨ وما بعدها.

(٢) انظر، أبو دياك،صالح محمد،(١٩٨٧)."التبادل الفكري بين المغرب والأندلس وشبه الجزيرة العربية"مجلة الدارة، السنة ١٣،العدد (٢): ص ١٠٣.

(٣) ابن خلدون، التعريف، ص ٣٠٩-٣١٠.

(٤) وستمر ترجمته في صفحة ١٣٤ من هذه الدراسة، حاشية رقم٣.

(٥) تاريخ ابن خلدون: ١٤٦/٤.

(٦) انظر، المقري، نفح الطيب: ٣٨٦/١، وانظر، أمين، حسين، (١٩٨٥). "العلاقات الثقافيّة بين الأندلس وبغداد في العصر العباسي". المناهل، السنة ١٢، العدد (٣٣)، ص١١٩.

(٧) هو الحكم الثاني المستنصر (٣٥٠هـ-٣٦٦هـ)، أكثر الخلفاء الأندلسيّين تسامحاً وحرية فكر، انظر ترجمته، الضّبّي، بغية الملتمس: ٤٠/١-٤٢، والمقري، نفح الطيب: ٣٨٢/١ وما بعدها.

ولعلّ معظم الكتب التي اقتنتها مكتبات قرطبة الخاصّة والعامة، هاجرت مع العلماء والطلاب والتّجار وغيرهم إلى أنحاء الأندلس المختلفة[١]، وكانت هي التي صدعت كبد الرّحّالة ابن العربيّ، وقرعت خلده، وكان عدم فهم فقهاء بلده لتلك الكتب، هو ما جعله يقرّر الرّحلة في طلب العلم، حيث يقول: "وناهيك من أمة يجلب إليها هذا القدر الطّفيف، فلا يكون منهم أحد يضاف إليه، إلا بصفة العاجز الضعيف ونذرت في نفسي طيّة، لئن ملكت أمري لأهاجرن إلى هذه المقامات، ولأفدنّ على أولاء الرّجالات، ولأتمرسنّ بما لديهم من العقائد والمقالات، ..."[٢].

لهذا، لم يكتف الرّحّالة الأندلسيون والمغاربة بجلب الكتب وحسب، بل خاض بعضهم غمار الحركة الفكريّة، فأولوا العلوم التشريعيّة عناية خاصّة، حيث خصّصوا لها العديد من المصنفات، ودوّنوا المسائل الفقهية، وتناولوها بالاختصار أو الشرح او التعليق، ومنهم أبو بكر العربيّ، وابن رشيد، والتجيبي، وابن تومرت، ومحيي الدين بن عربي، الذي قيل عن كتبه "لها ببلاد اليمن والروم صيت عظيم"[٣]. وفي ذلك دلالة على عناية الأوروبيين بكتب المسلمين.

أمّا ابن الخطيب وابن خلدون، فقد تركا مؤلفات عديدة، ذاعت وانتشرت بين البلدان، لتشهد على براعتهما في التاريخ والأدب والرسائل والشعر.

ويظهر من ذلك أنّ الثقافة المشرقيّة، قد تركت ظلّها في الثقافة والفكر الأندلسيّين والمغربيين، حيث وفّق الأندلسيون والمغاربة بين ثقافة المشارقة وثقافتهم، إلى أن أخذت تنمو حضارة متميزة للأندلسيين والمغاربة، لها شخصيتها وطابعها.

---

(١) انظر، المقري، نفح الطيب: ١٥٥/١، ٣٨٥-٣٨٦.

(٢) ابن العربي، قانون التأويل، ص٧٦-٧٧.

(٣) المقري، نفح الطيب: ١٦٦/٢.

كما انتقلت الثقافة الإسلاميّة إلى الدّول الأوروبيّة، وتطوّرت لتترك أثراً كبيراً في الفكر المسيحيّ واليهوديّ، فعبّر هذا الامتزاج اللغويّ عن تفاعل الحضارة العربيّة الإسلاميّة بالحضارات الأخرى، ممّا جعلها بحق لغة الحوار الحضاريّ الأندلسيّ والمغربيّ آنذاك[١].

ب. السِّفارات والاستفادة من ثقافة الآخر

أدّت السّفارات دوراً مهماً، ساعد على تطوير العلاقات الثقافيّة وتعميقها، فقد مثّلت نصّاً من نصوص الرّحلات، وعكس صورة التفاعل الثقافي بين مختلف الحضارات.

وكانت مجالس الخلفاء والسّلاطين والملوك، تمثّل صورة من صور التّفاعل الثقافيّ، فقد مثّل بلاط روجر الثاني ملتقى الحضارة العربيّة والأوروبيّة، حيث صوّرت خرائط الإدريسي العالم للأوروبيين، وعدّ كتابه "أكثر كتب الجغرافية باللغة العربيّة رواجاً وصيتاً في أوروبا"[٢]. وكان تكليف روجر الثاني "لعالم عربيّ بالذات بوضع وصف للعالم المعروف آنذاك لدليل ساطع على تفوّق الحضارة العربيّة في ذلك العهد وعلى اعتراف الجميع بهذا التفوق..."[٣].

أمّا ابن بطوطة، فقد وصف إحدى الليالي في مجلس السلطان أوزبك خان، حيث يقرأ القرّاء بالأصوات الحسان، ثم يأخذون في الغناء "يغنّون بالعربي ويسمّونه القول، ثم بالفارسيّ يسمّونه الملمع..."[٤].

---

(١) ولمزيد من الاطّلاع على هذا الامتزاج اللغويّ وأثره في التّفاعل الثقافي بشكل عام، انظر، بالنثيا، تاريخ الفكر الأندلسيّ، ص٤٨٥-٤٨٨، وزيغريد هونكة، شمس العرب تسطع على الغرب، ص ٥٢٩، والأندلس قرون من التقلبات والعطاءات، كحيلة، عبادة عبد الرحمن رضا، الخصوصية الأندلسيّة وأصولها الجغرافية، الرياض، مكتبة الملك عبد العزيز العامة، ١٩٩٧، ط١: ٤٤١/٢. وانظر، العبادي، أحمد مختار، (١٩٧٩). الإسلام في أرض الأندلس، مجلة عالم الفكر، مجلد ١، عدد (٢)، ١٩٧٩، ص ٥٩-١١٠، Nicholson, R.A, (١٩٩٦). Aliterary History of the Arabs. India : S. Sajid Ali, P. ٤١٥، و Watt, W.M, (١٩٦٧) A History of Islamic Spain (Islamic Surveys,٤, Edinburgh, University Press, P. ١٥١

(٢) كراتشكوفسكي، تاريخ الأدب الجغرافي العربيّ، ص٣٠٤.

(٣) المصدر نفسه، ص ٣٠٩.

(٤) رحلة ابن بطوطة: ٢٩٩/١.

ولعلّ أهم جوانب الحياة السياسيّة، التي عكست صورة التّفاعل الثقافيّ وخلقت جوّاً من حوار الحضارات والثقافات، هي السفارات[١] ومارافقها من ترتيبات أمنيّة واهتمام خاصّ بنظام التشريفات، وتبادل للهدايا بين الملوك، ، فقد حرصت الدّول من خلال السفارات على المحافظة على كيانها وتقريب علاقاتها مع الدّول الأخرى من مستوى المحايدة إن لم يكن مستوى الصداقة، حيث شكّلت السفارات بين الدّول مجالاً واسعاً للانفتاح على مختلف الجوانب الحضاريّة، فكان لا بدّ من اتّصال الحكام وأمراء الأقاليم المختلفة ببعضهم، ولا بدّ، أيضاً، من اتّصالهم بغيرهم من حكام غير المسلمين، فالظّروف السياسيّة الداخليّة والخارجيّة، كانت تستوجب وجود السفارات وتعدد السفراء، لعقد التحالفات والمعاهدات، وصولاً إلى الأمن والاستقرار، وتنظيم العلاقات الدوليّة، وإبرام الاتفاقيات، بهذا يكون السفراء قد أدّوا دوراً هاماً في زرع بذور الثقافة العربيّة الإسلاميّة، ونشر الثقافات المختلفة بشكل عام إلى أنحاء الدّول الأخرى وقد كان بعض الرّحّالة سفراء بلادهم للبلدان الأخرى، ثم سفراء تلك البلدان إلى غيرها، حيث نقلوا صورة جليّة عن أحوال البلاد العربيّة والإسلاميّة، وأحوال بعض الدّول الأوروبيّة، فقدّمت الرّحلات، بذلك، أبرز ملامح التفاعل بين المسلمين والعناصر الأخرى، ولعلّ رحلة يحيى الغزال[٢] تؤكّد دور السفراء في التفاعل الثقافي، من خلال عقدهم لمجالس التّحاور والتّناظر التي ساهمت في تطوّر الثقافات وتمازجها، حيث كان للغزال مع الروم "مجالس مذكورة، ومقاوم مشهورة، في بعضها جادل علماءهم فبكّتهم، وفي بعضها ناضل شجعانهم فاثبتهم"[٣]. كم تحاور الغزال مع زوجة ملك الروم التي أعجبت به وبتحاوره معها واستمتعت بسماع شعره بعد أن يترجمه لها المترجم، ليس هذا وحسب، بل إن

(١) انظر، هذه الدراسة، ص ٢٣-٢٧.

(٢) انظر، ابن دحية، المطرب، ص ١٤٢-١٤٣، والمقري، نفح الطيب: ٢/٢٥٧-٢٥٩.

(٣) ابن دحية، المطرب، ص١٤٢، وانظر، دور سفارة الغزال في التبادل الثقافي، جرّار، زمان الوصل، ص٢٤-٢٥.

سفارة الغزال كشفت عن دور المرأة في فتح باب التّواصل الثقافيّ والاطلاع على ما لدى كلّ طرف من أخبار وثقافة.

وكشفت سفارة ابن خلدون عن دور اليهود والنصارى، الذين يعملون في قصور الأندلسيّن والمغاربة والأوروبيين، وتقرّبهم إلى السلاطين ليكونوا من خواصّ رجالات الدّولة، ومنهم الطبيب اليهوديّ إبراهم بن زرزر، كما وصف ابن خلدون الهدايا التي حملها إلى ملك قشتالة من السلطان الغنيّ بالله، وما حمّله ملك قشتالة من هدايا للسلطان الغنيّ بالله ولابن خلدون[١]، ويرى صلاح جرار أنّ سفارة ابن خلدون تدل على "عمق الاتصال الثقافيّ بين الأندلس وقشتالة، وأدوات هذا الاتصال، فهو يكشف عن دور العلماء والمثقفين الأندلسيين -بما يحظون به من تقدير لدى الأوروبيين- في إنجاح مساعي التقارب بين الأندلس وجيرانها الأوروبيين"[٢]. كما أنّ سفارة ابن خلدون كشفت عن "دور بعض العناصر اليهوديّة والمسيحيّة الذي يتنقلون للعمل في قصور الأندلسيين وقصور الأوروبيين في التقريب بين الطرفين، وتعريف كلّ منهما بثقافة الآخر"[٣]. ويصف ابن خلدون أيضاً انتظامه في مجلس أبي عنان، وحصوله على الفائدة من السفراء، حيث يقول: "وعكفت على النظر، والقراءة، ولقاء المشيخة من أهل المغرب ومن أهل الأندلس الوافدين في غرض السفارة وحصلت على الإفادة منهم..."[٤].

أمّا الرّحّالة ابن بطوطة، فقد كان له دور كبير في اتّساع دائرة التبادل الثقافيّ، من خلال سفارته[٥] وزياراته للسّلاطين والملوك، وتحاوره مع زوجاتهم، وتزويدهن بثقافة بلاده واكتسابه من ثقافة بلادهن، ومن ذلك حديثه مع ملكة مدينة كيلوكري -إحدى

(١) ابن خلدون، التعريف، ص١٢٥، ١٢٨، ٤٠٦، والمقري، نفح الطيب: ١٢٠/٥، وانظر هذه الدراسة، ص٢١، حاشية رقم ٥.

(٢) جرّار، زمان الوصل، ص٢٨.

(٣) المصدر نفسه، ص٢٨.

(٤) ابن خلدون، التعريف، ص ١٠٢.

(٥) انظر، رحلة ابن بطوطة: ١٣٥/٢، والدراسة هنا، ص١٤، حاشية رقم ١.

مدن جاوه-، التي كانت تتحدث بالتركيّة، وترغب في الاطّلاع على ما لدى الرّحّالة ابن بطوطة من ثقافة ومعرفة، ممّا أسهم في تفعيل دور الرّحّالة ضمن إطار التفاعل الثقافي. يقول ابن بطوطة: "...وكانت تحسن الكتاب العربيّ فقالت لبعض خدمها: دواة وبتك كاتور، معناه الدّواة والكاغد، فأوتي بذلك، فكتبت، بسم الله الرحمن الرحيم، فقالت: ما هذا؟. فقلت لها: تَنْضري نام. ومعنى ذلك، اسم الله، فقالت: خشن. ومعناه جيد. ثم سألتني: من أيّ البلاد قدمت؟. فقلت لها: من بلاد الهند، فقالت: بلاد الفلفل؟ فقلت: نعم. فسألتني عن تلك البلاد وأخبارها، فأجبتها ..." [١].

وكان لسفراء الدّول الأخرى دور في تزويد بعض الرّحّالة في مختلف الثقافات، ومثال ذلك ما كتبه ابن الخطيب في كتابه أعمال الأعلام عن تاريخ الممّالك المسيحيّة الإسبانيّة، وهي قشتالة، وأراجون، والبرتغال، وليون، وبرشلونة، وقد استعان ابن الخطيب في كتابة هذا الجزء بسفير مملكة قشتالة يوسف بن وقار الإسرائيلي في أثناء زياراته لمملكة غرناطة في مهمة رسميّة، وفي ذلك يقول: "وقد كنت طلبت شيئاً من ذلك من فطنته، وهو الحكيم الشهير، طبيب دار قشتالة وأستاذ علمائها، يوسف بن وقار الإسرائيلي الطليطلي، لمّا وصل إلينا في غرض الرياسة عن سلطانه، فقيّد لي في ذلك تقييداً أنقل منه بلفظه أو بمعناه ما أمكن، وأستدرك ما أغفل، إذ ليس بقادح في الغرض"[٢].

ومن جانب آخر، فإنّ الهدايا والهبات والأعطيات التي رافقت السفراء، وتبادلها ملوك البلدان المختلفة، عدّت مظهراً من مظاهر التفاعل الثقافيّ، ونقل العادات والمعتقدات وعكست صوراً لمختلف جوانب الحضارة في تلك البلدان، فقد وجّه ملك الروم إلى أبي عنان "هدية احتفل بها غاية الاحتفال، وأعرب بها عن مخافته ولسان الحال أفصح من لسان المقال. فما سيق من بلاده أحسن من بغلاته التي أوفدها شاجعة، حافظة للصّواهل أرحاماً واشجة. من كلّ مشرفة الهادي نشأت عند الضال، عبلة لم تر

---

(١) انظر، رحلة ابن بطوطة: ٢٢١/٢.

(٢) ابن الخطيب، أعمال الأعلام، ص ٣٢٢-٣٣٨.

شاجحة عنترة إلا بهذه المواقف الكريمة والمحال ... نيّرة اللون لا يسابقها ظليم، عجيبة قياس مشيها منتج وهي عقيم، عالية القرى مرتفعة كنار القرى، ... ولحوافرها في زيارة الأرض ذات الطّول والعرض... بغلات حسن لها فخار، وأنشدت وما التأنيث باسم الشمس عار فهي بحار ركبت بحاراً، ووافقت أعظم منها جواداً وإيثاراً..." [(١)].

إنّ هذه الاتّصالات الدبلوماسيّة بين مختلف الأطراف وتبادل الوفود والسفارات، احتاجت لترتيبات أمنيّة معينة في عملية الاستقبال والوداع، الأمر الذي دعا إلى تطوّر نظام التشريفات في تلك العصور، فقد كان ملك النصارى غليام يحيط نفسه بحرس من المسلمين، حيث يقول ابن جبير: "وشأن ملكهم هذا عجيب في حسن السيرة واستعمال المسلمين واتخاذ الفتيان المجابيب... وهو كثير الثقة بالمسلمين، وساكن إليهم..." [(٢)].

أمّا ابن الحاجّ النميري فيذكر في رحلته أنّ النصارى قد شكّلوا عنصراً من عناصر السكان في فاس، وفضل جزء كبير منهم الخدمة والانضمام إلى الحاشية السلطانيّة، ومنهم مَنْ حمل السلاح وحارب إلى جانب الجيوش المغربيّة، وذكر أيضاً، أنّ عناصر الجيش تألفت من "الأعلاج الرومية، والمماليك الزنجيّة والأجناد الأندلسيّة، والطوائف التركيّة والتتريّة، والأفاريق العراقيّة، والمصريّة والشاميّة واليمنيّة والهنديّة وسائر التّركمانيّة" [(٣)] بالإضافة إلى الجنود المغربية.

وقد اتّخذ بعض السلاطين ترتيبات أمنيّة أخرى، بحيث يتمّ إخبارهم عمّن يدخل أو يخرج من البلاد، حيث كان لسلطان الهند محمد شاه جماعة من المخبرين فـ "إذا كتب المخبرون إلى السلطان بخبر من يصل إلى بلاده، استوعبوا الكتاب وأمعنوا في ذلك وعرّفوه أنّه ورد رجل صورته كذا، ولباسه كذا، وكتبوا عدد أصحابه وغلمانه، وخدّامه ودوابه، وترتيب حاله في حركته وسكونه، وجميع تصرفاته، لا يغادرون من ذلك كلّه شيئاً..." [(٤)].

---

(١) ابن الحاج النميري، فيض العباب، ص٢٩، وانظر، المصدر نفسه، ص٢٣٥-٢٣٧.

(٢) رحلة ابن جبير، ص ٢٩٧-٢٩٨، وانظر المصدر نفسه، ص١٧٧، ٢٠٦.

(٣) ابن الحاج النميري، فيض العباب، ص ٢٤٣، وانظر، رحلة ابن جبير، ص٢٥.

(٤) رحلة ابن بطوطة: ٩/٢.

ومن الاحتياطات الأمنيّة، أيضاً، أنّه من عادة ملك الهند "أنّه يجعل مع كلّ أمير، كبير أو صغير، مملوكاً له يكون عيناً عليه ويعرّفه بجميع حاله، ويجعل أيضاً جواري في الدُّور يكُنّ عيوناً له على أمرائه، ونسوة يُسميهنّ الكنّاسات، يدخلن الدُّور بلا استئذان، ويخبرهنّ الجواري بما عندهن، فتخبر الكنّاسات بذلك لملك المخبرين، فيخبر بذلك السلطان..."[(١)].

وقد ألقت بعض الرّحلات الضّوء على كثير من صور الترتيبات الأمنيّة المتبعة في استقبال السلاطين للزوّار أو توديعهم لهم أو نظام التشريفات في مختلف المناسبات، لا سيّما في الأعياد، فابن بطوطة يصف الترتيبات المتبعة في محل قعود السلطان محمد أوزبك خان وسفره، حيث كانت أموره ترتب ترتيباً عجيباً، بحيث يتسنّى لمن أراد السّلام عليه الوصول إليه، فمن "عادته أن يجلس يوم الجمعة بعد الصلاة في قبة تسمّى قبة الذهب مزيّنة بديعة، وهي من قضبان خشب مكسوة بصفائح الذهب، وسطها سرير من خشب مكسو بصفائح الفضة المذهّبة وقوائمة فضة خالصة ورؤوسها مرصّعة بالجواهر.. ويقف أسفل السرير على اليمين ولد السلطان.. وعن الشمال ولده الثاني.. وتجلس بين يديه ابنته.. وأمّا طيطغلي وهي الملكة.. فإنّه يستقبلها إلى باب القبة، فيسلّم عليها ويأخذ بيدها، فإذا صعدت على السرير وجلست، حينئذ يجلس السلطان.. ويأتي بعد ذلك كبار الأمراء فتنصب لهم كراسيهم عن اليمين والشمال، وكلّ إنسان منهم إذا أتى مجلس السلطان يأتي معه غلام بكرسيه، ويقف بين يدي السلطان أبناء الملوك من بني عمّه وإخوته وأقاربه، ويقف مقابلهم عند باب القبة أولاد الأمراء الكبار، ويقف خلفهم وجوه العساكر عن يمين وعن شمال، ثم يدخل الناس للسلام الأمثل فالأمثل، ثلاثة ثلاثة، فيسلّمون وينصرفون فيجلسون على بُعد"[(٢)].

ويصف ابن بطوطة، أيضاً، ترتيبات خروج الخاتون زوجة أوزبك خان، -ابنة امبراطور القسطنطينيّة- ثم يصف ترتيبات استقبالها في بلدها، فيقول: "وترجّل لها أخوها، لأنّه أصغر منها، وقبّل ركابها، وانصرفت مع أخيها... ووصل أخو الخاتون ولي العهد

---

(١) المصدر نفسه: ٩٦/٢، وانظر أيضاً، المصدر نفسه: ٥٣/١.

(٢) رحلة ابن بطوطة: ٣٠٣/١-٣٠٤، وانظر أيضاً، المصدر نفسه: ١٦/٢-١٧.

في ترتيب عظيم وعسكر ضخم من عشرة آلاف مدرّع، وعلى رأسه تاج وعن يمينه نحو عشرين من أبناء الملوك، وعن يساره مثلهم، وقد رتّب فرسانه على ترتيب أخيه سواء، إلا أنّ الحفل أعظم والجمع أكثر.. وضربت عند الصباح الأطبال والأبواق والأنفار، وركبت العساكر. وخرج السلطان وزوجته أمّ هذه الخاتون، وأرباب الدّولة والخواصّ، وعلى رأس الملك رواق يحمله خضوع التّجار المسيحيين وغيرهم لبعض القيود في الموانئ الإسلاميّة، إلا أنّ معظم المبادلات جملة من الفرسان، ورجال بأيديهم عصى طوال في أعلى كلّ عصا شبه كرة من جلد يرفعون بها الرواق.. ولمّا أقبل السلطان اختلطت العساكر وكثر العجاج..."[1].

وقد هال ابن بطوطة تلك الترتيبات المتبعة لأيّ زائر يقصد إمبراطور القسطنطينيّة يصف دخوله قصر إمبراطور القسطنطينيّة، فيقول: "وفي اليوم الرابع بعثت إليّ الخاتون الفتى سنبل الهندي، فأخذ بيدي، وأدخلني القصر فجزنا أربعة أبواب في كلّ باب سقائف بها رجال وأسلحتهم.. فلمّا وصلنا إلى الباب الخامس تركني الفتى سنبل ودخل، ثم أتى ومعه أربعة من الفتيان الروميين ففتشوني لئلا يكون معي سكين، وقال لي القائد: تلك عادة لهم، لا بدّ من تفتيش كلّ مَنْ يدخل على الملك..."[2].

وكما حرص الحكّام والسلاطين على الأمن داخل قصورهم، حرصوا على أمن البلاد وسكانها، فقد وصف ابن بطوطة حالة الأمن في بلاد الصين، وذلك بقوله: "وبلاد الصين آمن البلاد وأحسنها حالاً للمسافر، فإنّ الإنسان يسافر منفرداً مسيرة تسعة أشهر وتكون معه الأموال الطائلة فلا يخاف عليها، وترتيب ذلك أنّ لهم في كلّ منزل ببلادهم فندقاً عليه حاكم يسكن به في جماعة من الفرسان والرّجّالة، فإذا كان بعد المغرب والعشاء جاء الحاكم إلى الفندق ومعه كاتبه، فكتب أسماء جميع مَنْ يبيت به من المسافرين وختم عليها، واقفل باب الفندق عليهم، فإذا كان بعد الصبح جاء ومعه كاتبه، فدعا كلّ إنسان

---

(١) المصدر نفسه: ٣١٦/١-٣١٧، وانظر أيضاً، المصدر نفسه: ٢٧٧/٢.

(٢) المصدر نفسه: ٣١٩/١.

باسمه وكتب به تفصيلاً، وبعث معهم من يوصلهم إلى المنزل الثاني له. ويأتيه ببراءة من حاكمه أنّ الجميع قد وصلوا إليه، وإن لم يفعل طلبه بهم"[١]. إنّ هذه الصّور التي نقلتها الرّحلات للسّفارات والترتيبات الأمنيّة في البلدان العربيّة والإسلاميّة والأوروبيّة، أطلعت كلّ جانب على حضارة الجانب الآخر، في نظام تشريفاته وترتيباته الأمنيّة، بل إنّ ما قام به بعض الرّحالة من مقارنات بين هذه الجوانب الحضاريّة، يقدّم صورة جليّة للمتلقي عن تلك الأنظمة في مختلف البلدان.

ج. الحياة الاقتصاديّة والنشاط العمرانيّ

أظهرت الرّحلات أنّ العلاقات بين الأندلس والمغرب والمشرق وبعض الدّول الأوروبيّة، أخذت تتّسع لتعزّز ملامح حضاريّة واحدة، فالمجتمع الأندلسيّ- والمغربيّ اكتسب من العناصر المتنوّعة مميزات كثيرة، فنهض في مختلف المجالات والأنشطة بحيث صهرت الرّحلات تلك الحضارات والثقافات في وحدة حضاريّة مشتركة، فما هو إنسانيّ تتلاقى فيه الحضارات.

ومن تلك المجالات التي ألقت الرّحلات الضوء على دورها في التّفاعل الثقافيّ، التّجارة، وقد أشارت الدّراسة سابقاً[٢]، إلى أنّ التّجارة أدّت دوراً هاماً في تطوّر الحضارة العربيّة في العصور الوسطى، فكان التّجار وسطاء فكر وثقافة ودعاة علم ومعرفة، مثلما كانوا وسطاء نقل للسلع المختلفة، ومثّلت التّجارة دافعاً هاماً إلى التجوال وتبادل الخبرات، فنتج عن هذه الصّلات التّجارية فوائد معرفيّة وثقافيّة واجتماعيّة وماديّة متعددة، حيث مارس النصارى واليهود في المدن الإسلاميّة كافة ألوان النشاط الاقتصاديّ وغير الاقتصاديّ، وتقلدوا المناصب الهامة في الدّولة.

إنّ تبادل السلع التّجاريّة في القرون الوسطى، دلالة على العلاقات والتّواصل بين البلدان والاطّلاع على ما لدى الدّول، ولعلّ رحلة بنيامين التطيلي تلقي الضّوء على مثل

---

(١) رحلة ابن بطوطة: ٢٢٥/٢.

(٢) انظر، هذه الدراسة، ص ٩٢-١٠٠ .

هذا الـدّور، حيث كان الرّحّالة نفسه تاجراً بدليل اهتمامـه بالشـؤون الاقتصـاديّة والأحوال التّجاريّـة للبلـدان التـي زارهـا، ووصـفه لأحـوال اليهـود في كـلّ مدينـة زارهـا وظروفهم ومراكزهم الاجتماعيّة، وطرق كسبهم وتجارتهم، كـما يصـور التّـاجر اليهـودي الذي يجوب الأقطار البعيـدة، قادماً من أوروبا يحمل مختلـف البضـائع والسـلع للبيـع، ثم يعود إليها بنتاج الشرق الغني بخيراته ومحاصيله[1].

ويذكر بنيامين التطيلي، كذلك، المواقع التّجاريّة الهامّة لليهود، مثل مدينة مونبليـه الفرنسيّة التي كان يجتمع فيها التّجار من نصارى ويهود ومسلمين، من مختلف الأمصار من المغرب وفرنسا وإسبانيا وإنجلترا من الذي يتحدثون بكلّ لغة ولسان[2]، ويشير أيضـاً إلى أسواق الإسكندريّة التي يؤمها التّجار من الممالك النصرانيّة كافة، وتأتيهـا مـن الهنـد التوابل والعطور بأنواعها فيشتريها تجار النصارى[3].

وقد أشارت بعض المصادر إلى بعـض المواقـع التـي يلتقـي فيهـا التّجـار مـن مختلـف الطوائف فمدينة المرية الأندلسيّة كانت ملتقى التّجار المسلمين والروم ومراكبهم[4]. ويذكر ابن بطوطة أن في القسطنطينيّة حيّاً خاصاً بالتّجار الأجانب الذين يفدون عليها من جميـع الجهات، وأنّ المدينة يعيش فيها مختلف الطوائـف مـن النـاس، بعضـهم مسـلمون ومـنهم الـروس والـروم وهـم نصـارى[5]، ويـذكر، أيضـاً، أنّ هنـاك قسـماً خاصّـاً "بنصارى الإفـرنج يسكنونه، وهم أصنـاف، فمنهم الجنويّون، والبنادقة وأهل روميّة وأهل إفرانسة"[6].

وذكر بعض الرّحّالـة العملات وطـرق التعامـل النقـدي في مختلـف البلـدان، مـن خـلال مقارنتها بعملات الدّول الأخرى، فمثل هذا الحديث يحمل في طيّاته ملامح التفاعل الثقافي[7].

---

(١) انظر، رحلة بنيامين التطيلي، ص١٦، ١٩-٢٠، ٣٧-٣٨.

(٢) انظر، المصدر نفسه، ص٥٣.

(٣) انظر، المصدر نفسه، ص٧٨.

(٤) انظر، المقري، نفح الطيب: ١/١٦٢-١٦٣.

(٥) رحلة ابن بطوطة: ١/٣٢٦.

(٦) المصدر نفسه: ١/٣٢٠.

(٧) انظر، المصدر نفسه: ٢/٢٥٨، وانظر، هذه الدراسة، ص٩٩-١٠١.

أمّا ابن خلدون، فيشير إلى دور التبادل التّجاري في التّفاعل الثقافيّ، لا سيّما عن طريق مصر، حيث يقول: "ولا أوفر اليوم في الحضارة من مصر، فهي أمّ العالم، وإيوان الإسلام، وينبوع العلم والصنائع.."[١].

إنّ انتشار مصنوعات ومنتجات مختلف البلدان في مختلف الأقطار يؤكّد عمق التفاعل الثقافي في مخلتف المجالات، كما أنّ التشابه في الإنتاج والصناعات يدل على أنّ الإسلام كان عامل توحيد تجاريّ إلى جانب كونه عامل توحيد دينيّ وثقافيّ بين بلدان العالم الإسلاميّ، فرغم الاقتصاديّة كانت تجري على أساس المساواة والاحترام المتبادل، وكانت السفن تحمل على متونها الناس من كلّ دين وجنس ودون تعصّب، فقد استخدم الرّحّالة ابن بطوطة، نفسه سفناً جنويّة[٢] في رحلاته، كما اشترى عجلة تجرها فرس من طائفة نصرانيّة في بلاد الأتراك[٣].

ولاحظ ابن جبير حين زار دمشق، أنّ تجّار الطرفين المسلمين والنصارى يغدون ويروحون في ديار المسلمين وديار النصارى بدون أيّ صعوبة تعيق طريقهم: "ومن أعجب ما يُحدّث به أنّ نيران الفتنة تشتعل بين الفئتين مسلمين ونصارى، وربما يلتقي الجمعان ويقع المُصافّ بينهم ورفاق المسلمين والنصارى تختلف بينهم دون اعتراض عليهم.. واختلاف القوافل من مصر إلى دمشق على بلاد الإفرنج غير منقطع، واختلاف المسلمين من دمشق إلى عكّة كذلك، وتجّار النصارى أيضاً، لا يُمنع أحد منهم ولا يعترض..."[٤]. ويبدو من ذلك أنّ الطوائف المتعددة كانت تجتمع في الأسواق، وتجري العلاقات بينها بشكل عادي، فتوثّقت الصّلات بين التّجار على الرغم من اختلاف نحلهم، وقويت علاقات الودّ ووشائج المعرفة.

---

(١) المقدمة، ص ٤٥٣.

(٢) رحلة ابن بطوطة: ٢٩٤/١.

(٣) انظر، نفس المصدر والجزء والصفحة.

(٤) رحلة ابن جبير، ص٢٦٠.

ولعلّ في بعض عادات بعض الشعوب التي زارها الرّحّالة ما ينطوي على ملامح التّواصل والانفتاح على ثقافة الآخرين، فإنّ أهل الصين يحترمون التّجار من المسلمين غاية الاحترام ولا يؤخذ منهم أعشار في بيع أو شراء، ولا مكس[١]، وفي مدينة بانياس يتشاطر الإفرنج والمسلمون "الغلة على استواء، ومواشيهم مختلطة، ولا حيف، يجري بينهما فيها"[٢].

أمّا النشاط العمراني، فقد كان حكام المسلمين يستعينون بالصنّاع الإفرنج، فحين أمر أمير المؤمنين الوليد بن عبد الملك بن مروان ببناء الجامع الأموي، وجّه إلى ملك الروم بقسطنطينية يأمره أن يبعث إليه الصنّاع فبعث إليه اثني عشر ألف صانع..."[٣].

ويصف ابن بطوطة جدة، فيقول: "وهي بلدة قديمة على ساحل البحر -يقصد البحر الأحمر-، يقال: إنّها من عمارة الفرس، وبخارجها مصانع قديمة"[٤]. أمّا ابن جبير فيذكر جامع مدينة حرّان[٥] المكرّم، حيث يقول: "وهو عتيق مجدّد قد جاء على غاية الحسن، وله صحن كبير فيه ثلاث قباب مرتفعة على سوار رخام، وتحت كلّ قبة بئر عذبة، وفي الصحن أيضاً قبّة رابعة عظيمة قد قامت على عشر سوار من الرخام دور كلّ سارية تسعة أشبار ... وهذه القبّة من بنيان الروم، وأعلاها مجوّف كأنّه البرج المشيّد، يقال: إنّه كان مخزناً لعدّتهم الحربيّة.."[٦]

وكان حكّام البلدان المختلفة يهتمون بمعرفة أخبار المشرق وفنّ العمارة فيها، لذا فقد كان ملوك المسلمين يأمرون بأن يدار برسل ملوك الروم في مختلف المدن الإسلاميّة حتى يروا عمارة تلك المدن[٧].

---

(١) انظر، رحلة ابن بطوطة: ٢٢٣/٢، ٢٢٥.

(٢) رحلة ابن جبير، ص ٢٧٣-٢٧٤.

(٣) رحلة ابن بطوطة: ٨٣/١.

(٤) رحلة ابن بطوطة: ٢٢٠/١، وانظر، التجيبي، مستفاد الرحلة، ص٢١٨.

(٥) انظر الدراسة هنا، ص٨١، حاشية ٨.

(٦) رحلة ابن جبير، ص٢٢١.

(٧) انظر، العبدري، الرّحلة المغربية، ص١٢٨.

وبهذا، فإن الرّحّالة استطاعوا أن يرسموا صورة جليّة لمعظم عادات الشعوب وتقاليدها، وأنظمتها الأمنيّة، ومختلف الأنشطة الثقافيّة والاقتصاديّة، حيث بيّنت الرّحلات أنّ العلاقات بين مختلف العناصر كانت تقوم على أساس الأخذ والعطاء، ومساهمة كلّ طرف في تطوّر الحضارات وازدهارها، فلا غرابة في أن يحدث مثل هذا التأثر بين مختلف الطوائف في الأندلس: المسلمون، واليهود، والنصارى، فهم يعيشون في بيئة واحدة ولمدة طويلة، الأمر الذي ترك أثره في نفوسهم جميعاً، فتشكّلت حضارة إنسانيّة ذات أصل واحد، حيث لا حضارة معزولة عن الحضارات الأخرى، فكلّ حضارة تأخذ عن الأخرى ليسهم ذلك في تكوين المجتمع الإنساني المزوّد بالكثير من المعلومات في شتى الميادين.

الفصل الثالث
الرّحلة والسّيرة الذّاتيّة

أ- السّيرة الذّاتيّة: المفهوم والنّشأة

إنّ حاجة المرء للتّعبير عن ذاته أمر طبيعيّ عند النّاس جميعهم، فمنذ بداية الوجود الإنساني، وهو راغب في البقاء والخلود "يريد – جهد استطاعته- أن يؤكّد ذاته فكان يكتب اسمه وطرفاً من حياته على أحجار يبنيها فوق مقبرته، وكان هذا أوّل غرض قصد إليه الإنسان منها"[١].

وعلى الرّغم من أهميّة الدّراسات التي عنيت بالسّيرة الذّاتيّة، وعناصرها التي تميّزها عن الفنون الأدبيّة الأخرى مثل: المذكّرات، واليوميّات، والاعترافات، والرّسائل، والرّحلات، فإنّ هذه الدّراسات لم تستوف كلّ ما يمكن أن يقال في فنّ السّيرة الذّاتيّة، الأمر الذي جعل من اعتبار السّيرة الذّاتيّة جنساً أدبيّاً مستقلاً في الأدب العربيّ، إشكاليّة كبيرة صعب معها ضبط الفوارق بين المذكّرات، والاعترافات، واليوميّات والرّسائل، والسّير الذّاتيّة.

غير أنّ السّيرة الذّاتيّة تبقى نوعاً من الأدب الحميم .. الذي هو أشدّ لصوقاً بالإنسان من أيّة تجربة أخرى يعانيها"[٢].

ومن التّعريفات التي وقع عليها البحث للسّيرة الذّاتيّة، تعريف جبور عبد النور، حيث قال: إنّها "كتاب يروي حياة المؤلّف بقلمه، وهو يختلف مادة ومنهجاً عن المذكّرات واليوميّات"[٣].

---

(١) انظر، ضيف، شوقي، (١٩٥٦). الترجمة الشّخصيّة، القاهرة: دار المعارف، ص٧، وبدوي، عبد الرحمن، (١٩٦٢). الموت والعبقرية، ط٢، القاهرة: مكتبة النهضة المصرية، ص ١٠٩.

(٢) شلق، علي، (١٩٧٤). النثر العربي في نماذجه وتطوّره لعصري النهضة والحديث، ط٢، بيروت: دار القلم، ص٣٢٤.

(٣) عبد النور، جبور، (١٩٧٩). المعجم الأدبي، لبنان، بيروت: دار الملايين، ص ١٤٣.

وعند مجدي وهبة وكامل المهندس، السّيرة الذّاتيّة "سرد متواصل يكتبه شخص ما عن حياته الماضية"[١] وفي الموسوعة البريطانيّة "السّيرة الذاتيّة نوع خاص من السّيرة يسرد فيه المؤلّف حياته بقلمه"[٢].

وبصورة أبسط يقول ستاروبنسكي: "هي سيرة شخص يرويها بنفسه"[٣]، بحيث يكتب تاريخ نفسه بنفسه، فيسجّل حوادثه وأخباره، ويسرد أعماله وآثاره، ويذكر أيّام طفولته وشبابه وكهولته، "أي أنّها تبدأ من أصل الأسرة والطفولة، ثم تتدرج حسب أدوار العمر، تسجّل فيها الوقائع يوماً فيوماً، أو دفعة واحدة، أو بصورة متقطّعة بعد أن تُجمع عناصرها من مصادر متعدّدة"[٤].

ويرى أحمد علي آل مريع أنّ السّيرة الذّاتيّة تعني الشّمول والامتداد الزّمنيّ والاختصاص بالذّات والتركيز عليها وكشف معالمها الداخليّة -ويرى أنّ - السّيرة الذّاتيّة أكثر استيعاباً ونضجاً ووعياً بالذات من سائر الأنواع السّابقة، وأنّها كلّها بما فيها السّيرة الذاتيّة أجزاء داخل فرع من فروع الأدب، يعنى بالشّخصيّات الإنسانيّة، ويهتم بالبحث عن الـ (أنا) أو (الذات) ليفهمها أو ليثري ساحتها، ويثري الإنسان بمختلف التجارب والعواطف أو ينبّه النّاس إلى قيمتها وما قدّمته من تضحيات وما أنجزته من أعمال أو ليراقب حركتها وتموجاتها في الحياة أو ليفعل ذلك كلّه معا"[٥].

---

(١) وهبة، مجدي ، المهندس، كامل، (١٩٨٤). معجم المصطلحات العربية في اللغة والأدب، ط٢، بيروت: مكتبة لبنان، لبنان، ص٩٤.

(٢) International copy right union(١٩٧٤), The New Encyclopedia Britamnica, USA, Volume ١١, P. ٢٤ .

(٣) نقلاً عن، المبخوت، شكري، (١٩٩٢). سيرة الغائب، سيرة الآتي: السيرة الذاتية في كتاب الأيام لطه حسين، تونس: دار الجنوب، ص٩.

(٤) أبو الخير، محمود، (١٩٨٠). "الترجمة الذّاتيّة في الأدب العربي"، مجلة أفكار الأدبية، عدد (٤٩)، ص ٦-٧. وحسن، محمد عبد الغني، (١٩٥٥). التراجم والسّير، القاهرة: دار المعارف، ص١٢٣.

(٥) آل مريع، أحمد، (٢٠٠٣). الحد والمفهوم، أبها: نادي أبها الأدبي، ص٨٣-٨٤، وانظر، مهران، رشيدة، (١٩٧٩). طه حسين بين السّيرة والترجمة الذّاتيّة، ط١، الإسكندرية: الهيئة المصرية العامة للكتاب، ص٢١.

أمّا فيليب لوجون، فقد حاول أن يقدّم تعريفاً دقيقاً للسّيرة الذاتيّة، إذ يقول إنّها: "حكي استعاديّ نثريّ، يقوم به شخص واقعيّ عن وجوده الخاصّ، وذلك عندما يركز على حياته الفرديّة، وعلى تاريخ شخصيّته بصفة خاصّة"[١]. وهو بتعريفه هذا ركّز على أنّ الكلام في السّيرة سرد لحياة صاحب السّيرة، وأن حياته نفسها موضوع السّيرة بصفة خالصة، وهذا ما تميل إليه الدّراسة هنا.

وهذا ما يجب أن يدركه صاحب السّيرة الذّاتيّة، فشخصيته، وتقلّبات حياته الماديّة والمعنويّة، فضلاً عن أفعاله ومواقفه وتصوّراته، هي المحور الأساس، والأشخاص الآخرون والأحداث تدور في فلكه، فالسّيرة الذّاتيّة وإن عرضت للأحداث التاريخيّة في عصر كاتب السّيرة، فإنّها ليست وثيقة تاريخيّة[٢]، فليس كل حديث عن النفس سيرة ذاتيّة، إذ "ليست التّرجمة حديثاً ساذجاً عن النفس، ولاهي تدوين للمفاخر والمآثر"[٣] بل هي قصّة حياة إنسان يرويها بنفسه، فصاحب السّيرة حين يكتب حياته إنّما يقدّم لنا شكلاً معيناً لتلك الحياة.

أمّا اليوميّات، فهي "سجلّ للتّجارب والخبرات اليوميّة، وحفظ الأخبار، والأحداث الحياتيّة للشخص"[٤]. وهي "وإن كانت تعمل على رصد المواقف عند وقوعها إلا أنّها تفتقر للحكي الاستعاديّ في القصّ، وتأتي على شكل متقطع غير رتيب"[٥].

---

(١) لوجون، فيليب، (١٩٩٤). السّيرة الذّاتيّة، الميثاق والتّاريخ الأدبي، ترجمة عمر حلي، بيروت: المركز الثقافي العربي، ص٢٢.

(٢) الشّاوي، عبد القادر، (٢٠٠٠). الكتابة والوجود: السيرة الذاتية في المغرب، بيروت: إفريقيا الشرق، ص١٣٩.

(٣) عباس، إحسان، (١٩٥٦). فنّ السّيرة، بيروت: دار بيروت، ص ٩٨.

(٤) شعبان، أنغام عبد الله، (١٩٩٠). السّيرة الذّاتيّة في الأدب العراقي الحديث منذ مطلع القرن التاسع عشر حتى بداية الحرب العالمية الثانية، رسالة ماجستير غير منشورة، جامعة المستنصرية، العراق، ص٣٨.

(٥) عبد الدايم، يحيى إبراهيم، (١٩٧٥). الترجمة الذاتية في الأدب العربي الحديث، القاهرة: مكتبة النهضة، ص٣.

ويبدو أنّ هذه اليوميّات، لحظات يقف فيها الإنسان مع نفسه، ويدوّن ما يدور في داخله يوماً بيوم، ويذكر ملاحظاته عن الأحداث التي شاهدها أو رويت له من شهود عيان، ويسجّل اتجاهاته إزاء الأحداث التي تتلاحق بسرعة متزايدة، ويأتي هذا التسجيل مرتباً ترتيباً زمنيّاً قد يكون متسلسلاً أو متقطعاً. فتكون كتابته هذه مؤشراً على تمسّك الإنسان بتلك اللحظات الحاضرة قبل أن تطويها المسافات الزمنيّة، وتحيلها جزءاً من الذاكرة.

والمذكّرات -مثل السّيرة- استجابة لحبّ البقاء والخلود، وإبعاد شبح النسيان، ولعلّ أكثر ما يميّزها عن السّيرة الذاتيّة، اهتمامها بالأحداث الخارجية، فكاتب المذكّرات يعنى بتاريخ عصره ومجتمعه، ويذكره من خلال رؤيته للأحداث، وهو بذلك يختلف عن المؤرّخ الذي ينظر للحقائق نظرة موضوعيّة.

ويرى يحيى إبراهيم عبد الدايم، أنّ كاتب المذكّرات "يعنى فيها بتصوير الأحداث التّاريخيّة أكثر من عنايته بتصوير واقعه الذّاتيّ"[(١)]، فهو شخصيّة تلتزم عادة بالتّسجيل والتّحليل والتّوضيح "لما يدور حولها، أمّا ما يدور داخلها فيظل في الظّل"[(٢)].

حيث لا تهتم المذكّرات بالتغلغل والتعمّق والتفحّص لذات الإنسان إزاء ما يواجهها من مواقف وأحداث وتجارب، وإن وصف بعضهم الحسرة والأسى وما ملأ أنفسهم من الهموم بسبب بعض المواقف التي مرّوا بها، فها هو الأمير عبد الله بن بُلقين[(٣)] يكشف النقاب، في مذكراته، عن الكثير من الأحداث السياسيّة، ومؤامرات الملوك ضد بعضهم، والصّراعات الخارجيّة مع الأسبان، ممّا أدّى إلى تصاعد أزمة الأمير، فعندما

(١) المصدر نفسه، ص ٣، وانظر، آل مريع، الحدّ والمفهوم، ص ٦٠.

(٢) راغب، نبيل، (١٩٧٨). معالم الأدب العالمي المعاصر، القاهرة: دار المعارق، ص٤٧.

(٣) هو، عبد الله بن بُلقيّن بن باديس بن حبوس بن زيري، الملك الأخير لمملكة غرناطة، ولد في سنة ٤٤٧هـ/١٠٥٦م، كتب مذكّراته تحت عنوان: "التّبيان عن الحادثة الكائنة بدولة بني زيري بغرناطة" ونشرها إ. ليفي بروفنسال تحت عنوان: "مذكرات الأمير عبد الله". انظر، مذكرات الأمير عبد الله، دار المعارف، القاهرة، ١٩٥٥، ص٧-٨، وانظر، ابن الخطيب، الإحاطة:٣/٣٧٩-٣٨٢.

هاجم الفونس السّادس غرناطة، اضطرّ الأمير عبد الله لمهادنته بشروط قاسية، بحيث لا يتعدى أحد على الآخر، وأن يدفع للفونس عشرة ألاف مثقال في العام، ويقول الأمير عبد الله في ذلك: "فقبلنا قوله، ورأينا إعطاء عشرة آلاف في العام ندفع بها مضرّته خيراً من هلاك المسلمين وفساد البلاد، إذ لم تكن بنا قدرة على ملاقاته ومكابرته، ولا وجدنا من سلاطين الأندلس عوناً عليه إلا من يسوقه إلينا لهلاكنا"[١].

وقد كان الأمير عبد الله صريحاً في سيرته، حيث يعترف في أكثر من موقف أنّه قد أصيب بالارتباك وعدم الاستقرار، ولا سيّما في مواقفه أمام يوسف بن تاشفين[٢] قائد المرابطين واعترف أيضاً أنّ وضع ملوك الطوائف كان يستلزم على يوسف بن تاشفين نزع الأندلس من بين أيديهم، إذ إنّ الخلاف اشتدّ بينهم، فلم يعودوا أمناء على مصالح الأندلس، يقول: "وأخذ أمير المسلمين في الانصراف إلى بلاده، وهو قد اطّلع عياناً وسماعاً من اختلاف كلمتنا ما لم ير وجهاً لبقائنا في الجزيرة"[٣].

إنّ مثل هذه المواقف والأحداث التي وصفها الأمير عبد الله قد ملأت نفسه حسرة وأسى حيث يقول: "والصّبوة تحدث للإنسان هيجاناً وهموماً: كالمتّهم بالنّظر في ماله، أو المشغّب بمحاولة ما يصلحه، فليس كلّ شغب ضاراً، بل يؤلم منه مكابدة الأعداء ومقاساة طلب العيش... والنّفس توّاقة: متى سمت إلى مرتبة، تاقت إلى ما فوقها.. ولقد بلوت من نفسي بعض ذلك، إذ الطبع البشريّ واحد، لا يكاد يختلف إلا في الأقل .."[٤]. ويبدو أنّ الأمير عبد الله في مذكّراته -قد تجرّد من أيّ عصبيّة، فصوّر تاريخ بلاده، وإمارة أهله وإمارته هو تصويراً صادقاً سلّط من خلاله الضّوء على عصر- أمراء الطوائف بالأندلس[٥].

---

(١) مذكرات الأمير عبد الله، ص٧٦.

(٢) انظر، ترجمته، المقري، نفح الطيب: ٣٠١/١، ٤٣٨-٤٤٢.

(٣) مذكرات الأمير عبد الله، ص١٠٧.

(٤) المصدر نفسه، ص ١٩٥-١٩٦.

(٥) انظر، ضيف، شوقي، الترجمة الشخصيّة، ص ٩٠-٩١.

وبناء على ذلك، فإنّ مادة المذكّرات أوسع مدى من السّيرة الذاتيّة، حيث يرصد كاتب المذكّرات الأحداث التّاريخيّة ويدوّنها إلى جانب التأمّلات، والانطباعات، والأحداث الخاصّة التي تهم كاتب السّيرة الذاتيّة، بل إنّ مادة اليوميّات والمذكّرات قد تعين كاتب السّيرة على تذكّر الأحداث التي مرّت به قديماً، إلا أنّ السّيرة الذاتيّة تبقى تركّز على الواقع الذاتيّ لصاحبها[١].

وقد تأخذ المذكّرات شكل الاعترافات، وهي "لون أدبيّ لصيق بفنّ السّيرة الذاتيّة يروي فيها المؤلّف مواقف نفسيّة أو عاطفيّة لا يعترف بها واضعو التّرجمة الذاتيّة عادة"[٢]، لأنّها أحداث لا يرغب الكاتب أن يتحدث عنها، وتجارب لا يودّ أن يطلع عليها أحداً حتّى المقرّبين إليه، وتنبع قيمتها من شدّة وكثافة الصّراعات داخل نفس صاحبها. أمّا باختين فيرى أنّ الاعترافات والمذكّرات هي أجناس تعبيريّة جوهريّة ضمن الجنس الرّوائيّ"[٣].

ولعلّ أشهر ما وصل إلينا من الكتب التي تضمّنت شيئاً من الاعترافات، واحتوت بعضاً من الملامح النفسيّة لصاحبها، كتاب "طوق الحمامة في الألفة والألاف" لابن حزم الأندلسيّ[٤]، حيث ذكر فيه تجاربه وأخلاقه، وتحدّث كثيراً عن نفسه وعلاقاته بالنساء، وعمّا يصيب المحبّين من البين الذي يعدّ شجى في القلب، وعرض لبين الموت الذي لا

---

(١) انظر، القلماوي، سهير، (١٩٦٠). "فنّ كتابة السّيرة تاريخ أم أدب"، مجلة العربي، عدد (١٧)، ص٥٤.

(٢) وهبة، والمهندس، معجم المصطلحات العربيّة في اللغة والأدب، ص ٤٩.

(٣) باختين، ميخائيل، (١٩٨٧). الخطاب الروائي، ترجمة محمد برادة، القاهرة: دار الفكر، ص٩٠.

(٤) هو، أبو محمد علي بن أبي عمر أحمد بن سعيد بن حزم القرطبي، ووالده كان من وزراء المنصور بن أبي عامر، ولد ٣٨٤هـ وتوفي ٤٥٦هـ انظر ترجمته، ابن خاقان، المطمح، ص ٥٥، والمراكشي، عبد الواحد محي الدين بن علي التميمي، أبو محمد، (ت ٤٦٧هـ). المعجب، في تلخيص أخبار المغرب، ط٣، تحقيق محمد بن سعيد العريان، القاهرة، ١٩٤٩، ص٣٠، والمقري، نفح الطيب، ٧٧/٢-٨٤.

يرجى للمحبوب بعده إياب، فيقول: "دعني أخبرك أني أحد من دُهي بهذه الفادحة وتعجّلت له هذه المصيبة، وذلك أنّي كنت أشدّ النّاس كلفاً وأعظمهم حبّاً بجارية لي، كانت فيما خلا اسمها نُعْم. وكانت أمنية المتمنّي.."[١].

ويعترف ابن حزم أنّه تربّى في حجور النساء، ونشأ بين أيديهنّ، فعرف من أسرارهنّ الكثير، حيث يقول: "ولقد شاهدت وعلمت من أسرارهنّ ما لا يكاد يعلمه غيري، لأنّي ربّيت في حجورهنّ، ونشأت بين أيديهنّ، ولم أعرف غيرهنّ، ولا جالست الرّجال إلا وأنا في حدّ الشباب.. وهنّ علمنني القرآن وروّينني كثيراً من الأشعار ودرّبنني في الخطّ.."[٢]، وهو بهذا الوصف يلقي الضّوء على مجتمع الرّجال والنّساء في عصره، إذ لم يكن الفصل بين الجنسين بالشّدّة التي تفترض أحياناً، فقد كان الرّجال والنّساء في اختلاط منذ الطفولة، ولا يقتصر ذلك على قرابة الدّم بل يشمل الأتباع[٣].

وقد اهتم ابن حزم بتصوير حالته النفسيّة، والكشف عمّا في داخلها من خلال اعترافاته وتصريحاته للقارئ بتجاربه العاطفيّة، ومن ذلك قوله: "دعني أخبرك أنّي ما رويت قطّ من ماء الوصل ولا زادني إلا ظمأ .. ولقد بلغت من التّمكّن بمن أحبّ أبعد الغايات التي لا يجد الإنسان وراءها مرمى فما وجدتُني إلا مستزيداً .."[٤]، وبهذه الصراحة النادرة الوجود -في تلك العصور- استطاع ابن حزم أن يتّجه بـ"طوق الحمامة" نحو السّيرة الذاتيّة، فالتّجارب الوجدانيّة تكشف عن عوالم الإنسان الباطنيّة، والسّيرة الذاتيّة تهتم في إبراز مثل هذه التجارب لأنّها "من أكثر تجارب البشر قيمة وخصوبة، وما

---

(١) ابن حزم، أبو محمد علي بن أحمد بن سعيد، (ت ٤٥٦هـ). طوق الحمامة في الألفة والألاف، تحقيق حسن كامل الصيرفي، القاهرة، المكتبة التجارية الكبرى، ١٩٥٩، ص ٢٢٣.

(٢) المصدر نفسه، ص١٦٦.

(٣) كاكيا، بيير، (١٩٩٩). الأدب الأندلسي، ترجمة عبد الواحد لؤلؤة، في: الجيوسي، سلمى الخضراء، الحضارة العربية الإسلامية في الأندلس، ط٢، بيروت: مركز دراسات الوحدة العربية، ٤٦٨/١، ٦٦٣.

(٤) ابن حزم، طوق الحمامة، ص١٨٤.

ذلك إلا لأنّها خبرة وجدانيّة عميقة تشتمل على مضمون روحي باطني"[١] ويقول إحسان عبّاس: ولذلك نرى أنّ ابن حزم الأندلسيّ كان فذاً في تلك النتف الاعترافيّة التي ضمّنها كتابه طوق الحمامة"[٢]، كما "لم يكتب أحد في موضوع الحبّ كتابة قائمة على التّجربة والمشاهدة والاعتراف، وبعض التّعمّق النفسيّ، مثلما فعل ابن حزم.."[٣]، فلا تكاد تمضي خطوات معه في طوق الحمامة حتى تجد نفسك أمام فيض من ذكرياته[٤].

وقد يصرّح بعض الرّحّالة في أثناء وصف رحلاتهم بلحظات ضعفهم ومرضهم، وعدم مقدرتهم على متابعة الرّحلة، مثل ما نراه عند التّجانيّ حيث يقول: "وعرض لي في هذه الأيام عارض مرضي، رجوت أن يهون أمره فاشتدّ، ورمت أن يقصر أمده فامتدّ، وبلغ منّي في هذه المنزلة أشدّ مبلغ، فأقام مخدومنا والمشارقة وجميع الرّكب بسببي هنالك خمسة أيّام رجاء أن أجد ابلالاً أو أطيق معهم ارتحالاً، فلم تسعف الأقدار بذلك، فعزم عليّ مخدومنا في الرّجوع من هنالك، فلم أطب بذلك نفساً، وأظهرت تجلّداً، وقوّة تكلّفت بها الارتحال معهم .. وعجزت بالجملة عن الركوب فلم يكن بدّ من الرّجوع.."[٥].

واعترف أبو بكر بن العربي، أنّ رحيله عن وطنه بصحبة والده جاء ضرورة فرضتها عليهما ظروف الحياة في بلادهما، ووصف ذلك قائلاً: "فخرجنا والأعداء يشمتون بنا .. وفي علم الباري -جلّت قدرته- أنّه ما مرّ عليّ يوم من الدّهر كان أعجب عندي من يوم خروجي من بلدي .."[٦].

---

(١) إبراهيم، زكريا، (١٩٧١). مشكلة الحياة، القاهرة: مكتبة مصر، ص ١٣٨.

(٢) عباس، فن السيرة، ص١٢١.

(٣) المصدر نفسه، ص ١٢٢-١٣٢.

(٤) انظر، مكي، الطاهر أحمد، (١٩٩٣). دراسات عن ابن حزم وكتابه "طوق الحمامة"، ط٤، القاهرة: دار المعارف، ص١٨٨.

(٥) رحلة التجاني، ص٣١٦-٣١٧، وانظر، المصدر نفسه، ص١٨٣.

(٦) ابن عربي، قانون التأويل، ص ٧٥.

أمّا ابن بطوطة فيصرّح بمشاعر الحزن والأسى التي انتابته عند وصوله مدينة تونس، حيث برز أهلها للسّلام على الشيوخ والعلماء، في حين لم يتقدم أحد للسّلام عليه، ويقول في ذلك: "ولم يسلّم عليّ أحد لعدم معرفتي بهم. فوجدت من ذلك في النّفس ما لم أملك معه سوابق العبرة، واشتدّ بكائي"[١]، كما اعترف ابن بطوطة بلحظات الخوف التي كانت تمرّ به أثناء رحلته، ومن ذلك قوله: "وأصابتني الحمّى، فكنت أشدّ نفسي بعمامة فوق السرج خوف السقوط، بسبب الضعف، ولا يمكنني النزول من الخوف، إلى أن وصلنا إلى مدينة تونس.."[٢]، ولم يكن ابن بطوطة -أيضاً- يخفي أنّه نسي اسماً لموضع أو لشخص قابله أو حاوره[٣]. أما القلصادي فيصف بعض المخاطر التي واجهته والمشاعر التي انتابته بقوله: "مشقات عظام، تحار في وصفها المحابر والأقلام، حتّى وقع من كلّ لأمر الله الاستسلام، وصار الإنسان ينادي بلسان الحال "أنا الغريق فما خوفي من البلل"[٤]. ومن هذه المحاولات، نرى أن الدّارسين قد سلّطوا الضّوء في تعريفاتهم لفنّ السّيرة على الصّفات المشتركة بين السّيرة الذّاتية والأنواع الأدبيّة الأخرى، فالسّيرة الذاتيّة "قد تتجسد عبر كتابة اليوميّات أو المذكّرات أو الرّسائل، وهنا قد لا تنفع الذّاكرة وحدها، إذ لا بد من جمع الوثائق وتدوين التّواريخ، وهذه الوثائق يحاول كاتب السّيرة من خلالها أن يرتب الوقائع والأحداث بغية إكساب السّيرة مقياس الصدق والحقيقة"[٥].

غير أنّ هذا التشابه بين السّيرة الذاتيّة، والأنواع الأدبيّة الأخرى لا يصل إلى حدّ التّطابق التّام، إذ يوجد كذلك أوجه اختلاف بينها، فـ (نص السّيرة الذاتيّة يحكي ماضياً

(١) رحلة ابن بطوطة: ٢٢/١.

(٢) المصدر نفسه: ٢٨٥/٢.

(٣) المصدر نفسه: ٢٨٥/٢.

(٤) رحلة القلصادي، ص ١٢٤.

(٥) نور الدين، صدوق، (٢٠٠٠). سير المفكرين الذاتية: زكي نجيب، لويس عوض، إحسان عباس، محمد عابد الجابري، الدار البيضاء: المركز الثقافي العربي، ص١٤.

بسرد متواصل، فيما تكون المذكّرات واليوميّات عبارة عن مدوّنات لها قوة الوثيقة التي لا يمكن تعديل زمنها)[١]. بالإضافة إلى أن اليوميّات والمذكّرات أجناس أدبيّة تفتقر إلى عنصر التّكامل والتّرابط، الذي يلحظ في السّيرة الذاتيّة.

وقد حاول إحسان عباس أن يصف السّيرة الذاتيّة ويميّزها عن غيرها، فعقد فصلاً كاملاً عن السّيرة الذاتيّة بعنوان "السّيرة الذاتيّة -نظرة عامة"، حيث أشار إلى أنّ كل سيرة ذاتيّة في حدّ ذاتها تجربة ذاتيّة لفرد من الأفراد، فإذا بلغت دور النضج، وأصبحت في نفس صاحبها نوعاً من القلق الفنيّ، فإنّه لا بدّ أن يكتبها، وأنّ هذه التجارب إمّا أن تكون جسديّة أو روحيّة، وأنّها تتطلب أن يكون بطلها شخصاً ذا تميّز واضح في ناحية من النّواحي، وتكون سيرته ذات حظ من عمق الصّراع الداخليّ، أو من شدة الصّراع الخارجيّ، بحيث تكتب على أساس من التّطور الذاتيّ في داخل النّفس وخارجها، ومن ثمّ قد تجيء السّيرة الذاتيّة صورة للإندفاع المتحمّس، والتّراجع أمام عقبات الحياة، وقد تكون تفسيراً للحياة نفسها، وفيها قد يرسم الكاتب الحركة الداخليّة لحياته مغفلاً الاهتزازات الخارجيّة إغفالاً جزئياً، وقد تكون مجرد تذكّر اعترافيّ موجّه إلى قارئ متعاطف مع الكاتب. أمّا إذا اقتصر الكاتب على تدوين مذكّراته أو يوميّاته، أو وجّه سيرته لتصوير أحداث أكثر من تصوير(ذات)، فإنّ عمله حينئذ يلتقي مفهوم السّيرة الذاتيّة وليس هو. ووصف إحسان عبّاس أيضاً قرب صاحب السّيرة من القارئ، وثقة القارئ به[٢]، فما يشدّ القارئ نحو هذه الأنواع، هو ذلك التجاوب بين الطّباع، حيث يقارن القارئ بين عواطفه وتجاربه، وعواطف وتجارب الكاتب، فيجد أنّ محاور عدّة تتلاقى بينهما: الولادة، وتعلّم العلوم، والتّدريس، والوظيفة، وتكوين الأسرة، والتميّز في الثقافة والفكر...الخ.

---

(١) الصكر، حاتم، (١٩٩٤). كتابة الذّات، عمان: دار الشروق، ص ١٩٢.

(٢) انظر، عباس، إحسان، فنّ السّيرة، ص٩٨-١١٩.

وكما اختلف النّقاد والدّارسون في صياغة تعريف محدد ودقيق للسّيرة الذاتيّة، اختلفوا في تحديد الزّمن الذي نشأت فيه السّيرة الذّاتيّة، فعدّها بعضهم[١] من أقدم الأنواع الأدبيّة التي تحدّث فيها كاتبها عن نفسه، في حين رأى البعض الآخر أنّها من أحدث الأجناس الأدبيّة، التي أخذت ملامحها تظهر في نهاية القرن الثّامن عشر الميلادي، فقد ورد في الموسوعة البريطانيّة، أنّ أوّل نماذج السّيرة الذاتيّة ظهر في القرن الخّامس عشر الميلاديّ[٢]. غير أنّ هذا الرأي بعيد عن الموضوعيّة، لأن جذور السّيرة الذّاتيّة موجودة بشكل متناثر في الأدب العربيّ منذ القدم، أمّا في العصر ـ الحديث، فإنّ كتّاب السّيرة الذّاتيّة قد اطّلعوا وتأثروا بما وصل إلينا من الأدب الغربيّ، وهذا لا يعني انفصالهم عن تراثهم العربيّ.

ولعلّ أقدم نماذج السّيرة الذّاتيّة، ما كان ينقشه القدماء على شواهد قبورهم، وقد أشار إلى ذلك شوقي ضيف، إذ قال: "واشتهر المصريّون في عصور الفراعنة بكثرة ما نقشوا على قبورهم وأهراماتهم، وفي معابدهم وهياكلهم، من تواريخهم، وأفعالهم، وكانت تسري هذه الروح في الأمم القديمة من حولهم"[٣].

أمّا نقطة انطلاق السّيرة في الأدب العربيّ القديم، فقد كانت شخصيّة الرسول صلّى الله عليه وسلّم، حيث قام بعض المؤرخين[٤] بكتابة سيرة الرسول عليه السلام، ثم قام بعضهم الآخر[٥] بتهذيب هذه السير، فحذفوا الأقسام الضعيفة منها.

---

(١) ديورانت، ول، (١٩٥٦). قصة الحضارة، ترجمة زكي نجيب محمود، القاهرة، لجنة التأليف والترجمة والنشر، مج١، ج١، ص١١١، ٢٣٨.

(٢) انظر، The New Encyclopedia Britannica, P. ٢٤-٢٥.

(٣) ضيف، شوقي، التّرجمة الشّخصيّة، ص ٧.

(٤) ومنهم محمد بن إسحاق (١٥١هـ/٧٦٨م).

(٥) ومنهم ابن هشام (٢١٨هـ/٨٣٣م).

كما لم تخل بعض المصادر العربيّة القديمة من بعض القطع والنصوص المتناثرة، من السّيرة الذّاتيّة مثل: كتاب الأغاني لأبي فرج الأصفهاني (٣٥٠هـ/٩٦١م)، حيث تضمن مجموعة من قصص الشعراء والمغنيين، التي تمثل قطعاً من السّير الذّاتيّة، ومنها تلك القطع التي سردت شيئاً من سيرة المغني إبراهيم الموصليّ (١٨٨هـ/٨٠٤م) [(١)]، إذ تقترب سيرته كثيراً من فنّ السّيرة الذّاتيّة. وهذه القطع وإن لم تكن سيراً تامة إلا أنّها تشكّل جذور السّيرة الذّاتيّة عند العرب، فمثل هذه النتف الذّاتيّة في بعض المصادر القديمة عند العرب تنبئ بوجود السّيرة الذاتيّة، غير أنّ الكتابات الذاتيّة -في الأدب العربيّ- لم تستقل بكتب خاصة بها قبل القرن الخامس الهجريّ، وربما كان كتاب الاعتبار لأسامة بن منقذ في القرن السّادس الهجريّ، وكتاب التعريف لابن خلدون في أواخر القرن الثّامن الهجريّ، أقرب أثرين في القرون الوسطى إلى فنّ السّيرة الذاتيّة، الذي انتشر في الأدب الغربيّ في أواخر القرنين السابع عشر والثامن عشر الميلاديين[(٢)].

لهذا، فإنّه لا يمكن أن نغفل دور العرب في السّيرة الذّاتيّة، حيث عرفها الأدب العربيّ بأشكالها المختلفة واتّجاهاتها المتعدّدة التي أخذت تنمو وتتطور لتأخذ مكانها في الوجود، فالسّيرة الذّاتيّة نشأت عند العرب قبل الغرب، لكنّها لم تتخذ مصطلحاً خاصاً بها في الأدب العربيّ القديم. ولعلّ أدب الرحلات يمثّل شكلاً من أشكال السّيرة الذّاتيّة، واتجاهاً من اتجاهاتها المتعدّدة، وهذا ما تميل الدّراسة إلى تأكيده.

ب. مبرّرات كتابة السّيرة الذاتيّة:

قد يشعر الإنسان بالتّفرد والتميّز، وبحاجته إلى تبرير أفعاله التي قام بها، أو الأفكار التي جاء بها، ودافع عنها أمام النّاس، وتصبح هذه الحاجة أكثر إلحاحاً حين يعتقد الكاتب أنّه تعرّض للظّلم، فيقوى لديه الإحساس بأنّه يجب أن يترجم حياته للآخرين، رغبة منه بالبقاء حتى بعد موته، ودفاعاً عن النّفس والاعتزاز بها، وتسجيل كلّ ما أثّر في

(١) انظر، الأصبهاني، الأغاني، ج١، ص٢٥٩، ج٥، ص١٥٧-٢٦٧، ج٨، ص٢٩٣.

(٢) انظر ، عبد الغني، حسن محمد، التراجم والسير، ص١١١.

تكوينه العقليّ، وتصوير حياته الفكريّة، "فلا يمكن لأي شخص أن يروي للنّاس قصة حياته إلا إذا كان واعياً الوعي كله بما لوجوده من فرادة وتميّز، حتى تكون سيرته الذّاتيّة جديرة فعلاً بعناية الآخرين"[١].

ولعلّ فترات الاضّطراب والتقلقل في تلك العصور، قد دفعت لكتابة السّيرة الذّاتيـة، ويرى علي أدهم "أنّ الاتجاه إلى كتابة التّراجم الذّاتيّة يقوى ويشتد في عصور الانتقال وأوقات الاضطراب والتقلقل، وذلك لأن بعض النفوس الحسّاسة، تشعر في مثل تلك الأزمان، بأنّها في حاجة إلى الملاءمة بين نفسها وبين الظروف المحيطة"[٢]. أمّا الألم، فهو المبرر الذي يدفع صاحبه للبوح و "يضطر الذّات إلى أن تخلع على حياتها معنى، وما كتابة السّيرة الذّاتيّة إلا بهدف أن يخلع الكاتب على حياته معنى"[٣].

ومن المبرّرات الأخرى، إحساس كثير من كتّاب السّير الذّاتيّة بالحاجة لسبب أو لآخر إلى تسجيل ما شهدوه من أحداث ومواقف، ورحلات قاموا بها، ولقاءات بالعلماء والأدباء والفقهاء، وربما يرغب الكاتب في استرجاع الذّكريات، وقد يبوح بذكريات شبابه العاطفيّة، ومثال ذلك ابن حزم في كتابه "طوق الحمامة".

ج. علاقة الرّحلة بأنماط كتابة السّيرة :

أدب الرّحلات فنّ تغمره الحياة، ويزخر بالتجارب الحيّة، والحركة والانتقال من مكان لآخر، وهو بهذا يلتقي بالسّيرة، ذلك أنّ كلمة سار تدل على المسير والانتقال[٤]، وتومي بطول الطريق، وقطع المسافات، وتعدّد المراحل، وهذا يتفق مع الكتابات التي تؤرّخ لسيرة الإنسان منذ طفولته إلى شيخوخته.

---

(١) المبخوت، سيرة الغائب، سيرة الآتي، ص ١٠٥.

(٢) أدهم، علي، لماذا يشقى الإنسان: فصول في الحياة والمجتمع والأدب والتاريخ، القاهرة: مكتبة نهضة مصر، ص٢٦٤.

(٣) شرف، عبد العزيز، (١٩٩٢). أدب السيرة الذاتية، بيروت، مكتبة لبنان، ص١٧.

(٤) انظر، ابن منظور، لسان العرب: ٣٨٩/٤.

وقد عمدت هذه الدّراسة إلى القراءة الدّاخليّة لبعض الرّحلات ؛ لإلقاء الضّوء على نقاط التلاقي بين أدب الرّحلات وفنّ السّيرة، وسعت للوقوف على أهم مقومات فنّ السّيرة داخل تلك الرّحلات، كما اهتمّت بتتبع أهم المحطّات الاجتماعيّة والسياسيّة والفكريّة لصاحب الرّحلة، ورصدت تفاعله مع تلك المحطّات، حيث ترجم الرّحّالة حياتهم ألفاظاً.

وبالتالي فإنّ مثل هذه الرّحلات تطلعنا على سير أصحابها وعلى حقيقتهم، وتكشف عن مواهبهم ودوافعهم للقيام بتلك الرّحلات، والأثر الذي خلّفوه للأجيال. فرحلة ابن تومرت، وابن رشيد، والتّجيبي، والبلويّ وغيرهم، وإن كانت تركز على الجوانب العلميّة، والرّواية عن الشّيوخ، وذكر المصنّفات، إلا أنّها أفادت في إلقاء الضّوء على أخبار أولئك الرّحّالة، وتجاربهم في الحياة وطرفاً من الحياة الاجتماعيّة والثقافيّة والسياسيّة التي مثلت عصورهم.

وقد جاءت تجارب ابن عربي الروحيّة دافعة لكتابة سير رحلته[1]، حيث يشرح لأتباعه ومريديه ما مرّ به من مجاهدات وتجارب روحيّة جديرة بأن تكتب، بحيث تفيد الآخرين وتوجّههم، فالحالة التي عاشها ابن عربي من التّجلّي، نتج عنها الدّافع القوي الذي جعله يبدأ بكتابة "كتاب الإسرا" و "الفتوحات المكّيّة" التي جاءت تتويجاً لكتاب الإسرا و "التّجلّي هو ما ينكشف للقلوب من أنوار الغيوب، ولذلك تمّ وسم هذا التّلقي للصوفيّ بالتّلقي المكاشف، وفي مثل هذا التّلقي ليس العارف من يتعرّف على النّصّ، ويكشف أسراره بمقتضى نظره وتفكره، وإنّما النّص هو الذي يتعرف إليه ويتجلّى له فتحاً وهبة من الله"[2].

---

(١) انظر، عباس، إحسان، فنّ السّيرة، ص ١٠٣.
وانظر في مثل هذه الجوانب الروحيّة والصوفيّة، تحفة المغترب ببلاد المغرب حيث حوت الكثير من كرامات الشيخ أبي مروان أثناء انتقاله من مكان لآخر، ص ٣١، ٣٢، ٣٣، ٥٠، ٦١، ومواطن أخرى كثيرة في الرحلة.

(٢) بالأشهب، محمد، (١٩٩٨). "التّلقي المكاشف: شروطه وحدوده، ابن عربي نموذجاً"، مجلة علامات، العدد (١٠)، مكناس، المغرب، ص ٥.

وقد بيّن ابن عربي أن "كتاب الإسرا" سيرة معرفيّة قدّمها لأصحابه من كبار المتصوّفة، إذ يقول: "أمّا بعد فإنّي معاشر الصوفيّة، أهل المعارج العقليّة، والمقامات الروحانيّة، والأسرار الإلهيّة، والمراتب العليّة القدسيّة في هذا الكتاب المنمّق الأبواب المترجم لكتاب الإسرا إلى مقام الأسرى، اختصار ترتيب الرّحلة من العالم الكونيّ إلى الموقف الأزليّ. وبيّنت فيه كيف ينكشف الكتاب بتجريد الأبواب لأولي البصائر والألباب، وإظهار الأمر العجاب، بالإسراء إلى رفع الحجاب"[١].

إنّ كتب ابن عربي كلّها قد جاءت تصويراً لسيرته الصوفيّة القائمة على الإيمان بوحدة الوجود، وعلى المكاشفات والمشاهدات، وبهذا فإنّ رحلات ابن عربي ذات علاقة بالسّيرة الذّاتيّة، حيث تركز على التّجربة الروحيّة، وإبراز الذّات لنفسها بصورة متميّزة عن ذوات الآخرين، كما تسعى لبلوغ أعلى درجات الارتقاء الروحيّ بما تتضمنه من كرامات ومكاشفات، وذلك لإشراك المتلقّي في إيحاءات تجاربهم لتقدّم نمطاً تهذيباً، وتجذب النّاس إلى طريقتهم بما فيها من مواجد ومشاعر "حثّاً على القدوة والاحتذاء، لأنّ أصحابها من أعلام الصوفيّة، يخاطبون بها الأتباع والمريدين، حيث يصوّرون مواجيدهم وأذواقهم"[٢].

أمّا رحلة ابن جبير، فقد أظهرت صاحبها كاتب يوميّات دقيقاً، وبدا وقد خطط رحلته شهراً شهراً، اعتماداً على التقويم القمريّ الإسلاميّ، وكان يدعم ذلك بنظيره من التقويم المسيحيّ، ومن ذلك قوله: "ثم كان الخروج منها أوّل ساعة من يوم الإثنين التّاسع عشر لشهر شوّال المذكور وبموافقة اليوم الرّابع عشر لشهر فبراير المذكور أيضاً"[٣]. وعن شهر محرّم، قال: "استهلّ هلاله ليلة الثلاثاء، وهو اليوم السّادس والعشرين من أبريل"[٤].

---

(١) كتاب الإسرا إلى مقام الأسرى، ضمن "رسائل ابن العربي": ٤٦/١.

(٢) عبد الدايم، الترجمة الذّاتيّة في الأدب العربي الحديث، ص ٣٧.

(٣) رحلة ابن جبير، ص ٧.

(٤) المصدر نفسه، ص ٣٢.

وقد تابع ابن جبير جميع المواقف في مراحل رحلته حال حدوثها، وأثبت الوقائع فلا ينسى فيها شيئاً، لذا زخرت رحلته بالتفاصيل، والتعليقات، كما أثبت انطباعاته وآهاته، وهي وإن بدت عادية إلا أنّها كشفت النّقاب عن ملامح شخصيّة ابن جبير، وعمق رؤيته "للآخر"، فقد وصف في يوميّاته بعض طبائع الفرنج، وأخلاقهم وعاداتهم وأعيادهم، وصفاً دقيقاً صريحاً حمل في ثناياه طابع الصّراع الحضاريّ، وعكس صورة الآخر في مختلف جوانب حياته الاجتماعيّة والثقافيّة والسياسيّة، وهو لا يكتفي بذلك، بل يعمل على تحليل تلك الصورة ويقدّم انطباعاته عنها بعبارات دالة تمثل رؤيته وقناعته، وعمق درايته بملامح تلك الصّورة. ومثال ذلك ما وصف به ملك الفرنج غليام، حيث وصفه بالغلظة، والطّاغية[(١)]، ودعا الله أن يكفي المسلمين عاديته وبسطته[(٢)].

وتحدّث ابن جبير، أيضاً، عن بعض المصاعب التي واجهتهم في الرّحلة، فوصف حالة الاضطراب والخوف التي مرّ بها هو ومن معه، ويقول واصفاً حالهم وقد عصفت بمراكبهم الرّيح: "ونحن نجري بريح شماليّة موافقة، فذئرت وعصفت فطار لها المركب بجناحي شراعه، وقد كنّا .. نرجم الظّنون، ونغازل المنون، حذراً من نفاد الزّاد والماء .. وأصبحنا يوم الأحد المذكور والهول يزيد، والبحر قد هاج هائجه، وماج مائجه، فرمى بموج كالجبال، يصدم المركب صدمات يتقلّب لها على عنلسه تقلب الغصن الرّطيب.. واستشرى عصوف الرّيح. فحطّت الشرع.. واستسلمت النّفوس لباريها وتركنا بين السفينة ومجريها..."[(٣)]، وقد أبرزت هذه الأحداث شخصيّة ابن جبير الدينيّة المؤمنة بقضاء الله وقدره، ولطفه بعباده[(٤)].

وفي الوقت الذي اعتمد فيه ابن جبير على التّوثيق اليوميّ والشهريّ الدّقيق لأحداث رحلته، اعتمد ابن بطّوطة على الذّاكرة في إثبات مراحل رحلته، وربما يكون

---

(١) المصدر نفسه، ص٣١٣-٣١٤.
(٢) المصدر نفسه، ص٢٩٨.
(٣) رحلة ابن جبير، ص ٢٨٩-٢٩٦.
(٤) المصدر نفسه، ص٢٩٢.

قد دوّن ملاحظاته ولكنّها فقدت منه أثناء تعرّضه لقطّاع الطّرق، وهو يتنقل من مكان لآخر [١].

وقد عدّ بعض الدّارسين [٢] رحلة ابن بطّوطة سيرة ذاتيّة تصوّر حياته على ما يزيد عن ربع قرن قضاها في الحركة والانتقال في مختلف البلدان، وترى الدّراسة هنا، أنّ رحلة ابن بطوطة جاءت ممزوجة بشيء من التّاريخ والاجتماع والبيئة والحيوان والنبات ومليئة بصور لمشاهدات ابن بطّوطة وتجاربه في الحياة، فشخصّيته حاضرة في رحلاته، كما حوت تلك الرّحلات في داخلها مذكّرات تمسّ الوقائع والأحداث الاجتماعيّة والسياسيّة التي عدّت مصدراً عظيم الأهمية، لا سيّما فيما يتعلّق بأخبار الدّول الإسلاميّة في إفريقيا وبلاد الهند، وهي من جانب آخر تخلو من الحديث عن طفولة صاحبها، فلا نعرف شيئاً عن طفولته وأسرته، وما ذكره عنهم كان مجرّد إشارات خاطفة وردت في ثنايا رحلته، تؤكد اشتغال بعض أفراد أسرته بالقضاء، وقد أشار إلى أحدهم وهو ابن عم له اسمه أبو القاسم محمد بن يحيى بن بطّوطة، التقى به أثناء رحلته إلى الأندلس، وكان يعمل قاضياً [٣]. وبالتّالي فإنّ رحلة ابن بطّوطة -في شكلها العام- مزيج من السّيرة الذّاتيّة والمذكّرات.

ويبدو أنّ ابن بطّوطة لم يفكر يوماً بأسرته، وكأنّه لم يكن وثيق الصّلة بها، فحين سمع وهو في الغربة بنبأ وفاة أبيه لم يعلّق على ذلك بشيء يذكر [٤]، كما لم يزر قبر أمّه في طنجة، عند عودته إلى أرض الوطن، إلا بعد أن ذهب إلى السلطان أبي عنان بحضرته في فاس [٥]، ومثل هذه الإشارات تناقض ما قاله ابن بطوطة في بداية رحلته "فحزمت

(١) انظر، رحلة ابن بطوطة: ٢٠٦/٢.

(٢) انظر، مصطفى، أحمد أمين، (١٩٩٢). الحياة في القرن الثامن الهجري كما تصورها رحلة ابن بطوطة، القاهرة: مطبعة السعادة، ص ١٥.

(٣) رحلة ابن بطوطة، ٢٦٤/٢.

(٤) المصدر نفسه، ٢٤٨/٢.

(٥) رحلة ابن بطوطة، ٢٥٧/٢، ٢٦٤.

أمري على هجر الأحباب من الإناث والذكور، وفارقت وطني مفارقة الطيور للوكور. وكان والدي بقيد الحياة، فتحمّلت لبعدهما وَصَباً[١]" ويرى بعض الدّارسين[٢] أنّ هذه العبارة إضافة من ابن جزي، حيث إنّ مراحل الرّحلة جميعها لا تحوي ما يؤكّد مثل تلك المشاعر عند ابن بطّوطة، ولا يقف الأمر عند هذا الحد، بل إنّ ابن بطّوطة في رحلته لم يكن كثير الاهتمام بأسرته التي يكوّنها في معظم البلدان التي قصدها، فهو يذكر نسائه وأولاده، ثم يتركهم حيث هم، ليرحل إلى مكان آخر، ويقول في حديثه عن دمشق: "وكنت تركت بها زوجة لي حاملاً، وتعرفت وأنا ببلاد الهند أنها ولدت ذكراً"[٣]، و"لا أدري ما فعل الله فيهما"[٤].

ويبدو أنّ ابن بطّوطة كان مأخوذاً بالتّرحال والتّجوال، فيتحدث عن أسرته وكأنّها لا تعنيه، أو ربّما ظنّ أنّ مثل هذه الأحداث ليست هامّة أو نافعة للنّاس كي يطلعهم عليها. ولو أنّه أشار إلى شيء من طفولته وصباه ومراحل تلقيه العلم، ومكانة أسرته في المجتمع، فلربّما كانت تلك الإشارات كفيلة بالكشف عن سبب حبّه الشديد للسّفر والتّرحال والاغتراب عن وطنه.

أمّا ما أشار إليه من باعث عودته إلى الوطن بعد رحلته الطويلة، فيتّضح من قوله: "مع ما شاقني من تذكار الأوطان والحنين للأهل والخلان، والمحبة إلى بلادي التي لها الفضل عندي على البلدان .."[٥]، فلا يحسّ القارئ بحرارة ذلك الحنين، حيث يتبيّن له بعد ذلك أن الباعث الحقيقيّ لعودته، سعيه إلى كرم السلطان أبي عنان[٦]" في حين يميل القارئ إلى

---

(١) المصدر نفسه: ٢٠/٢.

(٢) انظر، خصباك، شاكر، (١٩٧١). ابن بطوطة ورحلته، النجف الأشرف: مطبعة الآداب، ص ٢٢.

(٣) رحلة ابن بطوطة، ٢٤٨/٢، وانظر، المصدر نفسه: ٢٠٦/٢.

(٤) المصدر نفسه، ٩٤/٢.

(٥) المصدر نفسه، ٢٥٣/٢-٢٥٤.

(٦) المصدر نفسه، ٢٦٤/٢، ٢٩٠.

تصديق مشاعر لسان الدين بن الخطيب، حيث وصف حزنه الشديد لفقده زوجته ويظهر ذلك في قوله: "وفي السّادس لذي القعدة من عام اثنين وستين وسبعمائة، طرقني ما كدّر شربي ونغّص عيشي، من وفاة أم الولد عن أصاغر زغب الحواصل بين ذكران وإناث في بلد الغربة، وتحت سرادق الوحشة، ودون أذيال النكبة، تجلّت عليها حسرتي واشتدّ جزعي... إذ كانت واحدة نساء زمانها جزالة وصبراً ومكارم أخلاق، حازت بذلك مزية الشّهرة .. ووقفت على قبرها وصدر عنّي ممّا كُتب على ضريحها، وقد أغرى به التنويه والاحتفال:

ذخيرتي حين خانني زمني ... وعدّني في اشتداد أهوال
حفرت في داري الضريح لها ... تعلّلا بالمحال في الحال
وغبطة توهم المقام معي ... وكيف لي بعدها بإمهال
فانتظريني فالشّوق يقلقني ... وتقتضي سرعتي و إعجالي
ومهّدي لي لديك مضطجعاً ... فعن قريب يكون ترحالي[1]

ويقول أيضاً مصوراً صراعه الداخليّ في نفسه، وهو في السجن[2]:

بَعُدنا وإن جاورتنا البيوت ... وجئنا بوعظ ونحن صُمُوتْ
وكنّا عظاماً فصرنا عظاماً ... وكنّا نقوت فها نحن قُوتْ
وكنّا شموسَ سماء العلا ... غَرُبنَا[3] فناحت عليها البُيُوتْ[4]
فقل للعدا ذهب ابن الخطيب ... وفات ومَنْ ذا الذي لا يفوتْ

---

(١) ابن الخطيب، الإحاطة: ٢/١٧-١٨، وابن الخطيب، أعمال الأعلام: ٢/٣٢٢ .

(٢) المقري، نفح الطيب: ٥/١١١-١١٢، وانظر، ابن الخطيب، ديوان لسان الدين بن الخطيب، تحقيق محمد مفتاح، دار الثقافة، الدار البيضاء، ١٩٨٩، ص٨٦.

(٣) في النفح، غربن.

(٤) في النفح، السموتْ.

أمّا البجّائيّ، فقد عبّر عن معاناته حين انقطعت المراسلات بينه وبين صديقه المشدالي، فأخذ يسأل عنه الرّكبان والحجيج، ويتطلّع إلى أخباره، ثم أخذ يعاتب صديقه على سكوته، لأنّ الخليل لا يجفو خليله، إلى أن جاء ردّ المشدالي معاتباً البجائيّ على خشونة عتابه له، فاستوجب ذلك ردّ أبي عصيدة البجائيّ، الذي سمّاه "رسالة الغريب إلى الحبيب"، يوضّح فيها أسباب تلك الخشونة في اللّفظ والشّدّة في الخطاب، إذ يقول: "بل و الله إنّما كانت كلمات خفيفات صدرت عن فكرة ضئيلة من نفس عليلة، وعين المحب عمّن يحبّ كليلة.."[١]. ثم صوّر مشاعر الحزن والألم لفراقه، وأنّ الفراق ما زاده إلا تعلّقاً به، فيقول: "يا أخي من لم يذق مرارة الفراق، لم يدر ما حلاوة التّلاق، إذا وصل الغريب إلى دار الحبيب، وجد في التّقريب كلّ أمر عجيب، وإذا وقف بالباب عرف لذّة الاغتراب ..فالعاقل يكون في نفسه غريباً وقلبه في صدره غريباً وروحه في ذاته غريباً، وسرّه في حاله غريباً، فلا يستريح من همّ الغربة ما لم يصل إلى الحبيب.."[٢].

ومثل هذه المشاعر نجدها عند الرّحّالة البلويّ، الذي وصف مشاعره وعواطفه الشخصيّة حين التقى بصديقه ابن الحاج النميريّ في الإسكندريّة، فكان اللقاء مثيراً للمشاعر العاطفيّة، وحديث الذّكريات[٣].

ويرى بعض الدّارسين، أنّ السّيرة قد نشأت في حضن التّاريخ "وترعرعت واتّخذت سمتاً واضحاً"[٤]، وأنّ بعض الرّحّالة قد سجّلوا إلى جانب ملاحظاتهم ومشاهداتهم وتأملاتهم، واتّصالاتهم اليوميّة بكثير من أدباء بيئتهم وعصرهم، التقلّبات والتطورات السياسيّة في الدّاخل والخارج، ومنهم ابن الحّاج النميريّ، فهو وإن كان كاتب رحلة "فيض العباب"، وأبو عنان المرينيّ القائم بمراحلها، فإنّه قد ارتبط بالرّحلة، وبالكثير من عناصرها، وتحمل نفس المسؤوليّة، وكان النّاطق الرسميّ بلسان السّلطان أبي عنان.

---

(١) البجائي، رسالة الغريب إلى الحبيب، ص ٤٥.

(٢) البجائي، رسالة الغريب إلى الحبيب، ص ٧٥.

(٣) انظر، البلوي، تاج المفرق، ٤٣/٢.

(٤) عبّاس، إحسان، فنّ السّيرة، ص١١.

أمّا ابن خلدون، فقد كان السّفر والتّرحال من الأمور التي ارتبطت بطموحه، ورغبته في الوصول إلى تحقيق الذات وكان أكثر من اختلطت سيرته الذّاتيّة بالرّحلة، فعدت رحلته نموذجاً قريباً من السّيرة الذّاتيّة، حيث سلّطت الضّوء على مراحل هامة من حياة ابن خلدون، ومنها:

- **مرحلة الوجود داخل عائلته**، وتبدأ بالولادة والنّسب الشّريف الذي لعب دوراً كبيراً في التّعريف بذات ابن خلدون وتمركزها الفريد، حيث يقول: "أمّا نشأتي فإنّي ولدّت بتونس، في غرّة رمضان سنة اثنتين وثلاثين وسبعمائة"[(١)]. وتحدث كذلك عن أصول عائلته التي أرجعها إلى عرب اليمن، فقال: "ونسبنا حضرموت، من عرب اليمن، إلى وائل بن حجر من أقيال العرب، ..."[(٢)]. وقد شاركت أسرته في مختلف المجالات الدينيّة والعلميّة والسياسيّة، وكانت تربطها بالأسرة الحاكمة في تونس صداقات وعلاقات عائليّة خاصّة، فعدّ هذا المناخ النّواة التي ارتبطت بها شخصيّة ابن خلدون[(٣)].

- **مرحلة تلقّي العلم**، وكانت البداية على يد والده، حيث ارتكز على قراءة القرآن، ثم انتقل داخل بلاده وأخذ العلم عن عدد كبير من العلماء والفقهاء، إلى أن ختم القرآن الكريم على إمام في القراءات السبع، وحفظ كتاب الأشعار السّتة والحماسة للأعلم[(٤)]، وشعر أبي تمّام، وشعر المتنبّي، وكثيراً من أشعار الأغاني، وهو بذلك يطلعنا على جوانب عدّة من ثقافة عصره وشيوخه، وإقباله على مجالس العلم[(٥)]، وهو إقبال

---

(١) ابن خلدون، التعريف، ص ٦١.

(٢) المصدر نفسه، ص٥٠.

(٣) انظر، المصدر نفسه، ص ٥١-٦١.

(٤) هو، يوسف بن سليمان بن عيسى النحوي الشنتمري المعروف بالأعلم (٤١٠هـ-٤٧٦هـ)، انظر ترجمته، السيوطي، بغية الوعاة: ٤٢٢/١، ابن خلكان، وفيات الأعيان، ٤٦٥/٢، المقري، نفح الطيب: ٧٥/٤-٧٩.

(٥) انظر، ابن خلدون، التعريف، ص٦٢-٦٨.

دائم، حيث يقول: "لم أزل منذ نشأت، وناهزت مكبّاً على تحصيل العلم، حريصاً على اقتناء الفضائل، متنقلاً بين دروس العلم وحلقاته"[١].

أمّا الشعر، فيعترف ابن خلدون، أنّه قد يُرغم نفسه على قوله -وكأنّه من مستلزمات ثقافة الأديب والفقيه والمؤرخ- فيقول: "ثم أخذت نفسي بالشّعر فانثال عليّ منه بحور توسّطت بين الإجادة والقصور"[٢].

- **مرحلة الوظائف والمناصب الرّفيعة،** والرّحلات والاتّصال بالسلاطين والملوك، فقد تدرّج ابن خلدون في سلّم العلم والمعرفة، والبحث عن الأمثل، والارتقاء والنّضوج العلميّ والفكريّ، ليشكّل طريقه في تكوّن الشخصيّة المتفرّدة والمتميّزة، لذا ترجم ابن خلدون حياته للآخرين، رغبة منه في البقاء، ودفاعاً عن النّفس والانتصاف لها، وتبريراً لما كان يحدث له، حيث اتّهم بالمشاركة في بعض الانقلابات والمؤامرات، وتنكّر له حتى أعزّ الأصدقاء، مثل لسان الدين بن الخطيب، فقد شعر ابن خلدون بتألبه عليه وشمّ منه رائحة الانقباض، حيث قال: "لم يلبث الأعداء وأهل السّعايات أن خيّلوا الوزير ابن الخطيب من ملابستي للسلطان، واشتماله عليّ وحرّكوا له جواد الغيرة، فتنكّر وشممت منه رائحة الانقباض مع استبداده بالدّولة وتحكّمه في سائر أحوالها"[٣]. ورغم ذلك فقد سعى ابن خلدون لاطلاق سراح ابن الخطيب، وإخراجه من سجنه، إذ يقول: "وبعث إليّ ابن الخطيب من حبسه مستصرخاً بي، ومتوسلاً، فخاطبت في شأنه أهل الدّولة، فلم تنجح تلك السّعاية، وقتل ابن الخطيب بمحبسه"[٤].

ويتّضح من ذلك، أنّ رحلة "التّعريف" سيرة ذاتيّة قد سلطت الضّوء على صراعات السّلطة والأحداث السياسيّة والتقلّبات والمؤامرات التي عاش ابن خلدون صراعاتها، ورأى أنها تستحق التسجيل.

---

(١) المصدر نفسه، ص ٩٩.

(٢) المصدر نفسه، ص ١١٢.

(٣) المصدر نفسه، ص ١٣٦.

(٤) المصدر نفسه، ص ٢٦٤.

كما لم تخل سيرة ابن خلدون من غرض آخر هو "تصوير الشّهرة العريضة والمنزلة الرّفيعة التي نالها في الحياة السياسيّة والاجتماعيّة"[١]. وما لقاء ابن خلدون بتيمورلنك في دمشق إلا دليل على ذلك، بما يحمل من دلالات كشفت عن شخصيّة ابن خلدون الطموحة، وقدرته على مواجهة شخص عرف بقوّته وسطوته، فقد استطاع ابن خلدون بذكائه، وسعة اطّلاعه في التاريخ والأمم والشّعوب، وبحنكته ودرايته بملوك العرب والفرس والتّرك أن يقف أمام سلطان التتر، ويفاوضه في أمر أهل مدينة دمشق بعد أن حاصرها، ويهديه مصحفاً رائعاً حسناً، وسجادة أنيقة، ونسخة من قصيدة البردة للبوصيري[٢]، ويصف ابن خلدون دخوله على تيمورلنك فيقول: "فلمّا دخلت عليه، فاتحت بالسّلام، وأوميت إيماءة الخضوع، فرفع رأسه، ومدّ يده إليّ فقبّلتها، وأشار بالجلوس فجلست حيث انتهيت"[٣].

وقد علّق بعض الدّارسين[٤]، أنّ موقف ابن خلدون أمام تيمورلنك من المواقف الدّالة على نفسيّته في عهد الشيخوخة، وحرصه على السّلامة، حتى أصبحت شخصيّته أقرب إلى الإستسلام والانسحاب من المصاعب والصّراعات التي تواجهه، وفي ذلك مفارقة واضحة لروحه المغامرة وشجاعته قبل ذلك في أيام القضاء وتمسّكه بما يعتقد أنه العدل والحقّ، ومن قوله في ذلك: "فصدعت في ذلك بالحقّ، وكبحت أعنّة أهل الهوى والجهل، ورددتهم على أعقابهم، وكان فيهم مُلْتَقطُون سقطوا من المغرب، يشعوذون بمفترق من اصطلاحات العلوم هنا وهناك، لا ينتمون إلى شيخ مشهور، ولا يعرف لهم كتاب في فنّ، قد اتخذوا النّاس هزؤاً، وعقدوا المجالس مثلبة للأعراض .. فأرغمهم ذلك منّي، وملأهم حسداً وحقداً عليّ.."[٥]. وبذلك يكون ابن خلدون قد لعب دوراً خطيراً في الأحداث والشؤون السياسيّة المغربيّة.

---

(١) عبّاس، إحسان، فنّ السّيرة، ص١٣٣.

(٢) انظر، ابن خلدون، التعريف، ص٤١١.

(٣) المصدر نفسه، ص٤٠٤.

(٤) انظر، عباس، فن السيرة، ص١١١.

(٥) ابن خلدون، التعريف، ص٢٩٣.

من هنا، فإنّ إحساس ابن خلدون بفرديته قد دفعه لكتابة سيرته ذات الصّلة الوثيقة بالأحداث التاريخيّة، حيث أضفى على ما كتبه من أحداث صبغة ذاتيّة بما أثبت من آرائه وأحكامه الشخصيّة، فلم يهتم بوصف الطرق والمسافات والنّاس وطبائعهم وأحوالهم الاجتماعيّة، بل كان هدفه تصوير حياته وظروفه منذ نشأته حتّى قبيل وفاته، ويرى أنيس المقدسيّ أنّ الغاية الرئيسة ممّا كتبه ابن خلدون عن نفسه هي "أن يثبت الوقائع التي ذكرها في تاريخه، وبهذا لم يخرج تعريفه بنفسه عن نطاق التّاريخ إلا في مواضع قليلة جداً"[(١)]. في حين يرى عبد السّلام المسدي أنّ فنّ السّيرة الذّاتيّة في كتاب "التعريف" جاء "غرضاً مقصوداً لذاته"[(٢)] استطاع ابن خلدون أن يسجله من خلال رحلته، ويرى كامل العسلي "أنّ "التعريف، ليس من كتب الرّحلات بالمعنى الدّقيق للكلمة بل هو في الحقيقة سيرة ذاتيّة وضعها ابن خلدون، ووصف فيها ما مرّ به من أحداث، وذكر فيها الرّحلات التي قام بها، والتي فرضتها عليه ظروف حياته المتقلبة، فقد كان أحياناً رحّالة على الرّغم منه"[(٣)]. أمّا إحسان عبّاس، فيرى أنّ ابن خلدون يروي معظم الأحداث والمصائب التي كانت تجري حوله وكأنّها بعيدة عن شخصيّته وفكره ولا تعنيه، فهو "يعزل ثم يولّى، ثم يعزل ثم يولّى، ويتقبّل هذه الأمور كأنها أحداث بمعزل عنه، وعن تفكيره وتقديره"[(٤)]. ويغرق أهله جميعاً في سفينة قادمة من تونس ويكتفي بالقول: "فركبوا البحر من تونس في السّفينة، فما هو إلا أن وصلوا إلى مرسى الإسكندريّة، فعصفت بهم الرّياح، وغرق المركب بمن فيه، وما فيه، وذهب الموجود والمولود، فعظم الأسف، واختلط الفكر"[(٥)]،

---

(١) المقدسي، أنيس، (١٩٦٣). الفنون الأدبيّة وأعلامها في النهضة الحديثة، بيروت: دار الكتاب العربي، ص ٥٥٧.

(٢) المسدي، عبد السلام، (١٩٨٣). النقد والحداثة، بيروت: دار الطليعة، ص١١٤.

(٣) العسلي، كامل، بيت المقدس في كتب الرّحلات، ص٨٠.

(٤) عباس، إحسان، فن السيرة، ص ١٢٠.

(٥) ابن خلدون، التعريف، ص ٣٢٠.

"وذهب الموجود والسّكن والمولود فعظم المصاب والجزع، ورجح الزهد"[١] "وفرغت لشأني من الاشتغال بالعلم تدريساً وتأليفاً"[٢]. فلم يجد ابن خلدون عزاء إلا في العودة إلى العلم والتدريس والقراءة، وموقفه هذا يشبه موقفه من فاجعة فقده لوالديه بمرض الطّاعون، ووصف ذلك فقال: "إلى أن كان الطاعون الجّارف، وذهب بالأعيان، والصّدور، وجميع المشيخة، وهلك أبواي، رحمهما الله"[٣].

وقد يكون اكتفاء ابن خلدون بهذه العبارات متعمداً، وذلك ظنّاً منه أنّ ذكر مثل تلك المواقف والأحداث التي تثير المشاعر والعواطف، وتبعث على الحزن والأسى، شيء ينقص في الرّجولة أو القدرة على التّحمل، أو ربّما لاعتقاده أنّ مثل هذه الأحداث لا تقدم نفعاً للقارئ.

إنّ "التّعريف" سيرة ذاتيّة يلحظ فيها المنظور الاستعاديّ الذي تروى به الأحداث، وتكثيف الأفعال ودوافعها وأسبابها ونتائجها، فتبدو شخصيّة ابن خلدون، شخصيّة العالم الفقيه، والمؤرّخ، وشاهد العيان لأحداث ذلك العصر. كما تظهر رحلته وقد استطاعت أن تربط الأحداث التّاريخيّة في العالم الإسلاميّ شرقاً وغرباً، حيث تنقّل في بلاده وارتقى أعلى المناصب ابتداء من كتابة العلامة، وهي وضع "الحمد لله والشّكر لله" بالقلم الغليظ وما بين البسملة وما بعدها من مخاطبة أو مرسوم[٤]، ووصولاً للقضاء. ثم رحل إلى المشرق ليؤدي فريضة الحجّ، ولكنّه لا يواصل رحلته، حيث استوقفته القاهرة بما فيها من نشاط علميّ، ويقول: "فانتقلت إلى القاهرة أوّل ذي القعدة، فرأيت حضرة الدنيا، وبستان العالم، ومحشر الأمم، ..."[٥].

(١) المصدر نفسه، ص٢٩٥.

(٢) المصدر نفسه، ص٣٢٠.

(٣) المصدر نفسه، ص٩٩.

(٤) ابن خلدون، التعريف، ص ٩٩.

(٥) المصدر نفسه ، ص٢٨٤.

ويصف إقبال الطلبة عليه هناك "ولمّا دخلتها أقمت أياماً وانثال عليّ طلبة العلم بها يلتمسون الإفادة.. فجلست للتّدريس بالجامع الأزهر منها"[١]. ثم عزم على أداء فريضة الحجّ "واعتزمت على قضاء الفريضة، فودّعت السّلطان والأمراء، وزوّدوا وأعانوا فوق الكفاية، وخرجت من القاهرة ..."[٢]. وشدّه الحنين إلى زيارة بيت المقدس، فدخل المسجد الأقصى، وتبرك بزيارته والصّلاة فيه، ثم انصرف إلى الخليل لزيارة قبر إبراهيم الخليل، ومرّ في طريقه ببيت لحم، ثم إلى غزّة ومنها توجّه إلى مصر[٣].

- **مرحلة الاعتزال والانشغال بالكتابة والانقطاع لها**، فبعد تلك الوظائف السياسيّة والدبلوماسيّة والقضاء والتّدريس، أدرك ابن خلدون أنّ السياسة قد جرّت عليه الكثير من المتاعب، فتركها وقرّر الاعتزال والانقطاع للكتابة، فلجأ إلى قلعة بني سلامة، متخلّياً عن الشواغل السياسيّة والدنيويّة[٤] التي ولّدت له الحسّاد الذين أخذوا في السّعاية والكيد له، وبسبب ذلك عزل من القضاء غير مرّة، ثم حطّت رحال ابن خلدون في القاهرة، حتّى أدركته المنيّة سنة ٨٠٨هـ/١٤٠٦م.

وبعد، فإنّ هذه الرّحلات قد شكّلت أصولاً للسّيرة الذّاتيّة الحديثة، وانفتاحاً يكشف عن وجود روح واحدة بينهما من خلال المشاهدة والمعاينة السياسيّة والاجتماعيّة والثقافيّة، كما أنّ اهتمام الرّحلات بالتّاريخ الزّمنيّ للتّدوين والكتابة قربها من المذكّرات "والأصل أنّ أدب المذكّرات بمثابة النّواة الأساسيّة لفنّ السّيرة الذّاتيّة"[٥]، وبهذا تكون هذه النماذج قد أدّت نوعاً ما وظائفها، كإضاءة حياة أصحابها، وإبراز دورهم الفكريّ والسياسيّ والاجتماعيّ، لتصبح آثارهم مرجعيّات فكريّة وأدبيّة.

---

(١) المصدر نفسه، ص ٢٨٦.

(٢) المصدر نفسه، ٢٩٦-٢٩٧.

(٣) انظر، المصدر نفسه، ص ٣٨٤-٣٨٥.

(٤) المصدر نفسه، ص٢٦٥.

(٥) صدّوق، نور الدين، سير المفكرين الذّاتيّة، ص٧١.

ومن جانب آخر، فإنّ هناك أشكالاً أخرى أقلّ أهميّة عند الحديث عن أصول السّيرة الذّاتيّة، لأنّ أصحابها اقتصروا على ذكر أسماء المشايخ والتّرجمة لهم، وذكر مصنفاتهم والكتب التي يدرسونها، ورواياتهم.

وبالتّالي فإنّ الأدب العربيّ القديم، لا يقدّم لنا سيرة ذاتيّة تبرز فيها ملامح السّيرة الذّاتيّة الحديثة، حيث لا نجد نموذجاً، تناول فيه مؤلفه ذاته بصفتها ذاتاً مستقلّة، ورغم ذلك فإنّ السّيرة ليست نصّاً مغلقاً، أو مجالاً ضيّقاً محدوداً، وإنّما هو نصّ مفتوح على الكثير من الأجناس الأدبيّة، حيث إنّها "نوع يدفع إلى الانفتاح على مجالات ذاتيّة عدّة، فكلّ نصّ يبدو أنّ مؤلفه يعبّر فيه عن حياته وإحساساته"[1]. لذلك فإنّ أدب الرّحلات يعدّ من الكتابات الذاتيّة في التراث العربيّ القديم، ومن أصول السّيرة الذّاتيّة، وإن لم يكن سيراً ذاتيّة بمفهومها الحديث.

---

(١) لوجون، فيليب، السّيرة الذّاتيّة، الميثاق والتاريخ الأدبي، ترجمة عمر حلمي، مقدمة المترجم، ص ٥،٧.

الفصل الرابع
الدّراسة الفنيّة لأدب الرّحلات

يمكن أن تُدرس الرّحلات بوصفها فناً سردياً، ذا طابع أدبي، له سماته وملامحه الذاتيّة، التي تميّزه عن غيره من الفنون الأدبيّة، بحيث يساعد ذلك في استجلاء هذا النوع من الأدب، وكشف خصائص البناء الفنيّ له؛ كيف بدأت الرّحلة، وكيف انتهت؟ وعناصر تلك البداية والنهاية التي يحكمها الزّمان والمكان، واللّغة والشّخوص بمستوياتهم المختلفة؛ الاجتماعيّة، والثقافيّة، والفكريّة، وانطباعات تلك الشخصيّات التي كثيراً ما تكون شيّقة وتقرّب الرّحلات من الحكاية، لذا فإنّ الرّحلات بحاجة إلى دراسات جديدة وجهد كبير من الدّارسين والباحثين لاستكناه الأبعاد القصصيّة، وتحليل جماليات الصّور السّرديّة في كلّ رحلة على حدة، من حيث هي بناء فنيّ، وإبداع أدبيّ، يتضمن الحياة بكلّ ما فيها من أساطير، وقصص، وأشعار، وأمثال، ورسائل؛ فكتب الرّحلات وإن كانت مصدراً تاريخياً لمعرفة أحوال بعض المجتمعات، أو مصدراً جغرافيّاً لاتصاله بعلوم كانت في صميم الجغرافيا، كعلم السكان والاقتصاد، والتجارة، وغيرها، فهي تهتمّ بحياة النّاس اليوميّة وعاداتهم وتقاليدهم وأساطيرهم ومعتقداتهم، وغير هذا كثير، ثم أخذ تدوين الرّحلات يتطوّر شيئاً فشيئاً، حيث أصبح لكتابة الرّحلة تقاليد فنيّة يلتزم بها مدوّنو الرّحلات، ممّا يتطلّب توجيه النظر إلى دراستها لمعرفة إلى أيّ مدى يمكن أن تتّخذ هذه الرّحلات فنّاً أدبيّاً له جذور قصصيّة، ويمكن تطبيق سيمياء القصة عليها بما فيها من إشارات ودلالات، وبما جمع فيه كاتبه من الأساليب الأدبيّة؛ كدقة وصف، وجمال لفظ، وحسن تعبير.

وقد حاولت الدّراسة هنا، أن تخطو خطوة في تبيّن ملامح تلك السّمات والأبعاد القصصيّة، حيث تمّ اختيار بعض النماذج من رحلات الأندلسيين والمغاربة، لإبراز تلك السّمات والأبعاد القصصيّة، التي يبدو فيها تأثّر بعض الرّحّالة بأساليب المشارقة الأدبيّة، وقد أشار ابن بسام في كتاب الذخيرة إلى ذلك بقوله: "إنّ أهل هذا الأفق -الأندلس- أبوا إلا متابعة أهل المشرق، يرجعون إلى أخبارهم المعتادة، ... حتى لو نعق بتلك الآفاق غراب، أو طنّ بأقصى الشام والعراق ذباب، لجثوا على هذا صنماً، وتلوا ذلك كتاباً محكماً"[(١)].

(١) ابن بسام، أبو الحسن علي بن بسام الشنتريني، (ت ٥٤٢هـ). الذخيرة في محاسن أهل الجزيرة، تحقيق إحسان عباس، دار الثقافة، بيروت، ١٩٧٩، ق٢، مج٢، ص١٢.

أولاً: الأسلوب واللّغة والمنهج

تأثّر الأندلسيّون والمغاربة بأسلوب الكتابة الأدبيّة المشرقيّة، وكان تأثّرهم بطريقة القاضي الفاضل[1] واضحاً، وهي طريقة تعتمد على المبالغة في الجناس والسجع المتكلّف، وكثرة التوريات، والطباق، والاقتباس، وقد شاعت هذه الطريقة في عصر ابن خلدون وابن الخطيب.

وباستعراض نصوص الرّحلات الأندلسيّة والمغربيّة التي بين أيدينا يمكن أن نقف على بعض المواضع التي يتّضح فيها العديد من الظواهر الفنيّة التي يبدو أنّها -في العصور الأولى للوجود الإسلاميّ في الأندلس والمغرب- لم تصل درجة الالتزام بها وتكلّفها، فنجد طباقاً وجناساً وسجعاً وتورية، وغير ذلك، لكنّها فنون قليلة الانتشار وقريبة من الطّبع، وعفوية لا تثقل على السمع، بحيث أضافت لأسلوب الرّحلات قوّة مؤثّرة. وفي أواخر القرن الرابع الهجري، وصلت المحسنات البديعيّة إلى مستوى متقدّم وملحوظ من التّأنق والزخرفة، فوجدت النصوص التي احتوت سجعاً متكلّفاً زادت سيطرته في أواخر العهد الإسلاميّ في الأندلس والمغرب.

ومن جانب آخر، فإنّ غنى موضوعات الرّحلات، قد جعل معظم أصحابها يؤثرون التعبير السّهل المؤدي للغرض بدلاً من التكلّف، وتزويق العبارة، ولعلّ التّجارب التي مرّ بها معظم الرّحّالة كان لها دور في نضج الأسلوب العلميّ السليم في كتاباتهم، لما وصلوا إليه من علم غزير، فحرصوا على تدوين ملاحظاتهم أولاً بأول، ومن لم يفعل ذلك، دوّن رحلته بعد عودته إلى بلاده معتمداً على قوة ملاحظته في وصف مشاهداته، فقدمت

(١) القاضي الفاضل، هو أبو علي عبد الرحيم البيساني، نسبة إلى بيسان بين حوران وفلسطين، وزير صلاح الدين الأيوبي، قال النويري فيه: "إلى القاضي الفاضل انتهت صناعة الإنشا ووقفت"، عُرف أسلوبه بالتزام السجع الطويل والتشبيه والاستعارة، توفي سنة ٥٩٦هـ ترجمته، ابن خلكان، وفيات الأعيان: ٣/١٥٨-١٦٣، والنويري، شهاب الدين أحمد بن عبد الوهاب، (ت ٧٣٣هـ).نهاية الأرب في فنون الأدب، تحقيق حسين نصار، يصدرها المجلس الأعلى للثقافة بالاشتراك مع الهيئة المصرية العامة للكتاب، القاهرة، ١٩٨٣: ٨/١٠-٥١.

رحلاتهم مادة علميّة متنوعة الموضوعات ممّا ترتب عليه ازدهار فنّ الرّحلة الأندلسيّة والمغربيّة، كما وفر لنصوص الرّحلات الانسجام مع الذوق والطبع العربيّ الأصيل، وحسن الوقع على الأذن، فكانت نماذج حالفها التّوفيق والنجاح.

جاءت ألفاظ معظم الرّحّالة سهلة وواضحة، وبعيدة عن التعقيد والغرابة، فقد كان ابن جبير، يفتتح بعض كلامه بفقرات مجوّدة مزيّنة بالسجع والجناس والطباق، ولكن دون إسراف أو مبالغة تخرجه إلى حدّ التكلّف، حيث يرسل عباراته إرسالاً لطيفاً، ومن ذلك ما وصف به مدينة مَسِّينة[(١)]، إذ يقول: "هذه المدينة موسم تجّار الكفّار، ومقصد جواري البحر من جميع الأقطار، كثيرة الأرفاق برخاء الأسفار، مظلمة الآفاق بالكفر، لا يقرّ فيها لمسلم قرار، مشحونة بعبدة الصّلبان، ..."[(٢)]. ومن قوله أيضاً، في ذكر مدينة حرّان[(٣)]: "بلدٌ لا حُسن لديه، ولا ظلّ يتوسّط بَرْدَيه، قد اشتُقّ من اسمه هواؤه، فلا يألف البرد ماؤه، ولا تزال تتّقد بلفح الهجير ساحاتُه وأرجاؤه ..."[(٤)].

وقد جاءت عبارات ابن جبير سهلة تخلو من الغرابة والوعورة والتعقيد، فبينما يهتمّ بمقدماته فتخرج قطعاً أدبيّة فريدة، فإنّه يكتفي في مواضع أخرى بتسجيل مشاهداته وملاحظاته بأسلوب سهل ودقيق حتى إذا خرج عن ذلك أتى بعبارات عامة خالية من التكلف والابتذال على نحو ما يذكر عن مساجد أو أسواق بغداد وازدحام النّاس فيها واشتمالها على "بشر لا يحصيهم إلا الله تعالى الذي أحصى كلّ شيء عدداً"[(٥)].

وممّا تميّز به أسلوب ابن جبير أيضاً ما وصل إليه من حكمة تمخضت عن التجارب التي مرّ بها خلال مراحل رحلته، حيث يقول: "...وإن كان المحذور لا يُغني عن المقدور شيئاً.."[(٦)].

---

(١) مَسِّنية، بلدة على ساحل جزيرة صقليّة، انظر، ياقوت الحموي، معجم البلدان: ٥/١٣٠-١٣١.

(٢) رحلة ابن جبير، ٢٩٦.

(٣) وردت ترجمتها، الدراسة هنا ، ص٨٢، الحاشية رقم ٤.

(٤) رحلة ابن جبير، ص٢١٩.

(٥) المصدر نفسه، ص٢٠٤، وانظر، المصدر نفسه، ص ١٨٢، ١٩٠، ٢٨٣، ومواضع أخرى متفرّقة.

(٦) المصدر نفسه، ص٢٩٠.

ومن جانب آخر، يُلحظ في أسلوب ابن جبير أنّه يتسم أحياناً بالعفوية والاضطراب، غير أنّ ذلك لا يؤثّر سلباً في عرض الأفكار، ومن ذلك حديثه عمّا يناله الحاجّ بعيذاب وجدة من أذى بسبب المكس، فعند توجّهه من الإسكندريّة إلى قوص، ووصفه لجانبي النيل، يتذكّر خبراً فيقطع حديثه بعبارة "ذكر ما استدرك خبره، ممّا كان أغفل، وذلك أنّا لمّا حللنا الإسكندريّة.. عاينّا مجتمعاً من النّاس عظيماً"[1] ويسترسل في الحديث ثم يعود ليقول: "رجع الذكر"، ومن المواضع التي اجتزنا عليه في الصعيد..."[2].

وقد أشاد عدد من الدّارسين بأسلوب ابن جبير، ووصفوه بأنّه "من أوسع الرّحّالين العرب فكراً وأشملهم ملاحظات، وأجملهم أسلوباً وأنقاهم تعبيراً، وأسلسهم بياناً وأعمقهم استنتاجاً وإدراكاً وأكثرهم اهتماماً بأوضاع السياسة الإسلاميّة العامّة في زمنه، وأشدّهم اهتماماً بتتبع أحوالهم واستقصاء أدوائها وعلاجها..."[3].

أمّا العبدريّ، فقد كان حادّ الطّبع، كثير النقد، حريصاً على مجالسة العلماء والأخذ عنهم، وفي الوقت ذاته امتاز بذوق أدبيّ، وقدرة عالية على التصرف في قواعد اللّغة العربيّة، الأمر الذي أعانه على تتبّع أخطاء بعض الأدباء والعلماء وتقديم رأيه وتوجيهاته لهم، فجاء أسلوبه توجيهيّاً، بعيداً عن النفاق، حيث كان يمدح ما يوافق رغبته، ويثور ويغضب ممّا لا ينسجم مع رغبته وأفكاره.

ويظهر طبع العبدري الحاد حين يدخل مدينة فلا يعثر فيها على عالم، حيث يعدّ ذلك المكان كأنّه معدوم، فلا وجود لمكان علا فيه الجهل وخلا من العلماء، ويزداد غضبه إذا كان لذلك المكان ماض عريق، فهو قد سافر من أجل العلم والبحث عن المعرفة، فإذا لم يجد ذلك في المدن التي قصدها، تضطرب نفسه، وتعلو حدة أسلوبه إلى حدّ الهجاء،

---

(١) المصدر نفسه، ص ٣٤.

(٢) المصدر نفسه، ص ٣٥، وانظر مثل ذلك، المصدر نفسه، ص٥٤.

(٣) الأنصاري، عبد القدوس، مع ابن جبير في رحلته، ص ١٦. وانظر، كراتشكوفسكي، تاريخ الأدب الجغرافيّ العربيّ، ص٣٣٥، وقنديل، فؤاد، (٢٠٠٢). ط٢، القاهرة: مكتبة الدار العربية للكتاب، ص٣٨٩-٣٩٠.

ولعلّه قصد بأسلوبه هذا شحذ همّة سكان تلك المدن، ليراجعوا أحوالهم، ويحاولوا الخلاص من الجهل، حيث يقول العبدري: "وربّما حمل الامتعاض لحزب الفضائل على فرط تحزّب وتألب على فئة الرذائل، فيقع في اللفظ إقذاء[١] وإقذاع[٢] ويرسم في باب همزهم تمكين مدّ وإشباع، لا جهلاً بمواقع الإغضاء[٣] من أخلاق ذوي الآداب، ولا ميلاً إلى ما عابه الشّرع من مذموم الاغتياب، وإنّما هو لغرض صحيح لا يُرمى بسهم التقبيح، وهو إعطاء ذي الحقّ حقّه، وأن لا تكون الفضائل لغير أهلها مُستحقّة، فيكون الفاضل في الوصف مبخوساً، ويُرى الناقص في غير منبته مغروساً، وقد يَردع المسيء عن إساءته، ما يرى ويسمع من مساءته ومن التأديب كلّ ما كفّ المرء عن زلله، ونيّةُ المؤمن أبلغُ من عمله وعلى أنّي يعلم الله قلّ ما أمتعض لنفسي أو أزجرُ في غَرضِها عَنْسي وما أغريتُ قلمي بالانتصاف ولا أعملته في ذكر ذميم الأوصاف إلا لحرمة من الفضل أشلاؤُها مُمزّعة، أو وظيفةٍ من الشّرع أحكامُها مُضيّعة"[٤].

ومثل مشاعر الانفعال هذه ، نجدها عند الرّحّالة ابن سعيد المغربي، حيث امتزجت صوره بانفعالات الغضب التي لا تخلو -أحياناً- من طابع السخرية، فقد رسم صورة ساخرة تعبّر في الوقت ذاته عن شدّة سخطه لبعض المشاهد التي رآها في القاهرة مثلاً، حينما اضطرّ لركوب الحمار من باب زويلة في القاهرة إلى الفسطاط، وقد عدا به الأزقة فاكتحلت عيونه بالغبار ولم يرحم المُكاري صراخه ولم يرقّ له، ممّا أدّى به إلى الوقوع سجوداً على وجهه، وجاءت هذه الصورة بحركات متلاحقة، ساعد في تسارعها استخدام قافية الراء التي عكست اضطراب ابن سعيد وغضبه ، وفي الوقت ذاته عكست روح النكتة لديه، حيث يسجل ذلك شعراً ظريفاً، فيقول:

---

(١) إقذاء: فساد، انظر، ابن منظور، لسان العرب: ١٧٤/١٥.

(٢) إقذاع: الفحش من الكلام الذي يقبح ذكره، انظر، المصدر نفسه: ٢٦٢/٨.

(٣) الإغضاء: الصبر على الأذى، انظر، المصدر نفسه: ١٢٨/١٥.

(٤) العبدري، الرّحلة المغربيّة، ص٢.

لقيتُ بمصرَ أشدّ البَـــوار[(١)] ركوب الحمار، وكحل الغُبـــارْ

وخلفي مُكارٍ يفوق الرّيـــا ح لا يعرفُ الرّفق مهما استطـــار[(٢)]

أُناديه: مَهْلاً! فلا يَرْعَـــوِي[(٣)] إلى أن سجدتُ سجود العثـــار

وقد مدّ فوقي رواق الثـــرى وألحدَ فيه ضياء النّهـــار[(٤)]

أمّا يحيى الغزال فقد برز أسلوبه الفكاهي في رحلته حيث سألته زوجة ملك الروم يوماً عن سنّه "فقال مداعباً لها: عشرون سنة، فقالت للترجمان: ومن هو ابن عشرين سنة يكون به هذا الشّيب؟ فقال: وما تنكرين من هذا؟ ألم تري قط مهراً ينتج وهو أشهب؟ فضحكت وأعجبت بقوله"[(٥)].

وقد حرص عدد من الرّحّالةعلى أن يكون كلامهم منسّقاً، يعتمد على السجع غير المتكلّف، واقتباس كثير من المعاني من الآيات القرآنيّة والأحاديث النبويّة، ويلتزم قواعد اللّغة العربيّة والنحو والبلاغة والعروض، ممّا يساعد ذلك على تتبّع إنتاج الأدباء والعلماء، فقد اعتمد العبدري في نقده لكثير من إنتاج الأدباء والعلماء على ذوقه الأدبيّ ومصادر معرفته وثقافته اللغويّة والنحويّة، ويتّضح ذلك من الأمثلة المتعددة، في رحلته، حيث ناقش بعض الشعراء في قصائدهم، وعلّق عليها، ومن ذلك ما أورده من قول لأبي عبد الله محمد بن عمر بن خميس[(٦)] في قصيدة يقول فيها:

ومن العجائب أن أقيمَ ببلـــدة يوماً وأسلم من أذى جُهّالهـــا

---

(١) البوار: الهلاك، انظر، ابن منظور، لسان العرب: ٨٦/٤.

(٢) استطار الغبار، إذا انتشر في الهواء. انظر، المصدر نفسه: ١٣/٤.

(٣) يقصد: لا ينكفُّ ولا ينـزجر. انظر، المصدر نفسه: ٣٢٩/١٤.

(٤) المقري، نفح الطيب: ٣٤٠/٢.

(٥) ابن دحية، المطرب، ص١٤٤، والمقري، نفح الطيب: ٢٥٧/٢.

(٦) انظر، ترجمته، العبدري، الرحلة المغربيّة، ص١٥، والمقري، نفح الطيب: ٣٥٩/٥-٣٧٨.

إلى أن يقول:

ولا تحسبوا أنّي على الدّهر عاتــب   فأعظم مـا بي منـه أيسر مـا بـــي

وما أسـفي إلا شـباب خلعتُــــه   وشـيبٌ أبى إلا نصـاب خضـــاب[١]

فقد أدرك العبدري بذوقه وحسّه الأدبيّ، أنّ مقطع القصيدة الأخير، لا ينسجم مـع ما قبلـه، ولهذا قال بعد ذكرها، هذه القصيدة مهذبة الألفاظ والمعاني، ألـذ مـن نغـمات المثالث والمثاني، إلا أنّ مقطعها قلق ناب، لا يلين ولو مضغ بضرس وناب، ليس يلتئم بما قبله ولا يمتزج، ولا يزال السّمع به يقلق وينزعج"[٢].

وهو بهذا يرى أنّ الانسجام المعنويّ يكمن أصلاً في نسج القصيدة، لأنّ التّـدرج إلى المقطع يجعل المستمع مستأنساً بما يسمع، وقد خشي أن يكون حكمه سريعاً غير مبنـيّ على الممارسة، لذا يذكر أنّه قرأ القصيدة عدّة مرّات كي يحسّ بالالتحام، فلم يشعر بذلك ولم يهتد إليه. فهذا التّدخل من العبدري تـدخل ذاتيّ، وقد كـان يتـدخل أحيانـاً تـدخلاً لغويّاً أو عروضيّاً مبنيّاً على معرفة واسعة، ومن ذلك أنّ ابن خميس حينما قال:

ولكنّها الدّنيا تكرّ عـلى الفتـــى   وإن كـان منهـا في أعـزّ نصـــاب

وعادتهـا ألا توسّـط عنـــدها   فإمّـا سـماء أو تخـوم تـــراب[٣]

علّق العبدريّ بعد ذلك، فقال: "قوله فإمّا سماء أو تخـوم تـراب الوجـه فيـه وإمّا تخوم تراب بتكرير إمّا بعد حرف العطف، وقلّ ما يؤتى بها غير مكـررة إلا نـادراً، ..."[٤]. ويُظهر هذا أنّ العبدريّ كان ينظر للإنتاج الأدبيّ بعين الناقد الباحث عن الظواهر

(١) العبدري، الرحلة المغربيّة، ص١٤-١٥.

(٢) المصدر نفسه، ص١٥.

(٣) المصدر نفسه، ص١٥.

(٤) المصدر نفسه، ص١٥. وهناك ملاحظات عديدة ذكرها العبدري في رحلته، تؤكد خبرته بعلم العروض والإيقاع والذوق المرهف في المجال الأدبيّ اللغوي، انظر، رحلته، ص ١٧، ٣٥.

الجماليّة في النصـــوص، والتّوازن بـين اللفـظ والمعنـى، فهـي التـي تكسـب الأدب الجاذبيّة القويّة. ولعـلّ مثـل هـذه الـروح النقديّـة، لم يكـن جميـع الرّحّالـة يمتلكونهـا، فالرّحّالة أبو حامد الغرناطيّ لم يكن يمتلك الـروح النقديّـة لمـا يسـمع، وقـد رأى شـوقي ضيف أنّ ملكة نقد الأخبار عنده لم تكن واسعة[١].

أمّا ابن بطوطة، فيمتاز عن غيره من الرّحّالة، بأنّه لم يترك صغيرة ولا كبيرة إلا اهتمّ بها، وفصّل الحديث عنها، وكان من أشدّ الرّحّالة عناية بالتّحدّث عن الحالـة الاجتماعيّـة والعادات والتقاليد، وامتاز أسلوب كاتب رحلته بالبسـاطة والوضـوح ودقّـة الملاحظـات، وخلـت عباراتـه مـن السـجع والجنـاس وأشـكال البيـان إلا مـا ورد في مقدّمـة الرّحلـة وخاتمتها، وكذلك كلّ مقدمة لوصف مدينة عظيمة، ولعلّ ذلك عائد إلى ابن جزي، الذي أدّى دوراً هاماً في خلق عمل فنيّ متماسك لرحلة ابن بطوطة ليظهر براعته، فهو كاتـب أديب في حاشية السلطان أبي عنان[٢].

ولغة ابن بطوطة سهلة بسيطة تخلو من التكلّف، وتميل إلى لغة المحادثة العاديّـة، فقد كان جلّ اهتمامه أن يقصّ ما لديه من حكايات ومشاهدات. في حـين بلـغ أسـلوب الرّحّالة ابن الحاجّ النميري حـدّ التكلّـف، فقـد طغـى السـجع علـى أسلوبه منـذ بدايـة الرّحلـة حتـى نهايتهـا، ومـن ذلـك قـوله: "وكـم مـن رجـال عـاثتهم الأغـلال، وبـثّ في أعضادهم من أهل الأضلال والإذلال، وحملوا من الأحـزان كـلّ ثقيـل المحمـل، وأهملـوا فلم يعرفوا من الكتب إلا تقييد المهمل، ..."[٣].

---

(١) انظر، ضيف، شوقي، الرّحلات، ص٥٦، وكراتشكوفسكي، تاريخ الأدب الجغرافيّ العربيّ، ص٣٢٧.

(٢) انظر، المقري، نفح الطّيب: ١٧٠/٢، ورحلة ابن بطوطة: ٣١٢/٢، وانظر، غريّب،جورج، ((١٩٧٢). أدب الرحلة، تاريخه وأعلامه، بيروت، لبنان: دار الثقافة، ص٦٤-٦٥.

(٣) ابن الحاج النميري، فيض العباب، ص٣٤.

ومن كلامه عن أهل قسنطينة "وسكنت زماجر نزالهم، ونشطت مزاحم قتالهم، ولانت معاجم مجالسهم، وخمدت نيران جلادهم،..."[١].

ويلحظ اضطراب الأسلوب عند ابن الحاجّ في بعض الأحيان، مثلاً عندما تحدث عن افتداء أبي عنان للأسرى كلّما عقد صلحاً أو هدنة مع الإفرنج، وتحدّث عن الغائب ثم يخاطبنا، ويقول: "فما كان بأسرع من انطلاق نسائهن، وقد لطمن صفحات خدودهن"[٢]. حيث يبدو أنّ هناك شيئاً قد حذف، ويلحظ أيضاً في رحلة ابن الحاجّ أنّ هناك تنقّلات عشوائيّة من موطن إلى آخر ثم العودة إلى الموضع الأول وهكذا، وهو كذلك يختم رحلته بشكل مفاجئ، إذ يتحدث عن سجن شيوخ بني مرين، وعن وفاة أبي عنان، وعن من تولّى الحكم بعده[٣].

وقد يلجأ ابن الحاجّ إلى التطويل والاختصار أو التفسير أو الإطناب، ولعلّ ذلك كان بحكم خدمته عند السلطان إذ ظلّ خاضعاً لإرادة السّلطة القويّة، فلم يكتب بموضوعيّة، ويقول محقّق الرّحلة "فلم يكن ابن الحاج والحالة هذه سوى أداة طيعة لكن عن اقتناع سخّرتها يد أبي عنان لرسم لوحة كاملة تعكس بصدق وأمانة معالم شخصيّته..."[٤].

أمّا لسان الدّين بن الخطيب، فقد امتاز أسلوبه بكثرة الإطناب، حيث تطول جمله، فتتكرر المعاني، ويذكر المقري وصف بعض علماء المشرق لأسلوب ابن الخطيب: "هو كاتب مرسل بليغ، لولا ما في إنشائه من الإكثار الذي لا يخلو من عثار، والإطناب الذي يفضي إلى الاجتناب، والإسهاب"[٥]. ويتّضح تأثّر ابن الخطيب بأسلوب القاضي الفاضل، في بناء جمله على أساس انتقاء اللفظ وتمديد الجملة والإطناب في التعبير، ومزج الشعر

---

(١) المصدر نفسه، ص١٣٠.

(٢) المصدر نفسه، ص٣٤، وانظر أيضاً، المصدر نفسه، ص١٩، ٥٣، ٥٤، ٢٨٠.

(٣) انظر، المصدر نفسه، ص٢٩٣-٢٩٤.

(٤) ابن الحاج النميري، فيض العباب، المقدمة، ص٢٠.

(٥) المقري، نفح الطيب: ٢٦/٦.

بالنثر[١]. ويعلّق المقّري على ما وُصف به أسلوب ابن الخطيب، فيقول: "فإنّ لسان الدين وإن أطنب وأسهب، فقد سلك من البلاغة أحسن مذهب..."[٢].

وأظهرت رحلة ابن الخطيب إلى جبل هنتاتة[٣]، توسّع الرّحّالة في استخدام الصنعة اللفظيّة[٤]. وعلى الغالب فإنّ لغة ابن الخطيب سهلة واضحة، تكثر فيها الاستعارات والتشبيهات، والصور المجازيّة.

وقد اعتبر بعض الدّارسين لسان الدين بن الخطيب، "قطب الشّعر والنثر في عصره، ومحور الحركة الفكريّة الأندلسيّة"[٥]. وأنّه "كان مستجيباً للذوق السائد في ذلك العصر، ومواكباً لأساليب النثر المشهورة، وفي مقدمتها طريقة القاضي الفاضل"[٦]، كما "أنّ نثره يتّسم بدقة الوصف، وغزارة المعنى"[٧].

إنّ هؤلاء الرّحّالة وإن اعتمدوا على السجع والمحسنات البديعيّة، والصور البيانيّة، فهم لم يغفلوا الحقائق والمعلومات، بل هم في هذا الجانب امتازوا بالدقة والشّمول. ويبدو أنّ بعض الرّحّالة قد حاول التخلّص من سيطرة المحسنات البديعيّة عليه، حيث يقول ابن خلدون: "إنّ تكلّف المحسنات البديعيّة ومعاناتها يصير إلى الغفلة عن التراكيب الأصليّة للكلام،... ولا يبقى في الكلام إلا تلك التحسينات، وهذا هو الغالب اليوم على أهل

(١) البلوي، تاج المفرق: ٩٩/١.

(٢) المقري، نفح الطيب: ٢٧/٦.

(٣) وردت ترجمته، الدراسة هنا، ٤٥، حاشية رقم ١.

(٤) انظر، ابن الخطيب، خطرة الطّيف، ص١١٦-١١٧، ومؤنس، حسين، تاريخ الجغرافية والجغرافيّين، ص٥٩١.

(٥) عنان، محمد عبد الله، (١٩٨٨). دولة الإسلام في الأندلس، ط٣، القاهرة: مكتبة الخانجي، ص٤٨١، وابن الخطيب، الإحاطة: ٥٣/١.

(٦) الشكعة، مصطفى، (١٩٧١). الأدب الأندلسي موضوعاته وفنونه، بيروت: دار النهضة العربية، ص٥٧٢.

(٧) أمين،أحمد، ظهر الإسلام، (١٩٥٥). القاهرة: مكتبة النهضة المصرية: ٢١٩/٣.

العصر"[١]. ويقول ابن خلدون عن نفسه، عندما كتب للسلطان أبي سالم المريني، واصفاً أسلوبه: "واستعملني في كتابة سرّه، والترسيل عنه والإنشاء لمخاطباته، وكان أكثرها يصدر عني بالكلام المرسل بدون أن يشاركني أحد ممّن ينتحل الكتابة في الأسجاع لضعف انتحالها، وخفاء العالي منها على أكثر النّاس، بخلاف المرسل، فانفردت به يؤمئذ، وكان مستغرباً عندهم بين أهل الصناعة"[٢].

ويتّضح من ذلك، أنّ ابن خلدون متمكّن من اللّغة والأدب وصياغته صياغة فصيحة رصينة، ويدل على ذلك مصادر ثقافته ومعرفته المختلفة، فقد تعلّم صناعة العربيّة على والده وعلى علماء تونس، وحفظ كثيراً من كتب الشعر[٣]، لذا اتّسم أسلوبه، في الغالب، بالجزالة والقوة مع الوضوح، أمّا استخدامه للبديع فقليل، حيث كان مجاملة لأصحابه ممّن تأثّروا بالسّمات الفنيّة لتلك العصور، ومن هذا قوله في رسالة إلى ابن الخطيب: "يا سيدي، ونِعْمَ الذخر الأبدي، والعروة الوثقى التي اعتلقتها يدي، أسلّم عليكم سلام القَدوم، على المخدوم، والخضوع، للملك المتبوع، لا بل أحيّيكم تحيّةَ المَشُوق، للمعشوق، والمُدْلج، للصباح المتبلّج، وأقرّر ما أنتم أعلم بصحيح عَقدي فيّ من حبّي لكم، ومعرفتي بمقداركم، وذهابي إلى أبعد الغايات في تعظيمكم، والثّناء عليكم، والإشادة في الآفاق بمناقبكم، ديدناً معروفاً..."[٤].

وعلى الجملة، فإنّ جمل الرّحلات كانت سهلة مألوفة ودقيقة طريفة، ركّزت على الأفعال؛ لاتّفاقها وطبيعة الرّحلة، ولسماحها بالحركة المتتالية للصّور ذات الانتقال السريع، لذا امتاز الأسلوب بالتلقائيّة، والاسترسال، ووضوح المعاني، فقد كان للأفعال دور كبير في بيان دلالات بعض الرّحلات، حيث أظهرت رحلة ابن عربي دلالة فعل

---

(١) مقدمة ابن خلدون: ١٣١/١.

(٢) ابن خلدون، التّعريف، ص١١١-١١٢.

(٣) انظر، المصدر نفسه، ص٦١-٩٢.

(٤) المصدر نفسه، ص١٨٠-١٨٦.

السفر، فالسفر إراديّ يتم بالجهد الشخصي، ولا إراديّ، حيث يتعلق الإنسان بالقدرة الإلهية، دون حول ولا قوة.

وقد نوّع الرّحّالة في استخدامهم للضمائر المتصلة بتلك الأفعال حيث وردت أفعال أسندها الرّحّالة إلى ضمير الجمع وأخرى إلى ضمير المتكلّم المفرد، ومنها، (أقلعنا، وشاهدنا، وركبت البحر، وتملّكتني...)، الأمر الذي أكسب الأفعال حيويّة وحركة تنسجم مع فعل الرّحلة.

وحفلت كتب الرّحلات، كذلك، بالجمل المعترضة، وبخاصة الدعائيّة، ثم إنّ تكرار هذه الجمل لم يؤثر سلباً في أسلوب الرّحلات، ولعلّ عناية الرّحّالة بها يعود لاعتبارها "من الأصول التي يعتمدها التعبير الأدبيّ في العصور كافة، والمعبّرة عن التعظيم لله تعالى والدّعاء للسّامعين بالتّوفيق والرحمة"[١]. ومن أمثلة ذلك، "واستقبلنا البلدة حرسها الله ..."[٢] و"استقبلنا المريّة[٣]، عصمها الله، ..."[٤] و "ركب السلطان أيّده الله ثالث يوم ..."[٥] و "منهم من يقول: إنّ مقصده مَيُوْرَقة[٦]، حرسها الله، ومنهم من يزعم أنّ مقصده إفريقية، حماها الله،..."[٧].

ويبدو الأثر الدّينيّ واضحاً في أسلوب الرّحّالة، فقد كان القرآن الكريم، والأحاديث النبويّة الشريفة أساس ثقافتهم، ومصدر بلاغتهم، فكثر الأخذ منهما، -ولا غرابة في ذلك- فالعامل الدّينيّ من الدوافع الهامّة للرّحلات، وكان الاقتباس في اللفظ والنّصّ وفي

---

(١) الكلاعي، أبو القاسم محمد بن عبد الغفور الإشبيلي من أعلام القرن السادس، إحكام صنعة الكلام، تحقيق محمد رضوان الدّاية، دار الثقافة، بيروت، ١٩٦٦، ص ٧٢-٨٠.

(٢) ابن الخطيب، خطرة الطّيف، ص٣٤.

(٣) هي مدينة كبير من كورة إلبيرة من أعمال الأندلس، انظر، ياقوت الحموي، معجم البلدان: ١١٩/٥.

(٤) ابن الخطيب، خطرة الطيف، ص٤٧.

(٥) المصدر نفسه، ص ٤٩، والرّحلة تعج بمثل هذه الجمل الدعائيّة.

(٦) مَيُوْرَقَة: جزيرة في شرقي الأندلس، انظر، معجم البلدان: ٢٤٦/٥.

(٧) رحلة ابن جبير، ص٣١٠، وانظر، المصدر نفسه، ص٨٣، ٨٧، ١٠٣، ومواضع متفرقة كثيرة.

المعنى، فغدت الآيات القرآنيّة والأحاديث النبويّة الشريفة أسلوباً من الأساليب والأدوات الفنيّة للرّحلات، فبرز الاهتمام بالجمل والعبارات، وتحقيق الانسجام بين الألفاظ والمعاني، وورد في كلام الرّحّالة الاقتباس من القرآن والتضمين من الأحاديث النبويّة الشريفة كذلك تضمين الأمثال والمزج بين الشّعر والنثر، فاتّسعت، تبعاً لذلك، المعاني.

ويظهر أثر القرآن الكريم في نفوس الرّحّالة، جليّاً، حيث كان الرّحّالة يستبشرون بالآيات القرآنيّة، فيجعلون القرآن الكريم معهم في جميع مراحل رحلاتهم، ويقول ابن بطوطة: "ففتحت المصحف أنظر فيه فكان في أول الصّفح،... ﴿ وَلَيَنْصُرَنَّ اللَّهُ مَنْ يَنْصُرُهُ ﴾[1]. فاستبشرت بذلك"[2].

ووظّف ابن جبير[3] النّصّ القرآنيّ في رحلته، ومن ذلك قوله تعالى: ﴿ إِلَّا مَنْ أُكْرِهَ وَقَلْبُهُ مُطْمَئِنٌّ بِالْإِيمَانِ ﴾[4]، و ﴿ إِنَّ أَوَّلَ بَيْتٍ وُضِعَ لِلنَّاسِ ﴾[5]. ويظهر تأثّره بالآيات القرآنيّة في بعض عباراته، ومن ذلك قوله: "وفرّ منهم مَنْ قضى الله بنجاته، وحقّت كلمة العذاب على الكافرين"[6]، وهو بذلك يشير إلى تأثّره بقوله تعالى: ﴿ وَسِيقَ الَّذِينَ كَفَرُوا إِلَى جَهَنَّمَ زُمَرًا حَتَّى إِذَا جَاءُوهَا فُتِحَتْ أَبْوَابُهَا وَقَالَ لَهُمْ خَزَنَتُهَا أَلَمْ يَأْتِكُمْ رُسُلٌ مِنْكُمْ يَتْلُونَ عَلَيْكُمْ آيَاتِ رَبِّكُمْ وَيُنْذِرُونَكُمْ لِقَاءَ يَوْمِكُمْ هَذَا قَالُوا بَلَى وَلَكِنْ حَقَّتْ كَلِمَةُ الْعَذَابِ عَلَى الْكَافِرِينَ ﴾[7]، ويقول ابن جبير أيضاً: "ثم بعد ذلك غشى البحر البحر ضباب رقيق سكنت له أمواجه فعاد كأنّه صرح ممرّد من قوارير"[8]، حيث تأثّر بقوله تعالى: قِيلَ لَهَا ادْخُلِي الصَّرْحَ فَلَمَّا رَأَتْهُ

---

(١) سورة الحج، آية ٤٠.
(٢) رحلة ابن بطوطة: ١٧٠/٢.
(٣) انظر، رحلة ابن جبير، ص ١٥٨، ١٩٨، ٢٥٨، ٣٠٤، ومواضع أخرى متفرّقة من الرّحلة.
(٤) سورة النحل، الآية ١٠٦.
(٥) سورة آل عمران، الآية ٩٦.
(٦) رحلة ابن جبير، ص٣١٥، وانظر مثل ذلك، ص٢١٣، ٢٤٦، ومواضع أخرى.
(٧) سورة الزمر، الآية ٧١.
(٨) رحلة ابن جبير، ص٢٨٦.

حَسِبَتْهُ لُجَّةً وَكَشَفَتْ عَنْ سَاقَيْهَا قَالَ إِنَّهُ صَرْحٌ مُمَرَّدٌ مِنْ قَوَارِيرَ قَالَتْ رَبِّ إِنِّي ظَلَمْتُ نَفْسِي وَأَسْلَمْتُ مَعَ سُلَيْمَانَ لِلَّهِ رَبِّ الْعَالَمِينَ ﴾[١]. ويبتعد ابن جبير في أسلوبه عن التكرار والاستطرادات، وهو حين يستخدم السجع، يستخدمه دون تكلّف.

ويبدو أنّ التأثّر بالآيات القرآنيّة عند ابن الحاجّ، كان يقصد به تأكيد المعاني في عباراته، ومن ذلك قوله: "وتلا لسان مجازاته، إنّ الله لا يغيّر ما بقوم حتى يغيّروا ما بأنفسهم"[٢]، وقوله حين وصف أهل قسنطينة عند طلوع الجيوش كثيرة العدد والعدّة: "وقد بلغت قلوبهم الحناجر"[٣]، ويقتبس من القرآن الكريم قوله تعالى: ﴿ سُكَارَىٰ وَمَا هُمْ بِسُكَارَىٰ ﴾[٤].

أمّا ابن الخطيب، فيتّضح تأثّره بالقرآن الكريم في مختلف رحلاته، فيقول في رحلته إلى جبل هنتاتة: "والتوكّؤ على النمارق المصفوفة، والزرابي المبثوثة، في المتبوأ الكريم، واستثقال طلعة البدر ..."[٥].

ويقول ابن خلدون في بعض عباراته وصوره، متأثّراً بالقرآن الكريم: "ونور ضُربت الأمثال بمشكاته وزيته"[١]، ويقول أيضاً: "وتركتكم على أتمّ ما أرضاه... وإن فسح الله في

---

(١) سورة النمل، الآية ٤٤.

(٢) رحلة فيض العباب، ص٨، ويشير إلى الآية القرآنية ﴿ لَهُ مُعَقِّبَاتٌ مِنْ بَيْنِ يَدَيْهِ وَمِنْ خَلْفِهِ يَحْفَظُونَهُ مِنْ أَمْرِ اللَّهِ إِنَّ اللَّهَ لَا يُغَيِّرُ مَا بِقَوْمٍ حَتَّىٰ يُغَيِّرُوا مَا بِأَنْفُسِهِمْ وَإِذَا أَرَادَ اللَّهُ بِقَوْمٍ سُوءًا فَلَا مَرَدَّ لَهُ وَمَا لَهُمْ مِنْ دُونِهِ مِنْ وَالٍ ﴾ سورة الرعد، الآية ١١.

(٣) ابن الحاج النميري، فيض العباب، ص ١٣٠-١٣١، ويشير إلى الآية القرآنية ﴿ إِذْ جَاءُوكُمْ مِنْ فَوْقِكُمْ وَمِنْ أَسْفَلَ مِنْكُمْ وَإِذْ زَاغَتِ الْأَبْصَارُ وَبَلَغَتِ الْقُلُوبُ الْحَنَاجِرَ وَتَظُنُّونَ بِاللَّهِ الظُّنُونَا ﴾. سورة الأحزاب، الآية ١٠.

(٤) سورة الحج، الآية ٢.

(٥) ابن الخطيب، خطرة الطّيف، ص١١٩، ويشير إلى تأثره بالآيات القرآنية ﴿ وَنَمَارِقُ مَصْفُوفَةٌ (١٥) وَزَرَابِيُّ مَبْثُوثَةٌ (١٦) ﴾، سورة الغاشية، الآيات ١٥-١٦.

الأمد، وقضى الحاجة، فأملي العودة إلى ولدي وتربتي، وإن قُطع الأجل، فأرجو أن أكون ممّن وقع أجره على الله"[٢].

وقد ضمّن بعض الرّحّالة رحلاتهم الأحاديث النبويّة الشّريفة[٣]، لا سيّما تلك الأحاديث التي تؤكّد أهمية الأماكن المقدّسة، كبيت المقدس ، وقبة الصخرة، يقول البلوي: "ولو تتبعت الأحاديث المأثورة، والأخبار المشهورة لأملأت وملأت، ..."[٤]. ومن الأحاديث التي أوردها البلوي في رحلته: "لا تشدّ الرّحال إلا إلى ثلاثة مساجد: المسجد الحرام ومسجد الرّسول، والمسجد الأقصى"[٥]، و "إنّما يُسافر إلى ثلاثة مساجد: الكعبة ومسجدي ومسجد إيلياء"[٦].

---

(١) ابن خلدون، التّعريف، ص ١٢٦، وابن خلدون هنا يشير إلى قوله تعالى ﴿ اللَّهُ نُورُ السَّمَاوَاتِ وَالْأَرْضِ مَثَلُ نُورِهِ كَمِشْكَاةٍ فِيهَا مِصْبَاحٌ الْمِصْبَاحُ فِي زُجَاجَةٍ الزُّجَاجَةُ كَأَنَّهَا كَوْكَبٌ دُرِّيٌّ يُوقَدُ مِنْ شَجَرَةٍ مُبَارَكَةٍ زَيْتُونَةٍ لَا شَرْقِيَّةٍ وَلَا غَرْبِيَّةٍ يَكَادُ زَيْتُهَا يُضِيءُ وَلَوْ لَمْ تَمْسَسْهُ نَارٌ نُورٌ عَلَى نُورٍ يَهْدِي اللَّهُ لِنُورِهِ مَنْ يَشَاءُ وَيَضْرِبُ اللَّهُ الْأَمْثَالَ لِلنَّاسِ وَاللَّهُ بِكُلِّ شَيْءٍ عَلِيمٌ ﴾ ، سورة النور، الآية ٣٥.

(٢) ابن خلدون، التّعريف، ص ١٨٨-١٨٩، ويشير ابن خلدون بذلك إلى تأثره بقوله تعالى: ﴿ وَمَنْ يُهَاجِرْ فِي سَبِيلِ اللَّهِ يَجِدْ فِي الْأَرْضِ مُرَاغَمًا كَثِيرًا وَسَعَةً وَمَنْ يَخْرُجْ مِنْ بَيْتِهِ مُهَاجِرًا إِلَى اللَّهِ وَرَسُولِهِ ثُمَّ يُدْرِكْهُ الْمَوْتُ فَقَدْ وَقَعَ أَجْرُهُ عَلَى اللَّهِ وَكَانَ اللَّهُ غَفُورًا رَحِيمًا ﴾، سورة النساء، الآية ١٠٠.

(٣) من الرّحّالة الذين ضمّنوا رحلاتهم الأحاديث النبوية، العبدري، الرّحلة المغربيّة، انظر، ص ١١٠، ١٩٧، ٢١٥، ٢٦٤، ٢٧٣، ومواضع أخرى من الرّحلة.

(٤) البلوي، تاج المفرق: ٢٥٦/١.

(٥) البخاري، أبو عبد الله محمد بن إسماعيل، (ت ٥٢٦هـ). صحيح البخاري، دار الكتب العلمية، بيروت، لبنان: ٢٢٠/١، ٥٦/٢، ٥٨، ومسلم، أبو الحسين، (ت. ٢٦١هـ). صحيح مسلم، دار المعرفة، بيروت، لبنان، مج٢، ج٢، ص١٢٦.

(٦) مسلم، صحيح مسلم، مج٢، ج٢، ١٢٦.

ويذكر ابن بطوطة[١] أنّ الرّسول صلّى الله عليه وسلّم قد ذكر أهل البلاد الموالية لمكة وأثنى عليهم، وأنّه صلّى الله عليه وسلّم قد أدخلهم في عموم قوله: "الإيمان يمان والحكمة يمانيّة"[٢]. ومن الأحاديث التي أوردها ابن الحاج[٣]، للرّسول صلّى الله عليه وسلّم، في رحلته، إنّ "مَثل المؤمن كمثل الخامة من الزّرع"[٤]. وقد اشتملت بعض الرّحلات على مجموعة كبيرة من أحاديث الرّسول صلّى الله عليه وسلّم، كرحلة ابن رشيد.

أمّا الشّعر، فله في معظم الرّحلات وجود ملحوظ، وكان من محكيات الرّحلة مثله مثل الأحاديث والأخبار، والمشاهدات، والقضايا اللغويّة، وغيرها، لهذا عُدّت الرّحلات من المصادر الهامة التي حفظت الكثير من النصوص الشعريّة من الضياع، وربّما تضمّنت نصوصاً لا توجد في مصادر أخرى، وهو ما يضفي على هذه الرّحلات قيمة أدبيّة كبيرة.

إنّ تضمين الشعر في بعض الرّحلات، احتلّ فضاء ضمن فضاء الرّحلة النثريّة، ليصبح بنية وموضوعاً أساساً في النّص واستمراراً للسّياق النّصيّ، وتنويعاً له ليصبح الشعر المتضّمن جزءاً لا يجوز فصله عن الرّحلة[٥]، حيث حرص بعض الرّحّالة[٦] على تضمين رحلاتهم أبياتاً شعريّة تارة تكون من نظمهم وإبداعهم، وأخرى تكون من أشعار

(١) انظر، رحلة ابن بطوطة: ١٤٨/١، وانظر، المصدر نفسه: ٨٥/١، ١٠٩، ١٢٧، ١٣٤، ومواضع آخرى متفرّقة.

(٢) مسلم، صحيح مسلم، مج١، ج١،ص٥٢.

(٣) انظر، ابن الحاج النميري، فيض العباب، ص٣.

(٤) مسلم، صحيح مسلم، مج ٤، ج٢، ص١٣٦.

(٥) انظر، صالح، صلاح، (٢٠٠٣). سرديات الرواية العربيّة المعاصرة، ط١، القاهرة: المجلس الأعلى للثقافة، ص٢٢١.

(٦) ومنهم ابن بطوطة، انظر رحلته: ٤١/١، ٤٨، ٥٩، ٧٠-٧١، ١١٧، ١٢٠/٢، ٢٩١-٣٠٤، ومواضع متفرّقة. وابن الخطيب، خطرة الطّيف، ص٣٣-٣٩، ٤٢-٤٥، ٤٨، ٥٠، ٥١، ومواضع متفرّقة. وابن خلدون، التّعريف، ص٦٩-٧٥، ٩٢-٩٣، ١٠٩، ١١٢-١٢٣، ١٢٦، ١٢٩-١٣٦، ومواضع أخرى متفرّقة.

غيرهم، وهم بذلك يحاولون إظهار مهارتهم وقدرتهم في النظم والنثر، وهي سمة بارزة تلفت النظر في بعض الرّحلات، بل إنّ بعض الرّحلات أشبه ما تكون بمختارات شعريّة، مثل رحلة العبدريّ، وتجاوز بعض الرّحّالة ذلك إلى تضمينهم الرسائل في رحلاتهم، مثل رحلة ابن الحاجّ النميري، ورحلة ابن خلدون.

وقد جاء هذا التّضمين حسب ما تقتضيه الحال، ممّا يزيد من روعة الأسلوب، وجلاله، فالرّحّالة ابن رشيد أنشد لنفسه شعراً في حنينه لمشاهد الدّيار المقدّسة، والشّوق إلى معالمها وأعلامها، مغتنماً فرصة مروره بخُلَيْص وهو منزل نزله الحجّاج بعد رابغ في توجههم من المدينة إلى مكة حيث قال:

أهلَ ودّي لا تدينوا بالصّدود ... بذمام كان في وادي زرود[1]

وخُلَيْص إذ وردنا خِلْصَهُ ... فرعى الله أُوَيقاتِ الورود[2]

وكذلك أنشد البلوي لنفسه شعراً يصف فيه حنينه للدّيار المقدّسة:

وكيف رحيلي عن معاهد لم تزل ... على الحلّ والتّرحال لي غاية الأُنس

أروحُ وأغدو بينها شيّقاً لها ... وأصبح فيها مُستهاماً كما أُمسي[3]

وقد صرّح العبدريّ بقصده من تدوين الأبيات الشعريّة المفردة، والمقطوعات، والقصائد، إذ يقول: "وقد رأيت أن أثبت القصيدة هنا بجملتها لحسنها وإعوازها وهي ..."[4]. وهو لا يكتفي بتدوين أشعار غيره، بل يثبت شعره كذلك، ومن ذلك قصيدة بعث بها إلى ولده، يقول قبل إثبات القصيدة: "وقد نظمت بالقيروان قصيدة بعثت بها إلى ولدي

---

(١) وهو واد بطريق الحاجّ من الكوفة، انظر، ياقوت الحموي، معجم البلدان: ١٣٩/٣.

(٢) ابن رشيد، ملء العيبة: ٧٦/٥.

(٣) البلوي، تاج المفرق: ١٤/٢-١٥.

(٤) العبدري، الرّحلة المغربيّة، ص٢٠.

محمد وفّقه الله ... فرأيت إثباتها في هذا الرّسم، إذ هو أليق المواضع بها بحول الله تعالى، وهي هذه[١]:

أصخ سمعاً أوصِكَ يا بني　　وصيّة والد برّ حفي

جرى القدر المتيح لنا ببين　　قضاء جاء من مَلِكٍ علي

وقد فتَّت نواكم في فؤادي　　وأشجت بالأسى قلبَ الخَلِي

ولم يقف العبدري عند هذا الحدّ، فكتب في رحلته قصيدة شعريّة ختم بها رحلته النثريّة، ويقول عنها: "وهذه قصيدةنظمتها في الرّحلة، رأيت أن أختم بها هذا التقييد"[٢].

ولعلّ قصد العبدري، واضح، وراء هذا الأسلوب، ففي رحلته النثريّة أراد إفادة المتلقي بالمعارف، ووصف البلدان والمشاهدات المختلفة، وأحوال النّاس. أمّا مقصده من رحلته الشّعريّة، فهو الوعظ، حيث ختم رحلته بقصيدة وعظيّة، وقد أشار إلى ذلك في بدايه رحلته النثريه[٣].

ومن جانب آخر، افتتح أبو عصيدة البجائي رحلته بقصيدة شعريّة من نظمه[٤]، وضمّن رحلته أيضاً شعر غيره، فيقول: "وكفى الحياة حظّاً إمهال اليوم لا لغد والموت وإن أبطأ الفتى مرّة ما فهو كالطول المرخى وثنياه باليد"[٥] وهو بهذا يشير إلى قول طرفة بن العبد[٦]:

---

(١) المصدر نفسه، ص٧٢-٧٤.

(٢) المصدر نفسه، ص٢٨٠-٢٨٤.

(٣) المصدر نفسه، ص٢.

(٤) انظر، البجائي، رسالة الغريب إلى الحبيب، ص٤٢-٤٣ والدّراسة هنا، ص٧٤.

(٥) المصدر نفسه، ص٥٣-٥٤، وانظر مثل ذلك، المصدر نفسه، ص٦٢، ٧٦-٧٨، ٨٥.

(٦) هو، ابن سفيان بن سعد بن مالك بن ضبيعة بن قيس بن ثعلبة، كان في حسب كريم، وعدد كثير، قتل، وهو ابن عشرين سنة، انظر، الأصبهاني، الأغاني، مج٤ ، ج١٥، ص٦٢، وانظر الزوزنيّ، أبو

لعمرك إنّ الموت ما أخطأ الفتى   لكالطول المرخى وثنياه باليد[1]

وقدّمت بعض الرّحلات صورة عن السّمات الفنيّة لأسلوب الرسائل في تلك العصور، وذلك بما تتضمّنه تلك الرّحلات من رسائل عكست البنية الفنيّة لها[2]، فقد ضمّن ابن الحاجّ بعض الرسائل في رحلته، حيث سلّط الضوء على أهم العناصر الفنيّة للرسائل في تلك الفترة:

- المُرسِل، من عبد الله المتوكّل على الله ...
- المُرسَل إليه، الشّرفاء، والفقهاء، والأعيان، والخاصّة، والعامّة.
- الإشارة إلى الموضوع
- السّلام
- أمّا بعد حمد الله والصّلاة والرضى على آله ...
- ذكر الموضوع وتفاصيله والإطناب في ذلك.
- الخاتمة، حيث تشعر بنهاية الرّسالة بما تتضمّنه من دعاء طيّب للسلطان و الرّعيّة.

ويلحظ في الرسائل التي أوردها ابن الحاجّ في رحلته، أنّها اختصرت اختصاراً، ويظهر ذلك من اقتصار الرّحّالة على ذكر أهم أبوابها، باستعمال عبارة، "ومنها" التي وردت في الرّسالة الأولى، أربع مرّات[3]، وثلاث مرّات في الرّسالة التي تخبر بنتائج الرّحلة والعودة إلى الدّيار[4]، ومن العبارات الأخرى الدّالة على أنّ الرّسائل مختصرة في

عبد الله الحسين بن أحمد، (١٩٨٢). شرح المعلقات السبع، سوريا، حلب: دار الكتاب العربيّ، ١٩٨٢، ص٨٦.

(١) الزوزني، شرح المعلقات السبع، ص٨٦.

(٢) انظر، بعض الرسائل، في رحلة ابن خلدون، التّعريف، ص ١٢٦-١٢٨، ١٣٦-١٣٨، ١٤٦-١٥٩، ومواضع متفرّقة.

(٣) ابن الحاج النميري، فيض العباب، ص ١٣٨-١٣٩

(٤) المصدر نفسه، ص٢٧٣-٢٧٥.

رحلة ابن الحاج النميري، عبارة "ومن الكتاب المذكور"[١]. ومن هذه الرسائل، الرّسالة المتعلّقة بفتح تونس، حيث يقول فيها: "... لا جرم أنّ الله تعالى مَنّ علينا بفتح تونس التي كانت لفتوح إفريقية مسك الختام ولبنة التّمام، وعنوان طرس النّصر الذي قام على أقدام الإقدام، وعدّة الزّمان الذي كتبها بمداد الليالي في قراطيس الأيّام، ... تونس وما أدراك ما تونس جنّة البلاد، ونزهة الحاضر والباد، ذات الجنات التي حلّ سوادها من العين بالسّواد..."[٢].

ولم يقف الأمر عند هذا الحدّ وحسب بل ضمّن بعض الرّحّالة حديثاً لرحّالة غيرهم في وصفهم لبعض البلدان؛ فقد تضمّنت رحلة ابن بطوطة حديثاً لابن جبير في وصف حلب[٣] ودمشق[٤] وبغداد[٥]، ويبدو أنّ ابن جزي هو من فعل ذلك إذ ربّما لم يقنعه كلام ابن بطوطة فتركه ووضع مكانه كلاماً لابن جبير نقله بنصّه. كما تجدر الإشارة إلى أنّ بعض الرّحّالة قد وظّف الأمثال في رحلاته للتأكيد على صحّة المعاني التي يدعو إليها، ومن الأمثلة على ذلك ما أورده ابن بطوطة في رحلته، "كسير وعويرٌ وكلّ غير خير"[٦]، وهما جبلان قرب البحرين[٧]، ومن الأمثال الأخرى التي وردت عند ابن بطوطة بطوطة "الكركدن رأس بلابدن"[٨]. وكذلك وظّف ابن الحاج النميري الأمثال في رحلته، حيث يقول: "ورمت كبولهم بدائها وانسلّت"[٩]، واحتلوا من السلامة بالحصن المشيد،

(١) المصدر نفسه، ص١٨٤-١٨٦.

(٢) المصدر نفسه، ص ١٨٣-١٨٦.

(٣) انظر، رحلة ابن بطوطة: ٦٩/١، ورحلة ابن جبير، ص٢٢٥.

(٤) انظر، رحلة ابن بطوطة: ٨٢/١، ورحلة ابن جبير، ص٢٣٤.

(٥) انظر، رحلة ابن بطوطة: ١٩٩/١، ورحلة ابن جبير، ص١٩٣-١٩٤.

(٦) رحلة ابن بطوطة: ٢٥٠/١، وانظر، الميداني، أبو الفضل أحمد بن محمد النيسابوري، (ت ٥١٨هـ). مجمع الأمثال، ضبط وتعليق، سعيد محمد اللحام، دار الفكر، بيروت، لبنان، ١٩٩٢: ١٧١/٢-١٧٢.

(٧) انظر، ياقوت الحموي، معجم البلدان: ٤٦١/٤.

(٨) انظر، رحلة ابن بطوطة: ١١/٢.

(٩) يشير إلى المثل القائل: "رَمَتْني بِدائِها وانسلّت"، انظر، الميداني، الأمثال: ٣٥٥/١.

وأعجبت أرجلهم في حديثها المطلق لا المقيّد، وأنست الكبول منها مواعد عرقوب[١]، .. و..."[٢]. "فلمّا أعطيت القوس باريها"[٣]. وقد كنّى ابن خلدون عن كثرة الجيش بقوله: "يجرّ الشّوك والمَدَر[٤]..."[٥] ولعلّه بذلك نظر إلى المثل القائل: "جاء بالشّوك والشّجر"[٦]. وتضمّنت رحلة العبدريّ، أيضاً، الكثير من الأمثال[٧] الدّالة على المعاني التي قصدها، ومن ذلك ما وصف به أهل القاهرة: "شجاعهم أجبن من صافر الجنادب[٨]، وعالمهم أجهل من فراش[٩]، ..."[١٠].

أمّا المنهج الذي اتّبعه الرّحّالة، فقد التزم بعضهم نظاماً معيّناً أو ترتيباً زمنيّاً يثير الدهشة في سرده للأحداث ودقته في التّصوير، ومنهم ابن جبير، حيث ينقل المتلقي إلى عالمه يوماً بيوم معتمداً على معاينته للمواقع أو سماعه للأخبار والأحداث، ممّا يشعر المتلقي بصدق الرواية، في حين تبدو رحلة أبي حامد الغرناطي "المُعرب" لا تلتزم نظاماً معيّناً أو ترتيباً تاريخيّاً أو جغرافيّاً، وإنّما جاءت أحاديثه بالتّداعي، فكلّ ما يرد على ذهن الرّحّالة يدوّنه، لا سيّما مايثير الدهشة، ولعلّه في ذلك قد خدم الأدب الشّعبيّ. ويعلن ابن عربي تفوّق معراجه وانطواءه على مستويات معرفيّة عجيبة، وأنّه سلك في معراجه منهجاً خاصّاً، مؤكّداً أنّ الإخفاق الذي يحصل في فهم القارئ لأسلوب معراجه، هو

---

(١) يشير إلى المثل القائل: "مواعيد عُرقوب"، انظر، المصدر نفسه: ٣٦٥/٢.

(٢) ابن الحاج النميري، فيض العباب، ص٣٥.

(٣) المصدر نفسه، ص٢١٠، ويشير ابن الحاج إلى المثل القائل: "أعْطِ القوسَ باريها"، انظر، الميداني، الأمثال: ٢٢/٢.

(٤) المدَرَ: الطين اليابس المتماسك، انظر، ابن منظور، لسان العرب: ١٦٢/٥.

(٥) ابن خلدون، التّعريف، ص١٤٤. وانظر، المصدر نفسه، ص٢٤٠-٢٤١.

(٦) الميداني، الأمثال: ٢٠٨/١.

(٧) انظر، العبدري، الرحلة المغربيّة، ص١٢، ٥٠، ١٥١، ١٦٣، ١٧١، ٢٨٤، ومواضع أخرى متفرّقة.

(٨) الميداني، الأمثال: ٢٣٠/١.

(٩) المصدر نفسه: ٢٣٤/١.

(١٠) العبدري، الرّحلة المغربيّة، ص ١٢٦، وانظر مثل هذه الأمثال، ابن الخطيب، خطرة الطّيف، ص١٠٢.

مسؤولية القارئ، حيث يبدو أنّ القارئ أقلّ منزلة من ابن عربي، ومن قوله في ذلك "فإنّه لا يفهم كلامي إلا مَنْ رقا مقامي..."[١]، فمعراجه "معراج أرواح لا معراج أشباح وإسراء أسرار لا أسوار رؤية جنان، لا عنان، وسلوك معرفة ذوق... ووصفت الأمر بمنثور ومنظوم، وأودعته بين مرموز ومفهوم، مسجّع الألفاظ ليسهل على الحفّاظ، وبيّنت الطريق وأوضحت التّحقيق، ولوّحت بسرّ الصّديق، ورتّبت المناجاة بإحصاء بعض اللّغات..."[٢].

وحفلت رحلة ابن بطوطة بالكثير من المشاهدات والأحداث والقصص، ولعلّه لم يذكر جميع تلك الأحداث والقصص التي كان يعيش أحداثها أو يسمع أخبارها، وإنّما ينتقي منها ما ثبت في ذاكرته، وممّا يلحظ أيضاً في منهج ابن بطوطة تعقيبه وتعليقه على أصل عدد من الأعلام والمواقع التي وردت في أثناء حديثه[٣]. وركّز بعض الرّحّالة على الاتّصال بالعلماء والشّيوخ، وأخذ الإجازات وسماع الروايات، وحفظ الأسانيد، والاطّلاع على الكتب والأخبار، وتراجم الرّواة والحفّاظ والمحدّثين والفقهاء واللّغويّين، أمّا أخبار السّفر برّاً وبحراً، ووصف المشاهدات والبلدان، فهو شيء ثانويّ استخدمه الرّحّالة للرّبط والتّوثيق، فكانت رحلاتهم أقرب إلى الفهارس العلميّة، فابن رشيد في وروده وصدوره يسجّل ما أخذه عن الشّيوخ ويترجم لهم، ويذكر مؤلفاتهم وأسانيدهم بحيث يعكس ذلك الحالة العلميّة في تلك الفترة.

ويصف البلوي منهجه، فيقول "هذا تقييد أطلعه عون من الله وتأييد، قصدت به ضبط موارد الرّحلة الحجازيّة، وذكر معاهد الوجهة المشرقيّة، جعلها الله تعالى في ذاته وابتغاء مرضاته ..."[٤]. وقد ركّز البلوي على ذكر مراحل رحلة الحجّ ثمّ التّرجمة

---

(١) الإسرا في مقام الأسرى، ضمن رسائل ابن عربي: ٤/١.

(٢) المصدر نفسه:١/٢-٣.

(٣) انظر، رحلة ابن بطوطة: ١٧٩/١، ٢٠٩، ٢١١، ٣٠١، ١٤٢/٢، ١٧٤، ٢٧٣، ومواضع أخرى متفرّقة.

(٤) البلوي، تاج المفرق: ١٤٢/١ وما بعدها.

لشيوخه، فيقول: ".. إنيّ خرجت قاصداً للحجّ وطالباً للعلم ..."[١]. وكانت ترجمته لشيوخه تأتي في أثناء حديثه عن المدن والمساجد التي زارها. أمّا التجيبي، فقد كان يهمل ذكر تواريخ ميلاد تراجمه أحياناً، ثم يذكر ذلك، آخر الترجمة[٢]، وفي ذلك إشارة إلى تطلّعه للاتّصال بالعلماء والرّواة والمؤرّخين والاطّلاع على الكتب والأخبار.

وقد امتاز منهج ابن الحاجّ النميري في رحلته بعدم التزام ترتيب معيّن للأبواب من بداية الرّحلة إلى نهايتها، ويلمح ذلك في كثرة الانتقالات بين تلك الأبواب، والتّكرار والتّقديم والتّأخير، فكثيراً ما نجد عبارة "رجع حديث" في جميع مراحل رحلته، ولعلّ مثل هذا المنهج قد يربك الأسلوب إلا أنّ ابن الحاجّ قد التزمه في رحلته، كما أكثر من مدح سلطانه وإبراز معالم شخصيّته وحرص على أن يختم أبوابه بعبارات التّقدير والدّعاء الصّالح[٣].

أمّا ابن خلدون، فكان يسوق الأحداث ويذكرها بعناية ودقّة، لأنّه يؤرّخ حياته وتاريخ الدّول التي اتّصل بها، ومع ذلك فلم تكن رحلته مجرد مادّة سرديّة جافة، حيث ذكر الكثير من الرسائل والأشعار، وأولى المعاني عناية أكثر من عنايته بزخرفة الألفاظ[٤].

وبهذا تكون معظم الرّحلات قد أفرزت بشكل جلي الخطاب المركزيّ لها، وهو الخطاب الدّينيّ، فمعظم الرّحّالة أصحاب ثقافة دينيّة انعكست في أسلوبهم حيث قصدوا جمع كلّ ما يدعم هذا الخطاب، كما لم يكن الخطاب الدّينيّ مستقلاً عن الخطاب التاريخيّ أو الاجتماعيّ، على سبيل المثال، ويمكن إدراك ذلك من حشد الرّحّالة للأماكن المقدّسة الموصوفة، وجمع العبارات النصّيّة الدينيّة والتّاريخيّة والشعبيّة التي تكشف أبعادها وتثبت مركزيّتها.

---

(١) المصدر نفسه: ١٤٣/١.

(٢) انظر، المصدر نفسه: ٢٠٠/١، ٢٠٤، ٢٢٥، ٢٩٤، ٦٥/٢، ١٠١، ومواضع أخرى متفرّقة.

(٣) انظر، المصدر نفسه، ص ١٢٧، ١٢٨، ١٣٩، ١٤٨، ١٥١، ومواضع أخرى متفرّقة.

(٤) انظر، ابن خلدون، التّعريف، ص ١١٢-١٢٤، ١٢٩، ١٣٥، ٢٧٤-٢٨٣، ٤١٤-٤١٥، ومواضع أخرى متفرّقة.

ثانياً: الوصف

احتلّ الوصف مكانة كبيرة في الرّحلات، التي كانت تمثّل خطّاً طويلاً منه، فللوصف أبعاد جماليّة، بما يقدّم من رسم لملامح الشخصيّات أو إضاءات عن المواقع والأحداث، حيث حاول الرّحّالة رصد كلّ ما شاهدوه وسمعوه، وسجّلوا كلّ ما تقع عليه أعينهم من مشاهد شتّى تتعلّق بالمسالك والممالك، والسّكّان والمخلوقات، وما يتعاطاه النّاس من مختلف الأنشطة والمناسبات والأعياد والعادات والتقاليد، ونقلوا ذلك إلى كلّ من حالت دون رحيلهم الأسباب والعوائق.

وقد استطاعت هذه الأوصاف أن تعبّر عن انطباعات الرّحّالة، وترسم صورة لشخصيتهم، فهم ينقلون الأخبار والأحداث، ويصفونها بحيث تصل إلى عالم المحسوسات المدركة بالمشاهدة والسّماع، بحيث يضفي الرّحّالة على رحلتهم من مشاعرهم وعواطفهم، ويجعلونها تنبض بالحياة والحركة. فقدّمت الرّحلات بذلك، المتعة والتّشويق للقارئ، وكشفت عن مكامن الجمال الطبيعيّ لمختلف المخلوقات التي شاهدوها، ومختلف المواقع والبقاع التي زاروها.

ويتّضح من خلال وصف الرّحّالة ولغتهم المستخدمة قدرتهم على الوصف الذي اتّسم بالصّدق -غالباً- والدّقة والشمول، فقد وصف كراتشكوفسكي عمل العبدري، مثلاً، فقال: "يقدم لنا المؤلف صنعاً دقيقاً للمواضع والبقاع المختلفة مع تفاصيل وافية عن الآثار القديمة وأخلاق السكان المحلّيين"[(١)].

كما عني عدد من الرّحّالة، مثل ابن جبير، والبلوي، والتجيبي، وابن بطوطة بالجانب الوصفيّ في رحلاتهم، وأعقب بعضهم وصفهم للمدن بآرائهم الشخصيّة، ومن العبارات الدّالة على ذلك قول التجيبي: "وهو عندي من خرق العوائد... فاستغربت ذلك

---

(١) كراتشكوفسكي، تاريخ الأدب الحغرافيّ العربيّ، ص٣٩٨، وانظر، فهيم، حسين، (١٩٩٧. الرحلة والرحالة، دراسة إنسانية، ط١، دبي: ندوة الثقافة والعلوم، ص٤٧.

جداً..."[(١)]. ويصف ابن جبير مدينة صقلية فيقول: "هي بهذه الجزائر أمّ الحضارة، والجامعة بين الحسنيين غضارة ونضارة، فما شئت بها من جمال مَخْبر ومنظر، ومراد عيش يانع أخضر عتيقة أنيقة، مشرقة مونقة، تتطلّع بمرأى فتّان، وتتخايل بين ساحات وبسائط كلّها بستان، فسيحة السّكك والشّوارع، تروق الأبصار بحسن منظرها البارع..."[(٢)]. ويضفي ابن جبير على وصفه فيضاً جميلاً من البيان، فيقول في وصف مدينة نصيبين: "فخارجها رياضيّ الشمائل، أندلسيّ الخمائل، يرفّ عصارة ونضارة، ويتألق عليه رونق الحضارة"[(٣)].

ومن صوره الأخرى المليئة بحركة الأجسام، تصويره للطواف، وقبائل السرو وتدافعهم -وهم أهل جبال حصينة باليمن، تُعرف بالسّراة-، حيث يقول: "فهم إذا طافوا بالكعبة المقدّسة يتطارحون عليها تطارح البنين على الأم المشفقة، لائذين بجوارها متعلّقين بأستارها، فحيثما علقت أيديهم منها تمزّق لشدة اجتذابهم لها، وانكبابهم عليها. وفي أثناء ذلك تصدع ألسنتهم بأدعية تتصدّع لها القلوب وتتفجّر لها الأعين الجوامد..."[(٤)]. وجاءت بعض صوره صوتيّة، حيث استعمل الألفاظ المعبّرة المثيرة للقارئ، فصوّر عاصفة بحريّة داهمته في البحر الأبيض المتوسط، وعبّر عن اضطراب البحر قائلاً: "اشتدّ تلاطمه، وصكت الآذان غماغمه"[(٥)].

وتبدو قدرة ابن الحاج الواسعة على التصوير، حيث يكثر من التشبيهات والاستعارات، ويعتمد على العناصر الماديّة المحسوسة المستمدة من العالم المحيط به؛ -وهي صور تتشابه عند معظم الرّحّالة لأنّها مستمدة من الإنسان والحيوان ومظاهر الطبيعة المحيطة- كوصفه للخيول وبعض المواقع، فيقول واصفاً ألوان الخيول وحوافرها

---

(١) انظر، التجيبي، مستفاد الرّحلة، ص٢١٨-٢١٩، وانظر في ذلك، رحلة ابن جبير، ص٥٣-٥٤، والعبدري، الرّحلة المغربيّة، ص٣١، ٣٤.

(٢) رحلة ابن جبير، ص٣٠٥.

(٣) المصدر نفسه، ص٢١٤.

(٤) رحلة ابن جبير، ص١١١، وانظر مثل هذه الصور، في المصدر نفسه، ص ٥٩ وما بعدها.

(٥) المصدر نفسه، ص ٢٨٩.

ورؤوسها وآذانها: "... وتصاهلت الجرد السّوابق، ولاعبت ظلالها الضمر اللّواحق، من كلّ أدهم أشبه المسك العتيق، لكن خالطه الكافور فهو بوجهه تسمّى غرة، وحكى الليل البهيم، لكن حجوله الصّبح الذي بهر أنواراً وراق سرّه، مسرج بالهلال، ملجم بالنجوم..."[١].

النسيم..."[٢]، و "ضمّني الليل، وقد سدل المُسَحَ راهبه"[٣] و "تجري تحتها عين خرّارة كأعظم الأنهار فوق حصى كدّر النحور، القريبة العهد بلجج البحور، أو كثنايا الحور"[٤]، ومنها أيضاً، قوله: "وماشينا أدواح الزيتون والأشجار تساوقها جَرِيّات الأنهار، تتخللها أطلال الحلل والدّيار نيّفاً على شطر البريد لا تنال صفح ثراه الشمس ولا ترتاده الحرباء، تتجاوب أصوات الحمام المطوّق فوق غصونه ..."[٥].

ووصف البلوي مدينة القدس وصفاً مزجه بالظواهر الطبيعيّة، فقال: "هي بلدة الأفق المنير ونجمه، والنجم الذي لا تمتطى صهواته، وصلناها والليل في سنّ الاكتهال وأيدينا ممتدّة بالشّكر لله تعالى والابتهال ... ظلّ ظليل، وماء سلسبيل، ورياضات تحيي النّفوس بنسيمها العليل، ..."[٦].

ومن وصفه قوله: "ولم نزل نخوض أحشاء كلّ وادٍ كالثعبان، ... فكأنّ تلك الأودية سيوف لقتل الأنس مسلولة، ولولا زرقة ألوانها لقلت دماء مطلولة، خاتم نظامها وسك ختامها، ومنتهى كمالها وتمامها، وآخر عذابها وانتقامها يسمّى (أبو جردة) قيل لأنّه يجرّد الإيمان من قلب شاربه، ..."[٧].

(١) ابن الحاج النميري، فيض العباب، ص١٢٥-١٢٦.
(٢) ابن الخطيب، رحلة خطرة الطّيف، ص٣٥.
(٣) المصدر نفسه، ص٦٨.
(٤) المصدر نفسه، ص١٢١.
(٥) المصدر نفسه، ١٢٧.
(٦) البلوي، تاج المفرق: ٢٤٥/١.
(٧) المصرد نفسه: ١٦٥/١.

أمّا القلصادي، فلم يتوسّع في ذكر خصائص البلاد التي زارها، ومميّزات حياتها الاجتماعيّة، ولم يعرض لجزئيات الأحداث، ورغم ذلك، فقد جمعت رحلته بين وصف البلدان وذكر الأحداث متوخيّاً الإيجاز - غالباً- في وصفه، بحيث جاءت رحلته صغيرة الحجم.

ويبدو أنّ الرّحّالة، منهم من كان وصفه مختصراً، ومنهم من أسهب، فالبلوي، مثلاً، لم يكن وصفه على درجة واحدة، فأحياناً يميل إلى الإيجاز، وأحياناً أخرى يسهب في الوصف، فقد كان يذكر اسم المدينة ويشير إلى موقعها فقط، مثل حديثه عن مدينة الجزائر التي "أحاط بها البحر إحاطة السّوار بالزناد، فألبس ذلك الجسم روح المجد ..." [(١)]. وكان يسهب، أيضاً، في الوصف، فيتوسع في حديثه، حيث يتعرّض إلى تاريخ بناء بعض المدن وآثارها، من ذلك وصفه لمدينة الإسكندريّة[(٢)] والقاهرة[(٣)].

وتوسّع بعض الرّحّالة في وصف الحياة الاجتماعيّة، فتناول الكثير من جوانبها بالنقد والتحليل، واهتم بعضهم الآخر بعلم النبات والحيوان، فكانت الرّحلات بذلك أداة تفاعل حضاريّ ووسيلة من وسائل التّقدّم، ممّا جعل الكثير من الدّارسين والمفكّرين يدركون قيمة ما دوّنه الرّحّالة في كتبهم، فعمدوا إلى استخراج ما يمكن الاستفادة منه من الماضي واستغلال معطياته وتوظيفه في المجالات العلمية والأدبيّة، وليس هذا وحسب، بل ربّما سهّلت أساليب الرّحّالة هذه على القارئ التّعرّف على المعالم العمرانيّة وملامحها ومعالمها من خلال رسم الصّور الفنيّة الجميلة التي تقدّم الفوائد الأدبيّة والماديّة لبيئات اطّلعت بكثير من المظاهر الاجتماعيّة والاقتصاديّة السائدة في عصور الرّحّالة.

وقد كانت بعض تلك الأوصاف تطول أو تقصر- حسب أهميّة تلك المشاهدات وأثرها في نفس الرّحّالة. فابن جبير يحاول أحياناً إبراز أثر المكان على نفسه، فقد وصف

---

(١) المصدر نفسه: ١٥٢/١.

(٢) انظر، المصدر نفسه: ١٩٨/٢، ١٩٩، وما بعدها.

(٣) انظر، المصدر نفسه: ٢١٥/٢ وما بعدها.

مشهد الكعبة في نفسه، حيث يقول: "فألفينا الكعبة الحرام عروساً مجلوّة مزفوفة إلى جنّة الرضوان محفوفة بوفود الرحمن"[١]. ووصف طراز البناء الذي شاهده قائلاً: "والبيت العتيق مبنيّ بالحجارة الكبار الصّمّ السّمر، قد رُصّ بعضها على بعض وأُلصقت بالعقد الوثيق، إلصاقاً لا تحيله الأيام ولا تقصمه الأزمان"[٢].

أمّا العبدريّ، فافتتح كلامه عن المسجد الأقصى بالوصف الجغرافيّ[٣]، ولم يجد أجمل من البيان، يستعين به على تصوير الدّهشة التي تملكته حين رآه، ومعطيات جماله السّاحرة التي تدفع القارئ إلى تشرّب ذلك الجمال بما تمنحه ومضات العبدري الوصفيّة للمكان حيث يقول: "وفي وسط فضاء المسجد قبة الصخرة، وهي من أعجب المباني الموضوعة في الأرض ... وتجلّت في جمالها الرّائع كعروس حسناء جليت على منصّة قامت مشرفة متبرجة على يفاع ..."[٤].

وعن باطن القبة المثمّنة في المسجد الأقصى، يقول: "وأمّا باطنها فيكلّ عن وصفه اللسان، ويحار في حسنه إنسان الإنسان. تبهر الناطق أشعته الباهرة. وتستوقف الخاطر محاسنه الظاهرة، أسكرت العقول فصارت لها عقالاً، وكلّت الألسن فما وجدت مقالاً، فاقت حسناً وكمالاً ..."[٥].

ومن جانب آخر، فإنّ بعض الرّحّالة قدّم وصفاً لبعض الأماكن امتاز بالشدة والمبالغة، فقد استاء العبدري من تضييع المساجد وإهمالها، في القاهرة "وقلّة التّحفّظ فيها حتّى تصير مثل المزابل وَتَسْودّ حصرها وحيطانها من الأوساخ"[٦].

---

(١) رحلة ابن جبير، ص ٥٨، وانظر أيضاً، رحلة ابن بطوطة: ١٢٣/١.

(٢) رحلة ابن جبير، ص٧٥.

(٣) العبدري، الرّحلة المغربيّة، ص٢٢٩.

(٤) المصدر نفسه، ص٢٢٩.

(٥) المصدر نفسه، ص٢٣٠.

(٦) المصدر نفسه ، ص١٢٧.

ويلحظ في وصف الرّحّالة للأماكن التي قصدوها، انتقالهم من الوصف الكلّيّ إلى الوصف الجزئيّ، مدركين القيم الجماليّة لتلك الأماكن، وقد تجلّى ذلك بإطلاقهم أحكاماً جماليّة تنمّ عن إعجاب خاصّ بقداسة تلك الأماكن وجماليّات الفنّ المعماريّ، فقبة الصخرة مثلاً "من أعجب المباني الموضوعة في الأرض..."[(١)] و "أتقنها وأغربها شكلاً، قد توفّر حظّها من المحاسن وأخذت من كلّ بديعة بطرف ... فهي تتلألأ نوراً وتلمع لمعان البرق، يحار بصر متأملها في محاسنها، ويقصر لسان رائيها عن تمثيلها ..."[(٢)].

وقد تتشابه أوصاف بعض الأماكن لدى بعض الرّحّالة، مثلاً وصف بيت المقدس، فعند العبدري: "وله أبواب كثيرة من الشّرق والغرب والشّمال ولا أعلم له باباً قبليّاً سوى الباب الذي يدخل منه الإمام"[(٣)]، وعند ابن بطوطة: "وله أبواب كثيرة في جهاته الثلاث، فأمّا الجهة القبليّة منه فلا أعلم بها إلا باباً واحداً، وهو الذي يدخله الإمام"[(٤)]. وفي القبة يقول العبدري: "قبّة مثمّنة على نشز في وسط المسجد ويطلع إليها في درج من رخام، وقد أحاط بها ولها أربعة أبواب والدائر مفروش بالرّخام المحكم الصّنعة"[(٥)]. أمّا ابن بطوطة، فيقول: "القبّة قائمة على نشز في وسط المسجد، يصعد إليها في درج رخام، ولها أربعة أبواب، والدائر بها مفروش بالرّخام أيضاً محكم الصّنعة"[(٦)].

أمّا البحر، فقد أعطى الرّحّالة مساحة واسعة ليظهروا براعتهم الأدبيّة، حيث وصفوا مخاطره وأهواله، فابن جبير استطاع في وصفه لأهوال البحر التي عانى منها في

(١) العبدري، الرّحلة المغربيّة، ص ٢٢٩.

(٢) رحلة ابن بطوطة: ٦٠/١-٦١، وانظر في وصف القلاع والقصور، ابن الحاج النميري، فيض العباب، ص ٢٢١-٢٢٣، وانظر، حمودة، ألفت، (١٩٨١). نظريات وقيم الجمال المعماري، الإسكندرية: دار المعارف، ص٢٣٢-٢٣٣.

(٣) العبدري، الرحلة المغربية، ٢٢٩.

(٤) رحلة ابن بطوطة: ٦٠/١، وانظر أيضاً، رحلة بنيامين التّطيلي، ص١٠٠.

(٥) الرّحلة المغربيّة، ص ٢٣٠.

(٦) رحلة ابن بطوطة: ٦٠/١.

رحلته البحريّة قادماً إلى مكة، وفي عودته إلى وطنه، أن يحرّك المشاعر، ويجعل القارئ يعيش معه تلك الأحداث، التي أثرت في نفسه حيث يصف الأعاصير التي داهمته في البحر الأبيض المتوسط، وفي طريق عودته إلى وطنه، فيقول: "... ونحن نجري بريح شماليّة موافقة، فذئرت وعصفت فطار لها المركب بجناحي شراعه، والبحر بها قد جُنّ واستشرى لجاجُه، وقذفت بالزبد أمواجه فتخال غواربه المتموّجة جبالاً مثلّجة، ..."[١].

ويصف ثورة أخرى لأمواج البحر الأبيض المتوسّط، وعواصفه، وتعرّض المركب إلى الغرق عند هبوبها، فالأمواج أمثال الجبال السّائرة، حتى لم يثبت شراع، فلجأ إلى استعمال الشّرع الصّغار، ولمّا هدأت الأعاصير، سكن البحر، وسهلت الملاحة فيه، ومن وصفه لذلك: "وأصبحنا يوم الأحد المذكور والهول يزيد، والبحر قد هاج هائجه، وماج مائجه، فرمى بموج كالجبال، يصدم المركب صدمات تتقلّب لها على عظمه تقلّب الغصن الرّطيب، وكان كالسور علوّاً فيرتفع له الموج ارتفاعاً يرمي في وسطه بشآبيب كالوابل المنسكب فلمّا جنّ الليل اشتدّ تلاطمه، وصكّت الآذان غماغمه، واستشرى عصوف الرّيح. فحطّت الشّرع، واقتصر على الدّلالين الصّغار... فيا لها ليلة يشيب لها سُود الذّوائب، مذكورة في ليالي الشّوائب، مقدّمة في تعداد الحوادث والنوائب... فأسقطتنا الرّيح عن مجرانا... وخالفنا المجرى المعهود الميمون... وفي أثناء ذلك انبسطت الشمس، ولان البحر قليلاً، ..."[٢].

ويصف وصفاً آخر لأهوال ذلك البحر المتلاطم "ثم انقلبت الريح غربيّة وأنشأت سحابة فيها رعد قاصف، وزجّتها ريح عاصف، وتقدّمها برق خاطف، فأرسلت حاصباً من البرد صبّته علينا في المركب شآبيب متداركة، فارتاعت له النّفوس، ثم أسرع انقشاعها، وانجلى عن الأنفس ارتياعها ..."[٣].

---

(١) رحلة ابن جبير، ص ٢٨٨.
(٢) رحلة ابن جبير، ص ٢٨٩.
(٣) المصدر نفسه، ص ٢٩١.

ووصف ابن جبير، أيضاً، بعض الأهوال البحريّة التي داهمتهم في البحر الأحمر، حيث يقول: "وهبّت ريح شديدة صرفت المركب عن طريقة راجعاً وراءه، وتمادى عصوف الرّياح واشتدّت حُلكة الظلمة وعمّت الآفاق ... إلى أن أتى الله بالفرج مقترناً مع الصّباح. فهدأ قياد الرّيح، وأقشع الغيم وأصْحَت السّماء، ولاح لنا برّ الحجاز على بعد لا نبصر منه إلا بعض جباله..."(١).

أمّا التّجيبي، فيصف أهوال البحر الأحمر ومخاطره، وأثر ذلك في نفوسهم، فيقول: "عصفت علينا الرّيح، وجاء منها ما أشفينا به على التّلف، وعظم الموج ... وأظلم البحر، واشتدّ سواده ... وعاينّا الموت عياناً، وأيقنّا بالتّلف لا محالة. وضجّ النّاس بالصّياح والبكاء والتّضرّع إلى الله تبارك وتعالى بالدّعاء. وبهت الملاحون من شدّة الهول ..."(٢). إن مثل هذه الأوصاف، تضمنت عرضاً للأحداث التي تنتهي إلى العقدة أحياناً ثم تندرج في حلّها، كما يلحظ تداخل السّرد والوصف في بعض مشاهدات الرّحّالة فيتعذر عندها الفصل بينهما، فالسّرد يبرز من خلال الأفعال: أصبحنا، هاج، فرمى، وصكت، وكان... ، أمّا الوصف فيتضح من خلال الأسماء: شآبيب كالوابل المنسكب الرطيب، ليلة يشيب لها سود الذوائب، ليالي الشّوائب..

أمّا الشّخوص في الرحلة، فتقول يمنى العيد: "إنّ الذات.. بانتمائها إلى مجتمع وتاريخ، ذات متباينة بل متناقضة، ومتصارعة ولو في صحّتها وعيّها والصّراع في رواية السّيرة، هو بين الذّات وذاتها، وداخل ال (نحن) من جهة ومع آخر يتواطأ مع هذه ال (نحن) وضدّها من جهة ثانية"(٣). فالذّات في بعض الرّحلات صورة محوريّة، حيث صوّرت الرّحلة، سيرة أصحابها، والواقع المعاش، والواقع المستمد من معايشة الآخرين، وهذا قرّب الرّحلات من الشكل الفنيّ أكثر منها تسجيلاً جغرافياً(٤).

---

(١) المصدر نفسه، ص٥٠.

(٢) التجيبي، مستفاد الرّحلة، ص ٢١٢-٢١٤.

(٣) العيد، يمنى، السّيرة الذّاتيّة الروائيّة، (١٩٩٧). فصول مجلد ١٥، العدد (٤)، ص٢٠.

(٤) انظر، المرجع نفسه، والصفحة نفسها.

وقد جاءت الشخصيات -في الرّحلات- في معظمها شخصيات لا متناهية، متعددة الأحوال، والمستويات الاجتماعيّة والفكريّة والثقافيّة المختلفة، والصفات والطبقات: الملوك والسلاطين، والوزراء والقضاة والجيوش، والرواة والعلماء والأدباء والشّعراء، والتّجار، والمغنون، والجواري، والسّحرة، وبعض الفئات التي احترف بعضها السرقة والاعتداء على الحجاج، وسلب أموالهم، ويكثر انتشارهم في الطّرق المؤدّية إلى مكة والمدينة المنورة، ومن الشخصيات، أيضاً، الحيوانات، والنباتات، وبهذا التنوّع، تتنوّع الأحداث.

ولعلّ الشخصيّة التي اعتمدتها الرّحلات في المقام الأول شخصيّة الرّحّالة: الوصّاف، واللغويّ، المهتم باللغات واللهجات، والمتصوّف أو الفقيه؛ وهي شخصيّة كفلت التّرابط بين أجزاء العمل الواحد بحيث دارت الأحداث جميعها في فلكه، ولم تشذ عنه، فحضوره حضور دائم وفاعل، حيث يكفل الوحدة الموضوعيّة للعمل ويضفي عليه السّمة الفنيّة[١].

وقد تكون هناك شخصيّة خلف شخصيّة الرّحّالة؛ فصاحب الرّحلة في بعض الأحيان لم يكن يكتب رحلته بنفسه، إذ كان يمليها أو يرويها، فابن جزي كاتب الرّحلة ليس هو صاحبها، بل إنّ ابن بطوطة هو من قام بتلك الرّحلة وأملاها على ابن جزي الذي دوّنها[٢]. أمّا ابن الحاج فقد تابع مراحل رحلة مخدومه، واستطاع أن يتقمّص شخصيته وينفذ إلى أغوارها ليمثلها أحسن تمثيل، بلغته وأسلوبه وصوره، وأن يعبّر عن

---

(١) ومن أمثلة ذلك، رحلة ابن جبير، ص١١٠-١١٣، ١١٦-١١٧، ومواضع أخرى متفرّقة، والعبدري، الرّحلة المغربيّة، ص٧٩-٨٠، ١٦١-١٦٤، ومواضع أخرى متفرّقة، والتجيبي، مستفاد الرّحلة، ص٣٠٤-٣٠٧، ٣٩٢، وما بعدها، ومواضع أخرى متفرّقة، ابن رشيد، وملء العيبة: ٧٥/٥-٧٥، ٨٧-٨٩، ومواضع أخرى متفرّقة، والبلوي، تاج المفرق: ٢٤٥/١، ٢٧٧-٢٧٩، ومواضع أخرى متفرّقة، ورحلة ابن بطوطة: ٢٨/١-٣٠، ٢٠٩، ٢٤١، ٣٥/٢، ٣٨، ٨٧، ومواضع أخرى متفرّقة.

(٢) انظر، رحلة ابن بطوطة: ٣١٢/٢.

أعمال أبي عنان بشتّى الوسائل والأساليب، فترجم أفكاره وعواطفه، في حين لم تظهر شخصية ابن الحاجّ بشكل واضح في مراحل الرّحلة، حيث اختفت شخصيّته وراء شخصيّة سلطانه، ولعلّ انشغاله بأعمال أبي عنان، وأعباء السلطة، هو ما جعله ينسى نفسه، غير أنّ بعض المواقف يمكن الاستدلال من خلالها على بعض سمات شخصية ابن الحاجّ، فهو ليس شديد الانفعال أو سريع الغضب، بل تتّسم شخصيّته بالثبات والاتزان، ولم يخرج عن ذلك إلا نادراً، وفي ظروف خاصّة اضطرته إلى التعبير عن غضبه، ورفضه للمنكر الذي ارتكب بمحضره، وهي جريمة تسبّبت في قتل شخصيات كثيرة شديدة الوفاء لسلطانه الذي خفي عنه الأمر "حتى تصوّر له الباطل في صورة الحقّ ..."[١]. ويبدي غضبه على "الخائن الخائن، الغادر الماكر..."[٢].

ويلحظ من هذا، أنّ مادة الرّحلات قد تكوّنت وجمعت عن طريق التجربة الشخصيّة للرحّالة، وعن طريق محادثاتهم مع شخصيات واقعيّة، تعرّفوا عليها من خلال رحلاتهم، فمعظم شخوص رحلة أبي حامد الغرناطيّ واقعيّة عاشت في أزمنة وأمكنة لها أبعادها التاريخيّة والجغرافيّة، وهي في الحكايات التي يرويها الغرناطي تحمل أسماء وألقاباً عرفت بها أثناء حياتها في الدنيا. وأصحاب هذه الشخصيات، منهم من ينتمي إلى السلطة السياسيّة[٣]، ومنهم من كان من رجال الدين[٤]، ومنهم من التقى به أبو حامد الغرناطي وعاشره وتحدّث معه[٥]. وقد أضفى أبو حامد الغرناطي على بعض تلك الشخصيات صفات أسطوريّة، رغم انتماء أصحابها إلى الواقع، حيث أضفى على شخصية أبي جهل صفات تبعده عن دنيا النّاس، فبعد موته بسنين يظهر في صورة آدميّ أسود يشتعل ناراً من قرنه إلى قدمه، وفي عنقه سلسلة يجرها خلفه، وهو يصيح، ويطلب الماء[٦].

---

(١) ابن الحاج النميري، فيض العباب، ص٢٩٤.

(٢) المصدر نفسه، ص٢٧٠.

(٣) انظر، أبو حامد الغرناطي، تحفة الألباب، ص٣٣، ٤٤، ٤٩، ٦٩، ومواضع أخرى متفرّقة.

(٤) انظر، المصدر نفسه، ص٧٦، ٩٠، ١١٥، ١١٦، ١٣٠، ومواظع أخرى متفرّقة.

(٥) انظر، المصدر نفسه، ص٩٠، ١١٠، ١٣٧، ١٤٦، ١٤٧، ومواضع أخرى متفرّقة.

(٦) انظر، المصدر نفسه، ص١٠٢-١٠٣، وانظر مثل هذه الحكايات، المصدر نفسه، ص١٠٤، ١١١-١١٧.

إيجاباً أو سلباً، حيث يشعر المتلقي بحركة الشخوص وحيويّة الأحداث فقد أشار ابن جبير إلى ما يقع لشخوص رحلته من تفتيش أو لقاء الشيوخ والأخذ عنهم، والإفادة من علومهم، أو التّعرّض لأهوال البحر: "ووقع اليأس من الدنيا، وودعنا الحياة بسلام، وجاءنا الموج من كلّ مكان، وظنّنا أنّا قد أحيط بنا، فيا لها ليلة يشيب لها سود الذوائب..."(١).

وقد كانت الرّحلات تحوي الكثير من الشخصيات العلميّة ذات القيمة الأدبيّة أو الفقهيّه أو غيرها، كما مزج بعض الرّحّالة بين وصفهم لما يصادفهم في البلاد التي يقصدونها وبين التّرجمة لشيوخهم(٢). بل اهتموا أيضاً بضرورة وجود العلماء في البلاد التي يقصدونها، فالعبدري، مثلاً، كانت تنتابه موجات من الغضب كلّما دخل مدينة، فلم يعثر فيها على عالم يأخذ عنه(٣). ولعلّ ذلك يشير إلى البعد النفسيّ- والفكري لشخصيّة الرّحّالة الباحثة عن التطوّر والنّماء.

أمّا ابن بطوطة، فقد ركّز في رحلته على شخصيات يعتبرها مهمّة إذ ربّما تنسجم مع ميوله واهتماماته، فالأشخاص الذين يجدون عناية كبيرة من الرّحّالة ابن بطوطة هم الأولياء والمتصوّفة، حيث كان يهتم بلقاء هؤلاء الأولياء، ورحلته حافلة بأسماء شيوخ ذوي كرامات وخوارق، ثم هو يهتمّ بعد ذلك بالسّلاطين والقضاة والخطباء والفقهاء، وكلّ شخصية في رحلته لها قصة، حتى الحيوانات والنباتات، لها قصة، فكثيراً ما كانت الحيوانات تقوم بوظيفة في بعض الحكايات وتمثّل شخصيات قصصيّة تنسب إليها الأفعال، فمن المشاهدات غير الواقعيّة مشهد السمكة التي رآها في مدينة هرمز -على ساحل البحر الأحمر- مطروحة عند باب الجامع، فقد كان رأسها "كأنّه رابية وعيناها كأنّهما بابان، فترى النّاس يدخلون من إحداهما ويخرجون من الأخرى"(٤). والسمك في

(١) رحلة ابن جبير، ص٢٨٩.

(٢) من هذه الرّحلات، رحلة التجيبي، وابن رشيد، والعبدري.

(٣) انظر، العبدري، الرّحلة المغربيّة، ص٢٦-٢٧.

(٤) رحلة ابن بطوطة: ٢٤٥/١.

زمن أبي حامد الغرناطي من سلالة السمك الذي أكل منه موسى ويوشع لذلك اكتسب قيمة كبرى عند اليهود والنّصارى، حيث يحملونه إلى بلادهم ويتبرّكون به[١]، وقد أفرد الغرناطي باباً خاصّاً في الحديث عن البحار وعجائب حيواناتها[٢].

ومن الكائنات الخرافيّة التي يسرد حكايتها بعض الرّحّالة، طائر الرخ[٣]، أو الكائنات التي تخرج من حباب[٤] النّحاس في حكاية مدينة النّحاس، فقد ذكر الغرناطي أنّ أحد الرجال "فتح منها حُبّاً فخرج منه فارس من نار، على فرس من نار، في يده رمح من نار، فطار في الهواء وهو ينادي يا نبيّ الله لا أعود -النبي سليمان بن داوود..."[٥].

وقد يكون الخيال لعب دوراً كبيراً في تصوير هذه المخلوقات إلا أنه بالتأكيد لم يتم اختلاق جُلّ تلك التّصوّرات اختلاقاً، حيث يبدو أنّ بعض الرّحّالة قد صدّق كلّ ما سمع من حكايات وأخبار مهما بلغت غرابتها، وقلّ ما كان يحاول محاكمتها بالمنطق، وقد يعزى ذلك إلى كثرة ما شاهد الرّحّالة وسمعوا من حكايات أو لكثرة الأحداث التي مرّوا بها، وطول المسافات وصعوبة المراحل التي أثّرت في نفسّيتهم.

ومن جانب آخر، فقد اهتمّ الرّحّالة بسرد الوقائع أكثر من اهتمامهم بالشخوص الثانويّة، إذ إنّ التّمحور الأساسيّ يكون حول بطل الرّحلة، وفي بعض الرّحلات يكون حول صوت البطل، وصوت الكاتب؛ فالتّعريف رحلة تمحورت حول شخصية ابن خلدون، الشخصيّة التي تحبّ الظهور والبروز في السلطة، وفي التفوّق العلميّ، وهي شخصية قدّمت نفسها من الدّاخل بحيث وضّحت انفعالاتها، ثم أظهرت أثرها الخارجيّ

(١) انظر، أبو حامد الغرناطي، تحفة الألباب، ص ٨٩.

(٢) انظر، المصدر نفسه، ص٨٣-٩٨.

(٣) انظر، المصدر نفسه، ص٩٣، ورحلة ابن بطوطة: ٢٤٢/٢.

(٤) الحِباب بكسر الحاء جمع حُبّ بضم الحاء، وعاء للماء كالجرّة الضخمة، انظر ، ابن منظور، لسان العرب: ٢٩٥/١.

(٥) أبو حامد الغرناطي،تحفة الألباب، ص ٤٧.

أو بروزها في شكل أحداث، بعكس ابن الحاجّ الذي مثّل صوت الكاتب الذي قدّم شخصية أبي عنان من الخارج إلى الدّاخل، حيث صوّر أبا عنان من الفرسان الشجعان، يقتحم العقبات ويواجه جميع أنواع الصّعوبات، ويصمد أمام الأخطار والأهوال[١]، يقول ابن الحاج: "ولمّا ركب مولانا -أيّده الله- في موكبه الذي تضاءلت له المواكب. وظهرت في النّهار بليل عجاجة الكواكب، والتقى عليه أهل دخلته الذين هم مدارة[٢] الحروب ومفارج الكروب... وأسود الغاب التي أنشبت أظفار سيوفها بالخطوب ولم تكن مهمتها يوم الكريهة في السّلب لكن في المسلوب..."[٣].

وبهذا، فإنّ الرّحلات قد مزجت بين الوصف الذّاتيّ والوصف الخارجيّ لشخصياتها؛ الثابتة التي لم تؤثر فيها الأحداث والشخصيات المتطورة التي تتفاعل مع الحوادث وتكشف لنا عنها شيئاً فشيئاً. وجاء خطاب تلك الرّحلات متمحوراً حول بطل الرّحلة/ الرّحّالة، والتجربة الذّاتيّة، والمعرفة الموضوعيّة، مؤكّدة أن تلك الشخصيات عاشت في عصرها وفي حضارة ذلك العصر، وأثرت في الأحداث وهي بذلك تعكس جزءاً من الحقيقة، فلم تكن مجرد وسائط لنقل الأحداث، وإنّما كانت تنبض بالحياة إلى حدّ ما، ذلك أنّ حضور الرّحّالة حضور دائم، وبه يتحقّق وجود المحاورة التي تكسب الرّحلات الامتاع، والحيويّة وشدّ القارئ لمتابعة الأحداث، فكان الرّحّالة بذلك كتّاباً ورواة ومؤرخين سجّلوا الكثير من الأحداث والوقائع، ومثّل بعضهم شخصية القاصّ المبدع.

ثالثاً: البناء الفنيّ والسردي

إنّ القيمة الأدبيّة لكتب الرّحلات "تتجلّى في ما تعرض فيه موادّها من أساليب ترتفع بها إلى عالم الأدب، وترقى بها إلى مستوى الخيال الفنيّ، وبرغم ما يتّسم به أدب الرّحلات من تنوّع في الأسلوب من السّرد القصصيّ إلى الحوار إلى الوصف، فإنّ أبرز ما

---

(١) انظر، ابن الحاج النميري، فيض العباب، مقدّمة المحقّق، ص٨٠، وانظر، المصدر نفسه، ص١٢٧.

(٢) مدارة: الدّفع، انظر، ابن منظور، لسان العرب: ١/٧١-٧٥.

(٣) ابن الحاج النميري، فيض العباب، ص١٢٨-١٢٩.

يميّزه أسلوب الكتابة القصصيّ المعتمد على السرد المشوّق، بما يقدّمه من متعة ذهنيّة كبرى"[١]. فمادة أدب الرّحلات وإن لم تصل إلى مستوى الفنّ القائم بذاته كالفنون الأخرى: القصة أو الشّعر أو المسرحيّة أو المقالة الأدبيّة، مثلاً، إلا أنّ أساليب هذه الفنون ومضامينها تجتمع -بشكل عام- في أدب الرّحلات[٢].

ولأنّ معظم الدّارسين لم يلتفتوا إلى البناء الفنيّ والقصصي لأدب الرّحلات، بشكل كبير، فقد جاءت الدّراسة هنا لتحاول الوقوف على حقيقة هذا الجانب، فلكلّ رحلة بداية ونهاية، فهل كانت تلك البداية أو النهاية فنيّة أم تقليديّة؟ وهل حكم عنصر الزّمان والمكان تلك البدايات أو النهايات؟ وهل تضمّنت الرّحلات فضاءات فنيّة أخرى؟ كالشخوص، أو الحوار أو السرد أو الخيال؟

وبالنظر إلى ما بين أيدينا من كتب الرّحلات يلحظ التزام معظم الرّحّالة محاور البناء الفنيّ الأساسية:

المقدّمة:

حيث تبدأ بحمد الله والثناء عليه والصّلاة على رسوله ومن ذلك قول ابن الخطيب: "نحمد الله حمد معترف بحقّه، ونشكره على عوائد فضله ورفقه، الذي جعل لنا الأرض ذلولاً نمشي في مناكبها، ونأكل من رزقه، ونصلّي على سيدنا ومولانا محمد خيرته من خلقه"[٣]. في حين افتتح أبو عصيدة البجائيّ رحلته بقصيدة شعريّة أشاد فيها بصديقه المشدالي ومكانته العلمية، ثم بالتّحميد، حيث يقول: "الحمد لله الذي فتح بمفاتيح العقول أقفال الأفهام، ورفع حجب السّرائر حتى ظهر ما كان محجوباً في صدور أهل المحبة والغرام..."[٤].

---

(١) حسين، حسني محمود، أدب الرّحلة عند العرب، ص١٠.

(٢) انظر، المصدر نفسه، ص١١.

(٣) ابن الخطيب، خطرة الطّيف، ص٣١-٣٢.

(٤) البجائي، رسالة الغريب إلى الحبيب، ص ٤٣.

أمّا ابن جبير، فرحلته تخلو من مثل هذه المقدمة، فهي موجزة سريعة حدّد فيها أسباب الرّحلة ودوافعها وزمن الخروج ومكانه، حيث "ابتُدئ بتقييدها يوم الجمعة المُوفي ثلاثين لشهر شوال سنة ثمان وسبعين وخمس مئة على متن البحر بمقابلة جبل شُلَيَر[١]... للنيّة الحجازيّة المباركة، قرنها الله بالتّيسير والتّسهيل..."[٢].

فالمقدّمة -على اختلافها- تأتي منسجمة مع المضامين التي احتوتها كتب الرّحلات، حيث يُشعر البدء بالفكرة، ويمهّد للموضوع الذي يقصده الرّحّالة.

العرض :

يأتي بعد التّمهيد، حيث توظّف الرّحلات كلّ الأساليب والتّعابير لإبراز الموضوع أو الهدف الذي من أجله كانت الرّحلات، فالموضوعات وكلّ ما صادفه الرّحّالة من المشاهدات، تصوّر الصّلة القويّة بين عناصر البناء الفنيّ، فتأتي الرّحلة أكثر قوّة وترابطاً.

الخاتمة :

ويختم معظم الرّحّالة رحلاتهم بالحمد والصّلاة على محمد ﷺ وآله وصحبه، ويحدد بعضهم الزّمن الذي استغرقته رحلته من لحظة الخروج إلى لحظة الإياب، حيث ينهي ابن جبير رحلته بقوله: "فكانت مدّة مقامنا من لدن خروجنا من غرناطة إلى وقت إيابنا هذا عامين كاملين وثلاثة أشهر ونصفاً، والحمد لله ربّ العالمين"[٣].

أمّا العبدريّ، فيختم رحلته بقصيدة شعريّة وعظيّة، يصوّر فيها مراحل رحلته النثريّة، ثم يحمد الله ويصلّي على محمد وآله وصحبه[٤]. في حين ختم البجائي رحلته

---

(١) جبل شُلَيَر: جبل بالأندلس من أعمال إلبيرة لا يفارقه الثلج شتاء ولا صيفاً، انظر، ياقوت الحموي، معجم البلدان: ٣٦٠/٣.

(٢) رحلة ابن جبير، ص٧.

(٣) المصدر نفسه، ص٣٢٠.

(٤) انظر، العبدري، الرّحلة المغربيّة، ص٢٨٠-٢٨٤.

بانتظار جواب غير عادي من صديقه المشدالي يوضح فيه ما جاء في رسالته مـن أبيات شعريّة وجّهها إلى البجائي ثم يصلّي الرّحّالة على النبيّ محمد وآله وصحبه (١).

وممّا سبق، يُلحظ أنّ البناء الفنيّ في جميع الرّحلات يظهر بصورة نمطيّة، تتبع خطّ سير الرّحلة من انطلاقها إلى لحظة العودة، بحيث يكسب النص مجالاً واسعاً لتوظيـف العناصر الأدبيّة، فعناصر البناء الفنيّ ترتبط بزمنيّة الخطاب، وتسعى إلى مواكبة الرّحلة من البداية إلى النهاية.

الفضاء الزّماني والمكاني

إنّ فعل الرّحلة لا ينفصل عن الزّمان والمكان، فالزمن عنصر ـ هـام في جسد نصّ الرّحلة، وعامل من عوامل ضبطه (٢) حيث تمثل الرّحلة في زمنها كلّ مظاهر الحياة المختلفـة، فقد رصدت الرّحلات جوانب حياة النّاس اليوميّة في مجتمع ما خـلال فترة زمنيّة محدّدة. وزمن المغامرة في الرّحلة لا يقتصر على ترتيب الأحداث، فقصّة السّفر في الرّحلة تنقل وقائع تاريخيّة حقيقيّة، وتركّز على الزّمن الدّاخليّ للنص؛ والفترة التّاريخيّة التي تجري فيها أحداث القصّة، وترتيب الأحداث وتزامنها وتتابعها (٣).

تقول يمنى العيد: "للشيء الذي نقصّ عنه زمنه، لكن لفعل القصّ نفسه زمنـه؟ أي زمن القصّ، وزمن الشيء الذي يقصّ عنه القص" (٤). فرحلة ابن جبير مـثلاً، عمـل ممتـع استمد وحدته من شخصيّة ابن جبير، والتّتابع الزّمنيّ، الذي أولاه اهتماماً منذ لحظة

(١) انظر، البجائي، رسالة الغريب إلى الحبيب، ص٩٨.

(٢) انظر، طعان، صبحي، (١٩٩٤). "زمن النصّ"، مجلة المعرفة، السنة ٣٣، عدد (٣٧٠)، ص١٣٧-١٤٧.

(٣) انظر، قاسم، سيزا، (١٩٨٥). بناء الرواية، ط١، بيروت: دار التنوير، ص٣٣، وانظر، الموافي، ناصر عبد الرزاق، (١٩٩٥). الرحلة في الأدب العربي، ط١، القاهرة: دار النشر للجامعات المصرية، ص٢٤٤+٢٤٥.

(٤) العيد، يمنى، (١٩٩٠). تقنيات السرد الروائي، ط١، بيروت: دار الفارابي، ص٧٢.

الخروج حتّى العودة، باتّباع طريقة العدّ التّصاعديّ للوحدات الزّمنيّة، متّخذاً شكل المذكّرات اليوميّة؛ ليؤرّخ تنقّلاته ومشاهداته، وفي إطار هذا التّرتيب الزّمنيّ كان الرّحّالة يصف المكان وصفاً دقيقاً مركزاً على مكّة المكرّمة الهدف الأساسيّ لرحلات الحجّ والعمرة، وهذا لا ينفصل عن زمن الرّحلة، فهو زمن ينتمي إلى الماضي القريب لكنّه ممتدّ على مستوى الانتقال بين مختلف الأماكن، لا سيّما الأماكن المقدّسة، إلا أنّ انشغال ابن جبير بالتقويم الزّمنيّ، أدّى إلى تباطؤ حركة الحكاية، و رتابة النصّ القصصيّ، وفقده لعنصر الحيويّة، باستثناء الأجزاء الأخيرة من الرّحلة.

أمّا العبدريّ، فيظهر اهتمامه بالزّمن من خلال وصفه للمراحل التي يقطعها ركب الحجيج بدءاً من مغادرتهم أرض الوطن، ووقوفهم في بعض البلدان، حيث يستكملون من أسواقها جهازهم وما يلزمهم، وعندما تحين ساعة السّفر تتحرّك القافلة وتُقطع المسافات التي بين تلك البلدان في يومين أو ثلاثة أيام أو أكثر، وهكذا حتّى تصل القافلة إلى مكّة المكرّمة[1]. في حين أنّ ابن بطوطة لم يهتم كثيراً بالتّواريخ، وتسلسل الأحداث، إذ وجّه جلّ اهتمامه بالأحداث ذاتها وسرد مشاهداته في البلاد التي قصدها، وإن وُجدت تواريخ في رحلته فهي مبعثرة وغير منتظمة في النّصّ، ومن ذلك قوله: "وقصدت بلاد الشّام، وذلك في منتصف شعبان سنة ست وعشرين ..."[2].

ومن جانب آخر، فقد جمع الرّحّالة ابن الحاجّ بين الأزمنة في سياق واحد، وكأنّه يصف حدثاً واحداً، فلم يقدّم الأحداث جميعها وفق تسلسل زمنيّ حسب وقوعها، بحيث يتحدّث عن حدث ما ثم يتوّقف ليصف حدثاً آخر ناقلاً تفاصيله ونتائجه، ثم يعود إلى موضوع حديثه الأول بقصد استكماله، مما يربك المتلقي في عملية ربط الأحداث ببعضها[3]. فرحلة ابن الحاجّ لا يتوافر فيها زمن مضبوط إلا بعض الإشارات، مثل،

---

(١) انظر، العبدري، الرّحلة المغربيّة، ص١٥٣-١٧٩.

(٢) رحلة ابن بطوطة: ٥٢/١، وانظر، المصدر نفسه: ٨٢/١، ١٠٤، ١٥٤، ومواضع أخرى متفرّقة.

(٣) انظر، ابن الحاج النميري، فيض العباب، مقدمة المحقق، ص ٤٨-٤٩.

مرض أبي عنان سنة ٧٥٧هـ[١]، وبدء الحركة يوم الخميس سنة ٧٥٨هـ[٢]، ووصول السلطان أبي عنان تونس سنة ٧٥٨هـ[٣].

أمّا الزمن في تحفة أبي حامد الغرناطي، فيغلب عليه ميله إلى القديم، فهو زمن مطلق، وقديم، فقد يعود الزمن في بعض الحكايات إلى عهد أقوام بادوا مثل قوم عاد وثمود وغيرهما[٤]، وهو زمن غامض ليس له علامات تميزه، وتحدد بدايته أو نهايته، وقد ينطلق الرّحّالة في سرده لبعض الأحداث والوقائع من زمن محدّد تاريخياً، بحيث يوهم بواقعية بعض الحكايات والزّمن الذي تحدث فيه، ثم سرعان ما يتحوّل هذا الزمن التاريخيّ إلى زمن لا تاريخيّ أو أسطوريّ، ليعود بعد ذلك إلى الزّمن الواقعيّ[٥]. فالزّمن عند الغرناطيّ لا يسير وفق سلسلة متّصلة تفضي كلّ حلقة منه إلى الأخرى، بل ينطلق من الماضي السّحيق ثم تُفقد بعض الحلقات الزّمنيّة، ليصل الرّحّالة إلى الحاضر الذي يعايشه، وهو زمن السّرد.

والغرناطي في تحفته ينطلق من زمن تاريخيّ واقعيّ إلى زمن لا تاريخيّ، وأسطوريّ، أو العكس، وهكذا يرتبط حضور الزّمن بعملية السّرد، كما أنّ الزّمن في الحكاية الأسطوريّة لا يترك أثراً في الأشخاص أو الأشياء، فعلي بن أبي طالب يبقى على حاله بعد موته بقرون "لم يذهب منه شيء ألبتة، وكفنه صحيح ..."[٦]. والنبيّ هود يحافظ على صفاته الجسديّة بعد مرور قرون عدّة على موته فـ"جسده على هيئة الأحياء لم يتغيّر، جميل

---

(١) انظر، المصدر نفسه، ص ٢، ١٩.

(٢) انظر، المصدر نفسه، ص ٦٠.

(٣) انظر، المصدر نفسه، ص ١٦١.

(٤) انظر، أبو حامد الغرناطي، تحفة الألباب، ص ٣٢، ٤١، ٤٣، ٤٤، ١٢٩، ومواضع أخرى متفرّقة.

(٥) انظر، المصدر نفسه، ص٧٥، ٨٩، ١٠٤، ١٠٥، ومواضع أخرى متفرّقة، وقد أشار إلى مثل ذلك، مال الله، علي محسن، (١٩٧٨). أدب الرحلات عند العرب في المشرق، نشأته وتطوره حتى نهاية القرن الثامن الهجري، بغداد: مطبعة الإرشاد، ص٣٣٧-٣٦٠.

(٦) انظر، أبو حامد الغرناطي، تحفة الألباب، ص١١٩.

الوجه مع عظم جسده وعليه ثياب يمانيّة..."[١]. وتطغى الأسطوريّة على الزّمن في تحفة الغرناطي، فبناء مدينة قوم عاد يستغرق خمسمائة عام، وتأثيثها يحتاج عشر سنوات، والملك الذي أمر ببنائها يدخلها بعد الانتهاء من بنائها وتأثيثها[٢]، فالزمن لم يفعل فعله في الأشخاص والأشياء حيث ظهرت العجائبيّة في البنية الزّمنيّة لإثارة دهشة المتلقي، ولفت انتباهه لغرابة تلك الأحداث.

ويتّضح ممّا سبق أنّ الزّمن خيط يربط بين الأحداث في الماضي، والحاضر، والمستقبل، فقد اعتمد بعض الرّحّالة على الزمن التّصاعديّ في وصف الأحداث، وقد ينزاح هذا الزمن عن سير الرّحلة الطبيعيّ في بعض مشاهدها، وذلك بذكر بعض السّياقات التّاريخيّة، أو وصف الزّمن المتعلّق ببناء بعض الأمكنة وخاصّة الأماكن المقدّسة، أو بالتّرجمة الذّاتيّة لصاحب الرّحلة، بحيث يأتي تسلسل الزمن عند بعض الرّحّالة متفاوتاً بين زمن التّلفّظ وزمن الحدث، فالبداية القصصيّة عند ابن خلدون كانت بالانتقال إلى زمن ماض يسبق زمن القصّ في الرّحلة، وهو زمن يشير إلى مراحل تكوين الرّحّالة: الولادة والنشأة، وزمن الصّبا الأول، ومرحلة الرّجولة، حتى يصل إلى زمن الرّحلة، ليظهر ذلك كلّه مع الزمن الذي يعايشه، وكأنّه بذلك اتّبع أسلوباً علميّاً في إقناع الآخرين بما يسرد من أحداث.

وكما شكّل الزّمان فضاء القصّة في الرّحلة، كان المكان، إذ لا يمكن الفصل بين الزمان والمكان حيث إنّهما مرتبطان مع بعضهما، ويأخذان أهميتهما من ارتباطهما بالإنسان بحيث يتحوّل المكان من أوصافه الجغرافيّة والتّاريخيّة، ليصبح جزءاً من التّجربة الذاتيّة[٣]. فالمكان يرتبط بالزّمان، وقد شكّل المكان دوراً هامّاً منذ خروج الرّحّالة من بلادهم إلى بلاد أخرى، ثم العودة إلى بلادهم، وفي ذلك حديث عن الغربة المكانيّة

---

(١) أبو حامد الغرناطي، تحفة الألباب، ص١٠٤.

(٢) انظر، المصدر نفسه، ص٤٢-٤٦.

(٣) انظر، إبراهيم، نبيلة، (١٩٨٦). قص الحداثة، فصول، المجلد ٦، العدد (٤)، ص٩٦.

والغيبة الطويلة عن الوطن والحنين إليه، فالمكان والزمان لا يمكن أن يظهر أحدهم إلا في إطار الآخر.

وقد عرضت الدّراسة هنا[١] إلى دور الرّحّالة في إبراز جماليّة المكان، من خلال أسلوبهم في وصف الأمكنة، في ظلّ حركيّة الزّمن وامتداده، حيث احتلّ هذا التّوصيف الجغرافيّ مساحة واسعة، وقف فيها الرّحّالة على معالم الأماكن وخاصّة الأماكن المقدّسة، حيث وصفوا القباب، والمحاريب، والمساجد، والأبواب، والأسوار وصفاً شاهداً على ذاكرة المكان. ويبدو بعض الرّحّالةوقد انطلقوا من وصف الأماكن المتّصلة بالواقع، وتحديد أبعادها التّاريخيّة والحضاريّة، وذكر حدودها وخصائصها، لكنّهم سرعان ما يدخلون عالم الأسطورة، وكأن واقعيّة تلك الأماكن لا تشدّ القارئ، فيلجأ الرّحّالة إلى الخيال والأسطورة، ففي بعض الرّحلات خرجت بعض الأمكنة عن إطارها الواقعيّ، إلى مكان أسطوريّ عجائبيّ ، مثل اختفاء المدينة في حكاية قوم عاد مدة طويلة من الزمن، ثم ظهورها من جديد، وهذا يجعل منها مكاناً أسطوريّاً عجائبيّاً، ويؤكّد ذلك ما ذكره الرّحّالة أبو حامد الغرناطي عن مساحتها والمدّة الزّمانيّة التي استغرقها البناء، والرجال الذين بنوها، حيث كانوا يتمتعون بقوة جسديّة كبيرة، فبناء هذه المدينة العجيبة يحتاج إلى أشخاص يتّصفون بالقوة في الأجسام[٢].

ويتّضح من ذلك أنّ أبا حامد الغرناطي يحاول أن يضفي صفة الواقعيّة على حكاياته الأسطوريّة، وذلك بذكر المواقع الجغرافيّة للأماكن التي يصفها، فمدينة النحاس تظلّ مدينة أسطوريّة، رغم ما ذكره الرّحّالة عن موقعها "في فيافي الأندلس بالمغرب الأقصى قريباً من بحر الظلمات"[٣]، ويحاول تعزيز هذه الواقعيّة بأحداث تاريخيّة وأشخاص تاريخيين، فقد بنى المدينة الجن للنبي سليمان بن داوود، ثم عثر عليها عسكر

---

(١) انظر، الدّراسة، ص ٢٠٩-٢١٥.

(٢) انظر، أبو حامد الغرناطي، تحفة الألباب، ص٤٢-٤٦.

(٣) المصدر نفسه، ص٤٤.

موسى بن نصير[(١)]، وسار قائده حول سورها مدة ستة أيام، ليعرف مدخلها دون جدوى ثم حفر العسكر أساسها حتى بلغوا الماء ولكنّهم وجدوا أساسها راسخاً، وصعد بعض العسكر سورها ليطّلعوا على ما فيها دون أن ينجحوا في التّوصل إلى شيء، فتبقى المدينة أسطوريّة، رغم محاولة الغرناطي إضفاء صفة الواقعية عليها. حيث كان يلجأ إلى وصف طبيعة المكان الغناء من عيون وأشجار ووحوش وأطيار، ليوهم الآخرين أحياناً، بواقعية تلك الأماكن، فقد وصف طبيعة مدينة النحاس بقوله: "أرض واسعة كثيرة المياة والعيون والأشجار والوحوش والأطيار والحشائش والأزهار.."[(٢)]. ويصف وادياً فيها، فيقول: "فأنزلنا في وادٍ كثير العيون والأشجار والأراضي الخضرة النّضرة التي تخلّلها الأنهار، قد أينعت بالأزهار، وقد حملت من اختلاف الثّمار عليها من سائر الأطيار.."[(٣)]. ووصف الغرناطي خروج بعض الأمكنة عن إطار هيئتها الجامدة إلى إطار الحركة والانتقال، فقبر علي بن أبي طالب انتقل من مكان إلى آخر بطريقة عجيبة أسطوريّة لا يقبلها العقل[(٤)].

وبعد، فإنّ الزّمان والمكان فضاء دائري منغلق، يشكّل الإطار الخارجيّ للرّحلة، حيث ظهرت الرّحلة نصّاً سرديّاً يتحقّق في زمن، وينطلق معه من مكان الخروج لتنغلق الدائرة في ذات المكان، عند الرجوع. وبين زمن بداية الرّحلة، وزمن نهايتها، ينتقل الرّحّالة من مكان إلى آخر، حيث يمتد فعل القصّ وسرد المشاهدات والوقائع الاجتماعيّة، والأحداث السياسيّة إلى جانب مراحل التكوين التي مرّ بها الرّحّالة: الولادة والنشأة، ... الخ، لتملأ بعد ذلك الأحداث المؤثرات المكانيّة والزّمانيّة مراحل الرّحلة التي قطعها الرّحّالة بين مكان الخروج ومكان الرجوع.

---

(١) هو من التابعين، ولد سنة ١٩ هـ ينتسب إلى بكر بن وائل، وهو من أعظم الزعماء الذين وجهتهم الخلافة إلى الغرب، ترجمته في: ابن خلكان، وفيات الأعيان: ٣١٨/٥، الناصري، الاستقصا: ٩٥/١، ابن الأثير، الكامل في التاريخ: ٥٨/٢.

(٢) أبو حامد الغرناطي، تحفة الألباب، ص٤٤.

(٣) أبو حامد الغرناطي، تحفة الألباب، ص٤٨-٤٩.

(٤) المصدر نفسه، ص١١٨-١٢١.

السّرد والحوار

إنّ البناء الفنيّ للرحلات، يتّضح أيضاً، في مستويات[1]: القول، وتوالي فعل السّرد بين الفضاء الزّمانيّ والمكانيّ، حيث تتمحور عناصر التّخييل، والأساطير، والمكوّنات الواقعيّة، ليمثّل ذلك كلّه خطاب الرّحلة القائم على الوصف الذي يتفاعل مع الكثير من الخطابات الدينيّة والاجتماعيّة لمختلف العوالم التي ينتقل فيها الخطاب من الواقعيّة إلى الغرائبيّة، فقد وظّف الرّحالة المأثورات الشّعبيّة، مثل السحر والتنجيم، والطّب الشّعبيّ، وقصص الحيوان، والنبات، وذلك بهدف توصيل المعلومات وسرد المعارف ونقل التجارب إلى المتلقي حيث أدّت وظيفة معرفيّة شعبيّة، واستطاعت الرّحلات أن تقدم ذلك، وفق مستويات عدة: المستوى العلميّ، والثقافيّ، والفولوكلوريّ، والغرائبيّ.

فقد جاء نصّ رحلة ابن جبير نصّاً قصصيّاً سرديّاً، يروي الأحداث، ويصوّر الشخصيات، حيث نوّع ابن جبير في أسلوبه بين السرد القصصيّ المشوّق، والوصف الدّقيق والطريف للواقع والمشاعر الإنسانيّة التي تحرّك عواطف المتلقي، بما تحويه من سرد للتّجربة الذاتيّة الغنيّة بالصور والمفاجآت والمغامرات، فيقول: "... وفي أثناء ذلك انبسطت الشمس ولان البحر قليلاً، وصمّمنا نروم أخذ مرسى في البرّ المذكور إلى أن يقضي الله قضاءه وينفذ حكمه، ... فالحذر الحذر، من ركوب مثل هذا الخطر، وإن كان المحذور لا يغني عن المقدور شيئاً، وحسبنا الله ونعم الوكيل ... وتعاورت[2] الريح والأمواج صفع المركب حتى تكسّرت رجله الواحدة، فألقى الرائس مرسى من مراسيه طمعاً في تمسكه به، فلم يصل شيئاً، فقطع حبله وتركه في البحر، فلمّا تحقّقنا أنها هي قمنا فشددنا للموت حيازيمنا[3]، وأمضينا على الصبر الجميل عزائمنا، وأقمنا نرتقب الصّباح أو الحين المتاح، وقد علا الصّياح، وارتفع الصّراخ..."[4].

---

(١) انظر، المرزوقي، سمير، شاكر، جميل، (١٩٨٦). مدخل إلى نظرية القصة، بغداد، العراق:دار الشؤون الثقافية العامة، آفاق عربية، ص٧٣ وما بعدها.

(٢) تعاورت: تداولت، انظر، ابن منظور، لسان العرب : ٦١٩/٤.

(٣) الحيزوم: الصدر، وشدّه يدل على التأهب، انظر، المصدر نفسه: ١٣٢/١٢.

(٤) رحلة ابن جبير، ص٢٨٩-٢٩٠، ٢٩٤.

ومن الرّحّالة الذين أنشأوا خطاباً سردياً لإظهار تجربتهم الذاتيّة، ابن خلدون، حيث ركّز على سرد الأحداث الخاصّة التي تخدم وصوله إلى القمّة وتحقيق الذات، وأجاد في سرده للكثير من المشاهدات، ومن ذلك حديثه الطويل في فساد القضاة وخراب ذمم الكتّاب والمفتين في مصر، ووصفه لمحاولاته في إصلاح الأمر، فيقول: "... فقد كان البر منهم مختلطاً بالفاجر، والطيّب ملتبساً بالخبيث، والحكّام ممسكون عن انتقادهم متجاوزون عمّا يظهرون عليه من هناتهم، كما يُموّهون به من الاعتصام بأهل الشّوكة، فإنّ غالبهم مختلطون بالأمراء، ... فعاملت الله في حسم ذلك بما آسفهم عليّ وأحقدهم..."[1].

ولعلّ طبيعة بعض الرّحّالة التي تميل للسرد وللحكايات الطّريفة والغرائبيّة، هي ما دفعهم لرواية تلك القصص التي عاشوها أو سمعوا بها، وكان سردهم لهذه القصص بعفويّة وحيويّة؛ قرّبت الرّحلة من عالم القصّة، فأبو حامد الغرناطي، وابن بطوطة لم يهتما بالمحسنات البديعية والزخرفة اللفظيّة، فكان أسلوبهما أقرب إلى الاهتمام بالحدث أكثر من الزخرفة، ويبدو أنّ ابن بطوطة يحبّ القصّ، ويسرد الأحداث بألفاظ بسيطة، مبرزاً مواقع تأزم الأحداث ثم حلّها من لحظة خروج الرّحّالة من بلده حيث تتصاعد الأزمات حتى يعود الرّحّالةإلى بلده. وقد اكتفى ابن بطوطة بالحكي، في حين قام ابن جزي بجمع تلك الحكايات المتفرقة في نسيج قصصيّ متماسك، ومن ذلك قول ابن بطوطة واصفاً زيارته لبلاد آسيا الصغرى: "ولما كان الصباح ركبنا، وأتانا الفارس الذي بعثه معنا الفتى أخي من كينوك، فبعث معنا فارساً غيره ليوصلنا إلى مدينة مطرني وقد وقع في تلك الليلة ثلج كثير عفا[2] عن الطريق، فتقدّمنا ذلك الفارس، فاتّبعنا أثره إلى أن وصلنا في نصف النّهار إلى قرية للتّركمان، فأتوا بطعام فأكلنا منه، وكلّمهم ذلك الفارس، فركب معنا أحدهم، وسلك بنا أوعاراً وجبالاً، ومجرى ماء تكرر لنا جوازه أزيد من الثّلاثين مرّة، فما

---

(١) ابن خلدون، التّعريف، ص٢٩٢، ٢٩٦.

(٢) عفا: غطى، فمحا معالم الطريق، انظر، ابن منظور، لسان العرب: ٧٦/١٥.

خلصنا من ذلك، قال لنا الفارس: أعطوني شيئاً من الدّراهم، فقلنا له: إذا وصلنا إلى المدينة نعطيك ونرضيك"[١].

ومن أمثلة المشاهد السرديّة التي تكشف عن روح الفكاهة في رحلة ابن بطوطة، ما دوّنه الرّحّالة من مواقف طريفة أثناء زيارته لبلاد الهند، فقد جلس قاضي مدينة قلهات، وهو أعور العين اليمنى مقابل شريف بغداد، وهو شديد الشبه به في صورته وعوره، إلا أنّه أعور اليسرى فجعل الشّريف ينظر إلى القاضي ويضحك، فزجره القاضي، فقال له: لا تزجرني، فإنّي أحسن منك، قال: كيف ذلك؟ قال: لأنّك أعور اليمنى، وأنا أعور اليسرى، فضحك الحاضرون، وخجل القاضي"[٢].

وقد برزت جماليات الصّور السّرديّة لدى بعض الرّحّالة، من خلال أسلوب الوصف، وتتبع سمات النّصّ القصصيّ، فأبو حامد الغرناطي أجاد في وصف الألواح التي استخدمها بعض سكان آسيا الصغرى وأوروبا في سيرهم فوق الثلج، ورسمها بدقة تدل على المشاهدة والمعاينة الحيّة، وتكشف عن قدرة على القصّ والحكي، إذ يقول: "... ويتّخذ النّاس لأرجلهم ألواحاً ينحتونها، طول كلّ لوح باع وعرضه شبر، مقدّم ذلك اللوح ومؤخره مرتفعان عن الأرض، وفي وسط اللوح موضع يضع الماشي فيه رجله، وفيه ثقب قد شدّوا فيه سيوراً[٣] من جلود قويّة يشدّونها على أرجلهم،..."[٤].

أمّا ابن بطوطة، فيسرد الأحداث ومجرياتها، ثم تتحوّل تلك الحكايات إلى قصص تمّ تدوينها في الرّحلة، حيث سرد ابن بطوطة أخبار بعض السّحرة في دهلي، ولعلّ ما لفت انتباه ابن بطوطة إليهم هو اعتمادهم على المغامرة والحيلة، فيقول: "بعث إليّ السلطان يوماً، وأنا عنده بالحضرة، فدخلت عليه وهو في خلوة، وعنده بعض خواصّه ورجلان من هؤلاء الجوكيّة، وهم يلتحفون بالملاحف ويغطّون رؤوسهم، لأنّهم ينتفونها بالرّماد كما

---

(١) رحلة ابن بطوطة: ٢٨١/١.

(٢) المصدر نفسه: ١٥٥/٢.

(٣) سيور: ما يُقدّ من الجلد، انظر، لسان العرب: ٣٩٠/٤.

(٤) أبو حامد الغرناطي، تحفة الألباب، ص١٣٢-١٣٣.

نتف النّاس أباطهم. فأمرني بالجلوس فجلست، فقال لهما: إنّ هذا العزيز من بلاد بعيدة فأرياه ما لم يره. فقالا: نعم، فتربّع أحدهما، ثم ارتفع عن الأرض حتى صار في الهواء فوقنا متربعاً، فعجبت منه وأدركني الوهم، فوقعت على الأرض، فأمر السلطان أن أُسقى دواءً عنده، فأفقت وقعدت وهو على حاله متربّع... وهو ينزل قليلاً قليلاً حتى جلس معنا، فقال السلطان: ...لولا أنّي أخاف على عقلك لأمرتهم أن يأتوا بأعظم ممّا رأيت. فانصرفت عنه، وأصابني الخفقان ومرضت، حتى أمر لي بشربة أذهبت ذلك عنّي"[١].

ويُلحظ أنّ ابن بطوطة قد استخدم الحوار استخداماً بارعاً، فجاءت أحداث حكاياته متحركة، نابضة بالحياة، ولعلّ هذا ما جعل أسلوبه أقرب إلى أسلوب الأديب القصّاص، إضافة إلى أنّه لم يقصد أن يؤرّخ الأحداث التّاريخيّة أو الجغرافيّة بحدّ ذاتها، بل هدف إلى إمتاع المتلقي بما رصده من أحوال اجتماعيّة للمدن التي زارها. وبصورة عامة، فإنّ الحوار في معظم الرّحلات كان امتداداً للسرد والوصف كما قام بدور كبير في البناء القصصيّ في الرّحلة، وساهم في الكشف عن نفسيّة الأشخاص الحافلة بالمعلومات والدّلالات.

وإضافة إلى القصّ المعتمد على السّرد الذي يقطعه الحوار والوصف فقد مزج بعض الرّحّالة بين الحكاية والشعر، حيث عرضوا قدرتهم الشعريّة من خلال المعارضات الشعريّة لشعراء آخرين أو لهم[٢]، وجاء الشعر متضمناً في قصّ الرّحلة ليتخلل التّحوّلات السّرديّة للرّحلة النثريّة، فقد استخدم الغزال الشعر حيناً والنثر حيناً آخر، ووظّف الحوار توظيفاً اكسب الرّحلة كثيراً من الحيويّة والحركة[٣]، بحيث يتيح لشخصيات الرّحلة أن تظهر بحرية لتعبر عن نفسها بنفسها. كما استحضر بعض الرّحّالة في رحلاتهم الرسائل التي انطوت على جانب كبير من الوصف والسرد[٤]، الأمر الذي أكّد الصبغة الأدبيّة للرحلات وأكسبها وظيفة قصصيّة.

---

(١) رحلة ابن بطوطة: ١٥٠/٢، وانظر أيضاً المصدر نفسه: ٣٥٦/١، ١٤٤/٢، ٢٣٣.

(٢) انظر في ذلك رحلة التجاني مثلاً.

(٣) انظر، الدّراسة هنا، ص ١٩٣.

(٤) انظر في ذلك رحلة ابن الحاج، ورحلة ابن خلدون، مثلاً.

أمّا صيغ الأداء[١] المتّصلة بالكلام، مثل، أنشدنا، وحدّثنا، ورأيت، وسمعت من، وكنت مع،... الخ، فتشير إلى تركيز الرّحّالة على الأفعال التي تعبّر عن غرض قصصيّ، وتصوّر الحركة، حيث تعبّر عن وظيفة سرديّة تهدف إلى الإقناع[٢].

ومن جانب آخر فإنّ بنية الضمير التي تتراوح بين تاء المتكلّم ويائه، والضمير المستتر، وضمير الغائب تدلّ في بعض الأحيان على مركزيّة المتكلّم، ومن ذلك قول ابن عربي: "خرجت من بلاد الأندلس، أريد بيت المقدس ... وسرت على سواء الطريق، أبحث عن أهل الوجود .."[٣].

ورحلة ابن عربي، مثلاً، تتضمن سرداً يحوي سمات الشكل الأدبيّ القصصيّ؛ فالشخصيات والحوارات موجودة، إضافة إلى احتوائها نصوصاً شعريّة، ومن ذلك الحوار الذي جرى بين ابن عربي -السالك- والفتى الروحاني عصام، وهي شخصيّة سرديّة، قال السالك: "فلقيت... فتىً روحانيّ الذات، ربّانيّ الصّفات، يؤمئ إلى الالتفات. فقلت: ما وراءك يا عصام؟ قال: وجود ليس له انصرام.. قلت له: فأين تريد؟ قال: حيث لا أريد، ..."[٤].

إنّ ذلك كلّه يسهم في الحفاظ على القيمة القصصيّة في الرّحلات، فالسرد ينطلق من الواقع مكاناً وزماناً وأشخاصاً، ويسهم في بناء عالم قوامه الدّوال الخاصّة بكلّ رحّالة، ويتنوّع بين سرد المغامرات وسرد الانطباعات، كما أنّ المرويّات السّرديّة والوصفيّة والحكائيّة التي احتوتها الرّحلات، قد شكّلت نسيجاً داخلياً قرّب تلك الرّحلات من الأدب.

---

(١) انظر، في صيغ السرد والأداء، يقطين، سعيد، (١٩٨٨). صيغ الخطاب الروائي وأبعادها النصية، الفكر العربيّ المعاصر، مركز الإنماء القومي، العدد ٤٨-٤٩، ص٣٩.

(٢) انظر، موير، إدوين، بناء الرواية، ترجمة، إبراهيم الصيرفي، ومراجعة، عبد القادر القط: دار الجبل، الدار المصرية للتأليف، ص١١٨.

(٣) كتاب الإسرا إلى مقام الأسرى، ضمن رسائل ابن عربي: ٣/١.

(٤) المصدر نفسه: ٣/١.

الحكايات والأساطير

يرى شوقي ضيف، أنّ بعض الرّحّالة كانوا يكتبون بمخيلة القّصاص، الذي يسند الواقع بالخيال، والحقيقة بالأسطورة[١]، فاحتوت رحلاتهم مادة غزيرة من الأساطير والحكايات التي استمدّها الرّحّالة من خلال زياراتهم لمختلف البلدان، واختلاطهم بالشعوب، وسماعها من النّاس، أو رسمها خيالهم لأنفسهم ونسبوها إلى مشاهداتهم الخاصّة، ففي كلّ أسطورة جانب من الحقيقة، يتّسع باتّساع الخيال الشّعبيّ.

ولعلّ استخدام بعض الرّحّالة لخيالهم ومزجهم الحقيقة بالأسطورة جاء استجابة لروح المغامرة، الأمر الذي ساعد في إدراك الأشياء، وتطوّر الفنّ القصصيّ للرّحلة، فالخيال يضفي الحياة في الرّحلات ويبعث فيها الرّوح.

ومن الأمثلة على تمازج الواقع والخيال، ما أورده ابن بطوطة من إسلام أهالي جزائر ذيبة المهل -المالديف-، حيث نسج الخيال الشعبيّ أسطورة حول حدث وقع فعلاً، ذلك أنّ شيخاً مغربيّاً جاء إلى تلك الجزائر، وكان حافظاً للقرآن الكريم، وأسلم حاكم تلك الجزائر وأهلها على يديه، وأقنعهم أنّ تلاوة القرآن تدرأ الأخطار عنهم وتخلّصهم من شرّ العفاريت، فبتلاوته للقرآن غاب هذا الشيخ العفريت الذي كان يأتي إلى الجزيرة من البحر مرة كلّ شهر، فيقدم الأهالي له فتاة، قرباناً لإرضائه، وتجنّباً لإيذائه، وتحكي هذه الأسطورة أنّ هذا الرجل، قد توجّه عوضاً عن إحداهن ذات ليلة، فحلّ محلّها، وإنّ تلاوته القرآن أذهبت العفريت إلى غير رجعة، وأُنقذت فتيات هذه الجزائر من الهلاك[٢].

وتتضمّن الأسطورة هنا، تصوّراً لحدث وقع فعلاً، ولشخص له "وجود تاريخيّ، ولكن الخيال الشعبيّ، أو التراث في حرصه على تأكيد قيمة معينة أو رمزيّة خاصّة، يلجأ

(١) انظر، ضيف، شوقي، الرّحلات، ص ٦، ٤١، ٦٠، وانظر أيضاً، كراتشكوفسكي، تاريخ الأدب الجغرافيّ العربيّ، ص ٣٣٠، ص٤٦٦-٤٦٧.

(٢) انظر، رحلة ابن بطوطة: ١٧٨/٢-١٧٩.

إلى تصوير ذلك الحدث أو تلك الشخصيّة في إطار من المبالغة والتضخم، وبالإضافة إلى ذلك، فإن الأسطورة تُفهم في سياقات أخرى متعددة"(١).

ويرى كراتشكوفسكي أنّ شيوع القصص البحريّة الشعبيّة، في تلك العصور، وقصص الأولياء والكرامات في العصور المتأخرة، قد أثّرت في الرّحّالة تأثيراً واضحاً، بحيث قبل بعضهم ما يروى له منها، وأغري بعضهم الآخر بحبّها، فأوردوا بعضها في رحلاتهم(٢)؛ فالقصّ الشعبيّ مرتبط بالحياة ومعتقدات الإنسان، وتصوراته النفسية لتلك القصص.

ويذهب بعض الدّارسين في تفسير، مثل هذه الحكايات والأساطير، إلى الخوف، حيث ذهب شوقي ضيف إلى "أنّ الخوف لعب بخيال الرّحّالة، وبخاصّة الرّحّالة في البحار، فصوّر كثيراً من الأوهام حقائق، وجسّم لهم بعض الحقائق الصّغيرة، أشياء مفزعة خطيرة"(٣).

في حين يرى حمادي المسعودي، أنّ الجانب الأسطوريّ "في مثل هذه الحكايات، يعبّر عن ميول ورغبات دفينة لدى الباث، فلا يجد مجالاً لإفرازها، إلا بدخول تخوم الأسطورة عن طريق فنّ القصّ، وكأن الواقع لدى الراوي يبدو عقيماً، لذلك التجأ إلى فضاء ثانٍ بدا أوسع، وأكثر ثراء"(٤). فميل النفس الإنسانيّة إلى العدل ورفضها للظلم، قد يدفعها إلى الاعتقاد بعالم الأسطورة، إذ إنّ الأسطورة قريبة من عقلية العوام، الذين يسمعون ويرددون العديد من الحكايات عن مصير الإنسان بعد موته، مثلاً، فعن طريق تلك الأساطير يتم الجزاء والاقتصاص من الظالم، ولو كان ذلك في عالم الخيال فقط، ومن

(١) فهيم، حسين، (١٩٨٧). "التراث الشعبي في أدب الرّحلات"، مجلة المأثورات الشعبيّة، العدد (٥)، ص٧٩.

(٢) انظر، كراتشكوفسكي، تاريخ الأدب الجغرافيّ العربيّ، ص١٥٢-١٦٦، ٣٨٧-٣٨٩، ٤٥٨-٤٦٦.

(٣) ضيف، شوقي، الرّحلات، ص٢٨.

(٤) المسعودي، حمادي، (١٩٨٩). "الواقعي والأسطوريّ والخرافيّ في تحفة أبي حامد الغرناطي"، الحياة الثقافية، العدد (٥٤)، ص٢٠.

أمثلة ذلك، حكاية قبر الأمير الظالم في تحفة الغرناطي، فقد كان هذا الأمير ظالماً أثناء حكمه، فلما "مات بُني على قبره قبّة عظيمة، وعُمل على قبره ألواح من الرّخام الأبيض كالعاج حسناً، فتقطّع ذلك الرّخام واسودّ واحترق، واسودّت القبة من الدخان الذي يخرج من قبره .. ولم يدفن أحد بقربه ميتاً.." [١].

وأفرزت بعض الرّحلات أشكالاً قصصيّة، تقوم على الأسطورة التي تنأى عن الواقع اليومي، ومنها قصص الحيوان والنبات[٢]، فقد حفلت تحفة الغرناطي ورحلة ابن بطوطة، مثلاً بالكثير من الحكايات التي تصل حدّ الغرابة، ومنها ما نقله الغرناطي عن حكاية السمكة الجارية؛ ذلك أن بعض التجار خرجت إليهم سمكة عظيمة جداً، وجذبوها بالحبال، "وجرّوها فانفتحت أذنها، وخرج من أذنها جارية حسناء جميلة، بيضاء، سوداء الشّعر، حمراء الخدينِ.. ومن سرتها إلى نصف ساقها جلد أبيض كالثوب خلقه يتّصل بجسدها، .. كالإزار دائر عليها، فأخذها الرجال إلى البر وهي تلطم وجهها، وتنتف شعرها، وتعض ذراعها وثديها، وتصيح وتفعل كما تفعل النساء في الدنيا، حتى ماتت في أيديهم"[٣].

ويتحدّث الغرناطي أيضاً عن عجائب مصر ونيلها، فيذكر أنّ بنيل مصر نوعاً من السمك يسمى الرّعاد، "يُعمل من جلده طاقية، وتلبس للصدع فيسكن"[٤].

أمّا ابن بطوطة، فقد أنطق الجرادة لتعبّر عن الظلم والواقع في البلاد، وهذا يخالف المنطق والعقل، حيث يقول في وصفه لمدينة مالي: "وحضرت مجلس السلطان في بعض الأيام، فأتى أحد فقهائهم وكان قدم من بلاد بعيدة، وقام بين يدي السلطان، وتكلّم

---

(١) رحلة أبو حامد الغرناطي، تحفة الألباب، ص١٠٢، وانظر مثل ذلك، المصدر نفسه، ص١٠٣-١١٠.

(٢) انظر، رحلة ابن بطوطة: ١٦٤/٢-١٦٥.

(٣) أبو حامد الغرناطي، تحفة الألباب، ص٩٧-٩٨.

(٤) المصدر نفسه، ص٨٨، وانظر أيضاً، رحلة أبي حامد الغرناطي، المعرب عن بعض عجائب المغرب، ص٧٨.

كلاماً كثيراً. فقام القاضي فصدقه ثم صدقهما السلطان ... وكان إلى جانبي رجل .. فقال: أتعرف ما قالوه؟ فقال: لا أعرف، فقال: إنّ الفقيه أخبر أنّ الجراد وقع ببلادهم فخرج أحد صلحائهم إلى موضع الجراد فهاله أمرها، فقال: هذا جراد كثير، فأجابته جرادة منها، وقالت: إنّ البلاد التي يكثر فيها الظلم يبعثنا الله لفساد زرعها..."[١].

وقد يبعث بعض الرّحّالة في بعض الأشياء والحياة والرّوح، فإذا هي تتحرك وتقوم بما يقوم به الإنسان، وأحياناً تقوم بأفعال تُسند إلى القوى الغيبيّة في العقليّة الشعبيّة، فالحجر مثلاً، قادر على إنزال المطر[٢].

ومن الرّحلات التي برزت فيها بعض الجوانب الأسطوريّة، رحلة ابن الصّبّاح الأندلسيّ، حيث يرى جمعة شيخة أنّ ثقافة الرّحّالة، ثقافة دينيّة متوسطة، وثقافة تاريخيّة أسطوريّة، تبعده عن صفة العالم، فقد تحدث ابن الصّبّاح الأندلسي- عن قصة صلب المسيح عند دخوله إلى الإسكندريّة، "فذكر أنّ إقليش اليونانيّ من ولد أرسطاطليس الحكيم، هو الذي بنى الإسكندريّة، وكانت مع أمّه الخشبة التي صُلب عليه المسيح عليه السّلام، وذات ليلة رأى إقليش في منامه أنّه وأمّه يعبدان هذا (الصليب) فكان أول من عبد الصليب، وتبعه من كتب عليه الشقاء والعذاب.. ويبدو أنّ هذه الأسطورة أثّرت في ابن الصّبّاح، فرجع إلى أسفار اليهود، فدخله الوهم والشّك في مسألة رفع عيسى عليه السّلام، وزين له الشيطان عكس ما جاء في العقيدة الإسلاميّة، فكاد ينحرف عنها لولا أن هداه الله بنور القرآن..."[٣].

إنّ حضور الأبعاد الأسطوريّة في بعض الرّحلات، لا يعني عدم مصداقية ما تقدّمه تلك الرّحلات؛ ويؤكّد ذلك ما ذكره بعض الرّحّالة في رحلاتهم، فأبو حامد الغرناطي، مثلاً، يجزم أنّ ما يذكره في تحفته هو من الواقع، ولا مجال للشك فيه، حيث يقول في نهاية

---

(١) رحلة ابن بطوطة: ٢٨٠/٢.

(٢) انظر، أبو حامد الغرناطي، تحفة الألباب، ص ٧٧، وانظر، المصدر نفسه، ص٧٩.

(٣) شيخة، جمعة، "بعض المظاهر الدينيّة في رحلة عبد الله بن الصباح الأندلسي، دراسات أندلسية، العدد ١٢، ص٣٦، ٤٢.

مقدمة الرّحلة: "فلا تكن مكذباً بما لا تعلم وجه حكمته .."[(١)]. ويعزو عدم تصديق حكاياته إلى نقصان العقل من جهة وإلى الجهل من جهة أخرى[(٢)]. ثم يسوق مجموعة من البراهين المتنوّعة لإقناع المتلقي بحكاياته؛ منها ما هو نقليّ مستمد من القرآن الكريم، ومنها ما ضمّنه رحلته من الأشعار، ومنها ما يعود إلى التجربة والمشاهدة الحيّة.

أمّا ابن بطوطة،فيبدو أنّه لم يعط بالاً،أو يبذل جهداً ليتحقّق، وينقد بعض تلك الحكايات، فتركها تقترب إلى الأساطير الشعبيّة، ولعلّ ميله إلى الجانب الصوفي دفعه لتصديق بعض تلك الحكايات والأساطير دون تردد. فما ذكره الرّحّالةمن الأعاجيب والغرائب كان سائداً بين النّاس، فدوّنها الرّحّالة في رحلاتهم، وصدّقها بعضهم حتى صارت في أذهانهم حقيقة[(٣)].

وإن كان هذا الحضور الشديد للأسطورة في بعض الرّحلات، قد أخذ يسيطر على مجريات أحداث الرّحلة، إلا أنّ تلك الرّحلات، تبقى ذات قيمة كبرى، بما تحفل من مادة غنيّة، ومعلومات متنوّعة عن أجزاء واسعة من البلدان التي قصدها الرّحّالة. فغالبية هؤلاء الرّحّالة المؤلفين كانوا كتّاباً قبل كلّ شيء، فجاءت كتاباتهم يغلب عليها الطابع القصصيّ، يستندون به إلى الواقع أحياناً ويجنحون إلى الخيال أحياناً أخرى، ويستعينون فيه بالقصص للمتعة التي تسمو به إلى مرتبة الأدب الفنيّ الصرف في أغلب الأحيان[(٤)].

ويصف حسين نصار الرّحلة الأدبيّة بقوله: "إن لم تكن الرّحلة الأدبيّة قصّة ولا رواية بالمعنى الدقيق، فهي أخت شقيقة لها"[(٥)].

---

(١) أبو حامد الغرناطي، تحفة الألباب، ص٢٥.

(٢) انظر، المصدر نفسه، ص٢٤، وانظر، أيضاً، المصدر نفسه، ص٩١.

(٣) انظر، مال الله، على محسن، أدب الرّحلات عند العرب في المشرق، ص ٣٤٣.

(٤) حسين، حسني محمود، أدب الرّحلة، ص ١٠، ١٦.

(٥) نصار، حسين، أدب الرحلة، ص١٣٢.

وبهذا، يمكن القول إنّ نصّ الرّحلة، "هو نص فيه من الفن القصصّي ما يمكن معه أن يمثل جذور القصة الأدبيّة، حيث اعتمد على عناصر أساسيّة واضحة؛ هي السّرد، والحوار، والوصف، والبدايات والنهايات، والتشويق والاشتمال على هدف وغاية وهو أيضاً، يمثّل شكلاً أكثر اتّساعاً، بما سمح من مساحة لعدد من المستويات اللغويّة؛ أن تظهر شعراً كانت أم نثراً؛ "لتنقل المهم والجديد والممتع والنافع"[١]. إلا أنّ هذه الحكايات الخياليّة والغرائبيّة، وطقوس السحر والأساطير، التي كانت ضرباً من ضروب البناء الفنيّ في أدب الرّحلات، تظلّ بحاجة إلى دراسة مستفيضة مستقلّة لمعرفة الدّواعي التي دفعت الرّحّالة لذكرها.

---

(١) زيتوني، لطيف، (١٩٩٦). "السيميولوجيا وأدب الرّحلات"، عالم الفكر، المجلد ٢٤، عدد (٣)، ص٢٥٧.

الخاتمة

وبعد .. فقد حاولت هذه الدّراسة أن تقدّم صورة واضحة قدر الإمكان لأدب الرّحلات الأندلسيّة والمغربيّة، وسياقاتها المعرفيّة والثقافيّة والاجتماعيّة والدينيّة، وأن ترصد صدى التجربة الإنسانيّة حتى نهاية القرن التاسع الهجريّ، كما حاولت الدّراسة أيضاً من خلال نصوص الرحلات والمصادر والكتب التي درست هذا الأدب إبراز دور الرّحالة في التفاعل الثقافي، ونقل إبداعات الشعوب وثقافاتها إلى سائر أقطار العالم وتَبيُّن معاني الارتباط الرّوحيّ والماديّ بين الأندلس والمغرب وبلاد المشرق، وغيرها من البلدان التي زارها الرحّالة، حيث اقترن ذلك الاتصال بنهوض ثقافيّ، وتطوّر حضاريّ في مختلف تلك المجتمعات، التي وإن اختلفت في بعض أنماط حياتها بحكم البيئة، إلا أنّ تلك الحضارات صاغتها ثقافة واحدة، هي الثقافة الإسلاميّة رغم تباعد الأصقاع.

وقد تمّ تسليط الضوء على المراحل التي مرّت بها الرّحلات الأندلسيّة والمغربيّة، حيث اتّخذت في بدايتها طابعاً دينياً علميّاً، برز فيه الدّور العلميّ للأماكن المقدّسة من خلال استقبالها وفود طلاب العلم المسلمين من جميع أنحاء العالم الإسلاميّ. ثم كانت الرحلة لزيارة معظم الأقطار، حيث أفرزت هذه الرحلات مذكرات ومشاهدات هؤلاء الرحالة، فنشأ ما يسمى بالرحلة الوصفيّة، التي اتسعت لتشمل وصف مراحل الرحلة: الأماكن، والمشاهدات، وأحوال الشعوب...

وعبّر الرّحالة في وصفهم لمراحل رحلاتهم عن انطباعاته، فاستخدموا التضمينات الدينيّة والأدبيّة، إضافة إلى تأثرهم بعناصر البيئة المحيطة بهم حيث برزت بعض الصّور النفسيّة لدى بعض الرّحّالة، مثل ابن جبير، ممّا أكسب الرحلات عنصر الامتاع، وقرّبها من الأدب، فكانت رحلات فنيّة، سُردت أخبارها في شكل قصصيّ.

بهذا، تكون الرحلات قد رصدت تنوّع المعالم الحضاريّة في مختلف الجوانب الحياتيّة في البلدان التي قصدها الرحّالة، وعكست صورة واضحة عن أحوال الشعوب وعاداتها وتقاليدها... وكشفت عن الانتماء إلى ثقافة الذات والفهم لثقافة الآخر والانفتاح عليه. مبرزة الترابط بين كلّ العناصر البشرية والثقافية في البلدان التي زارها الرحالة.

المراجع

أ. باللغة العربية:

■ القرآن الكريم

■ آل مريع، أحمد علي. (٢٠٠٣). الحد والمفهوم. أبها: نادي أبها الأدبي.

■ ابن الأبار، أبو عبد الله محمد بن عبد الله بن أبي بكر القضاعي، (ت ٦٥٨هـ). التكملة لكتاب الصلة، ٤ ج، (تحقيق عبد السلام الهراس)، دار الفكر، بيروت، ١٩٩٥.

■ إبراهيم، زكريا. (١٩٧١). مشكلة الحياة. القاهرة: مكتبة مصر.

■ إبراهيم، نبيلة. (١٩٨٦). قص الحداثة، مجلة فصول، المجلد ٦، العدد (٤). ص ٩٥-٩٩.

■ ابن الأثير، أبو الحسن، علي بن أبي الكرم محمد بن محمد الشيباني، (ت ٦٣٠هـ). الكامل في التاريخ، ط١، ١٠ج، دار الكتب العلمية، بيروت، ١٩٨٧.

■ أحمد، رمضان أحمد. (-١٩٨). الرحلة والرحالة المسلمون. جدة: دار البيان العربية.

■ ابن الأحمر، أبو الوليد الأمير إسماعيل بن يوسف بن محمد، (ت ٨٠٧هـ). نثير فرائد الجمان في نظم فحول الزمان، (تحقيق محمد رضوان الداية)، دار الثقافة، بيروت، ١٩٦٧.

■ الإدريسي، أبو عبد الله محمد بن إدريس، (ت ٥٦٠هـ). نزهة المشتاق في اختراق الآفاق "صفة المغرب وأرض السوادن ومصر والأندلس"، مطبعة بريل، ليدن، ١٩٦٨.

■ ـــــ نزهة المشتاق، المغرب العربي، الجزائر، ١٩٨٣.

■ أدهم، علي. (-١٩). لماذا يشقى الإنسان. القاهرة: مكتبة نهضة مصر.

■ أرسلان، شكيب. (١٩٣٦). الحلل السندسية في الأخبار والآثار الأندلسية. ط١، ٣ج، فاس: المكتبة التجارية الكبرى، مصر: المطبعة الرحمانية.

■ إسماعيل، عز الدين. (١٩٧٦). الأدب وفنونه. ط٦، القاهرة: دار الفكر.

■ الأصبهاني، أبو الفرج علي بن الحسين، (٣٥٦هـ). الأغاني، ٢٣ج، دار الفكر.

■ أمين، أحمد. (١٩٥٥). ظهر الإسلام. ٣ج، القاهرة: مكتبة النهضة المصرية.

■ أمين، حسين. (١٩٨٥). "العلاقات الثقافية بين الأندلس وبغداد في العصر ـ العباسي". المناهل، السنة ١٢، العدد (٣٣).

■ الأنصاري، عبد القدوس. (١٩٧٧). مع ابن جبير في رحلته، القاهرة: المطبعة العربية الحديثة.

■ ـــــ (١٩٨٠). موسوعة تاريخ مدينة جدة، ط٢، جدة.

- الأوسي، حكمة علي. (١٩٧١). "يحيى بن الحكم الغزال سفير الأندلس وشاعره الواقعي"، مجلة المجمع العلمي العراقي، مج٢١، ص١٩٦-٢١١.
- الأوسي، ابن عبد الملك المراكشي، أبو عبد الله محمد بن محمد الأنصاري، (ت ٧٠٣هـ). الذيل والتكملة لكتابي الموصول والصلة، ٦ج، (تحقيق إحسان عباس)، دار الثقافة، بيروت، ١٩٦٥.
- أوليري، ديلاس. (١٩٦١). الفكر العربي ومكانه في التاريخ، ترجمة تمام حسان، القاهرة: المؤسسة المصرية العامة.
- باختين، ميخائيل. (١٩٨٧). الخطاب الروائي، ترجمة محمد برادة، القاهرة: دار الفكر.
- الباش، حسن، والسهلي، محمد توفيق. (-١٩٨). المعتقدات الشعبية في التراث العربي، دمشق: دار الجيل.
- بالأشهب، محمد. (١٩٩٨). "التلقي المكاشف: شروطه وحدوده، ابن عربي نموذجا". مجلة علامات، العدد (١٠)، مكناس، المغرب.
- بالنثيا، آنخل جنثالث. (١٩٥٥). تاريخ الفكر الأندلسي، نقله عن الأسبانية، حسين مؤنس، ط١، القاهرة: مكتبة النهضة المصرية.
- البخاري، أبو عبد الله محمد بن إسماعيل، (ت ٢٥٦هـ). صحيح البخاري، دار الكتب العلمية، بيروت، لبنان، ٤ مج، بدون ذكر سنة الطبع.
- بدوي، آمنة. (بدون ذكر السنة). تتبع رحلات الأندلسيين والمغاربة المطبوعة والمخطوطة من القرن الثالث الهجري وحتى القرن التاسع الهجري، الجامعة الأردنية، الأردن، بحث لم ينشر بعد.
- بدوي، عبد الرحمن. (١٩٦٢). الموت والعبقرية، ط٢، القاهرة: مكتبة النهضة المصرية.
- ـــ (١٩٦٢). مؤلفات ابن خلدون، القاهرة: دار المعارف.
- ابن بسام، أبو الحسن علي بن بسام الشنتريني، (ت ٥٤٢هـ). الذخيرة في محاسن أهل الجزيرة، ٤ج، ١١مج، (تحقيق إحسان عباس)، دار الثقافة، بيروت، ١٩٧٩.
- ابن بشكوال، أبو القاسم خلف بن عبد الملك، (ت ٥٧٨هـ). الصلة، ٣ج، (تحقيق إبراهيم الأبياري)، دار الكتاب المصري، القاهرة، دار الكتاب اللبناني، بيروت، ١٩٨٩.
- ابن بطوطة، أبو عبد الله محمد بن عبد الله محمد اللواتي الطنجي، (ت ٧٧٩هـ). تحفة النظار في غرائب الأمصار وعجائب الأسفار، ٢ج، اعتنى به وراجعه، درويش الجويدي، المكتبة العصرية، صيدا، بيروت، ٢٠٠٤.
- البغدادي، إسماعيل بن محمد أمين بن سليم البابابي، (ت ١٣٣٩هـ). إيضاح المكنون في الذيل على كشف الظنون عن أسامي الكتب والفنون، ٢ج، عني بتصحيحه وطبعه محمد شرف الدين، وكالة المعارف الجليلة، استانبول، ١٩٤١.

- البغدادي، عبد القادر بن عمر، (ت ١٠٩٣هـ). خزانة الأدب ولب لباب لسان العرب، ٤ج، عني بنشره المطبعة السلفية ومكتبتها، إدارة الطباعة المنيرية، القاهرة، ١٩٢٨.
- البكر، خالد عبد الكريم حمود. (٢٠٠٢). الرحلة الأندلسية إلى الجزيرة العربية من القرن الثاني حتى نهاية القرن السادس الهجري، ط١، الرياض: مكتبة الملك فهد الوطنية.
- البكري، أبو عبيد بن عبد العزيز، (ت ٤٨٧هـ). جغرافية الأندلس وأوروبا من كتاب المسالك والممالك، (تحقيق عبد الرحمن علي الحجي)، دار الإرشاد، بيروت، ١٩٦٨.
- ـــــ (١٩٧٧). صفة جزيرة العرب من كتاب المسالك والممالك، ط١، (تحقيق عبد الله غنيم)، ذات السلاسل.
- بلاثيوس، آسين. (١٩٧٩). ابن عربي: حياته ومذهبه، ترجمه عن الإسبانية، عبد الرحمن بدوي، الكويت، بيروت: وكالة المطبوعات، دار القلم.
- البلوي، خالد بن عيسى، (ت ٧٦٥هـ). تاج المفرق في تحلية علماء المشرق، ٢ج، (تحقيق الحسن السائح)، مطبعة فضالة، المحمدية، المغرب، د.ت، بدون ذكر السنة.
- بنيامين التطيلي، ابن يونه النباري الأندلسي، (ت ٥٦٩هـ). رحلة بنيامين التطيلي، ترجمة عزرا حداد، بغداد، ١٩٤٥.
- ـــــ (٢٠٠٢). رحلة بنيامين التطيلي، ترجمة عزرا حداد، دراسة عبد الرحمن عبد الله الشيخ، ط١، المجمع الثقافي، أبو ظبي.
- البهنسي، عفيف. (١٩٩٩). العمارة العربية، الرباط: المجلس القومي للثقافة العربية.
- بوتشيش، إبراهيم القادري. (٢٠٠٤). "محطات في تاريخ التسامح بين الأديان بالأندلس". مجلة دراسات أندلسية، العدد (٣١): ص ٧٣-٩٢.
- بورويبة، رشيد. (١٩٨٢). ابن تومرت، ترجمة عبد الحميد حاجيات، الجزائر: ديوان المطبوعات الجامعية.
- البيروني، أبو الريحان محمد بن أحمد الخوارزمي، (ت ١٠٤٨هـ). الآثار الباقية عن القرون الخالية، ط ليبرج، مكتبة المثنى، بغداد، ١٩٣٠.
- التجاني، أبو محمد عبد الله بن محمد بن أحمد، (ت ٧١٨هـ). رحلة التجاني، قدم لها حسن حسني عبد الوهاب، الدار العربية للكتاب، ليبيا، تونس، ١٩٨١.
- التجيبي، القاسم بن يوسف السبتي، (ت ٧٣٠هـ). مستفاد الرحلة والاغتراب، (تحقيق عبد الحفيظ منصور)، الدار العربية للكتاب، ليبيا، تونس، ١٩٧٥.

- التنبكتي، أبو العباس أحمد بن أحمد بن أحمد بن عمر بن محمد أفيت عرف بيابا، (ت ١٠٣٦هـ). نيل الابتهاج بتطريز الديباج، فاس. د.ن، ١٨٩٩.
- ابن جبير، أبو الحسين محمد بن أحمد الكناني الأندلسي، (ت ٦١٤هـ). رحلة ابن جبير المسماة تذكرة بالأخبار عن اتفاقات الأسفار، دار صادر، بيروت، ١٩٥٩.
- جرار، صلاح. (٢٠٠٤). زمان الوصل، دراسات في التفاعل الحضاري والثقافي في الأندلس، ط١، بيروت: المؤسسة العربية للدراسات والنشر، عمان: دار الفارس للنشر والتوزيع.
- ـــــ (١٩٧٩). "العلاقات بين فلسطين والأندلس"، مجلة الفيصل، السنة الثالثة، العدد (٢٩): ص ١١١-١١٥.
- ـــــ (١٩٩٧). القدس في رحلات الأندلسيين، ندوات القدس"٥٠٠٠" عام من الحقوق
- العربية، الندوة الثانية، جامعة آل البيت، عمان، بحث لم ينشر بعد.
- الجراري، عباس. (١٩٧٧). "الرحلات كمصدر للتاريخ". مجلة الفيصل، السنة الأولى، العدد (٦): ص ٥٨-٦٢.
- الجزنائي، علي. (١٩٦٧). جنى زهرة الآس في بناء مدينة فاس، المطبعة الملكية، الرباط.
- ابن الحاج الغرناطي، أبو إسحاق إبراهيم بن عبد الله النميري، (ت ٧٧٤هـ). فيض العباب وإفاضة قداح الآداب في الحركة السعيدة إلى قسنطينة والزاب، دراسة محمد بن شقرون، الرباط، ١٩٨٤.
- ابن حجر العسقلاني، شهاب الدين أبو الفضل أحمد بن علي، (ت ٨٥٢هـ). الدرر الكامنة في أعيان المائة الثامنة، ط١، ٤ج، ضبطه وصححه الشيخ عبد الوارث محمد علي، دار الكتب العلمية، بيروت، لبنان، ١٩٩٧.
- الحجي، عبد الرحمن علي. (١٩٩٤). التاريخ الأندلسي من الفتح الإسلامي حتى سقوط غرناطة (٩٢هـ-٨٩٧هـ)، ط٤، دمشق: دار القلم.
- ابن حزم، أبو محمد علي بن أحمد بن سعيد، (ت ٤٥٦هـ). طوق الحمامة في الألفة والألاف، (تحقيق حسن كامل الصيرفي)، المكتبة التجارية الكبرى، القاهرة، ١٩٥٩، وتحقيق فاروق سعد، دار مكتبة الحياة، بيروت، -١٩٨.
- حسن، زكي محمد. (١٩٤٥). الرحالة المسلمون في العصور الوسطى، القاهرة: دار المعارف.
- حسن، محمد عبد الغني. (١٩٥٥). التراجم والسير، القاهرة: دار المعارف.
- ـــــ (١٩٦٩). ابن سعيد المغربي، المؤرخ، الرحالة، الأديب، القاهرة: مكتبة الأنجلو المصرية.
- حسين، حسني محمود. (١٩٧٦). أدب الرحلة عند العرب، القاهرة: الهيئة المصرية العامة للكتاب.

- حمدان، جمال. (١٩٦٩). "تاريخ الجغرافية والجغرافيين في الأندلس". تأليف حسين مؤنس، مجلة المجلة، العدد (١٤٥): ص١٢-٢٧.
- حمودة، ألفت. (١٩٨١). نظريات وقيم الجمال المعماري، الإسكندرية: دار المعارف.
- حميدة، عبد الرحمن. (١٩٦٩). أعلام الجغرافيين العرب ومقتطفات من آثارهم، دمشق.
- الحميدي، أبو عبد الله محمد بن فتوح، (ت ٤٨٨هـ). جذوة المقتبس في تاريخ علماء الأندلس، ط٣، ٢ج، (تحقيق إبراهيم الأبياري)، دار الكتاب المصري، القاهرة، دار الكتاب اللبناني، بيروت، ١٩٨٩.
- الحميري، أبو عبد الله محمد بن عبد الله بن عبد المنعم، (ت ٩٠٠هـ). الروض المعطار في خبر الأقطار، (تحقيق إحسان عباس)، دار القلم للطباعة، بيروت، لبنان، ١٩٧٥.
- ــــ (١٩٣٧). صفة جزيرة الأندلس، منتخبة من الروض المعطار، ط٢، (تحقيق إ. ليفي بروفنسال)، مطبعة لجنة التأليف والترجمة، القاهرة.
- الحوفي، أحمد. (١٩٧٢). "أدب ابن خلدون". مجلة مجمع اللغة العربية القاهرة، ج٣٠: ص٣١-٥٥.
- ابن خاقان، الفتح بن محمد بن عبيد الله القيسي الإشبيلي، (ت ٥٢٩هـ). مطمح الأنفس ومسرح التأنس في ملح أهل الأندلس، ط١، (تحقيق محمد علي شوابكة)، ط١، دار عمار، مؤسسة الرسالة، بيروت، ١٩٨٣.
- خصباك، شاكر. (١٩٧١). ابن بطوطة ورحلته، النجف الأشرف: مطبعة الآداب.
- ابن الخطيب، لسان الدين الدين أبو عبد الله محمد بن عبد الله بن سعيد، (ت ٧٧٦هـ). الإحاطة في أخبار غرناطة، ٤ ج، (تحقيق محمد عبد الله عنان)، دار المعارف، مصر، ١٩٥٥، مكتبة الخانجي، القاهرة، ١٩٧٤.
- ــــ (١٩٥٦). تاريخ إسبانيا الإسلامية، أعمال الأعلام في مَنْ بويع قبل الاحتلام من ملوك الإسلام، ط٢، (تحقيق إ. ليفي بروفنسال)، دار المكشوف، بيروت.
- ــــ (٢٠٠٣). خطرة الطيف في رحلة الشتاء والصيف، ط١، (تحقيق أحمد مختار العبادي)، دار السويدي للنشر والتوزيع، أبو ظبي، دار الفارس للنشر والتوزيع، عمان.
- ــــ (١٩٧٣). ديوان الصيف والجهام والماضي والكهام، (دراسة وتحقيق محمد الشريف قاهر)، الشركة الوطنية للنشر والتوزيع، الجزائر.
- ــــ (٢٠٠٤). اللمحة البدرية في الدولة النصرية، ط١، (تحقيق محمد زينهم محمد عزب)، الدار الثقافية للنشر، القاهرة.

- ـــــ (١٩٥٨). مشاهدات لسان الدين بن الخطيب في بلاد المغرب والأندلس، مجموعة من رسائله، (نشر وتحقيق أحمد مختار العبادي)، الإسكندرية.
- ـــــ (-١٩٥). نفاضة الجراب في علالة الاغتراب، ٢ج، نشر وتعليق أحمد مختار العبادي، مراجعة عبد العزير الأهواني، دار الكاتب العربي، القاهرة.
- ابن خلدون، عبد الرحمن بن محمد بن خلدون الحضرمي، (ت ٨٠٨هـ). تاريخ ابن خلدون، المسمى العبر وديوان المبتدأ والخبر في أيام العرب والعجم والبربر ومن عاصرهم من ذوي السلطان الأكبر، ط١، جديدة منقحة، ٧ ج، تعليق تركي فرحان المصطفى، درا إحياء التراث العربي، بيروت، لبنان، ١٩٩٩.
- ـــــ (٢٠٠٣). التعريف بابن خلدون ورحلته غرباً وشرقاً، ط١، علق عليها محمد بن تاويت الطنجي، وحررها وقدم لها، نوري الجراح، دار السويدي للنشر، أبو ظبي، دار الفارس، عمان، الأردن.
- ـــــ **(١٩٧٨).** مقدمة ابن خلدون، ط٤، ٢ج، دار الباز للنشر والتوزيع، المروة، مكة المكرمة.
- ابن خلكان، أبو العباس شمس الدين أحمد بن محمد، (ت ٦٨١هـ). وفيات الأعيان وأنباء أبناء الزمان، ٨ج، (تحقيق إحسان عباس)، دار صادر، بيروت، ١٩٧٢.
- أبو الخير، محمود. (١٩٨٠). "الترجمة الذاتية في الأدب العربي". مجلة أفكار الأدبية، العدد (٤٩): ص٦-١٣، عمان، الأردن.
- دار صادر. (دون ذكر سنة الطبع). ديوان الأعشى، بيروت، لبنان.
- دار المشرق. (١٩٨٠). المنجد في اللغة والأعلام، ط٢٤، بيروت.
- ابن دحية، أبو الخطاب مجد الدين عمر بن الحسن بن علي، (ت ٦٣٣هـ). المطرب في أشعار أهل المغرب، (تحقيق إبراهيم الأبياري، وحامد عبد المجيد، وأحمد بدوي)، راجعه طه حسين، المطبعة الأميرية، القاهرة، ١٩٥٤.
- الدمياطي، محمود مصطفى. (١٩٤١). "رحلة ابن بطوطة، وما تنطوي عليه من نبات وشجر". مجلة المقتطف، ج١، مج٩٨: ص٥٣-٥٥، وج١، مج٩٩: ص١٣٣-١٣٥.
- أبو دياك، صالح محمد. (١٩٨٧). "التبادل الفكري بين المغرب والأندلس وشبه الجزيرة العربية". مجلة الدارة، السنة الثالثة عشرة، العدد (٢): ص ١٠٣-١٢٤.
- ديورانت، ول. (١٩٥٦). قصة الحضارة، ترجمة زكي نجيب محمود، القاهرة: لجنة التأليف والترجمة والنشر.

- الذهبي، شمس الدين أبو عبد الله محمد بن أحمد بن عثمان، (ت ٧٤٨هـ). سير أعلام النبلاء، ط٧، ٢٣ج، (تحقيق شعيب الأرنؤوط، صالح السمر)، مؤسسة الرسالة، ١٩٩٦.

- راغب نبيل. (١٩٧٨). معالم الأدب العالمي المعاصر، القاهرة: دار المعارف.

- ابن رشيد، السبتي، أبو عبد الله محمد بن عمر الفهري، (ت٧٢١هـ). ملء العيبة بما جُمع بطول الغيبة في الوجهة الوجيهة إلى الحرمين مكة وطيبة، (تحقيق الحبيب بن الخوجة)، ج١، ٣، ٥، الدار التونسيّة للنشر، تونس، ١٩٨٢، وط١، دار الغرب الإسلامي، بيروت، لبنان، ١٩٨٨.

- الرعيني، أبو الحسن علي بن محمد بن علي الرعيني الإشبيلي، يُعرف بابن الفخار، (ت ٦٦٦هـ). برنامج شيوخ ابن الفخّار الرعيني، (تحقيق إبراهيم شبوح)، وزارة الثقافة والإرشاد القومي، دمشق، ١٩٦٢.

- رومية، وهب. (١٩٧٩). الرحلة في القصيدة الجاهلية، ط٢، بيروت: مؤسسة الرسالة.

- ابن أبي زرع الفاسي، علي. (١٩٧٢). الأنيس المطرب بروض القرطاس في أخبار ملوك المغرب وتاريخ مدينة   فاس، دار المنصور للطباعة والوراقة، الرباط.

- ـــــ (١٩٧٢). الذخيرة السنية في تاريخ الدولة المرينية، دار المنصور للطباعة والوراقة، الرباط.

- الزركشي، أبو عبد الله محمد بن إبراهيم. (١٩٦٦). تاريخ الدولتين الموحدية والحفصية، ط٢، (تحقيق محمد ماضور)، المكتبة العتيقة، تونس.

- الزركلي، خير الدين. (١٩٨٤). الأعلام، قاموس تراجم لأشهر الرجال والنساء من العرب والمستعربين والمستشرقين، ٨ج، دار العلم للملايين، بيروت، لبنان،.

- الزوزني، أبو عبد الله الحسين بن أحمد بن الحسين. شرح المعلقات السبع، سوريا، حلب: دار الكتاب العربي.

- زيادة، نقولا. (١٩٦٢). الجغرافية والرحلات عند العرب، بيروت: مكتبة المدرسة، ودار الكتاب اللبناني.

- ـــــ (١٩٦٦). دمشق في عصر المماليك، مكتبة لبنان، بيروت.

- زيتوني، لطيف. (١٩٩٦). "السيميولوجيا وأدب الرحلات". عالم الفكر، المجلد ٢٤، العدد (٣): ص٢٥١- ٢٧٣.

- سالم، السيد عبد العزيز. (١٩٨١). التاريخ والمؤرخون العرب، بيروت: دار النهضة العربية.

- ـــــ (١٩٨٦). المساجد والقصور بالأندلس، الإسكندرية: مؤسسة شباب الجامعة.

■ السامرائي، إبراهيم. (١٤٠٩). "فنّ السيرة الذاتية عرفه العرب قبـل غـيرهم"، مجلـة الفيصل، العـدد (١٤٢): ص٣٣-٣٥.

■ السبكي، تاج الدين، أبو نصر عبد الوهاب بن علي، (ت٧٧١هـ). طبقـات الشافعية الكبرى، ط١، ٩ج، إدارة محمد عبد اللطيف الخطيب، المطبعة الحسينية المصرية، د.م، ١٩٠٦.

■ السخاوي، شمس الدين محمد بن عبد الرحمن، (ت ٩٠٢هـ). الضوء اللامع لأهل القرن التاسع، ١٢ج، مكتبة القدس، القاهرة، ١٣٥٥، ومكتبة الحياة، بيروت، لبنان، بدون ذكر سنة الطبع.

■ سعد اللـه، أبو القاسم. (١٩٩٠). "رحلة أبي عصيدة البجائي مـن بجايـة إلى الحجاز". مجلـة العرب، الأعداد (٩، ١٠): ص ٦٢٢-٦٢٧.

■ ابن سعيد المغربي، أبو الحسن علي بن موسى، (ت٦٨٥هـ). المُغرب في حُـلى المغرب، القسـم الخاص بالأندلس، ط٣، ٢ج، (تحقيق شوقي ضيف)، دار المعارف، مصر، القاهرة، ١٩٥٣-١٩٥٥.

■ ـــــ المُغرب في حلى المغرب، القسم الخاص بمصرـ ١ج، تحقيـق زكي محمـد حسـن وشوقي ضيف، وسيدة إسماعيل، القاهرة، ١٩٥٣.

■ السلاوي، شهاب الدين أحمد بن خالد الناصري، (ت ١٣١٥هـ). الاستقصا لأخبار دول المغرب الأقصى، ٨ج، أشرف على النشر محمد حجي، وإبراهيم بو طالب، وأحمد التوفيق، منشورات وزارة الثقافة والاتصال، الدار البيضاء، ٢٠٠١.

■ سلم، شاكر مصطفى. (١٩٨١). قاموس الأنثروبولوجيا، ط١، جامعة الكويت.

■ السيوطي، جلال الدين عبد الـرحمن بـن أبي بكر الشـافعي، (ت٩١١هـ). بغية الوعـاة في طبقـات اللغويين والنحاة، ط٢، ٢ج، (تحقيق محمد أبو الفضل إبراهيم)، دار الفكر، القاهرة، ١٩٧٩.

■ الشاوي، عبد القادر. (٢٠٠٠). الكتابة والوجود: السيرة الذاتية، في المغرب، بيروت: إفريقيا الشرق.

■ ابن شداد، بهاء الدين يوسف بن رافع، (ت٦٣٢هـ). النوادر السلطانية والمحاسـن اليوسفية، تحقيق محمد درويش، شركة طبع الكتب العربية، مصر، ١٩٧٩.

■ شرف عبد العزيز. (١٩٩٢). أدب السيرة الذاتية، بيروت: مكتبة لبنان.

■ شعبان، أنغام عبد اللـه. (١٩٩٠). السيرة الذاتية في الأدب العراقي الحديث منذ مطلع القرن التاسع عشر حتى بداية الحرب العالمية الثانية. رسالة ماجستير غير منشورة، جامعة المستنصرية، العراق.

■ الشكعة، مصطفى. (١٩٧١). الأدب الأندلسي موضوعاته وفنونه، بيروت: دار النهضة العربية.

■ شلق، علي. (١٩٧٤). النثر العربي في نماذجه وتطوره لعصري النهضة والحديث، ط٢، بـيروت: دار القلم.

■ شهبر، عبد العزيز. (١٩٩٥). "التعايش بين الأديان في الأندلس من خلال نصوص شعرية أندلسية". مجلة دراسات أندلسية، العدد (١٤): ص ٢٨-٤٦.

■ شيخة، جمعة. (١٩٩٤). "بعض المظاهر الدينية في رحلة عبد الله بن الصباح الأندلسي-"، مجلة دراسات أندلسية، العدد (١٢): ص٣٦-٤٤.

■ الصادقي، حسن. (١٩٨٩). "الوجود المغربي في المشرق من خلال كتب التراجم المشرقية". مجلة المناهل، السنة ١٥، العدد (٣٨): ص ٢٩٢-٣١٦.

■ الصالحي، عباس مصطفى. (١٩٧٤). الصيد والطرد في الشعر العربي حتى نهاية القرن الثاني الهجري، بيروت: المؤسسة الجامعية للدراسات والنشر.

■ صحراوي، عبد السلام. (١٩٨٧). أمين الريحاني، الأديب الرحالة، رسالة ماجستير غير منشورة، جامعة دمشق، دمشق.

■ الصفدي، صلاح الدين خليل بن أيبك، (ت ٧٦٤هـ). الوافي بالوفيات، ط١، ٢٩ ج، (تحقيق أحمد الأرناؤوط)، تركي مصطفى، دار إحياء التراث العربي، بيروت، ٢٠٠٠.

■ الصكر، حاتم. (١٩٩٤). كتابة الذات، عمان: دار الشروق.

■ الصنهاجي، عبد الله بن بُلقين بن باديس، (ت ٤٨٣هـ). مذكرات الأمير عبد الله آخر ملوك زيري بغرناطة، (تحقيق ونشر إ. ليفي بروفنسال)، دار المعارف، القاهرة، ١٩٥٥.

■ الصياد، محمد محمود. (١٩٨٥). رحلة ابن بطوطة، سوسة، تونس: دار المعارف للطباعة والنشر- والتوزيع.

■ الضّبي، أحمد بن يحيى بن أحمد بن عميرة، (ت ٥٩٩هـ). بغية الملتمس في تارخ رجال أهل الأندلس، ط١، ٢ج، (تحقيق إبراهيم الأبياري)، دار الكتاب المصري، القاهرة، ودار الكتاب اللبناني، بيروت، ١٩٨٩.

■ ضيف، شوقي. (١٩٥٦). الترجمة الشخصية، القاهرة: دار المعارف.

■ ــــــ (١٩٦٥). الفن ومذاهبه في النثر العربي، ط٣، القاهرة: دار المعارف.

■ ضيف، شوقي، ولجنة من أدباء الأقطار العربية. (١٩٥٦). الرحلات، القاهرة: دار المعارف.

■ طعان، صبحي. (١٩٩٤). "زمن النص"، مجلة المعرفة، السنة ٣٣، العدد (٣٧٠): ص ١٣٧-١٤٧.

■ العبادي، أحمد مختار. (١٩٧٩). "الإسلام في أرض الأندلس"، مجلة عالم الفكر، مج١، العدد (٢): ص٥٩- ١١٠.

■ ــــــ (١٩٧١). التاريخ العباسي والأندلسي، بيروت: دار النهضة العربية.

■ ـــــ (١٩٨٠). "من مظاهر الحياة الاقتصادية في المدينة الإسلامية". مجلة عالم الفكر، مج١١، العـدد (١): ص١٤٢-١٥٦.

■ عباس، إحسان. (١٩٨٥). تاريخ الأدب الأندلسي، "عصر سيادة قرطبة". ط٧، بيروت: دار الثقافة.

■ ـــــ (١٩٦٢). تاريخ الأدب الأندلسي، "عصر الطوائف والمرابطين"، ط١، بيروت: دار الثقافة.

■ ـــــ (١٩٦٨). "رحلة أبي بكر بن العربي، كـما صوّرها قـانون التأويـل". مجلـة الأبحـاث، الجامعـة الأمريكية، بيروت، السنة ٢١، العدد (١-٤): ص٥٩-٩٥.

■ ـــــ (١٩٥٦). فنّ السيرة، بيروت: دار بيروت.

■ عبد الدايم، يحيى إبراهيم. (١٩٧٥). الترجمـة الذاتيـة في الأدب العـربي الحـديث، القاهرة: مكتبـة النهضة المصرية.

■ العبدري، أبو عبد اللـه محمد بن محمد العبدري الحيحي، (ت ٧٠٠هـ). الرحلة المغربيـة، (تحقيـق محمد الفاسي)، وزارة الدولة المكلفة بالشؤون الثقافية والتعليم الأصلي، الرباط، ١٩٦٨.

■ عبد المهـدي، عبـد الجليـل. (١٩٨٠). الحركـة الفكريـة في ظل المسـجد الأقصىـ في العصرـين الأيـوبي والمملوكي، ط١، عمان: مكتبة الأقصى.

■ عبد النور، جبور. (١٩٧٩). المعجم الأدبي، لبنان، بيروت: دار الملايين.

■ عبد الوهاب، حسن حسني. (١٩٦٦). شهيرات التونسيات، ط٢، منقحة، تونس: مكتبة المنار.

■ العذري، أحمد بن عمر بن أنس. (ت. ٤٧٨هـ). (١٩٦٥). ترصيع الأخبـار، وتنويـع الآثـار والبسـتان في غرائب البلدان والمسالك إلى جميع الممالك، مطبعة معهد الدراسات الإسلامية، مدريد.

■ ابن العربي، أبو بكر محمد بن عبد اللـه المعافري، (ت ٥٤٣هـ). أحكـام القرآن، ٤ج، (تحقيـق عـلي محمد البجاوي)، دار الجيل، بيروت، ١٩٨٧.

■ ـــــ قانون التأويل، ط٢، (تحقيق محمد السليماني)، دار الغرب الإسلامي، بيروت، ١٩٩٠.

■ ابن عربي، محيي الدين أبو بكر محمد بن علي بن عبد اللـه، (ت ٥٦٠هـ). كتاب الإسرا إلى مقـام الأسرى، وكتاب الإسـفار عـن نتـائج الأسـفار، ضمن رسائل ابـن عـربي، ٢ج، مطبعـة دائـرة المعـارف العثمانية، حيدر آباد، ١٩٤٨.

■ ـــــ الفتوحات المكية، ٤ج، دار الكتب العربية الكبرى، القاهرة، دون ذكر سنة الطبع.

■ ابن عساكر، أبو القاسم علي بن الحسن بن هبة اللـه، (ت٥٧١هـ). ولاة دمشق في العهد السلجوقي، ط٣، (تحقيق صلاح الدين المنجد)، دار الكتاب الجديد، بيروت، ١٩٨١.

■ العسلي، كامل جميل. (١٩٩٢). بيت المقدس في كتب الرحلات عند العرب والمسلمين، عمان: المكتبة الوطنية.

■ أبو عصيدة البجائي، أحمد بن أحمـد، (ت ٨٦٥هـ). رسالة الغريـب إلى الحبيـب، ط١، عرّفها وعلّـق عليها، أبو القاسم سعد اللـه، دار الغرب الإسلامي، بيروت، ١٩٩٣.

■ العليمـي، مجير الـدين الحنبلي، (ت ٩٢٧هـ). الأنس الجليل بتاريخ القدس والخليـل، ط١، ٢ج، (تحقيق محمد عودة الكعابنة)، إشراف محمود علي عطا اللـه، مكتبة دنديس، ١٩٩٨.

■ العماد الأصفهاني، محمد بن صفي الـدين، (ت ٥٩٧هـ). الفتح القسي ــ في الفتح القدسي، (تحقيـق محمد محمود صبح)، الدار القومية للطباعة والنشر.

■ ابن العماد الحنبلي، أبو الفلاح عبد الحي، (ت ١٠٨٩). شذرات الـذهب في أخبار مَنْ ذهـب، ٨ج، القاهرة، ١٩٣١.

■ عنان، محمد عبد اللـه. (١٩٨٨). دولة الإسلام في الأندلس، ط٣، القاهرة: مكتبة الخانجي.

■ العيد، يمنى. (١٩٩٠). تقنيات السرد الروائي، ط١، بيروت: دار الفارابي.

■ ـــــ (١٩٩٧). "السيرة الذاتية الروائية"، مجلة فصول، مج ١٥، العدد (٤): ص٢٠-٢٤.

■ الغرناطي، أبو حامد محمد، (ت٥٦٥هـ). (٢٠٠٣). رحلة تحفة الألباب ونخبة الإعجاب، ط١، حررها، قاسم وهب، دار السويدي للنشر والتوزيع، أبو ظبي، ودار الفارس للنشر، عمان.

■ ـــــ (١٩٩١). المُعرب عن بعض عجائب المغرب، (تحقيق إنيغرد بيخارانو)، المجلس الأعلى للأبحـاث العلمية، معهد التعاون مع العالم العربي، مدريد.

■ غرّيب، جورج. (بدون ذكر سنة الطبع). أدب الرحلة تاريخه وأعلامه، بيروت: دار الثقافة.

■ الغزالي، أبو حامد محمد بن محمد. (ت ٥٠٥هـ). تهذيب إحياء علوم الـدين، (تحقيق عبد السلام الهراس)، مؤسسة الكتب الثقافية، بيروت، ١٩٨٨.

■ ابن الفرضي، أبو الوليد عبد اللـه بن محمد بن يوسف، (ت ٤٠٣هـ). تاريخ علمـاء الأندلس، ط١، (تحقيق روحية عبد الرحمن السويفي)، دار الكتب العملية.

■ الفشتالي، أحمد بن إبراهيم بن يحيى الأزدي القشتالي. (١٩٧٤). تحفة المغترب ببلاد المغرب لمـن لـه من الإخوان في كرامات الشيخ أبي مروان، (تحقيق فرناند ودي لاجرانخـا)، منشـورات المعهد المصري للدراسات الإسلامية، مدريد.

■ فهيم، حسين. (١٩٨٧). "التراث الشعبي في أدب الرحلات". مجلة المأثورات الشعبيـة، السنة الثانيـة، العدد (٥): ص٧٤-٨٣.

■ ـــــ (١٩٩٧). الرحلة والرحالة، ط١، دبي: ندوة الثقافة والعلوم.

■ فوزي، حسين. (١٩٤٣). حديث السندباد القديم، القاهرة: مطبعة لجنة التأليف والترجمة.

- قاسم، سيزا. (١٩٨٥). بناء الرواية، ط١، بيروت: دار التنوير.
- ابن قتيبة، أبو محمد عبد الله بن مسلم، (ت ٢٧٦هـ). الشعر والشعراء، مطبعة بريل، ليدن، ١٩٠٢.
- ابن القطان، أبو الحسن علي، (ت٦٢٨هـ). نظم الجمان، (تحقيق محمود علي مكي)، المركز الجامعي للبحث العلمي، جامعة محمد الخامس، الرباط، بدون ذكر سنة الطبع.
- القلصادي، أبو الحسن علي، (ت ٨٩١هـ). رحلة القلصادي، (تحقيق محمد أبو الأجفان)، الشركة التونسية للتوزيع، تونس، ١٩٧٨.
- القلماوي، سهير. (١٩٦٠). "فنّ كتابة السيرة، تاريخ أم أدب". مجلة العربي، العدد (٧): ص٥٤-٥٨.
- قنديل، فؤاد. (٢٠٠٢). أدب الرحلة في التراث العربي، ط٢، القاهرة: مكتبة الدار العربية للكتاب.
- كاكيا، بيير. (١٩٩٩). الأدب الأندلسي، ترجمة عبد الواحد لؤلؤة، في: الجيوسي، سلمى الخضراء، الحضارة العربية الإسلامية في الأندلس، ط٢، ٢ج، ج١: ص٤٦١-٤٧١. بيروت: مركز دراسات الوحدة العربية.
- ابن الكتاني، أبو عبد الله محمد، (ت ٤٢٠هـ). التشبيهات من أشعار أهل الأندلس، (تحقيق إحسان عباس)، دار الثقافة، بيروت، ١٩٦٦.
- الكتاني، عبد الحي بن عبد الكبير. فهرس الفهارس والأثبات ومعجم المعاجم والمشيخات، ط٢، ٢ج، باعتناء إحسان عباس، دار الغرب الإسلامي، ١٩٨٢.
- الكُتبي، محمد بن شاكر بن أحمد بن عبد الرحمن، (ت ٧٦٤هـ). فوات الوفيات، ٢ج، (حققه وضبطه وعلق عليه محمد محي الدين عبد الحميد)، مكتبة السعادة، مصر، ١٩٥١، (وتحقيق الشيخ علي محمد معوض، والشيخ عادل أحمد عبد الموجود)، دار الكتب العلمية، بيروت، لبنان.
- كراتشكوفسكي، أغناطيوس يوليانوفنس. (١٩٨٧). تاريخ الأدب الجغرافي العربي، نقله عن الروسية، صلاح الدين عثمان هاشم، ط٢، بيروت: دار الغرب الإسلامي.
- الكلاعي، أبو القاسم محمد بن عبد الغفور الإشبيلي الأندلسي من أعلام القرن السادس. إحكام صنعة الكلام، (تحقيق محمد رضوان الداية)، دار الثقافة، بيروت، ١٩٦٦.
- لوجون، فيليب. (١٩٩٤). السيرة الذاتية، الميثاق والتاريخ الأدبي، ترجمة عمر حلي، بيروت: المركز الثقافي العربي.
- (ليون الإفريقي)؛ الحسن بن محمد الوزان الفاسي. (١٩٨٣). وصف إفريقيا، ترجمه عن الفرنسية، محمد حجي، ومحمد الأخضر، ط٢، ٢ج، دار الغرب الإسلامي: بيروت، والشركة المغربية للناشرين المتحدين: الرباط.

- ابن ماجة، أبو عبد الله بن يزيد القزويني، (ت ٢٧٣هـ). سنن ابن ماجة، حقّقه بشار عواد معروف، دار الجيل، بيروت، ١٩٩٨.
- مال الله، علي محسن عيسى. (١٩٧٨). أدب الرحلات عند العرب في المشرق، نشأته وتطوره حتى نهاية القرن الثامن الهجري، بغداد: مطبعة الإرشاد.
- المبخوت، شكري. (١٩٩٢). سيرة الغائب، سيرة الآتي: السيرة الذاتية في كتاب الأيام لطه حسين، تونس: دار الجنوب.
- محمد، محمود سالم. (١٩٨٧). المدائح النبوية في نهاية العصر المملوكي، رسالة دكتوراه غير منشورة، جامعة دمشق، دمشق.
- المراكشي، عبد الواحد محيي الدين بن علي التميمي، أبو محمد، (ت ٦٤٧هـ). المعجب في تلخيص أخبار المغرب، ط٣، (تحقيق محمد بن سعيد العريان)، القاهرة، ١٩٤٩.
- مرتاض، عبد الملك. (١٩٨٢). الجدل الثقافي بين المغرب والمشرق، ط١: دار الحداثة.
- المرزوقي، سمير، شاكر جميل. (١٩٨٦). مدخل إلى نظرية القصة، بغداد، العراق: دار الشؤون الثقافية العامة، آفاق عربية.
- المسدي، عبد السلام. (١٩٨٣). النقد والحداثة، بيروت: دار الطليعة.
- المسعودي، أبو الحسن علي بن الحسين، (ت ٣٤٦هـ). مروج الذهب ومعادن الجوهر، ط٢، ٩ج، مع الترجمة الفرنسية بإعتناء الأستاذين باربيه دمينار وباوه دكورتل، مؤسسة مطبوعاتي إسماعيليان، تمران ناصر خسرو - ياسار مجيدي، طهران، إيران، ١٩٧٠.
- المسعودي، حمادي. (١٩٨٩). "الواقعي والأسطوري والخرافي في تحفة أبي حامد الغرناطي". مجلة الحياة الثقافية، العدد (٥٤). إدارة الآداب، وزارة الثقافة والإعلام بالجمهورية التونسية.
- مسلم، أبو الحسين مسلم بن الحجاج القشيري، (ت ٢٦١هـ). صحيح مسلم بشرح النووي، ١٧ج، دار إحياء التراث العربي، بيروت.
- ــــ الجامع الصحيح المسمى صحيح مسلم، ٤مج، دار المعارفة، بيروت، دون ذكر سنة الطبع.
- مصطفى، أحمد أمين. (١٩٩٢). الحياة في القرن الثامن الهجري كما تصورها رحلة ابن بطوطة، القاهرة: مطبعة السعادة.
- مطلوب، أحمد. (١٩٩٩). الملامح الإقتصادية في رحلة ابن بطوطة، بغداد: دار الشؤون الثقافية.
- معروف، ناجي. (١٩٧٣). علماء النظاميّات ومدارس المشرق الإسلامي، ط١، بغداد: مطبعة الإرشاد.
- مقابلة، جمال. (١٩٩٦). الإسراء والمعراج وتجلياتها في النثر العربي، رسالة دكتوراه غير منشورة، الجامعة الأردنية، عمان، الأردن.

- المقدسي، أنيس. (١٩٦٣). الفنون الأدبية وأعلامها في النهضة العربية الحديثة، بيروت: دار الكتاب العربي.
- المقدسي، شمس الدين أبو عبد الله محمد بن أحمد، (٣٨٠هـ). أحسن التقاسيم في معرفة الأقاليم، (تحقيق غازي طليمات)، وزارة الثقافة والإرشاد القومي، دمشق، ١٩٨٠.
- المقري، شهاب الدين أحمد بن محمد التلمساني، (ت١٠٤١هـ). أزهار الرياض في أخبار عياض، ٥ج، صندوق إحياء التراث الإسلامي، الرباط، ١٩٧٨.
- ـــــ نفح الطيب من غصن الأندلس الرطيب، ط١، ٨ج، (تحقيق إحسان عباس)، دار صادر، بيروت، ١٩٦٨.
- المقريزي، تقي الدين أحمد بن علي بن عبد القادر، (ت ٨٤٥هـ). المواعظ والاعتبار بذكر الخطط والآثار يختص ذلك بأخبار إقليم مصر والنيل وذكر القاهرة، وما يتعلق بها وبإقليمها، ٣ج، مطبعة النيل، دار التحرير، القاهرة، مصر، ١٣٢٤هـ.
- مكتبة الملك عبد العزيز العامة. (١٩٩٦). السجل العلمي لندوة الأندلس قرون من التقلبات والعطاءات، ط١، القسم الثاني: الموريسكيون - الكتابات - الإستشراقية - الجغرافية والرحلات، الرياض.
- المكناسي، محمد بن عثمان. الأكسير في فكاك الأسير، (حقّقه وعلّق عليه، محمد الفاسي)، منشورات المركز الجامعي للبحث العلمي، الرباط، ١٩٦٥.
- مكي، الطاهر أحمد. (١٩٩٣). دراسات عن ابن حزم وكتابه "طوق الحمامة". ط٤، القاهرة: دار المعارف.
- مكي، محمود علي. (بدون ذكر سنة الطبع). مدريد العربية، القاهرة. دار الكاتب العربي.
- المنجد، صلاح الدين. (١٩٦٣). المشرق في نظر المغاربة والأندلسيين في القرون الوسطى، ط١، بيروت: دار الكتاب الجديد.
- ابن منظور، أبو الفضل جمال الدين محمد بن مكرم، (ت ٧١١هـ). لسان العرب، ١٥ج، دار صادر، بيروت.
- المنوني، محمد. (١٩٧١). التيارات الفكرية في المغرب المريني، فاس، المغرب: مطبعة محمد الخامس الثقافية والجامعية.
- مهران، رشيدة. (١٩٧٩). طه حسين بين السيرة والترجمة الذاتية، ط١، الإسكندرية: الهيئة المصرية العامة.
- (مؤلف مراكشي مجهول من القرن السادس الهجري): الاستبصار في عجائب الأمصار، وصف مكة والمدينة ومصر وبلاد المغرب، تعليق سعد زغلول عبد الحميد، دار الشؤون الثقافية العامة، آفاق عربية، بغداد، العراق، ١٩٨٥.
- (مؤلف من القرن الثامن الهجري): الحلل الموشية، (تحقيق سهيل زكار، وعبد القادر زمامة)، دار الرشاد الحديثة، الدار البيضاء، ١٩٧٩.

- مؤنس، حسين. (١٩٦٧). تاريخ الجغرافية والجغرافيين في الأندلس، ط١، مدريد: معهد الدراسات الإسلامية.

- ـــــ (١٩٥٩). فجر الأندلس، دراسة في تاريخ الأندلس من الفتح الإسلامي إلى الدولة الأموية، ط١، القاهرة: الشركة العربية.

- ـــــ (بدون ذكر سنة الطبع). معالم تاريخ المغرب والأندلس، القاهرة: دار ومطابع المستقبل.

- موافي، عثمان. (١٩٧٣). لون من أدب الرحلات، الإسكندرية.

- موافي، ناصر عبد الرازق. (١٩٩٥). الرحلة في الأدب العربي حتى نهاية القرن الرابع الهجري، ط١، جامعة القاهرة: دار النشر للجامعات المصرية.

- مورينو، مانويل جوميث. (١٩٠٠). الفن الإسلامي ترجمة لطفي عبد البديع، القاهرة: الدار المصرية.

- موير، إدوين. (دون ذكر سنة الطبع). بناء الرواية، ترجمة إبراهيم الصيرفي، ومراجعة عبد القادر القط: دار الجبل والدار المصرية للتأليف.

- الميداني، أبو الفضل، أحمد بن محمد النيسابوري، (ت٥١٨هـ). مجمع الأمثال، ٢ج، ضبط وتعليق سعيد محمد اللحام، دار الفكر، بيروت، لبنان، ١٩٩٢.

- النابغة الذبياني، زياد بن معاوية بن ضباب. ديوان النابغة، جمعه وشرحه الشيخ محمد الطاهر ابن عاشور، الشركة التونسية للتوزيع، والشركة الوطنية للنشر، الجزائر، ١٩٧٦.

- نصار، حسين. (١٩٩١). أدب الرحلة، ط١، الشركة المصرية العالمية للنشر -لونجمان: مكتبة لبنان.

- نواب، عواطف محمد يوسف. (١٩٩٦). الرحلات المغربية والأندلسية، مصدر من مصادر تاريخ الحجاز في القرنين السابع والثامن الهجريين، الرياض: مكتبة الملك فهد الوطنية.

- نور الدين، صدوق. (٢٠٠٠). سير المفكرين الذاتية: زكي نجيب، لويس عوض، إحسان عباس، محمد عابد الجابري، الدار البيضاء: المركز الثقافي العربي.

- النووي، محيي الدين أبو زكريا، يحيى بن شرف، (ت٦٧٦هـ). تهذيب الأسماء واللغات، ٢ج، إدارة الطباعة المنيرية، القاهرة، ١٩٠٠.

- النويري، شهاب الدين بن أحمد بن عبد الوهاب، (٧٣٣هـ). نهاية الأرب في فنون الأدب، (تحقيق حسين نصار)، يصدرها المجلس الأعلى للثقافة بالاشتراك مع الهيئة المصرية العامة للكتاب، القاهرة، ١٩٨٣.

- هونكة، زيغريد. (٢٠٠٢). شمس العرب تسطع على الغرب، ط١٠، نقله عن الألمانية فاروق بيضون، وكمال دسوقي، راجعه، مارون عيسى الخوري، بيروت: دار صادر،ودار الآفاق الجديدة.

- وهبة، مجدي، المهندس، كامل. (١٩٨٤). معجم المصطلحات العربية في اللغة والأدب، ط٢، بيروت: مكتبة لبنان، لبنان.

- ياقوت الحموي، شهاب الدين أبو عبد الله ياقوت بن عبد الله، (ت٦٢٦هـ). معجم البلدان، ٥ج، دار إحياء التراث العربي، بيروت، لبنان، ١٩٧٩.

- يقطين، سعيد. (١٩٨٨). "صيغ الخطاب الروائي وأبعادها النصية". مجلة الفكر العربي المعاصر، بيروت، العدد (٤٨-٤٩): ص ٣٧-٤٥.

ب. باللغة الإنجليزية:

- Ianrich, Aronetton, (١٩٩١), **Basic Structuralism and signs of Alienation in the Rihla of Ibn Jubayr, Journal of Arabic Literature**, NO. xxll. ٢١-٣٤.

- International Copyright Union (١٩٧٤), **The New Encyclopedia Britamnica**. USA. Vol. ll.

- Nicholson, R.A, (١٩٩٧), **A Literary History of the Arabs**. India: S. Sajed.

- Watt, W.m, (١٩٦٧). **A History of Islamic Spain. Islamic Surveys**, Edinbrugh: Edinburgh University.

ANDALUSIAN AND MORROCAN LITERATURE OF TRAVELS UNTIL THE END OF THE NINTH CENTURY OF HIJRA

This study follows up the Andalusian and Morrocan Travels until the end of the Ninth century of Hijra. It follows the cultural and epistemic contexts of these travels. It also shows the travels role in the cultural interaction, their relations with the other literary forms and decide their artistic features which strengthen them.

This study includes an introduction and four chapters:

The Introduction included the definition of the travel, its establishment, motives and importance. Then it presented the most famous travelers and their travels and the role these travels play in the Arabic culture.

The first chapter presented the cultural, epistemic, religious and social contects included in the travels. It showed the picture of women and men in different societies that travelers visited.

The second chapter discussed the travels and their cultural interaction. It showed the facters of that interaction and forms of coordination and exchange among different races and denominations.

The third chapter presented the relationship between the travels and the forms of writing a C.V, diaries, memoris and confessions.

The fourth chapter was concerned with studing the artistic structure, the methodes that travelers used to describe their views and express their feelings and studying the narrative structure of these travels.

Some of the most important results of this stody were:

- The main purpose of Andalusian and Morrocan travelers' travel was for, pilgrimage, visiting holistic places and asking for knowledge. Then they became famous because of their knowledge and travels, so they became qualified for holding religious and scientific positions when they came back. They were given the chance to work in teaching, in the judiciary or in writing for some Morrocan and Andalusian princes.

- The travels observed the variety of civilized land marks in different aspects of life in the countries that the travelers went to. The travels reflected clear picture of nations' cases i.e. Their food, colthes, physiological and psychological features, customs and traditions, imports, exports and architectionc arts,

In that way the travels formed a comprehinsive maps: Geographic, plant, animal and human.

What travelers reported of certain news, views or descriptions may paue the way for establishing sciences which search in the social studies.

- Some travels formed a literary art like embassy, travels, diaries, memoris, of C.V. These forms had the same essence of the travels which was describing travelling from one place to another.

The views that travelers saw, and what theyreported such as news and stories.

- To Investigate belonging to oneself's culture, understand the other culture and to become opened to them.

The role of travels in the cultural interaction exchanging and coordinating among all cultures and human elements in the conutries the travelers visited. These travels showed the extent of travelers' interaction with others in scientific meeting, debated and literary oppositions.

T0157652

Printed in the United States
By Bookmasters